中国易学博览

风　水

秦伦诗　编著

内蒙古人民出版社

图书在版编目(CIP)数据

中国易学博览·风水/秦伦诗著.-呼和浩特:内蒙古人民出版社,2006.12(2024.10重印)

ISBN 978-7-204-08885-0

Ⅰ.中… Ⅱ.秦… Ⅲ.①周易-研究 ②风水-研究-中国 Ⅳ.①B221.5 ②B992.4

中国版本图书馆 CIP 数据核字(2006)第158336号

中国易学博览·风水

作　　者	秦伦诗
责任编辑	冀步良
封面设计	徐敬东
出版发行	内蒙古人民出版社
地　　址	呼和浩特市新城区中山东路8号波士名人国际B座5层
网　　址	http://www.impph.cn
印　　刷	呼和浩特市圣堂彩印有限责任公司
开　　本	880mm×1230mm　1/32
印　　张	14.875
字　　数	353千
版　　次	2007年7月第1版
印　　次	2024年10月第12次印刷
书　　号	ISBN 978-7-204-08885-0
定　　价	36.00元

如发现印装质量问题,请与我社联系。联系电话:(0471)3946120

序

我的好友、哈尔滨易经科学研究所所长、第十回(届)世界易经大会主席秦伦诗教授的易学巨著《中国易学博览》,历经风雨十载,终于在权威出版社付梓刊行,而且在括有二十余国和地区的易经大师及易研者参加的第十回(届)世界易经大会这一庄严讲坛上面世首发,实在是现代易经研究史上一件大事。秦伦诗先生的崇拜者及诸多友好无不释然。

秦伦诗先生家学渊源,自幼向族兄学医习易,及长拜易学名宿尹礼儒先生为师,追随乃师多年,精研易经与实战方略,为世人排忧解难,点拨开路,惠及人群数以万计。

秦伦诗先生习易、研易、用易、举易已历半个世纪。五十年来,秦伦诗先生心无旁物、潜沉易礼、医易相辅,终成翘楚。秦伦诗先生综合医理、易理,熟念象数,广泛涉猎八宅、玄空、九星、奇门、青囊、子平、六爻等等九派诸术,实战数十年,十断九中,屡验不爽。近十六年,更是日臻成熟无一失手。致使祖国四方、海外各地慕名而来者,每日排队敬候。

秦伦诗先生的鸿篇巨制《中国易学博览》将五十年所积累之经验,择其精要,辑为《新编实用万年历》、《风水》、《周易应用经验学》诸卷,洋洋洒洒凡一百二十万言,先生一生心血,蕴籍其中。成书过程堪比"绳床瓦炊、披阅十载"。迎接晨霜晓露,伴随午夜孤灯，个中甘苦，只有像我的好友秦伦诗先生这样品格坚毅的人才可以承载。

我曾总结易学家应有的十八种精神(详见“寄语篇·易家必读”)，以此绳墨伦诗先生，条条中矩。特别是不忘恩师造化之恩，更是垂范后学。对于恩师尹礼儒先生，伦诗教授生前敬重，身后祭奠。每与友人提及恩师，感激哀思之情，溢于言表。前些年，伦诗先生刚有经济余力，立即为恩师修葺坟冢，以光师德。

我亦研易数十年，著书数十部，逾千万言，添充粗知易理，偶与伦诗先生言易，对伦诗先生易学知识之渊博，实战方术之娴炼，医易互理之缜密，综九派而为一之功底，屡感汗颜。

《易经》博大精微，堂奥无涯。仲尼读易，尚且韦编三绝，何况常人？昆山之巅，取和氏之璧；合浦骊龙之口，探夜明之珠。心存浮躁，自称习易，皓首空归的人，比比皆是。只有像伦诗好友这样，尊师敬业，智圆行方，诚孚潜志、脚踏实地的人，才能光大《易经》精神。

俞长江

丁亥暮春

俞长江：现为中国易经研究会副会长，中国社会科学院国家一级研究员。生于上世纪30年代，祖籍浙江绍兴。60年代初，大学毕业后即开始易学研究。80年代出版专著四部，约100万字。一生著述颇丰，共出版包括三项国家重点课题在内的大型书籍32部，约1800万字。2003、2004年两次到美国芝加哥大学、伊利诺州立大学等六所大学讲学，传布《易经》、《道德经》。是世界易学领域德高望重的著名学者。

目 录

前　言

——赠给您一串进入"周易"门槛的金钥匙

拙著《周易预测应用经验学》自1998年由内蒙古人民出版社正式出版发行以来，得到了国内外广大易学爱好者的欢迎和好评。广大读者纷纷来信来电给予支持与鼓励，并急切求购《中国易学博览·风水卷》等。由于种种原因，致使这部作品至今才能与读者见面，在此深表歉意。

从众多的读者来信中得知，读者求知的心情非常迫切，每收到一封来信，既感到喜悦又有压力，并感到肩负的责任重大，无奈有些事是力不能及的，希望读者谅解。如今，为了不辜负大家的厚望，经多方面的努力，终于将此书出版了，并将原著《周易预测应用经验学》进行修订再版。

本书稿长时间没有出版，多年来稍有一点空闲，我就将书稿拿过来反复推敲和校对。为了对读者负责，书中每一句话、每一个理论和思维，都经过再三考虑和精心筛选，反复验证，经过逐字推敲，然后才下定论。这样不仅提高了书的质量，同时也使笔者多年来的实践经验得到了更加充分的验证，提高了笔者自己的易学理论和实践经验。当你读过拙著《周易预测应用经验学》以后，就可以从书中看出，书中不追求华丽的辞藻，只注重内容的通俗性与实际运用，书中绝对没有让人似懂非懂的古涩文句，只想用最通俗浅显的语言来表达最深奥的理论，尽量使读者一看就懂，就能明白，使徘徊在易学门外的读者早日进入其中，对易的学问有所了解。

易学这门学问,很多人都想介入,都想探索一下这个神秘的世界,看看里面到底有何奥秘,但在未接触之前,大多信心百倍,想做一个预知未来过去的预测家,但在接触以后都觉得易海无涯,深奥莫测,大多畏难而退,站在门外徘徊。很多易学爱好者怀着一颗虔诚的心,抱着一大堆书本,学了好几年,结果什么也没学出来,最后见学业无成就,只好感叹自己的八字与易学无缘。还有一些爱好者,虽然学无成就,但又不愿意将所花去的精力和时间白白浪费,更舍不得放弃自己最喜爱的这门学问,还想继续探索下去,于是又花费了很多功夫去刻苦钻研,结果到真正运用时还是模模糊糊,甚至无从下手。处于这种不能自拔的学人很多很多,到底为什么?难道周易这门学科真就这样深奥难学吗?我看非也!原因不外乎两条:一、没有读实践应用易学理论方面的书籍。二、没有得到明师指点。

然而明师难求,在这方面有真才实学的明师不仅要对五术艺业精通,而且要在职业道义、处世哲学方面使人尊敬,但他们都不轻易收一个门内弟子,就是师徒结缘,也要经过长时间考验,而且要求条件也特别高,光是入门时的江湖十戒就往往使人接受不了,况且还有江湖十要、江湖十全等清规戒律。

真正想拜师入门,必须投拜名师。过去有句古话,“前三年看师敬徒,后三年徒敬师”。拜名师不仅能学到真东西,将来出师后,走上社会提起是某人的亲传弟子,人家总得先敬你三分。值得注意的是拜师一定要走访:一看是否有真才实学;二看社会威望如何;三看道德品质,看是否具备我师之资格,古人云:“师访徒三年,徒访师三年。”真正拜师,就需视师如父,如同重新投胎换骨、重认父母,终生不得反悔。一旦投错师门是一生遗憾,后悔莫及。

但凡推八字、看风水以及搞六爻八卦等五术行列,社会上统称为“流派”，属三教九流中的上九流。所谓九流者，分为上九流、中九流、下九流。其上九流即：“一流墨子二流医、三流地理四流推、五流丹青六流相、七僧八道九琴棋。”八字算命术乃属上九流中“推”的范畴，所谓“推”即指推算、推命、推八字。“地理”古时称之“堪舆学”、“阴阳学”，即是当今我们所研究的“风水”。凡此九流者社会上统称之为“江湖”流派。

关于江湖的来历，我在其他著述中已作详细介绍，现不重述。乍提“江湖”二字，我相信很多人会摆手摇头，认为江湖上的人都是不学无术，走街串巷混饭吃的街头骗子，他们怎么能和学理深奥的风水、八字预测师混为一谈呢？如果这样认为，就是知其一不知其二了。江湖是江湖，骗子是骗子，江湖和骗子根本不是一回事。古时，江湖必出师门，不入师门焉能称得上江湖！真正受过江湖严师培训过的，称作“江湖术士”。真正的江湖术士，无论职业道义或技术水平都有高超惊人的本领，在技术上不仅有师门口授秘诀，而在实地操作时更有与众不同的技巧，他们的每一句话都能使求测者心服口服。用他们师传的语言，可使即将离异的婚姻重新和好，快要破碎的家庭重新和睦，能使准备犯罪的人洗心革面，可规劝犯罪脱逃的犯罪嫌疑人投案自首。他们的一言一行无时不在维护社会安宁，一举一动都想着求测者安危，每时每刻都在维护自身和自己门派的声誉，这样才能称得上江湖术士。街头骗子大多不学无术，搞六爻的不通八卦，看风水的不会五行，他们披着江湖术士外衣，打着江湖旗号，巧用三寸不烂之舌街头骗财骗色，他们的所作所为恰恰与江湖术士相反。所以，骗子和江湖术士千万不能混为一谈。

就拿搞命理预测来说，真正受过严师培训的江湖术士，求测者无论多大年龄，只要报出任何一年的阴历或阳历的出生日期，他们不用翻查万年历，只需用手一掐，竟能在几秒钟之内把求测者出生时间换算成天干地支。并且能将该年的某月大某月小以及二十四节气的交节时间一口说出，而且分分秒秒都说得丝毫不差。这就是江湖师传秘诀，如果没有真正的明师指点，无论你看过多少年命书，想做到这一点也是不可能的。

再拿风水来说，这门学问在五术行业中是深奥的一门学问。自古以来，上自帝王将相，下至平民百姓，无不尊重此术；纵观历史，每个朝廷都设立专门风水机构，将一些擅长风水并管理风水事宜的要员安排在“司天监”供职。这些人不仅专为朝廷皇宫陵园察看风水，而且天文历法、农事气象都归他们管理，凡是国家有大型建筑，都由他们负责设计和做风水方面的技术指导。清朝时期，国家重要文库——《四库全书》，将历代所有学问划归经、史、子、集四大类，而将风水术，包括天文历法、农历气象等，都列入子部的“数术”类。由于国家对这门学问的重视，很多学苑派的文人学者都对数术进行研究。然而他们都自命清高，有很高的文化素质，凡事都善于质疑，结果还弄不明白“数术”是怎么回事，认为数术是迷信，不足以去研究，而且写出文章进行评判，从此形成学苑和实用两个派别互相争议，致使风水学这门学问无人问津。结果，有些对五术有研究的实用派无法在社会上施展平生之术，只好加入江湖行列拜师入门，以谋求生路，这些实用派大师，不仅有高超的技术，而且有特殊的社会经验，再加上师门传授秘法，每到一地，特别受人欢迎，这就叫“江湖术士”。

本书的宗旨是抢救风水这门即将湮没的古老文化，因种种原因，定存谬误之处，欢迎读者指正，我一定以师待之。

本书不足之处肯定不少，敬请广大读者不吝赐教，仅以此绵薄之作，化作浩瀚的易海长河中一滴水！总之，本书以访师为目的，只是想投石问路。为了挖掘古老文化，壮我中华，希同行不分老少携手前进，完成中华民族文化继承和发扬的伟大事业。

在本书出版之机，对于支持我易经事业的朋友们衷心的感谢！特此对哈尔滨工业大学有关领导方方面面的支持，深表谢

意。由于他们支持和帮助,才使“哈尔滨古易易经科学研究所”立足生根,扬名世界,唯有借此书之序来表明我内心的热忱!并致谢:

哈尔滨工业大学校长助理、八达集团总裁张彩辉先生

中国河洛易经学院院长于长君先生

中国人生科学学会丁成尧先生

特别感谢对本书作出大量贡献的哈尔滨古易易经科学研究所办公室主任刘爱莲女士。

秦伦诗

于哈尔滨古易易经科学研究所

2006年2月1日

风水学概论

风水与风水学的来源

一、风水学的定义

如果要研究风水，就要了解“风水”，知道风水的来历和“风水”二字的深刻内涵，才能由浅入深，逐步跨入风水学的殿堂。

什么叫风？“风”是宇宙间空气流动的自然现象。

什么叫水？“水”是指地球上一切水流。

“风水学”古代称之为“堪舆”，是中华民族祖先创造的一门高深学问，其原理来源于“易经”，是以自然平衡的天人感应，用中庸之道来改善与调整人生运势的一门学术。由于风水术实用性很强，虽历经数千年沧桑，还是发展演绎，流传至今。但由于学理深奥，文字晦涩，使历来一些探究风水学的有志之士，虽然满腹经纶，但大多无法登堂入室，仍在门外徘徊。

风水一词最早是见于晋代郭璞(276～324年)所著的《葬书》。书中提出“葬者，乘生气也”。“气乘风则散，界水即止。古人聚聚使不散，行之使有止，故谓之风水。”故风水二字为相地学之主旨，而其中得水之地为最好，以藏风之地次之。说明风水学自古注重生气，只有在避风聚水的前提下，才能得到生气，才能使万物得到生长之气。

有关生气的论述，在《吕氏春秋》中说得最为详细，其中有“生气方盛，阳气发泄”。说明生气就是万物生长发育之气，是焕发生命之气,比喻一年四季的春天,万物都在这个时期发育生长的,是最好时节。

在郭璞之前,风水又称之为堪舆,意即“堪”者为天,“舆”者为地,“堪”与“勘”同,乃勘察之义。汉代时就有以堪为业之人。还有一种说法道:舆者,车也,“堪舆”乃古时以堪为业的人专用之车,其车顶上制有一人,专门用手指南,又名曰“指南车”。

专用形法:《汉书·艺文志》有形法类,其中载录有《宫宅地形》二十卷。此外还有《青囊》、《青鸟》、《地理》、《相宅》等。

风水之学在我国已有数千年的历史,历经沧桑而未泯灭,在世界上早已占有一定地位。新西兰奥克兰大学地理学者尹弘基在《自然科学史研究》1989 年第一期撰文说:“风水是为寻找建筑物吉祥地点的景观系统,它是古代地理选址布局的艺术,不能按照西方概念将它简单称为迷信或科学。”

《风水探源》作者潘谷西教授在序言中说道:“风水的核心内容是人们对居住环境处理的一种学问,其范围包含住宅、宫室、寺观、陵墓、村落、城市诸方面。其中陵墓称之为阴宅,涉及住宅方面的称之为阳宅。”这些年,风水学的一些方面逐渐被国内外学者认可,成为学者研究“天人合一”的一个内容。

我们在论及风水学时,必须坚持实事求是的原则,不仅要根据前人的理论进行研究,还要充分理解和吸收学术界的最新成果。笔者认为:风水学不仅是一门传统文化,更是一种广泛流传的民俗,既是一种趋吉避凶的术数,也是一个环境规划的学科,同时也是一种改造与调整人生命运的博大精深的高层次学问。正如华南工程学院程建军教授在《风水与建筑》一文中所说,风水主要是指古代人们在选择建筑地点时,对气候、地质、地貌、生态、景观等各种建筑环境因素的综合评判,从现代科学理论来看,风水学是关系物理学、地质学、环境学、景观学、自然生态学、建筑学以及地球磁场方位等方面的综合性学科。

二、风水学之源流

风水学起源很早，在先秦时代，就有它的端倪，因为古人不仅重视自己的住屋，还注重死后的择葬。所以，风水学的服务对象就是阴宅和阳宅。但对于阳宅风水的研究早于阴宅。唐朝吕才在《五行禄命葬书论》中说，“殷周时就有卜宅之记载”，故《诗经》称“相其阴阳”，可见预言阳宅吉凶早在殷周时期就已有了萌芽。

《二十四史》中留下了选择阴宅的记载：《史记·樗里子传》中说：“昭王七年，樗里子卒，葬在渭南章台之东。曰：‘后百岁，是当有天子之宫夹我墓。’……至汉兴，长乐宫在其东，未央宫在其西，武库正直其墓。”因此后世在风术界称樗里子为风水术的原祖。

汉朝时代，风水术真正兴起，据说，《葬经》乃是汉朝青鸟先生所著。《后汉书·袁安传》中记载，袁安父亲去世，母亲叫袁安找人相地，在道途中遇一书生，问袁安何事，袁安告诉为父寻葬之事，书生乃指一地云：“葬此地当世为上公。”须臾不见。开始袁安觉得奇怪，于是将父亲葬于书生所指之地，葬后果然世代兴隆，可见在两汉时就有风水吉凶的说法，那时候早已流传民间了。

魏晋南北朝时期，风水术盛行，出现了管辂、郭璞这样的风水大师，《三国志·魏书·管辂传》说：管辂西行，路见一座公墓，依树哀吟，精神不乐。有人问其故，辂曰：“树木虽茂，无形可久，碑诔虽美，无后可守。玄武藏头，苍龙无足，白虎衔尸，朱雀悲哭。”“四危以备，法当灭族，不过二载，其应至矣。”后来果应其言，这里是说管辂相墓的灵验。有关郭璞的事迹更为神奇，在《葬书》中更有详细介绍。

隋朝宰相杨恭仁非常相信风水，他在迁移祖坟时，请了很多风水师替他相地，当地有位最有名的风水师叫舒绰，言中他地下埋有一物，掘之果验，受到皇帝重赏。还有一位叫肖吉的风水师，在他撰的《相地要录》中记载，皇后去世时，要他择地，皇帝未采纳他的建议，他说如果不听他建议，隋朝运数会不长。后来果然被他言中。

唐朝时风水术广为流行，一般有文化的人都懂风水，出现了张说、浮屠泓、司马头陀、杨筠松、曾文遄等一大批风水名师，其中最有名的是杨筠松，他开始时是在江西一带传播风水知识，弟子满天下。

宋朝时期，风水术更为盛行，出名的风水大师特别多，出现了陈抟、赖文俊、关景鸾、徐仁旺、傅伯通、邹宽、张鬼灵、蔡元定，历伯韶，其中历伯韶、张鬼灵等都是那个时间的代表人物，蔡元定、张鬼灵最为出名。宋朝时，不仅老百姓讲究风水，连朝廷都相信风水。

明朝时期，风水大家辈出，风水著作也特别多，开国军师刘伯温先生一人就著出《披肝露胆》、《玉尺经》、《堪舆漫兴》等多部名著。还有很多的江湖风水术士，如苏州风水名师胡舜申曾著《吴门忠告》，苏州阳宅高手周仲高，浙江姚余的骆用卿，金溪曾易明，江西徐继善、婺源，曾著《阳宅秘诀》、《雷霆心法》等书。还有一些僧侣道人，如江西安福的"达僧"，曾著有《撼龙经》，浙江高僧"幕讲僧"、"非幻和尚"等曾闻名于世。这些和尚都精通儒典，谙熟地理，他们自命清高，不甘寂寞，大多受到皇家重视。如明朝非幻和尚，曾受明成祖派遣祭墓，赠封"五官灵台僧"。

综观历史，风水术从先秦时期开始形成，魏晋南北朝时期在全国范围内传播，唐宋时代是盛行时期，明清时期直至目前仍大受人们重视。风水术不仅是在中国，在国外也大有市场，例如在新加坡、马来西亚、日本甚至在美国都很盛行。韩国首都移址，在世界各地请了400多位风水师为其勘察风水。2003年，笔者应印尼易经美化大自然基金会特邀，带着弟子倪宗良(浙江绍兴市人)参加在该国举办的第六届世界易经大会，会后被推荐去总统府勘察风水,由总统梅加瓦蒂亲自接见,并又安排去万隆警务署察看风水。可知国外对中国风水多么重视。

近年来随着国际上对风水学的重视,国内学者提出对风水学应去其糟粕,保其精华,这门古老学科又被人们重新认识。

中国风水两大流派

中国风水源远流长,各种学术派别很多。自唐宋以来,风水术大致分为两大派,即形势派和理气派。

1. 峦头派:形势派又分为形势、形法、峦体三个门派,主要在江西一带活动。

2. 理气派:理气派又分为理气、方位、卦义、宗庙等门派,大多活动分布在福建一带。

两大派别,历来观点不一,各自都维护自家门派,标榜自己是正宗。到底谁是正宗?至今还无定论。其实两个派别既有区别,又有联系,互相都是分不开的,形势派也讲方位,理气派也讲形势,不过侧重点各有不同而已。近年来北方江淮一带将形势与理气两派综合在一起运用。

由于各种门派林立,使风水显得神秘莫测,玄而又玄,弄得大家不知哪一派是正宗,更不知从哪里了解起。为了解除大家的疑惑,现介绍各派的名称、部分原理,并提出个人见解,供大家鉴别和参考。

一、峦头派

(一)峦头派又称之为形势、形象、形法等派。指的是自然界的山川形势,其中包括龙、穴、砂、水,和远处伸展来的山脉统称之为峦头。若是平原无山之地,可以高一寸为山,低一寸为水,高大建筑物皆称之为山。"穴"是指阴阳宅风水聚集之地。"砂"

是指穴地周围的山川,若是阳宅是指四周高大建筑物。“水”无论阴宅还是阳宅,指河流、沟塘、干流水,包括马路以,一切四周低洼的地方皆称之为水。

1.形象:形象派属于峦头范畴,是指勘察时所见到的地理形象,把山川的形象看成某地像嫦娥奔月,像某种动物的神态,如某地像“犀牛望月”,某地像“天马腾空”,某地像“金钟罩顶”,像蟹、虾、鱼、印等等,有上百种之多,不胜枚举。

2.形法:形法是形象派延伸出来的一种,是峦头派中的一种勘察方法,最主要是看形象对穴场所起的吉凶,例如右屋的前面接一间小房子,并且在小屋的前面开门,名叫白虎探头,又如在正前面有一道水沟冲来称之为穿心水,或一条路冲来,称之为穿心路等。

3.形象或形法,统称之为形势,原由江西杨筠松、曾文遄、赖大有、谢子逸等人创立,以杨筠松为形势派宗师。形势派重于地理形势,主要以龙、穴、砂、水配合向论其吉凶,俗称地理五诀。所以峦头派分形势、形象、形法三个派,但这三个门派的运用方法是没有大的区别的。

总的来说,形象派与形法派都离不开龙、砂、水(峦头),然而峦头又离不开形象和形法。再说得具体一点,形象和形法就是更具体地表示出峦头形象对穴场的反映。

二、理气派

理气派统称之为三元理气派,是宋代王及、陈抟等人创立,主要活动在浙江、四川、福建一带,其派最注重罗盘定向,以阳山阴向,阴山阳向不相乖错以定生克,理气派借鉴于形势派的理论,在形势派基础上穿插《周易》学说和占星学说,为扩大影响,也推崇杨筠松为祖师爷。

理气派门派很多,但凡与阴阳五行、八卦、九星、河图、洛书、星象、神煞、玄空、六壬等与数术理论有关的都归纳在理气派范围之内，乃是一门十分复杂的学派。由于学理过于复杂，才又衍生出令人眼花缭乱的许多小门派，这样一来，使大家不知从哪里着手，无所适从。正因如此，笔者为了使这门传统文化不至湮没，用简明语言介绍中国日常盛行的几个风水门派，使大家一看即知中国传统风水是怎么一回事。

两大门派又分诸多流派

一、八卦派

八卦派又名摇鞭断宅派，又称之为六爻派，以六爻卦为基础，用三元九运当令之九星入中宫之法，阳宅以向上飞星为上卦，大门为下卦，将上下两卦合起来配成复卦，然后用八卦六亲太岁等，按方位判断吉凶。阴宅与阳宅配卦方式稍有不同，不同点是阳宅以大门方位为下卦，而阴宅以水口的方位为下卦，两者的上卦装法仍是相同的。将卦装好后安上六亲，再看六亲方位的峦头好坏，与七十二局生机点，合则吉，不合则凶，便可决定吉凶。

了解八卦风水必须有六爻基础才能入门，对六爻卦越是功底深厚，预测的效果越是理想。若对六爻一点不懂，对此门学术就无法入门。

二、八宅派和阳宅三要派

八宅派又称作大游年派，了解风水大多从这两个门派入手，此两派操作方法非常简单，只需要掌握三个要点即可了解清楚：一是以八卦坐山配游年九星(实则七星)论吉凶，所谓游年九星，是指伏位、天医、生气、延年四吉星，五鬼、绝命、祸害、六煞四凶星。应用时以八卦坐山作伏位也有个别门派以门上起九星，配合游年九星，得出的结论是吉则吉，是凶则凶。其二是将八卦坐山分出东四宅和西四宅，然后再将八卦宅命与东西四宅相配，一般是以东四宅配东四命，西四宅配西四命以论吉凶。关于八宅论命者，是以年干支为准，再根据命主出生年而得出宅主是什么命。其三，是将游年九星配上七曜星，可得出宅主吉凶应期。八宅派风水在运用上比较方便，只是在风水理论上过于简单。

而《阳宅三要》的具体用法与《八宅明镜》大体相似，许多人认为《八宅明镜》与《阳宅三要》两者是一回事，将其混在一起，其实并非如此。两者八宫九星虽然相同，游星起法也相同，但用法大不一样，《八宅明镜》是以人的年命为主，无论安床、开门、立灶、造厕等都要配合宅命。其宅命的九星的配置，是以宅之坐山为伏位，然后再配上游年星，以灶座压在宅命的凶位，灶口朝向本命的吉位论其吉，反则为凶。而《阳宅三要》不重视年命，以房子的大门、主房、灶位三者之间的宫位生克论吉凶，而九星配置是由大门起伏位，大门不论开在什么方面，永远是伏位，其吉凶的产生，视伏位与主卧房和灶位定其吉凶的。

《八宅明镜》与《阳宅三要》是推论阳宅吉凶的最简易法则，想了解风水者大多以这两派为入门途径，只是此两派的学理过于简单粗陋，最好将两者配合起来理解。

三、三合派

三合派又名叫“三合水法”，又叫“六吉六凶水法”，运用时是先将墓宅定出二十四山向，然后再将二十四山向配十二长生位来定出吉凶的，十二长生乃是命理学中的长生、沐浴、冠带、临官、帝旺、衰、病、死、墓、绝、胎、养。是先看宅墓的周围水从何方来，看其水向何方去，则以水的来去定其吉凶，此法过去大多用于阴宅，后来用于阳宅。三合水法的学理也非常让人容易接受，在应用时多与四大水口配合起来。有关三合派风水中的洪范五行、赖公五行与黄泉八煞等，书中亦有详说。

四、三元派

三元派又称之为“三元八卦水法”、“先后天水法”、“三元龙门八局”,是当今阴阳宅外局消纳水法有影响的水法。其法是用后天八卦的坐山方位为基准,找出其中的先天位、后天位、天劫位、地刑位、宾位、客位、辅卦位、库池位、水口、正曜、天曜和地曜。应用时先看其墓宅的坐山属于后天的哪一卦位,该位卦又属于先天的哪一卦位,这个方位便是属此墓宅的先天之位。先天八卦主人丁,后天八卦主妻财。但凡欲知人丁兴衰,首先要用先天位来推测;要求妻财方面的事,则需以后天之位来判断。

五、紫白飞星派

紫白飞星风水法,是按洛书之九宫顺序演化出来的,以“坐山”为主,用后天八卦方位来分布九星的。以一卦管三山,将本坐之星安入中宫,用洛书九星飞布之法,以中宫之卦的五行为我,“八方”为星,再用“我”与“八方”之后天八卦五行的生克关系来论断吉凶。所谓紫白九星是指一白在坎为贪狼,二黑在坤为巨门,三碧在震为禄存,四绿在巽为文曲,五黄在中央为廉贞,六白在乾为武曲,七赤在兑为破军,八白在艮为左辅,九紫在离为右弼。紫白九星风水学,最主要就是注重元运的旺衰,以一至九数与八方的生克制化即可断出吉凶,只要能掌握这一点,那么紫白九星风水学就已经入门了,也就可以调整室内风水了,但要想在本学科钻研深透,还要继续研究,方能得出其中的真髓。有关理气派的风水分派很多,如奇门派、八卦派、玄命派等。

中国的风水派别很多,真正考究起来不外乎理气与形势两大派别。但虽分两派,他们的学理又是互相贯通的。所以,研究风水学的学者,必须要将两派理论兼容并蓄,不仅要细心研究,还要用批判的眼光去辨别真伪,在有条件的情况下,最好向有经验的老师多请教。

第一章 基础篇

第一节 河图洛书的概念

研究任何一门学问，必须先了解基础理论，然后再慢慢深入。风水学的基础理论完全是来自河洛理数和先后天八卦，离开河洛理数和先后天八卦，就无法去研究风水。再说得确切一点，无论了解哪一派风水，都要从河洛理数开始，然后再按部就班循序渐进进行探索。这和学英语一样，要学好英语，就必须要将 26 个英文字母学会，然后才能慢慢往下进行。常言说工欲善其事，必先利其器，只要功夫下到了，就知神秘的风水并不神秘。对于河图洛书这个名词读者大多耳熟，并且都知道《河图》乃龙马背负于黄河，《洛书》即神龟负书于洛水，《河图》《洛书》奥秘无穷，是中华传统文化的源头，古今圣人贤士都在研究它。

《易经》是一部博大精深、深奥无穷的典籍，古代先贤大哲为了追求其神奥，用去毕生时间去寻根求源，最后发现其理全都在《河图》、《洛书》之中。

罗盘是堪察风水的主要工具，《河图》《洛书》在风水学中的运用方法多刻划在罗盘之中，经云："盘之体，河图也。"也就是说，罗盘之基本来源全是来自河图，其原理即"一六共宗居北，二七同道居南，三八为朋居东，四九为友居西"，而五十居中央是为"皇极"。这就是《河图》阴阳生成之数。天干源自于《河图》，天干之阴阳就是《河图》奇偶之数，所谓奇偶者，也即"阳数为奇，阴数为偶”。

一、河图

《易经》云：“河出图，洛出书，圣人则之。”《河图》与《洛书》都起源很早，河图出现在伏羲氏时代，在黄河中由龙马背负而出。洛书出现在大禹治水时代，据说有一神龟在洛水出现，神龟的背上有圆点，中间有五个黄色圆点，上部有九个紫色圆点，尾处有一白色圆点，左边有三个碧色圆点，右边有七个红色圆点，右上角的肩部有两个黑色圆点，左上角的肩部有四个绿色圆点，左下角有八个白色圆点，右下角有六个白色圆点。《河图》的出现，反映出以地球为中心的宇宙空间结构，聪明睿智的大禹，将此图案用作八卦九州的分布图案。

河　图

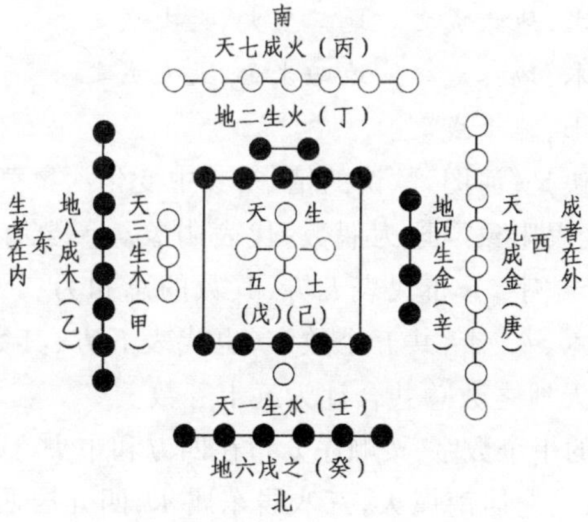

《河图》本身为天地之定位，内中包含着深奥玄机，明代风水先师幕讲师云：“坎离逢震巽、艮兑合乾坤。”这句话揭示了“一六四九”可通，“二七三八”不通，二七四九不通的道理。也就是说，卦气通则诸事皆顺，万事大吉；卦气不通则诸事不顺，祸害无穷。说明河图左旋顺生者，则万物兴盛；右旋而逆者，逆生则万物衰死。

远古的《河图》反映出我国地理特性，其中明显说明：

东方树木生长茂盛，故东方属木，木皆青色。

南方近赤道，暑热，故南方属火，火皆红色。

西方山高，常年积雪，其色为白，白色属金。

北方太阳照射较少，其色为黑，黑色属水。

中央管辖八方土，土无处不在，其色为黄，故中央属土。

河图数理歌诀

一阳六阴居北，二阴七阳居南，三阳八阴居东，

四阴九阳居西，五阳十阴居中。

一六共宗（水），二七同道（火），三八为朋（木），

四九成友（金），五十同途（土）。

天一生水，地六成之。地二生火，天七成之。

天三生木，地八成之。地四生金，天九成之。

天五生土，地十成之。

这段歌诀是《河图》歌诀的精华，其中变化深奥莫测，歌中的天为奇数，代表阳象。地为偶数，代表阴象。天数有一、三、五、七、九共五个数字，分布代表五方，其数的总和为二十五。而地数有二、四、六、八、十，共五个数字，也代表五方，其数的总和为三十。所以天地之数总共合计为五十五数。

《河图》的十个数字，按顺序分布在四方和中央，代表五行：一六居北属水，二七居南属火，三八居东属木，四九居西属金，五十居中属土。每一个方位皆由一阴一阳两个数字组成，象征着阴阳二气，每一方位的阳数与阴数之差皆为五，五为中宫立极之生数，象征太极，因此，河图又名为“二气五行图”，又称为“太极图”。

《河图》中的十个数字，一、二、三、四、五为生数，六、七、八、九、十为成数，以五的生数统管五的成数，此五的成数都是由生数组合而得，此一生一成奇数为体，偶数为用，乃大自然中变化之道。

天地之数五十有五，乃大衍之数去其五而只用五十。因五为中央之数，为二气合用的源由，为五行的根本，为天地之核心。

易经中的六十四卦，由三百八十四爻构成，其中的乾卦“——”代表阳爻，又称之为九。坤卦“– –”代表阴爻，称之为六。因此九与六为天地阴阳的代表数，追其根源，皆是《河图》中精髓。

阴阳五行之原理来源于《河图》，一六居北，二七居南，三八居东，四九居西，五十居中。天一生水于北，地二生火于南，天三生木于东，地四生金于西，天五生土于中。至六以成水，至七以成火，至八以成木，至九以成金，至十以成土。所谓水火木金土五行，并非指物质现象的金木水火土，这里指的是五行化的作用，乃水气湿冷而润下，火气炎热而上升，水气温和而外放，金气寒冷而内聚，土气而中和居中，由于阴阳二气化成五行性能，以行其化育万物。否则，万物是无法畅其生机的，如光热而不寒，或者光寒而不热，万物得不到收敛则不能成形；湿而不温，或温而不湿，则万物不能得以生发。由于五行寒热温湿，互相有生克制化的作用，宇宙万物才能得以生生不息，这就是阴阳五行二气的原理。

再说十天干中，天干甲与己合化土，乙与庚合化金，丙与辛合化水，丁与壬合化木，戊与癸合化火。这些阴阳五合化之原理，皆来自河图。其序数为甲一、乙二、丙三、丁四、戊五、己六、庚七、辛八、壬九、癸十。天一生水地六成之，甲一、己六形成甲与己合。地二生火天七成之，乙二、庚七形成乙与庚合。天三生木地八成之，丙三、辛八形成丙与辛合。地四生金天九成之，丁四壬九，形成丁与壬之合。天五生土地十成之，戊五、癸十形成戊与癸合。为此天干之五合都来源于《河图》之原理。

古人以《河图》五行之成数生后天八卦之四维——乾、坤、艮、巽。河图五行之成数六七八九居四正之位。再来细一点分析，水之六数，居于坎方而生乾，以六减三留守本宫，其余数之三，则画三而成乾卦，居西北方位。火之数为七，居于离方而生巽,以七减三,留守本宫其余数为四,所以画四划成巽卦,居东南方位。木之数为八,居于震方而生艮,以八减三留本宫,其余数五,所画五划成艮卦,居东北方位。金之数为九,居兑方而生坤,以九减三留守本宫,其余数为六,所以画六划成坤卦,位居西南。为此,六七八九而推演出乾坤艮巽四个卦象。为什么用三留本宫呢?因太极由一而变两仪,再由两仪变四象,三变而成八卦,八卦之成,成于三变。而四正之位为气之常,四维之位为气之变。常者其数皆同,而变者其数不同。所以,四正所得之数皆是三。而四维得其数皆成八卦。

二、《洛书》

据说《洛书》出于洛水,大禹治水时,洛水出现神龟,背上有黑白斑点联结如下图。

经云:"盘之用,洛书也。"即日常所用罗盘用法之原理,但凡盘上所刻之字完全在《洛书》之中,《洛书》歌诀中,以奇数(单数)坐于四正方位,即(东西南北),偶数坐于四角(东南、西北、西南、东北),《洛书》中合十之歌诀就是来源于此。

洛 书

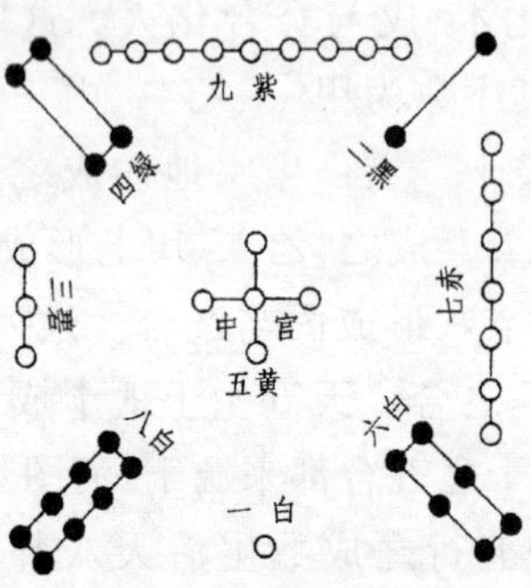

《洛书》数理歌诀

戴九履一、左三右七、二四为肩、六八为足、五十居中。

奇数居四正位和中央,偶数到四角;奇数为阳,偶数为阴。

以图来看,八方之中成四组相对之数,上下一九相对合十,左右三七相对合十,二八相对合十,四六相对合十,而五独居中,五为生数,十为成数。洛水见五而不见十是因十数已包含在八方四合之中。

在十五方阵之中,其特点纵横斜行相加,其和数皆为十五。隔角相加其和数也皆为十五。

《河图》为体,《洛书》为用。《河图》为经,《洛书》为纬。

1.《洛书》的数理变化

《洛书》本身为流行之气,分为前后两组,前者即一二三四,后者即六七八九。

以一三七九为阳,所以左顺为阳,二四六八为阴,故右逆为阴,这就是千古以来阳顺阴逆之秘。其八方相对为合十,亦即一九合十,二八合十,三七合十,四六合十,其中就隐藏着阴阳零正关系。所以,古书中所含藏的天地自然之气,宇宙间万物的生旺衰死全在这九宫之中。

洛书左右顺逆图

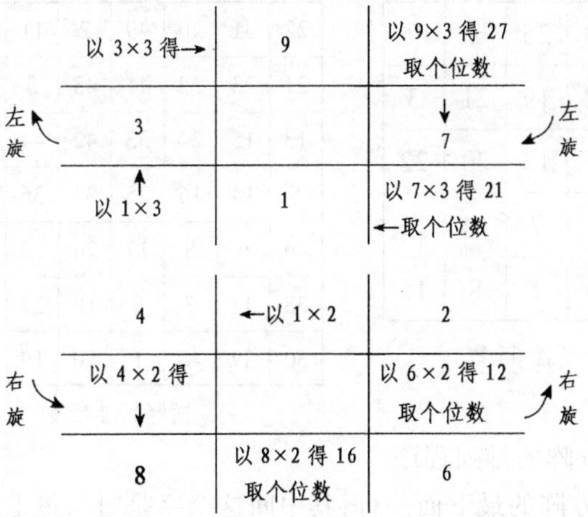

这就是老子所说“道生一、一生二、二生三、三生万物”的基本哲理。

《洛书》本身的原理就刻画着宇宙间万事万物，其中包括地天人的深奥哲理，其意义之大，人莫能测。

从《洛书》九个数自然排列及行走路线来看，其数理皆出现在数学之几何方阵，堪舆之飞星，奇门遁甲等九宫之中，任何一条贯穿三个数的直线，无论横线或斜线，其和数皆为十五。

4	9	2
3	5	7
8	1	6

横竖斜皆 15

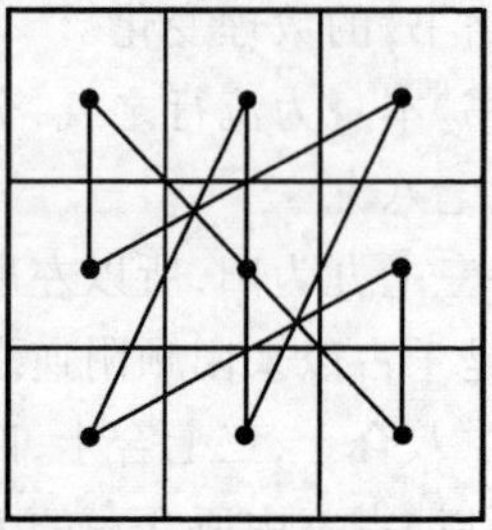

《洛书》五方阵图

《洛书》七七方阵图

11	18	25	2	9
10	12	19	21	3
4	6	13	20	22
23	5	7	14	16
17	24	1	8	15

横竖皆 65 数

22	31	40	49	2	11	20
21	23	32	41	43	3	12
13	15	24	33	42	44	4
5	14	16	25	34	36	45
46	6	8	17	26	35	37
38	47	7	9	18	27	29
30	39	48	1	10	19	28

横竖皆 175 数

2．方阵的排列程序

（1）方阵的最下面一行，其中间这个字是“1”，最上面这一行中间是“49”,是最大的数。

(2)从1数开始进行的方向依右斜而下。

(3)遇到右壁则接左壁下一行,以后再继续右斜而下
遇到下壁则接下壁之右行,以后再继续右斜而下
遇到位置被占则填上一格,以后再继续右斜而下
（三种方法互用）

如最右下角被填实则继续填其上一格,再接最右下角。

对于偶数方阵的推排,如四四、六六、八八等方阵,都可用洛书之原理排出。但推排方法比上述的奇数更加复杂,因此没有必要再去举例说明。

3.《河图》与《洛书》的关系

《河图》为体,《洛书》为用,《河图》以五生数统管五成数,而同处其方,而道其异,此乃数之体也。《洛书》以五奇之阳数统四偶之阴数而各居其所,盖主阳以统阴而肇其变,故数之用也。《河图》之一二三四各居中宫,五数之外。而《洛书》之一三七九也各居中宫之外,而二四六八者,又各因其类而附于奇数之侧。中宫之数为主,外围之数为客,四正之位为君,居侧之位为客,也都各有其序,有条不紊。《河图》之数极于十,故为数之全;《洛书》主变化,故数极于九。

《河图》与《洛书》皆同属于气数,而《河图》以天地合化,阴阳合德而生成五行,分列于四方,以成四象。而洛书则互为推移,列九位以成其变,分列八方,以象八卦。中五乃太极之本位。《河图》之位,立而不动,立天地之极而见其体,有生成之序。《洛书》之用,时有变迁,列天地之序而明其变,有往复之情。两者一个以守中而立极,一个以循环不穷,乃成天地生成始终之道。

《河图》代表气运五行,五行乃万物之根本,为气数之大体,简洁定位故而为体。《洛书》则推迁而成九宫,明气数之变,以成万物,化繁而周行。其主变化,故而为用。

《河图》主性理,《洛书》主气化。

《河图》之理，恒常不变，在天为天理，在地为地理，在人谓之性理。“理”原本是无象的，自天现《河图》以后才开始有象。理者本是无极，先儒们说是太极还未形成，没有天地之前则先有此理，在未有此身之前则先有此性。河洛之数理，一六在北属水，水为冬天主寒，所以北方天气寒冷，故水主智之端，故北方人多智而聪明。二七在南五行属火，火为夏天主暖，火主礼之端，故南方人多礼。三八在东属木为春，故春主仁之端。四九在西方属金，为秋天之气，金主义之端也。五十居于中宫，五行属土，土主信之端，统四方而不动，所以为道源之本体，这就是天现《河图》五种之性，为五常之理也。

《洛书》为太极之气，由一至九流行，从十二辟卦之复，临、泰、大夬，壮、至乾卦由冬入夏，此乃太极之阳仪。春夏二季自九至一，由姤、遁、否、观、剥至坤卦由夏入冬，此乃太极之阴仪，含秋冬二季，此乃两仪生四象。另有立春之艮，春分之震，立夏之巽，夏至之离，此乃阳仪中之四卦。加之立秋之坤。秋分之兑，立冬之乾，冬至之坎，此乃阴仪之四卦。综上演化乃四象又生八卦也。

八卦之中艮为八白，震为三碧，巽为四绿，离为九紫，坤为二黑，兑为七赤，乾为六白，坎为一白，五黄为元气之本体，居中宫而为九宫之中心。八卦者一卦统三气、一气统三候（五天为一候），三候为一气，二气为一个月，一年为七十二候，分为二十四气而成十二个月。两个立春之间共三百六十五日零三时一刻。大挠氏作六十甲子，分为春秋四季，此乃一定之成数，这就是《洛书》之气也。

4.《河图》、《洛书》与先后天八卦关系图

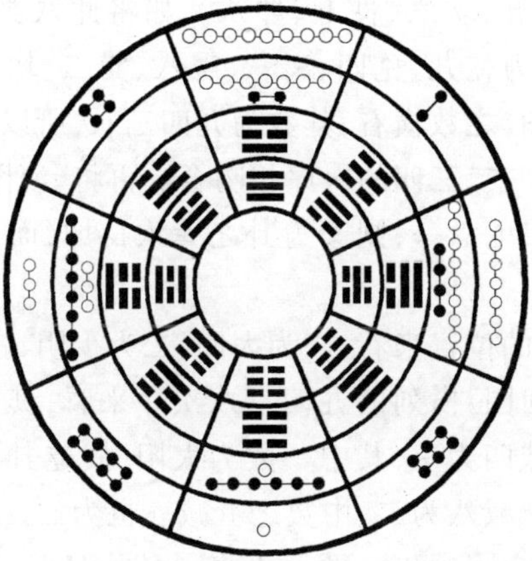

（先天八卦从里向外看，后天八卦从外向里看）

先后天八卦配《河图》《洛书》综合图

(1)先天八卦序数：乾一、兑二、离三、震四、巽五、坎六、艮七、坤八。

(2)后天八卦序数：坎一、坤二、震三、巽四、中五、乾六、兑七、艮八、离九。

(3)《洛书》序数：坎一、坤二、震三、巽四、中五、乾六、兑七、艮八、离九。

(4)先天八卦配河洛。左面阳内阴外，即先天乾兑离震，阳长而阴消。右面阴内阳外，即先天巽坎艮坤，阴长而阳消。

(5)后天八卦配《河图》。一六合水，即后天之坎卦，二七合火，即后天之离卦，三八合木，即后天之震巽卦，四九合金，即后天之兑乾卦，五十合土，即后天之坤艮卦。图象五行之生长，五气之顺布之理也。

《河图》《洛书》乃先天八卦之源，《河图》《洛书》是由灵龟背上斑点而成，以则画数而成八卦。先天八卦之位是乾一、兑二、离三、震四、巽五、坎六、艮七、坤八。如将此八卦之位配上《洛书》之数，则又为乾九、兑四、离三、震八、巽二、坎七、艮六、坤又为一。将《河图》之数横看，其数为九四三八，所以先天八卦数的乾兑离震则与一二三四的次序相吻合。再将《河图》之数排列竖看，其数则为二七六一，则又为卦之巽坎艮坤，而合乎五六七八之卦序。

再从四象的位置来看，一为太阳、二为少阴、三为少阳、四为太阴。再将《河图》横列的九四三八次序来看，其中数之十减九为一、数之五减四为一，其中一数为太阳，故乾卦与巽卦同根于太阳，中数之十减八为二、中数之五减三也为二，二数为少阴，故离卦与震卦与少阴同出一源。再将《河图》竖看，中数的十减七为三、中数的五减二也为三，三是少阳，于是坎卦与离卦与少阳同出一之源。继将中数之十减去六，其数为四，中数之五减一也为四，四为太阴。所以坤卦与艮与太阴同出一源，这就是四象八卦的由来，再将此四象回溯到阳仪上看，则乾兑离震四卦皆由阳仪所生，巽坎艮坤四卦完全由阴仪所生，这就是太极生两仪，四象生八卦的由来。

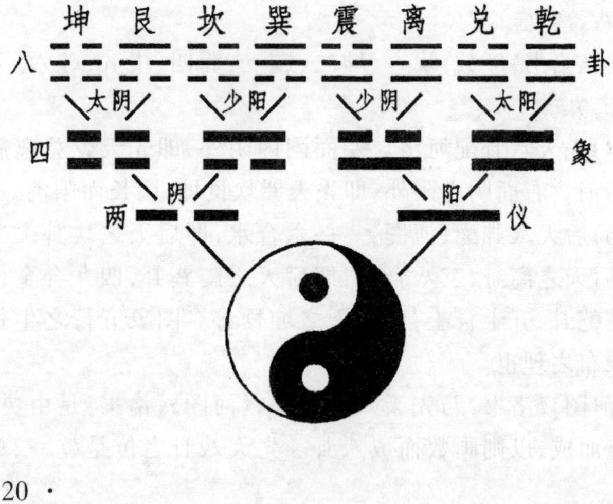

第二节 先后天八卦

一、先天八卦

《易经》曰:“古者包牺之王天下也,仰者观象于天,俯则观法丁地,观鸟兽之文与地之宜,近取诸身,远取诸物。于是始作八卦,以通神明之德,以类万物之情。”古代大圣人伏羲,观察天象万物之变化,研究出世间万物自然规律之轨迹,将其归纳而创出了八卦。

以上所述的太极生两仪,两仪生四象,四象生八卦。四象者太阳、少阴、少阳、太阴。其现象皆来自变化,如春、夏、秋、冬之变化,其形态没有显现,仍需再应相生。在四象上配以阴阳。将太阳之上再加上一阳配为乾卦,太阴之上再加一阴配为兑卦,此乃乾兑之同源。少阴之上再加一阳为之离卦,少阴之上再加一阴成为震卦,形成震离同源。少阳之上再加一阳成为巽卦,少阳之上再加一阴又成为坎卦,所以巽坎同源。太阴之上再加一阳成为艮卦,太阴之上再加一阴又变成坤卦,这又是艮坤同源的由来。

先天八卦方位图

周易说卦曰:天地定位,山泽通气,雷风相薄,水火不相射,八卦相错。

八卦爻象歌诀:乾三连与坤六断,兑上缺配艮覆碗,离中虚和坎中满,震仰盂对巽下断,学会背此卦象歌,阴阳配合永不乱。

图中乾坤两卦为八卦之主,又称为父母卦,天地之定位皆来自乾坤两卦,此乾、兑、离、震、巽、坎、艮、坤八卦高度抽象地代表了天、地、水、火、山、泽、风、雷八大自然现象,也指出了天地之间的八大作用,生命的八大原理、人生的八大方向、空间的八大方位、季候的八大节气,奇门遁甲的八门、命运的八字,描述出宇宙人生,万事万物的八大类象,成为易经思维结构的八大范畴。现将先天八卦代表天地间自然现象列表如下,以便明示。

八卦爻象		八大自然	爻数	五行	方位	人身	伦常	卦性	物象
☰	乾卦	天	一	金	南方	首	老父	健	马
☱	兑卦	泽	二	金	东南	口	少女	悦	羊
☲	离卦	火日	三	火	东方	目	中女	明	雉
☳	震卦	雷	四	木	东北	足	长男	动	龙
☴	巽卦	风	五	木	西南	股	长女	入	鸡
☵	坎卦	水月	六	水	西方	耳	中男	险	猪
☶	艮卦	山	七	土	西北	手	少男	止	狗
☷	坤卦	地	八	土	北方	腹	老母	顺	牛

二、后天八卦(文王八卦)

后天八卦与先天八卦用法不同,后天八卦以先天八卦为基础,先天八卦以后天八卦为应用,两者有体与用的关系,也就是先天八卦为体,后天八卦为用。所谓用者,用五行生克的理论来制定出法则。如历法、命相、中医学、风水学等操作，皆用后天八卦。然而先天八卦与后天八卦的相互之间有许多混合之处，是不能分开的。如天与地相对，阴阳二气交合才能生成万物。男与女相对，阴阳二气交合才能生男育女，这只是形上形下，主动与被动的先后关系。所以，研易者必须弄明白先天八卦与后天八卦的全面意义，方能胸有成竹。如乾为老阳可统天，坤为老阴能顺承天，说明乾卦为始、坤卦为生，一为统天、一为承天，很明白地指出乾卦居先为主动，而坤卦居后为被动，故有先后之别。再如人的身体比如为阴，但人的意志为阳，躯之体之行动，必在意志支配之后才能运动，这就是阴阳二气的先后关系，也可以说阳为有形、阴为无形之体用关系，这一点就是先天八卦与后天八卦的区别。

后天八卦方位图

说卦传曰：帝出乎震，齐乎巽，相见乎离，致役乎坤，说言乎兑，战乎乾，劳乎坎，成言乎艮。

易经曰：无极生太极、太极生两仪、两仪生四象、四象生八卦，八卦分为先天八卦与后天八卦，两者互相通气，难分难离。先天为体，后天为用。先天指规律，后天指现象。先天为未成，后天为既成。比喻一个人，在母腹尚未出生之前叫做先天，待到出生之后，形象已成，就叫做后天。先天的八卦次序是根据伏羲八卦阴阳生成之原理排列的。即乾坐南方为一数，兑坐东南为二数，离坐东方为三数，震坐东北方为四数，巽坐西南方为五数，坎坐西方为六数，艮坐西北方为七数，坤坐北方为八数。乾坤坎离为四正之位，震兑巽艮分坐四角谓四偶之位，分坐八宫，布于八方，这八个字将它连接起来，其顺序是从正南乾位起，从右向左边数东南兑位，东方离位，最后到东北方震位，这叫做阳仪顺行；再从乾位的右边一线往下数，由西南巽方走向正西方坎位，再从坎位走向西北方艮位，最后到正北方坤位停住，其顺序为“巽、坎、艮、坤”，这又叫做阴仪逆行。其中的九数则含在中央。

再将八卦每一爻象拆开来分析一下，乾卦之划数叫乾三连为老阳，是三划连在一起。坤卦的卦象叫坤六断，为老阴，也就是将乾卦的三横断开成六划，此乃一阴一阳，又叫一奇一偶。将三与六合起来得九数，将坎卦之五划，离卦之四划一奇一偶合起来也为九，将巽卦之四划，震卦之五划一偶一奇，合之为九。兑卦之划数为四划，艮卦之划数为五划，一偶一奇合也为之九。九数为中宫造化之数，为阳数之极，所以有先天为本体之义。

后天八卦与先天八卦两者在理论上是分不开的，只是运用上有些不一样，先天八卦以玄空大卦为依据，即乾一、兑二、离三、震四，代表左边一半，巽五、坎六、艮七、坤八代表右边一半，《玉尺经》中所说："识得阴阳两路行，富贵达京城；不识阴阳两路行，万丈火坑深。"

后天八卦主方位，如震巽木为春天，位于正东南；离火为夏天，位于正南；兑乾为金为秋天，位于正西和西北；坎为水为冬天，位于正北；坤艮为土，为四季，位于西南和东北，为上半年和下半年的分界。将后天八卦再细看一下，它的任何两个卦的位置相加起来其数都是十，称为合十，而先天八卦的相对方向相加则是九，这就是先天八卦与后天八卦的两个不同点。在运用方面则以先天为体，后天为用的道理。但后天八卦巽、离、坤、兑四阴卦在西南一方，乾、坎、艮、震在东北一方，与先天八卦正好吻合，都是阴阳两路行的道理。从整个风水学的运用来看，无论任何一派之风水学说，其理都是从先后天八卦中发挥出来的，离开了先后天八卦，任何一门风水学派都无法立足生根。

三、八卦的广象

八卦的广象与性能，皆是古人根据大自然现象演化出来的，从说卦传象辞中，可以看出八卦的性能，象征和意义。

1. 乾卦“☰”：乾者，健也，主动，大象为天。卦象乾三连，三个横划连在一起之象。

乾卦象征宇宙万物，时时在运动，大至宇宙阳光、小至微小一物，时时都在旋转不息。《易经》称之为“乾元”，乾元是为万物万象的生发生机的原动力。

乾在人体象征头首、肺、骨头，为人体之主，精神之能源，代表人的头脑、中枢神经、思维。

乾在人物中代表君、父、大人、老人、长者、上级领导、老板、官宦等。

乾在地理方面代表西北方、京都、高大之所，五行方面代表金，乾性刚坚，古以金玉冰为最坚之物。

乾的时序代表秋天，庚辛申酉年月。乾的大象为圆，世间万物都随圆乾迹运行。大如太空星球，小如一粒电子，都是圆的作用，圆代表广大无边的意义。

2. 兑卦“☱”：兑者，悦也，主决，大象为泽，开心喜笑为悦，如兑加心为“悦”字。兑为语言，兑为言为“说”字。兑卦有更换之义，如兑换、兑现、出兑等。兑为金，兑旁加金为“锐”，刀磨锋利为“锐”，古人造“锐”字都是根据兑卦的卦象，创造出来的。

兑之大象为泽，泽是有水的沼泽之地，水泽乃是各种生物聚会之地，并能养纳各种生命，故有恩泽、德泽、恩泽于天下之义。

兑之五行属金，卦序为二，天时为雨泽、新月、星，在地理方面为泽、为水池、废井、山崩破裂之地，时序为秋八月，酉金年月是也。

兑在身体方面为口、舌、肺、痰涎，在病为口舌、咽喉、气逆、喘息、饮食不继之疾。

兑卦于四时为秋天，作物成熟之时，喜悦而收成进仓。兑为口舌，为语言。兑在动物方面为羊，在人物为少女、歌伎、奴仆，性格柔中有刚，有严肃果断之象。

3. 离卦"☲"：离也者，明也，大象为火为日。

离卦的卦象二阳在外，一阴在内，相映而亮丽，有美丽之象。

离字拆开来看，乃"凶"、"内"二字组成。根据离中虚的卦象来看，乃是外实内虚，外表好看内中藏凶之象。

离卦为火，为日又为光明文采。火性炎上，显示出向上发展有辉煌而文明的象征。

离卦序为三数，地理位置在南，人物为中女、文人、军人，时序为夏午月，丙丁巳午年月日时。论疾病为目疾、心脏病、上焦病，颜色乃赤紫之色。

"离卦"阳在外，阴在内，有外刚内柔，外热内冷，温度高在外表，而心火又最低，又比如一个人的个性火暴刚强，然而其心地则温柔善良。

4. 震卦"☳"震者，动也，主行，大象为雷。

震字雨下有辰，辰为三月，阳气初动，雷震而春雨至，万物生机开始进展。震为长男，体健力强、精神焕发，是人生最旺盛时期。震在人身为足，有行动前进之象。

震的方位为东方，说卦传："帝出于震。"帝有独裁，主宰之义。震的颜色为碧绿色，九星称为三碧，五常为仁，一切的生机、爱心都称为仁。凡是植物的种子都称为仁子，形容有繁衍生长之谓。用现代科学来观之，震为雷，为电，几乎一切现代化器械都是以电作动力的，电的广泛应用又推动了社会进步。震乃震动，如临地震，山摇地动之象。

5. 巽卦"☴"：巽者，入也，主入，主齐，大象为风。

巽居东南，时令为春夏之交，阳气旺盛，万物欣欣向荣，故曰"帝齐乎巽"。巽乃东南之位，为清明之风，乃和畅温暖之风。巽为命令，掌权之义。

巽卦五行属木，大象为风，时序为三五八，应事于辰巳年月日时。巽于动物为鸡，鸡可司晨，遵守信誉。巽为长女，又为少妇，有温柔顺从之德，巽乃成长之木，有生长发育之象。如妇女已经成熟之象。

6．坎卦"☵"：坎者，陷也，主险，大象属水。

坎卦如流水，水能利万物，也能害万物。古时大水为害，禹王治水九年，三过家门而不入，以高深之智慧挑河引导，以绝水患。由于江河阻碍交通，人们非常厌恶，易经中常有"利涉大川"和"不利涉大川"之言。由于水有塌陷之厄，人们认为危险、忧患，故称为"坎"，乃为险，为陷。古人对水之忧患，显示出圣人悲悯众生之心情。

坎为月亮，离为太阳，日升月落，日显月隐，易中有"水火不相射"之说。

坎卦属水，水象乃"川"字之形，水乃乾金所生，坎卦中间的一阳爻，乃坤卦中间的一阴爻变化而成，所以先天之乾金变化后成坎卦之水，故《河图》中有"天一生水"，水为万物生成之源的说法。

7．艮卦"☶"：为止，为限，主静，大象为山。

艮卦乃坤之上一爻变为乾，三爻变阳，阻止前进，故艮为止之义，艮旁加"耳"乃是"限"字，限乃限制，暂停之义。

艮卦的先天坐乾，乾乃西北方，大山起源于西北，故艮卦先天在西北，艮形象山，山峦乃静而不动之象。艮字上加一点为"良"字，很像一个人站在山头讲道理，传授良知；艮字加上走之为"退"字，像大山在阻止人们前进；艮字旁加上木字乃"根"字，像树木扎根于山上；艮字旁加上犬字乃是"狠"字，示山上乃野兽藏身之地，凶狠之象。

艮乃人们之阻道，教导人们开发良知，去除贪欲，乃人之正道，大学有云：“为人君，止于仁；为人父，止于慈；为人子，止于孝；与国人交，止于信。”

艮卦，《彖辞》曰，艮者止也，教导人们君子可行则行，可止则止，动静不失其时。但艮的止并不是终止，截止，而是可行可止。

艮于人体为手，有不动之象。艮为少男，属于青少年时期，艮卦上一爻属阳，说明阳在上为天，示出人在青少年时期，要在事业上向上发展，要有担负创造新时代勇往直前的精神。

8．坤卦“☷”：坤者，顺也，主静，大象为地。

坤卦为柔为静，乾卦为刚为动，乾卦为天，坤卦为地，坤顺乾乃顺天。坤卦为柔为静，乾卦阳刚为动，动极则静，静极则动，阴阳动静不息，乃宇宙创造万物的根源所在。

坤卦先天在北，后天在西南，中国的山脉河流皆发源于西北和西南，如昆仑山、喜马拉雅山等。坤乃土字旁，谓之大地“厚德载物”，大地能载万物，君子要有宽宏之肚量，坤字右边是申字，申乃上接天下通地最高的山脉所在之义。

第三节　五行与干支详述

一、五行生克

1．五行名称“金、木、水、火、土”。

2．五行相生：五行木、火、土、金、水，其中木生火、火生土、土生金、金生水……顺时针逐位循环相生。

3．五行相克：五行木、火、土、金、水，其中木克土、土克水、水克火、火克金……顺时针隔一位循环相克。

五行相生相克图

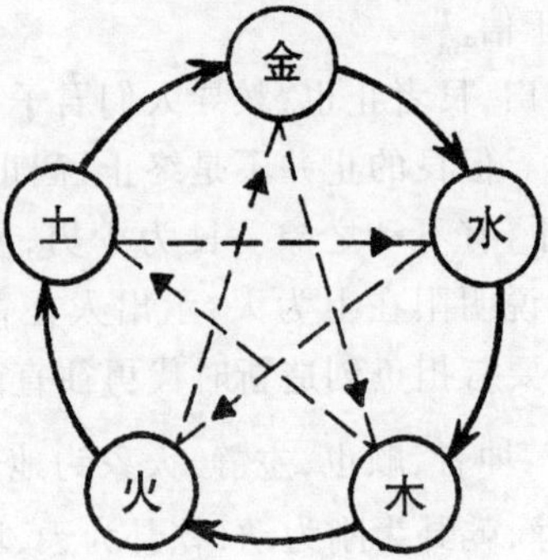

图中黑线箭头代表相生,虚线箭头代表相克。

二、五行与四时

春天属木、夏天属火、秋天属金、冬天属水、四季属土。

三、五行与方位

东方属木、南方属火、西方属金、北方属水、中央属土。

四、五行强弱

春天木旺、火相、水休、金囚、土死。

夏天火旺、土相、木休、水囚、金死。

秋天金旺、水相、土休、火囚、木死。

五行归类图表

五行	四季	方位	五气	五脏	五腹	五体	五官	五性	五味	五声	五色	五液
木	春	东	风	肝	胆	筋	目	怒	酸	呼	青	泪
火	夏	南	热	心	小肠	血	舌	喜	苦	笑	赤	汗
土	四季	中央	湿	脾	胃	肉	口	思	甘	歌	黄	涎
金	秋	西	燥	肺	大肠	皮毛	鼻	忧	辛	哭	白	涕
水	冬	北	寒	肾	膀胱	骨	耳	恐	卤咸	呻	黑	唾

冬天水旺、木相、金休、土囚、火死。

四季土旺、金相、火休、木囚、水死。

五、十天干

1.天干名称:甲、乙、丙、丁、戊、己、庚、辛、壬、癸。

2.天干五行方位

甲乙居东方,五行属木。

丙丁居南方,五行属火。

戊己属中央,五行属土。

庚辛居西方,五行属金。

壬癸居北方,五行属水。

3.天干生克

相生:甲乙木生丙丁火、丙丁火生戊己土、戊己土生庚辛金、庚辛金生壬癸水、壬癸水生甲乙木。

相克:甲乙木克戊己土、戊己土克壬癸水、壬癸水克丙丁火、丙丁火克庚辛金、庚辛金克甲乙木。

4.天干之阴阳

阳干:甲、丙、戊、庚、壬。

阴干:乙、丁、己、辛、癸。

5.天干相冲

甲庚相冲、乙辛相冲、壬丙相冲、癸丁相冲,其规律是阳干冲阳干,阴干冲阴干,位置相冲。

6.天干合化

甲(阳木)与己(阴土)合化为土。

乙(阴木)与庚(阳金)合化为金。

丙(阳火)与辛(阴金)合化为水。

戊(阳土)与癸(阴水)合化为火。

六、十二地支

1.十二地支名称

子、丑、寅、卯、辰、巳、午、未、申、酉、戌、亥。

2. 十二地支五行方位与四季

寅、卯(木)、辰(土)属东方,属春天。

巳、午(火)、未(土)属南方,属夏天。

申、酉(金)、戌(土)属西方,属秋天。

亥、子(水)、丑(土)属北方,属冬天。

3. 十二地支阴阳

阳支:子、寅、辰、午、申、戌

阴支:巳、酉、丑、亥、卯、未

4. 十二地支与属相

子鼠、丑牛、寅虎、卯兔、辰龙、巳蛇、午马、未羊、申猴、酉鸡、戌狗、亥猪。

5. 十二地支与时辰

子时:23 点~1 点	丑时:1 点~3 点
寅时:3 点~5 点	卯时:5 点~7 点
辰时:7 点~9 点	巳时:9 点~11 点
午时:11 点~13 点	未时:13 点~15 点
申时:15 点~17 点	酉时:17 点~19 点
戌时:19 点~21 点	亥时:21 点~23 点

6. 十二地支月建与节气

春天:
- 立春正月节建寅,雨水为正月中气
- 惊蛰二月节建卯,春分为二月中气
- 清明三月节建辰,谷雨为三月中气

夏天:
- 立夏四月节建巳,小满为四月中气
- 芒种五月节建午,夏至为五月中气
- 小暑六月节建未,大暑为六月中气

秋天
- 立秋七月节建申，处暑为七月中气
- 白露八月节建酉，秋分为八月中气
- 寒露九月节建戌，霜降为九月中气

冬天
- 立冬十月节建亥，小雪为十月中气
- 大雪十一月节建子，冬至为十一月中气
- 小寒十二月节建丑，大寒为十二月中气

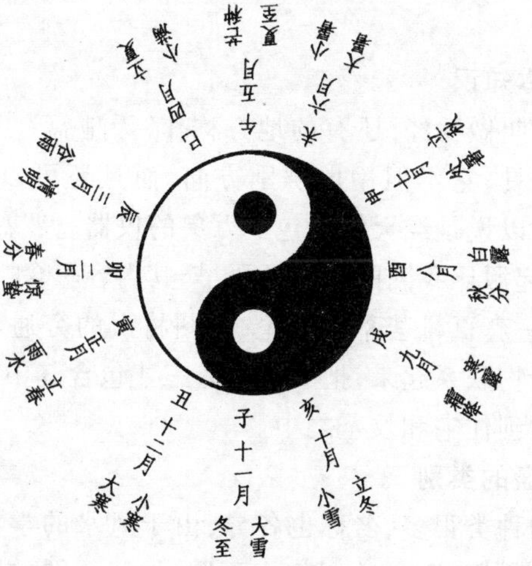

二十四节气图

7. 十二地支合化图

子与丑合化土、寅与亥合化木、卯与戌合化火、辰与酉合化金、巳与申合化水、午与未合化火。

8. 十二地支相冲

子午相冲、丑未相冲、寅申相冲、卯酉相冲、辰戌相冲、巳亥相冲。

9. 十二地支三合局

寅午戌三合化火局、申子辰三合化水局、亥卯未三合化木局、巳酉丑三合化金局。

10. 十二地支三会局

亥子丑三会北方水局、寅卯辰三会东方木局、巳午未三会南方火局、申酉戌三会西方金局。

第四节　罗盘的基本知识

一、基本知识

罗盘又叫做罗经，还有的地方称作“天地盘”。罗盘是看风水的主要工具，它不但用以辨别方向，而且还可以用来推算星象、节气，可以说是经天纬地包罗万象的仪器。罗盘的学问博大精深，它的起源比我国的文字还要早，其内容蕴含“天人合一”的体系，形成一套百科荟萃的理论，力图将人的穷通寿夭，吉凶祸福与天地万物联系起来，把天、地、人三才包含其中，又把一个大千世界浓缩到住宅和坟茔之中。

二、罗盘的类别

罗盘的种类很多，名称也各异，由于风水的学派不同，根据各派理论的适用，罗盘的制作也不同，如三元派的“三元盘”，三合派的“三合盘”，还有三元和三合两派的综合盘等。

三合盘：以二十四山穿天透地、一百二十分金、二十八宿为主，配合五行旺衰的法则。此派从唐朝开始就逐渐盛行，明清时代更为广泛应用，其派书籍很多，如赵九峰的《地理五诀》、刘秉忠的《玉尺经》、彻莹和尚的《地理直指原真》等等。

三元盘：分为“蒋盘”或“玄空盘”等式。以二十四山向，先后天八八六十四卦，三百八十四爻，以《河图》《洛书》、五行、星宿为依据。以先天八卦为体，后天八卦为用，以阴阳五行配合宇宙周期而立论，是用于风水操作不可缺少的主要工具。

风水学由于门派很多，盘式各异，常用盘有的少至几层，有的多达几十层，但各层都有各层的功用，虽门派不一，但无论何门何派其罗盘中的地盘正针都是一样的。

三、罗盘运用知识

罗盘中央放指北针的地方叫做“天池”，天池里面的指北针叫做“磁针”。磁针专门指北，因地磁作用，同性相斥，异性相吸之故，指北针的指北是永久不变的。磁针的红头指向正南方的“午”字，白头的尾部对准北方的“子”字，并与天池内子午黑线对齐，运用时须将罗盘摆放平稳，待磁针稳定后即可判断吉凶，方能准确无误。

第一层：先天八卦。将磁针的红头对准盘面，四层或六层的“午”字之后，可见乾卦“☰”在正南方，坤卦“☷”在正北方，阳仪从乾卦逆时针向左看，则是乾一、兑二、离三、震四依次而立，阴仪从坤卦顺时针向右看，则是巽五、坎六、艮七、坤八顺序而立。

八卦五行是乾、兑属金，坤、艮属土，离属火，坎属水，震、巽属木。八卦对照人事来说，以乾为老父、坤为老母、震为长男、巽为长女、坎为中男、离为中女、艮为少男、兑为少女。具体细节可参阅上述先天八卦。

第二层：向上救贫黄泉。在三合盘中可以看到“庚丁”二字与第三层，二十四山的坤字对直，在这个格中还有“乙丙”与巽字对直，与艮字对直“甲癸”，“辛壬”与乾字对直，那么这些字的作用是什么呢？古书有一首歌诀，其歌诀是：“庚丁坤上是黄泉，乙丙需防巽水先，甲癸向中休见艮，辛壬水路怕当乾。”其中运用方法是将罗盘上磁针的红头对准南方的“午”字，见到坤方水来，是黄泉水。黄泉水又称之为黄泉煞，又叫做救贫黄泉，其法是黄泉水宜来不宜出。其学理来自三合水法。三合水法以长生十二位分布在二十四山当中，长生十二位是长生、沐浴、冠带、临官、帝旺、衰、病、死、墓、绝、胎、养。其十二位中主要看临官和帝旺两个位置，如果这两个方位见到去水称之为黄泉煞水，因旺气有去无回。这两个方向如去水，不但财气有去无回，而且人的健康也会出现问题。所以凡立帝旺向的，切记水不能流出临官位，凡是立衰向的，千万注意水不能流帝旺位。此方如来水称为救贫黄泉，如去水叫做杀人黄泉。

第三层：龙上八煞。又称之为八煞黄泉。龙上八煞在风水学中运用很广，灵动力特大，凡是研究风水的学者，必须要知道八煞的由来和应用。龙上八煞乃独门之学问，无论是三合派还是三元派，每一门派对它都非常重视。古有八煞四句歌诀，即："坎龙坤兔震山猴，巽鸡乾马兑蛇头，艮虎离猪为煞曜，坟宅犯之一旦休。"龙上八煞，其实就是八八六十四卦地支中克我的官鬼爻，凡遇官鬼爻则不宜立向，如坎方来龙不可立辰戌二向，因坎卦属水，辰戌二字属土，土来克水，辰戌二字都是坎卦的官鬼爻。又如坤方来龙不可立卯向，因卯木克坤土，卯乃是坤卦的官鬼爻。震方来龙不立申向，申乃是震卦的官鬼爻，也就是在用罗盘立向时注意坎龙不立辰向，立辰向亦忌坎方来水。坤龙不立卯向，立卯向又忌坤方来水；震龙不立申向，立申向又忌震方来水；巽龙不立酉向，立酉向又忌巽方来水；乾龙不立午向，立午向也忌乾方来水；兑方来龙不立巳向，立巳向又忌兑方来水；艮方来龙不立寅向，立寅向又忌艮方来水；离方来龙不立亥向，立亥向要忌离方来水。

第四层：二十四山。此盘又名叫做"地盘正针"，用于辨方定位立向之用。二十四山中有十二地支和八干四维，八干即甲、乙、丙、丁、庚、辛、壬、癸，十二地支即子、丑、寅、卯、辰、巳、午、未、申、酉、戌、亥，四维即乾、坤、艮、巽，共二十四山。用文王八卦，每卦统管三山，即乾卦统管戌、乾、亥，坎卦统管壬、子、癸，艮卦统管丑、艮、寅，震卦统管甲、卯、乙，巽卦统管辰、巽、巳，离卦统丙、午、丁，坤卦统管未、坤、申。

第五层:透地六十龙。透地六十龙是二十四山与六十甲子的分数,从甲子开始顺数至癸亥止,如甲子中壬占七分亥占三分。又如甲子对冲的甲午气,五与五各占一半,没有分占。其法是先从第五层看起,再返伸到十六层。如甲子气,壬字占七分,从第四层“甲子”右上角的“壬”字,一直找到第十六层的“七”即是。亥占三分,即从第五层的癸水逆行至第三位的“己亥向内”,第四层看,是二十四山中的“亥”字,再从“亥”字一直延伸到第十六层的“三”字即是。有的罗盘上没有标明三七、五五、二八,使初学者无法理解,导致透地不论来龙。透地六十龙主要用于察看山脉的旺衰。

第六层:天盘缝针。缝针比正针少七度半,正好半个格子,下中针恰差一山十五度,缝针专门用于立向消水法,以辨九星水来去之吉凶。格中的贪、巨、禄、廉、武、破、文、左辅、右弼没有入格。这些字都是天上九星,其法是从向上起左辅,以九星的固定顺序遇吉则吉,遇凶则凶。

(1)三合水法,以向上起双山五行之长生诀,有四大水法,如“火局旺向墓流”,立丙午向。如火长生在寅,顺推到丙午为帝旺向,再顺推到辛戌为墓库,这就叫做“火局旺向墓流”合局。

(2)辅星水法:以向上起纳甲,星序辅、武、破、廉、贪、巨、禄、文。辅星水法以纳甲之净阳为主。例如立丙向属净阴向。净阴向要收净阴水出净阳水,净阳向要收净阳水出净阴水。纳丙如艮卦,由艮卦起辅星卦序。取贪、巨、武、辅卦所处之山为来水。取禄、文、廉、破所纳之山方为去水。

如立纳丙,由卯方环抱朝向流入庚方,主收贪狼净阴水合局,水流庚方亦属贪狼净阴水属吉,所谓本卦水是指坐向山水来去卯之间消本卦水也。

第七层:地盘正针的二十四山分别相差半个格子,故称为缝针。以子、午进一位居壬子、壬午之缝,所谓缝者乃缝隙的意思。

第八层:是用于看二十四山来龙,确定来龙在五行中所属。如东方木,南方火,北方水,中央土。金坐五山:即申、酉、庚、辛、乾五山。木坐五山:即寅、甲、卯、乙、巽五山。水坐四山:即壬、子、癸、亥四山。火坐四山:即巳、午、丙、丁四山。土坐六山:即丑、未、辰、戌、坤、艮六山。

第九层:透地奇门。此圈专门为奇门遁甲而用,其中一四七等数字,并未标出十二双山等具体方位,这些数字又与二十四节气有密切联系,故学习风水时,最好再研究一下奇门遁甲,可能在学术上有所提高。

第十层:缝针分金。分金正如将珍贵的"金子"分开,分量非常精密的意思。这一圈的文字只有天干不见地支,且天干由金、火组成,主要取火能克金,丙火为旺,庚辛为相,正针分金不合,则取缝针,在定阴宅时取已过世者"纳音"命,相生为吉,相克为凶,死者本命属金忌火,属火忌水,属土忌木,属木忌金等。

第十一层:五行八卦,下一层以外,八八六十四卦象分配六十甲子。为六十龙,上应人事,符合天人合一的辩证思维,强调乘天运而行人事,所以研究风水学首先注重峦头为体,天星为用,先天为体后天为用的道理。

罗盘无论层数多少,每层都有一定的作用,罗盘的最外一层是二十八宿配二十四山,如子山配虚、危,午山配张、翼,卯山配房、心,酉山配昴、毕,壬山配室,亥山配壁,乾山配奎,戌山配娄,辛山配胃,庚山配觜,申山配参,坤山配井,未山配鬼、丁山配柳,丙山配轸,坤山配角,其二十八宿星一山配一宿,唯子午卯酉四山取日月双座而配。二十八宿主要用于周围360度参差而设,须熟记熟背,它的程序是从东南"辰"字开始起角星,第二个字是"亢",第三个字是"氐"字,顺序东方七宿:角、亢、氐、房、心、尾、箕。北方七宿:斗、牛、女、虚、危、室、壁。西方七宿:奎、娄、胃、昴、毕、觜、参。南方七宿:井、鬼、柳、星、张、翼、轸。

从外层二十八宿向内数第二层密密麻麻的小字，上面画的红黑圈子，专门是为定阴差阳错，空亡而用。取丙丁为旺，庚辛为相，戊己为煞曜甲为孤虚。内中有甲乙丙丁庚辛壬癸八个天干的正中为大空亡，从内数至第四层的地盘正针二十四山，逐层延伸至第十层空白格即是大空亡。现举一例，如把罗盘二十四山的“甲”字，向外伸至第十层，右边是丙寅，左边是庚寅，中间的空白是大空亡。从内向外看第七层为缝针，一直到十层皆为空亡，十层左右为小空亡，如外盘缝针第七层中的“甲”字，向外，第八层的右边也是“甲”字，左边是“丁”字，一直到第十层的左右都是小空格，名为“小空亡”，小空亡也不能用，用则出凶事。过去的木制罗盘从外向内第十层中的空亡标上红圈或黑圈，有的标上红点或白点，为穿山透地的标志，但现在的一些罗盘都没有这样详细标明，使初学者应用起来比较困难。

以上介绍的罗盘使用知识是我国传统风水学常运用的一些基础知识，内中包含阴阳五行，天文地理和九星八卦等。但这些仅是一点概括，如要再想深造，最好参看拙著《罗盘应用经验学》，内有详细介绍。

近些年来市面上流行的“八卦盘”“九宫盘”品种很多，不在本人应用范围，本人操作的只是中国风水学的传统专用的三元盘(蒋盘)、三合盘，最合用的是“元合贯用盘”。近年一些新出罗盘与传统罗盘出入很大。

四、选择罗盘

罗盘是研究风水必须具备的工具，研究风水的人都需要购买一个完美的罗盘。以上已说过，风水分为形和气两种。“形”指的是峦头环境，“气”指的是理气时空，两者派别不同，用的罗盘也不一样，总体分三元盘和三合盘。三元盘又叫“蒋盘”，盘上刻有六十四卦；而三合盘的上面有三层二十四山向，三合盘又称为“杨公盘”。当要选购时，首先要看是哪一派，即可选购哪一派罗盘。

五、选购罗盘时,应注意到以下几点

(1)磁针要准确灵活

罗盘中央称作天池,池内有一根磁针,白头指向正北为零度,红头指向正南180度,天池内有指向南北的一道红线,选择时,将磁针对准红黑线,南面与午,正中相对,北面与子正中要相对,而且磁针要灵活摆动,差一丝一毫也不能选用。

(2)盘面字迹要清晰

罗盘的字迹要清晰,尤其靠近外边分金的红黑点越清楚越好。

(3)平面不能变形

鉴定罗盘时,首先看一看是否有扭曲变形的情况,尤其木质罗盘,在制作之前水分未干容易变形,金属或有机一类物质的罗盘,容易受人为挤压变形。

六、罗盘尺寸选择

罗盘的大小有很多种类,最小的二寸八,最大的一尺二寸,其中有三寸四、四寸二、五寸二、六寸二、七寸二、八寸六、一尺等多种。

如果经常勘察阴宅,或者经常察看非常大的阳宅,应选择尺寸较大的罗盘;如果勘察个人住宅或商服,只用中型盘就可以。如为了方便携带,可选二寸八、三寸四即可,但尺寸越小,越费脑力,而且容易出差错,必须具备丰富的应用经验方可使用。

七、罗盘使用注意事项

(1)罗盘使用之前,先看磁针摆动得灵不灵活,如磁针摆动死板不灵活,看原因何在。如果查不出原因,则不能使用。

(2)使用罗盘时,身上不能带着磁铁,如周围有人带着磁铁,也会影响磁针的灵敏度。

第五节 坐与向的基本看法

坐山朝向是勘察风水的关键，无论阴宅阳宅或者是村庄、工厂，首先要分清什么是坐山，什么是朝向，然后再根据坐山与朝向，运用自己门派的操作方法定其吉凶。

坐山与朝向是风水学的完整名称，如同一个人一样，有胸前必有背后，后面为坐山，前面为朝向。坐山与朝向看来是很简单的一句话，但到实际应用时也是非常棘手的问题，如果不将坐山与朝向搞清楚，就无法看出宅墓之吉凶。故《地理辨正疏》中的天玉经云："阴阳二字看零正，坐向须知病。"可知坐山与朝向对风水学何等重要。再讲得深透一点，无论阴宅还是阳宅，只有知道坐山与朝向之后，方能判断出周围环境的吉凶如何。同时可知其左右龙虎有无护卫，后面玄武有无靠山，来审察格局的高低。就拿玄空理气来说，首先知其坐山与朝向以后，再以当令之运星入中宫飞入八方，即可对旺丁旺财和损丁破财进行判断。再以"摇鞭断宅法"来说，首先将坐山朝向确定之后才能按照向上飞星起上卦，大门飞星起下卦，断出该宅什么时间旺丁旺财，什么时间损丁损财。由此可知，坐山与朝向在风水学中何等重要。

大多数人都认为山向应该与大门的方向是一样的，其实不是这么回事，传统的农村住房，大多数大门都开在主房的正前方，家院的大门也都开在与堂屋相对的正前方，但也有些人家大门不是开在正前方，而在左边或右边，或左前边或右前边。例如一家坐北朝南子山午向的房子为主屋，对面有南屋门朝北开，东面是院墙，门向西开，门前是街道，像这样的房子叫做子山午向，而不能称为卯山酉向，决定屋的坐山朝向必须以高大的主屋为准，不能以门为准。随着现代经济发展，人们生活水平提高，无论农村或城市大都住上了高楼大厦，大楼或大厦都有总门，然而每一层个体住户或公司办公室有不同方位的大门，这样对于勘察山向也带来了复杂的问题，那么总门是向还是院门是向，在不同风水学派的书籍之中，定义都不相同，兹将阳宅坐向正确判断方法列举如下：

(1)以屋宅前面所临出入的马路或挂门牌门前街道的地方为之向，其背后为“坐山”。

(2)公寓或大楼应以总门为向，因为全场是从总门进入楼内的。但楼的建筑形状及周围的地形环境不同，仍要依照实际进出情况而论。

①有阳台的公寓或大楼，走进总门后，再进电梯或爬上楼梯到达某楼层，经过阳台、脱鞋入门，经过另一道住屋总门进入客厅，在这种情况下，应以客厅之大门为正面。

②有些楼层没有阳台，一开门就直接见到客厅，这种布局直接以此门为向。由此可知，进入公寓楼厦住户都由总门出入。进了总门后还有各家各户之门，然而各家住户的门向都不相同，所以有吉有凶，在论断上要以各家各户自己的门向来论屋宅的坐山与朝向，现举图例以示明白：

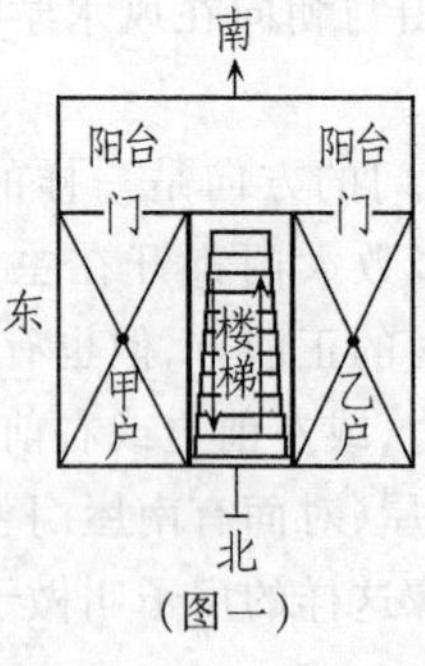

(图一)

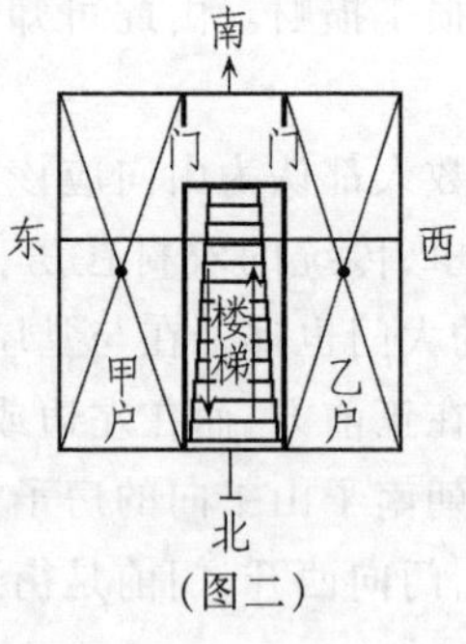

(图二)

上图两幢楼户总门进出都在南面,图一住甲乙二户,均属坐南向北之坐向,因上楼梯后要经过阳台,遇到这种情况,只能说是此楼坐北向南,门朝北开。

图二也住甲乙二户,甲户则坐西向东,而乙户则坐东向西,因进气之方向不同,故门向也不同,遇到这种情况,对甲户来说,坐北向南,门朝东开,对乙户来说坐北向南,门朝西开。

再举二例:

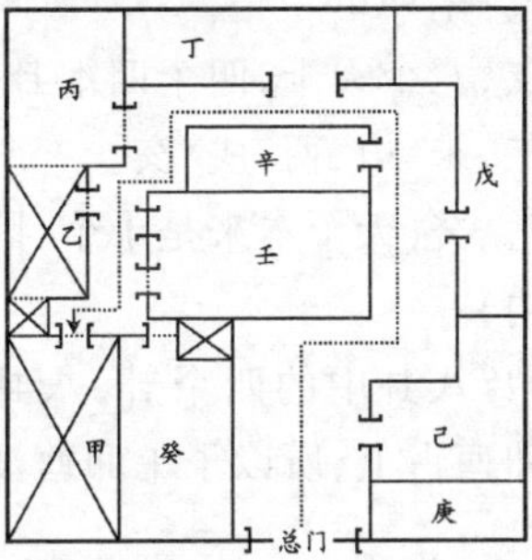

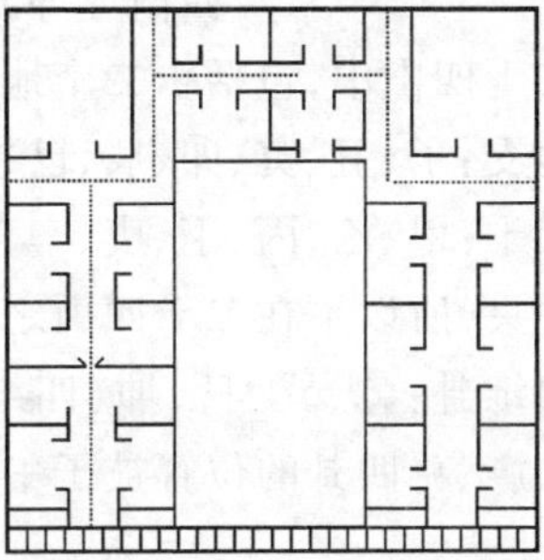

这幢楼户是六层二人宿舍,其各家分布情形不一样,整体的大楼坐向好,但各楼层的房室都各自独成一户,A 室坐北向南,B 室坐东向西,C 室则坐西向东,D 室则坐北又向东。

一、论二十四山向

由上述可知,凡居住之屋宅必有坐向,屋的前方为朝向,屋的后面为坐山,不管哪一派风水学首先要讲究坐山与朝向。那么大地之间能有多少坐山朝向呢。通常人们常会说"四面八方","四面"指的是东、西、南、北,又加上东南、东北、西南、西北,合起来为八个方向,将周围 360 度划分开来看各占 45 度,风水学将分得更详细,即 360÷45=8 个方位,又将每一方划分三个方面,共有二十四个方向俗称二十四山,每一山各占 15 度,风水上称坐山为山,朝向为向,合称二十四山向。

南方　离卦　丙午丁
东南　巽卦　辰巽巳
东方　震卦　甲卯乙
东北　艮卦　丑艮寅
北方　坎卦　壬子癸
西北　乾卦　戌乾亥
西方　兑卦　庚酉辛
西南　坤卦　未坤申

二十四山中,包括十二个地支,八个天干,四个四维卦。

地支:子、丑、寅、卯、辰、巳、午、未、申、酉、戌、亥。

天干:甲、乙、丙、丁、庚、辛、壬、癸(天干本来是十个,因戊己土在中央,所以不在二十四山之内)。

四维卦:乾、巽、艮、坤(四维乃八卦中的四个卦,八卦中的坎、离、震、兑四卦的位置被子午卯酉占上,所以子午卯酉没有出现)。

二十四山向的功能包罗万象,除了代表方向之外,还包括五行、干支、刑冲、合会等等。

二、论立极点

通过以上介绍,对于二十四山向已经明白,下一步就来实地操作。勘察风水,首先就要确定屋宅的坐向分金度数,以便作为判断之依据,其方法就是要找出屋宅或某一个建筑物的立极点及聚气点。所谓立极点也就是屋宅的中心点,由此中心点才能找出屋宅八方位之二十四山向的确实位置,以便论断各方位之吉凶。立极点又称之为太极点,也就叫中心点。

确定屋宅中心的方法,先将屋形周边确定之后,划出对角线,在测量时,必须依实际比例精确缩小,切不可大概估算,以防止发生误差。用罗盘测量风水是非常精密之事,可以说"差之毫厘,谬以千里"。现将其法分述如下:

1. 如屋宅是正方形或长方形，用两根线对角拉上，取当中交叉处为中心点，如果屋宅外面有走廊不用计入，阳台亦同。附图如下：

正方形（走廊或雨棚、阳台皆不计入）

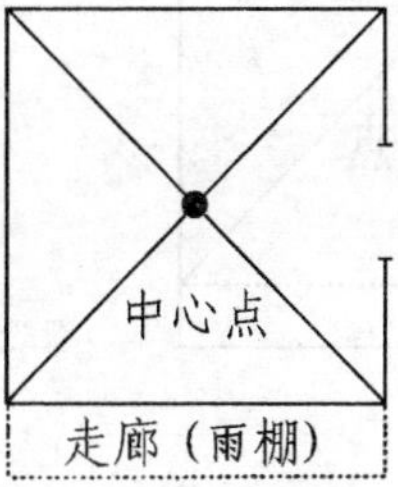

长方形

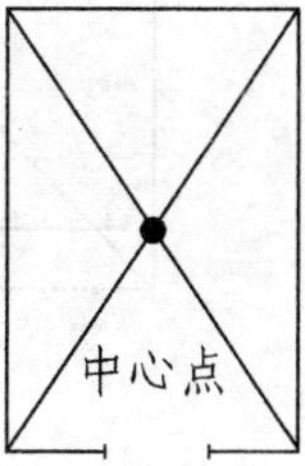

2. 缺角屋

如遇屋之缺角，如果小于全栋面积二分之一部分，须将所缺部分计算在内，划出对角线，以取得中心点。不论其缺凸之形状或位置如何，也不论所缺之角形，完全按此法计算。

缺角屋

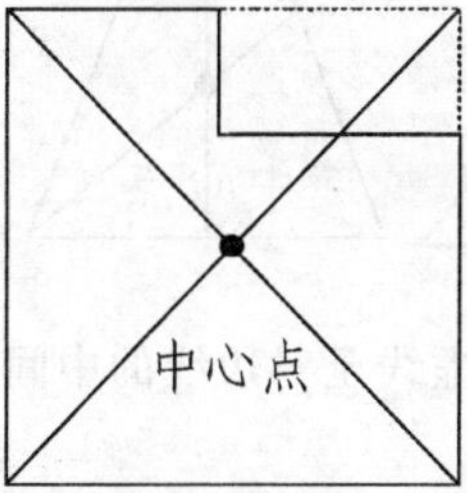

凸角屋

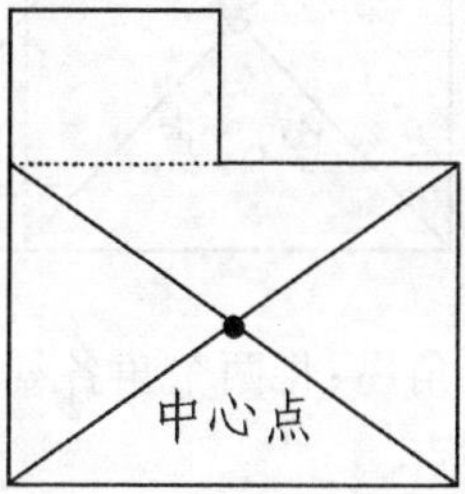

3. 凸角屋

遇到屋宅的凸出部分，若小于整栋屋宅二分之一者，在测量时应将凸出部砍去，不算在内。如凸出部分与缺角部分大致相等者，可在凸出和缺角中间划一条虚线均分开，成为正方形，视其对角线之交叉点为中心点。

凸凹相等之屋

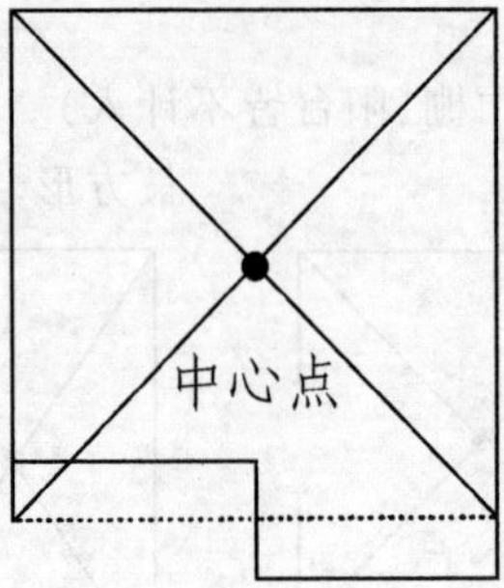

4. 梯形屋

将长的一边与短的一边划一道虚线平均互补，形成四方形，再求出对角线之交叉点，即为屋之中心点。

梯形屋　　三角屋

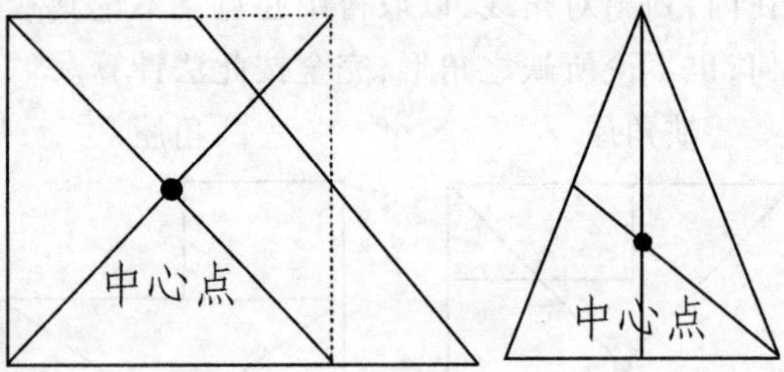

5. 三角屋：将两个角各划一条虚线至对边线的中间，其交叉点为中心点。

6. 屋宅呈不规划的形状，或无法找出中心点，屋内气场紊乱不顺，风水学认为是凶象，不宜久住。

第二章 八卦篇

第一节 摇鞭断宅概述

少年时跟师学艺，无意中在老师书篓里发现一册破旧不堪、用毛笔字工工整整写的手抄本，一看就知是一本老古董。上写《江湖摇鞭断宅赋》，右下角写着“吴江凌祯松于平山堂”一行小字，书的序言下面标明大清嘉庆十七年撰。据老师说，此书在他家已珍藏了好多年，是江湖摇鞭断宅派风水师秘传孤本，原书出于清朝嘉庆年间江苏吴江风水名师凌祯松之手，面对这“江湖秘传”的手抄本，老师给我讲述了凌祯松先生的一段传奇。

凌祯松先生，江苏吴江县人，清朝嘉庆七年进士，为人聪明好学，自小就对阴阳八卦五术方面爱好钻研，尤其对于河洛理数八卦九星研究得非常透彻。他少年得志，科考得中后在钦天监（官署名。宋元时叫司天监。掌管观察天象，推算节气历法，同时为皇帝设风水。古时将擅长风水以及管理风水的要员安排在司天监里供职，司天监负责天文，也兼管地理风水，凡是皇家的陵墓都是由司天监的要员亲自堪察指导建筑的）供职，官封“钦天史”，专门负责编写天文地理方面的书籍，并为朝廷皇宫院内布置风水，为朝廷立了不少功劳。后因得罪朝中显贵，有人用莫须有的罪名向皇上参奏，皇帝听信谗言，将其削官罢职，并发配到塞外服刑。服刑期间备尝辛苦，受尽折磨。期满返乡，隐居故里，他壮志未酬，遂另谋途径，背罗盘骑小驴，游走天下，为人察看风水，施展平生之博学，造福于民。同时广收门徒，讲经说法，百忙中作此风水著述，留传后人，本书是江湖摇鞭断宅派的第一传世秘本。

据说，自清朝嘉庆年间开始，风水行业出现南北两派，北派风水师大多是自学（书本知识）或者是继承家传，其操作方式多是坐堂等客，专门为人择日、安葬、选定山向，人们都称之为“地理先生”。南派风水师多是受江湖名师传授，四海游方，行动时骑着毛驴，左手捧着罗盘，右手摇着鞭子，后面跟着书童，身担书箱，游走天下，专为官府、衙门、道观、寺院察看风水，由于他们学术渊博，又得师传绝技，所到之处备受人们尊重，人们都称之为“风水术士”，又叫做“南方先生”。据说南派风水师从明朝就开始有之，由于收弟子要求条件较高，加之门规严格，所以业此道者如凤毛麟角，清末以后，南派风水师在收弟子时，都摆设凌祯松先生灵位，作为摇鞭断宅派的一代宗师让弟子参拜。

我也是摇鞭派传人之一，于花甲之年，思之再三，决定将此术公之于世，以造福万民，不负先师教诲，这正是：

游走江湖数十年，当初有幸得摇鞭。
世人如识玄中妙，何必当初赞神仙。

第二节　江湖《摇鞭断宅赋》

歌　曰

老叟摇鞭天下访，手捧罗经堪阴阳。
自幼读书研易理，玄机妙诀腹中藏。
河洛理数分体用，乾天坤地论纲常。
五行八卦分先后，九星七曜破天荒。

数年寒窗穿铁砚，一举成名佐朝纲。
紫袍玉带高官做，荣宗耀祖报爹娘。
在朝执政阴阳事，司天监里我领航。
规划皇家墓宅地，皇宫殿院布天罡。

领圣旨，天下访，专寻龙穴在何方。
真龙穴怕出天子，唯恐出现乱朝纲。
凡是真龙定切断，跟迹追踪断残伤。
为国忠君数十载，三过家门未进庄。
只为得罪权高贵，谗言奏本进朝房。
朝廷误信降圣旨，发配塞外到新疆。
缺食少衣忍饥饿，青天当被地作床。
历尽风霜三年苦，归隐故里抚痛伤。

乍回乡，甚凄凉，愧见同僚与爹娘。
愁来山前访好友，闷找农夫叙家常。
夜卧观天叹明月，昼来闭门作文章。
白驹过隙未记载，青丝变为白发苍。
冬月无衣天不悯，四季无钱少食粮。
老骥伏枥忽奋起，何不创业下山冈。
用其平生经纶术，为民造福游四方。
从此步入江湖路，骑驴摇鞭天下访。

走走走，访访访，走遍江南到苏杭。
一副罗盘行天下，两部残书震国邦。
三山五岳通古道，四海五湖胜天堂。
五大山岳皆察遍，六水三山龙脉访。
七星台前演周易，八卦九星论阴阳。

九州江湖访高手,十字街前破迷惶。
鱼骨寺中谈风水,黄鹤楼前论山冈。
万丈昆仑龙之祖,三大龙脉入东方。

寻龙脉,把鞭扬,谈真辨假论短长。
自古风水分两派,峦头理气各争强。
吾派不同诸术士,多派易理都包藏。
三元三合通贯用,妻财茂盛人丁昌。
又加长生与墓绝,河洛理数道细详。
此处万言说不尽,只能片语举大纲。
风水分别各有类,玄机妙诀一炉藏。
江湖自有师传诀,断事如神天下扬。

谈江湖,论短长,学者定须记胸膛。
自古江湖重义气,道德信用腹中藏。
利国利民善为本,安定社会是总纲。
尊师敬道护门派,时讲三纲对五常。
得人一言莫忘本,视师如父胜爹娘。
同道如亲要尊重,切忌互相争高强。
静心研易寻趋避,为民造福做文章。
四十八句摇鞭赋,留给门人时发扬。

此篇歌诀是笔者根据江湖《摇鞭断宅》序言中凌祯松先生辛酸回忆,以及先生在教学中对弟子所要求而编写的,为了使学者知江湖风水师的祖师爷原来是什么样人物,“江湖”二字又从何说起,将另有详细叙述,专用古诗形式而编写成七字歌诀,使读者容易记忆。原书中有不少篇节专讲江湖中不传之秘,如“阳宅速断”篇,“阴宅速断”篇,“望门铁口神断”等,但书中多是用文言文和江湖术语写的,使外行人不易看懂,为了使这门传统文化不至于湮没,现将原意用白话写出,使人一看就懂而且会用。

第三节 全面了解摇鞭断宅法

《摇鞭断宅赋》以九星当运之飞星入中宫,顺飞八方,阳宅以到向之飞星作上卦,再以大门的方位作为下卦。阴宅与阳宅一样,仍以向上飞星为上卦,以水口方位为下卦。两者都是以上下卦配成六十四卦的复卦,再依纳甲法配上地支,排出妻财、父母、子孙、官鬼、兄弟六亲来论断风水吉凶。这是摇鞭断宅派风水学与其它门派风水学的不同之处。其法定型有理,准确度很高,而且在调整风水方面更是有的放矢。这门学派,掌握六爻水平越高,论断的准确度越高。

摇鞭断宅与其它风水学派一样,其学理都来自河洛理数和八八六十四卦。若要了解这门学派,六爻卦就是一把金钥匙。熟悉六爻卦的原理,老师才能引你步入风水界,逐个门派进行观察、研究、实践、验证。

本章江湖摇鞭断宅是了解摇鞭断宅法的第一阶梯,必须精心研究。笔者从多年的教学和应用中发现,了解摇鞭断宅法须经四个步骤。

第一步先掌握六爻八卦的基础知识,由此入门,才能学好摇鞭。

要想在六爻方面求精,请参看拙著《周易预测应用经验学》。

第二步弄懂阴宅和阳宅的坐山朝向。知道什么是三元九运和飞星入宫的具体用法,其法在本书的“玄空篇”、“九星篇”都有详述。

第三步，要熟悉先后天八卦的具体位置，知道十天干、十二地支及八卦位生机点的位置，与六爻卦象配合起来判断吉凶。

第四步，依照纳甲方法，配出六爻卦中六亲、六神，再依此判断出某坟某宅某年某月该出何事，和其它的处境如何。

第四节 六爻卦基本知识

一、天干地支

1. 天干：甲、乙、丙、丁、戊、己、庚、辛、壬、癸

2. 地支：子、丑、寅、卯、辰、巳、午、未、申、酉、戌、亥

3. 干支阴阳

阳干：甲丙戊庚壬　　阴干：乙丁己辛癸

阳支：子寅辰午申戌　　阴支：巳酉丑亥卯未

4. 干支五行方位

甲乙寅卯东方属木　　庚申辛酉西方属金

亥壬子癸北方属水　　丙丁巳午南方属火

戊己辰戌丑未居中央属土

5. 五行顺序

水一、火二、木三、金四、土五，五行次序是根据河图理数而来的，即一六属水、二七属火、三八属木、四九属金、五十属土。

6. 五行生克关系

①相生：金生水、水生木、木生火、火生土、土生金。

②相克：金克木、木克土、土克水、水克火、火克金。

7. 地支与旬空

甲子旬中戌亥空，甲寅旬中子丑空，甲辰旬中寅卯空，甲午旬中辰巳空，甲申旬中午未空，甲戌旬中申酉空。

8. 地支与六冲

子午相冲,寅申相冲,卯酉相冲,辰戌相冲,巳亥相冲,丑未相冲。

9. 五行与旺衰

强衰 / 四时	旺	相	死	囚	休
春天	木	火	土	金	水
夏天	火	土	金	水	木
秋天	金	水	木	火	土
冬天	水	木	火	土	金
四季	土	金	水	木	火

二、先后天八卦

即乾、坎、艮、震、巽、离、坤、兑。老父老母共生六子,即老父老母乾坤相配,长男长女震巽相配,中男中女坎离相配,少男少女艮兑相配。

1. 八卦取象

乾卦:乾三连 ☰ 三横连在一起。

坤卦:坤六断 ☷ 将三横切开分成六断。

艮卦:艮覆碗 ☶ 将一只碗翻扣的样子。

兑卦:兑上缺 ☱ 像一物上面有个缺口。

震卦:震仰盂 ☳ 像一个痰盂仰放着。

巽卦:巽下断 ☴ 下面的一横断开,像一根绳子被风吹断。

坎卦:坎中满 ☵ 像中间一沟满满的水。

离卦:离中虚 ☲ 中间是一条虚线,像一根木头中间空缺。

2.八卦父母子女

乾卦属金为老父,坤卦属土为老母。

震卦属木为长男,离卦属火为中女。

坎卦属水为中男,巽卦属木为长女。

艮卦属土为少男,兑卦属金为少女。

3.先天八卦方位图

从内向外看

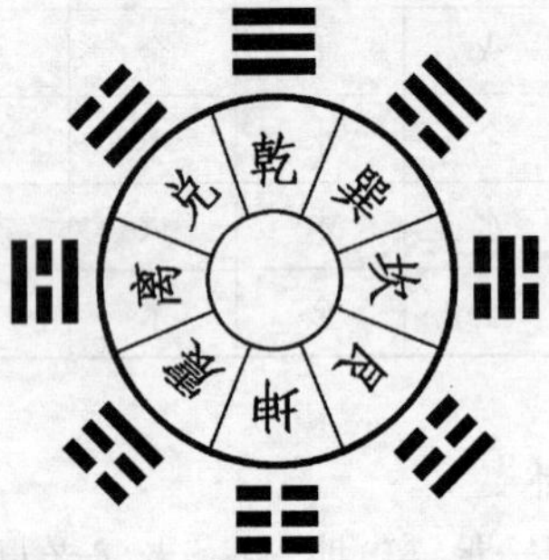

易曰:天地定位,山泽通气,雷风相薄,水火不相射,八卦相错。

先天八卦方位是乾南、坤北、离东、坎西、兑在东南、艮在西北、巽在西南、震在东北。

4.后天八卦方位图

易曰:帝出乎震,齐乎巽。相见乎离。至役乎坤,说言乎兑,战乎乾,劳乎坎,成言乎艮。

从外向内看

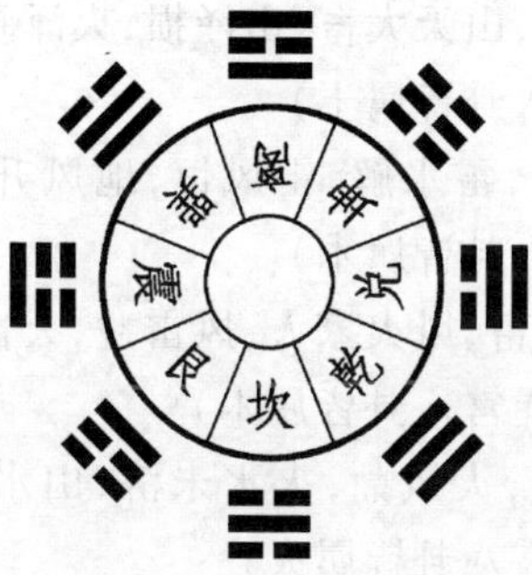

一六共宗　属水　　　二七同道　属火

三八为朋　属木　　　四九为友　属金

后天八卦方位是：离南、坎北、兑西、震东、坤在西南、艮在东北、巽在东南、乾在西北。

5.先后天八卦

六十四卦歌

乾为天，天风姤，天山遁，天地否，风地观，山地剥，火地晋，火天大有。(乾宫八卦皆属金)

坎为水，水泽节，水雷屯，水火既济，泽火革，雷火丰，地火明

夷,地水师。(坎宫八卦皆属水)

艮为山,山火贲,山天大畜,山泽损,火泽睽,天泽履,风泽中孚,风山渐。(艮宫八卦皆属土)

震为雷,雷地豫,雷水解,雷风恒,地风升,水风井,泽风大过,泽雷随。(震宫八卦皆属木)

巽为风,风天小畜,风火家人,风雷益,天雷无妄,火雷噬嗑,山雷颐,山风蛊。(巽宫八卦皆属木)

离为火,火山旅,火风鼎,火水未济,山水蒙,风水涣,天水讼,天火同人。(离宫八卦皆属火)

坤为地,地雷复,地泽临,地天泰,雷天大壮,泽天夬,水天需,水地比。(坤宫八卦皆属土)

兑为泽,泽水困,泽地萃,泽山咸,水山蹇,地山谦,雷山小过,雷泽归妹。(兑宫八卦皆属金)

三、六爻的装卦法

八卦纳甲歌

乾金甲子外壬午　内卦子寅辰外卦午申戌

坎水戊寅外戊申　内卦寅辰午外卦申戌子

艮土丙辰外丙戌　内卦辰午申外卦戌子寅

震木庚子外庚午　内卦子寅辰外卦午申戌

巽木辛丑外辛未　内卦丑亥酉外卦未巳卯

离火己卯外己酉　内卦卯丑亥外卦酉未巳

坤土乙未外癸丑　内卦未巳卯外卦丑亥酉

兑金丁巳外丁亥　内卦巳卯丑外卦亥酉未

后天八卦者以先天为体,后天为用。此道最讲究元运得失。

卦象	八卦	内卦			外卦		
☰	乾	子水	寅木	辰土	午火	申金	戌土
☵	坎	寅木	辰土	午火	申金	戌土	子水
☶	艮	辰土	午火	申金	戌土	子水	寅木
☳	震	子水	寅木	辰土	午火	申金	戌土
☴	巽	丑土	亥水	酉金	未土	巳火	卯木
☲	离	卯木	丑土	亥水	酉金	未土	巳火
☷	坤	未土	巳火	卯木	丑土	亥水	酉金
☱	兑	巳火	卯木	丑土	亥水	酉金	未土

1.什么叫六亲

生我者为父母,我生者为子孙,克我者为官鬼,我克者为妻财,比和者为兄弟。

2.什么叫六神

按顺序:青龙、朱雀、勾陈、螣蛇、白虎、玄武

配日干:甲乙起青龙　丙丁起朱雀　戊日起勾陈

　　　　己日起螣蛇　庚辛起白虎　壬癸起玄武

装卦时以日干为准,按顺序从初爻开始直至上爻,例如:甲日起卦,初爻配上青龙,二爻配上朱雀,三爻配上勾陈,四爻配上螣蛇,五爻配上白虎,六爻配上玄武。丙日起卦,初爻配上朱雀,二爻配上勾陈,三爻配上螣蛇……逐一排至上爻。

3.文王八卦与自然联系表

序号	爻象	卦名	自然	方位	时间	性质	人员	身体	动物
1	☰	乾	天	西北	秋天	健	老父	首	马
2	☷	坤	地	西南	夏秋	顺	老母	腹	牛
3	☳	震	雷	正东	春天	动	长男	足	龙
4	☴	巽	风	东南	春天	人	长女	股	鸡
5	☵	坎	水	正北	冬天	陷	中男	耳	猪
6	☲	离	火	正南	夏天	附	中女	目	雉
7	☶	艮	山	东北	冬春	止	少男	手	狗
8	☱	兑	泽	正西	秋天	悦	少女	口	羊

①什么叫卦爻

爻是以八卦为基本单位,分阴爻“- -”和阳爻“—”这两个符号代表宇宙间两个原动力,因为上下两卦共是六个位置,所以又叫做六爻。六爻就是根据这两个基本符号组合而成的。

②什么叫八卦

将阴爻和阳爻以三为单位进行组合,可以得出八种组合方式。换而言之,这八种组合即是阴阳两种力量的不同组合结构,产生了八种自然现象。

乾(☰)　坤(☷)　震(☳)　艮(☶)

巽(☴)　坎(☵)　离(☲)　兑(☱)

这八种自然现象就是八卦,又称为八经卦。经卦是由三个爻组成的,所以叫做三爻卦。

③什么叫复卦

八个经卦以二为单位进行组合,可以得出六十四种组合方式,也就是说八大自然现象的两两相撞,产生了六十四种现象,就是六十四卦。六十四卦都是由两个经卦组成的,叫做复卦。因为复卦有六个爻,所以叫做六爻卦。我们通常所用的卦就是复卦。

④什么叫内卦和外卦

组成复卦的两个经卦,位于下面的叫做内卦或下卦,位于上面的叫做外卦或者上卦。

⑤看卦的顺序和读法

看卦时是先读外卦,再读内卦,而且不能读八经卦的名称,要读八卦的象称。八经卦的卦象称为乾为天,坤为地,震为雷,艮为山,离为火,坎为水,兑为泽,巽为风。但在读卦时,乾读天,坤读地、震读雷,艮读山,离读火,坎读水,兑读泽,巽读风。

举例说明:

水天需卦 { ☵ }坎:上卦,外卦
　　　　　 ☰ }乾:下卦,内卦

此卦上坎下乾,读“水天需”,而水天需卦是由坎卦与乾卦两个经卦所组成的复卦名称。在熟练以后,两个经卦的上两个字也可以简略,直接读复卦的名称“需”卦。

由两个同样的经卦组成复卦叫做“八纯卦”,它们又有特别的读法,如乾为天,震为雷,离为火,兑为泽,坤为地,艮为山,坎为水,巽为风。如果上卦和下卦都是乾,就读成乾为天。如上卦是乾,下卦是坎,就读成“天水讼”,其它类推。

四、六爻卦世应用法

每当一卦配好以后,先看内卦与外卦,以内卦为我自己,也即为求测之人,外卦为他人,或他人他事。以外卦生内卦为吉;

内外卦比和者为吉；内卦生外卦谓之“生出”，半凶半吉；外卦克内卦叫做“克入”，为凶。

再看卦中何爻持世，对哪一爻有利，哪一爻有害，是凶是吉则一目了然。

定世应歌诀

八纯世位上六当，顺下从初往上装。

数到五爻回四位，又到三爻归魂详。

间隔两爻安世应，世为自己应他方。

凡是八纯卦世爻都固定在第六爻，也就是最上一爻，第二卦世到初爻，第三卦世到二爻，逐爻往上至第五爻，返回四爻为游魂卦，三爻为归魂卦，也即每宫的第七卦都为游魂卦，第八卦都是归魂卦。先将世位定下之后，每隔两位就是应爻。

诸爻持世诀

兄弟持世：

兄弟持世不旺财，身康体健人丁来。

凶则损财遭贼盗，家中定有口舌灾。

父母持世：

父母持世主身劳，父母有寿出文豪。

凶则懒惰智愚钝，事无主见爱唠叨。

子孙持世：

子孙持世不利官，后代旺盛家业宽。

凶则官灾年年有，削官罢职惹祸端。

妻财持世：

妻财持世利妻财，旺则经商善理财。

凶则经商必赔本，也为求财有祸灾。

官鬼持世：

官鬼持世利求官，旺主九流又做官。

凶则疾病年年有，凶咎恶事有祸端。

卦遇六冲、六合：

六合家和万事欢，好事迟慢暂不完。

六冲家中主离散，吵吵闹闹不团圆。

冲世之爻谓之鬼爻，鬼乃克身之物，断卦时首先要注意，冲世的方位不能见凶破之物，见者谓之鬼爻发动。如冲世的方位，见凶破之物，再见太岁并临，其年必见凶事。

五、"摇鞭断宅"与六爻断卦法

例如：有一坐北朝南壬山丙向的屋宅，大门开在未（坤方）。1962年（五运）建房，飞星离为上卦，大门坤为下卦，配成《火地晋》卦。

官鬼 —— 巳

父母 — — 未

兄弟 —— 酉

世

妻财 — — 卯

官鬼 — — 巳

父母 — — 未

应

从火地晋卦的地支中看六亲所临方位，西南方为父母之位，东南方为官鬼之位，东方为妻财之位，西方为兄弟之位，西南为父母之位，东南方为官鬼之位。

东南方为官的方位，可断出官的方向与地位。此方如山峰秀丽，汪洋大水，定主为官者升官晋职。卦中有两处官爻，可断有人在外地为官，甚至二人或两代为官。外卦官爻坐离宫，离为斯文之象，得令者人丁兴旺，可断此宅出文人秀士。如离方见破头之山，张牙舞爪的兽形怪石，枯树怪木冲射，反弓路等，不但无官反而有官灾疾病临门。

晋卦火来生土，得令者则发福迅速，官位显赫，升迁也快，失令者反出愚蠢之人。

西方为兄弟方位,如见山清水美,林木秀丽等吉物,可断兄弟成群,团结友爱。此方若见凶见破,口舌多端,破财损妻等凶事多。

东方为妻财方位,如见山体秀美,流水有情,可断旺财旺妻,如见山头破损,反弓路冲,枯树怪石等凶物,不仅对自己不利,而且主财运不顺,妻子身体不好。

西南方为父母方位,若见山清水秀,水库鱼塘,树木秀丽等吉物,可断此宅人口长寿,学位出众。如见破凶之物,可断父母短寿,学业无成,劳碌不休等。

子息方位未现。晋卦以子水为子孙,伏藏在应爻父母爻之下,藏者隐也,艰难少子之象,根据《洛书》一六生水之理,如未方不见凶物,可断生一子,聪明漂亮,做事实在,,学业有成。如未方有凶破之物碍事则以反断之。

第五节　摇鞭断宅应用口诀

一、断法口诀

摇鞭断宅是真谛，　全凭八卦作根基①。
需知阴阳归一路②，八卦先后识玄机③。
向上飞星为上卦，　门或水口下卦持④。
某年太岁值何位⑤，其方峦头细察之⑥。
详察此方吉凶物，　再用流年定应期⑦。
如见财丁不足处，　日月扶临切莫迟⑧。
此乃先师真秘诀，　临用之时不用疑⑨。

注:①摇鞭断宅风水法,其学理是来自河洛理数,以五行八

卦为基础，是传统风水学派中最显见的一派，是用六爻八卦来断风水的一门。方法简单易学，只要有六爻基础的，一学就会，并且灵验非常。如果对六爻一窍不通的，可以先学六爻，待到六爻卦学好以后，再学就很容易了。

②要知阴阳归一路，坐山与玄机点构成72种格局，为本学派的关键一项。

③“八卦先后识玄机”，是指先天八卦与后天八卦交会之处，如先天乾卦见后天乾卦为之“八卦先后”。“八卦先后”又指八干四维气场流通的方位，如此方见水通风或低田宽阔应照吉断。

④“向上飞星为上卦，门或水口下卦持”，指三元九运的飞星，飞到向的飞星为上卦，阳宅以大门方位为下卦，阴宅以水口方位为下卦，形成一种气的玄机点。

⑤某年太岁值何位。如1998年是戊寅年，戊寅太岁在东北方，明年是己卯，即己卯为太岁在东方，再说得明白一些，也就是子爻见子年，丑爻见丑年为太岁之年。

⑥“其方峦头细察之”：是指该方位有形之物为峦头。如临太岁之方位有破损之物，主该年所值之方有凶，此方属于哪一五行，就断此年哪一方面应何凶事，如这个方位无物碍事，那么这年就不会出现什么凶事，如此方有吉物，即可断此年在某一方面有好事。

⑦“细察此方吉凶物，再用流年定应期”：从六亲与地支上看，该方有吉物，如山清水秀，道路环抱，机点合局，定有吉事。如见破损山头，烟囱楼角等凶物，必见凶事。应其何事，根据所临之六亲五行详察细断。应在何年何月见何事，再根据流年太岁来决定应期。

⑧“如见丁财不足处，日月扶临切莫迟”：如见某方有不足之处，如人丁不旺，财运不通，官运不佳，人口不安等，可用日辰来调整，加强方位的力量，也就是遇到一些不顺事情，可以择出一

个大吉大利的日期来调改一下。

⑨"此是先师真秘诀,临用之时不用疑":这些都是先贤们多年的经验积累,费尽心血作出此诀传世,请学者在临用时只管放心大胆地应用,不用疑惑。

二、七十二局生机点

摇鞭断宅法,首重七十二局的生机点,每到一地,首先观察外围,看此宅坟是何山何向,找出生机落于何处。无论什么坟宅,只要将生机点找出,是凶是吉则一目了然。

其法是以二十四山先天八卦与后天八卦相会之地为生机点。首先要了解先天八卦与后天八卦两者的相互位置。

先天之乾坤,即后天之坎离,先天之坎离,即后天之震兑。

先天之震兑,即后天之艮巽,先天之艮巽,即后天之乾坤。

此为先天八卦与后天八卦相互融通之法则。

先后天八卦同位图

先天坎卦后天兑卦,后天坎卦先天坤卦。

先天坤卦后天坎卦,后天坤卦先天巽卦。

先天震卦后天艮卦,后天震卦先天离卦。

先天巽卦后天坤卦,后天巽卦先天兑卦。

先天乾卦后天离卦,后天乾卦先天艮卦。

先天兑卦后天巽卦,后天兑卦先天坎卦。

先天艮卦后天乾卦,后天艮卦先天震卦。

先天离卦后天震卦,后天离卦先天乾卦。

三、八卦统管二十四山

八卦统管二十四山,每一卦统三山,是看风水之依据。

乾卦:统管戌乾亥三山。　　坎卦:统管壬子癸三山。

艮卦:统管丑艮寅三山。　　震卦:统管甲卯乙三山。

巽卦:统管辰巽巳三山。　　离卦:统管丙午丁三山。

坤卦:统管未坤申三山。　　兑卦:统管庚酉辛三山。

已经了解先天八卦和后天八卦的地理位置,再以十天干、十二地支与八卦方位相见的地方就叫做"玄机点"。

四、十二地支玄机点

子山:见坤、庚方(子属坎卦,坎卦的先天在兑,后天在坤)为玄机点。

丑山:见乾、乙方(丑属艮卦,艮卦的先天在乾,后天在震)为玄机点。

寅山:见乾、甲方(寅属艮卦,艮卦的先天在乾,后天在震)为玄机点。

卯山:见艮、丁方(卯属震卦,震卦的先天在艮,后天在离)为玄机点。

辰山:见坤、庚方(辰属巽卦,巽卦的先天在坤,后天在兑)为玄机点。

巳山:见坤、辛方(巳属巽卦,巽卦的先天在坤,后天在兑)为玄机点。

午山:见乾、甲方(午属离卦,离卦的先天在震,后天在乾)为玄机点。

未山:见巽、癸方(未属坤卦,坤卦的先天在坎,后天在巽)为玄机点。

申山:见巽、壬方(未属坤卦,坤卦的先天在坎,后天在巽)为玄机点。

西山:见巽、癸方(酉属兑卦,兑卦的先天在巽,后天在坎)为玄机点。

戌山:见艮、丙方(戌属乾卦,乾卦的先天在离,后天在艮)为玄机点。

亥山:见艮、丁方(亥属乾卦,乾卦的先天在离,后天在艮)为玄机点。

五、十天干玄机点

壬山:见坤、庚方为玄机点。

癸山:见坤、辛方为玄机点。

甲山:见艮、丙方为玄机点。

乙山:见艮、丁方为玄机点。

丙山:见乾、甲方为玄机点。

丁山:见乾、乙方为玄机点。

庚山:见巽、壬方为玄机点。

辛山:见巽、癸方为玄机点。

六、八卦方位玄机点

乾山:见艮、午方为玄机点。

艮山:见乾、卯方为玄机点。

巽山:见坤、酉方为玄机点。

坤山:见巽、子方为玄机点。

关于坎、震、离、兑四山已被子、午、卯、酉地支所代替,用时详见子午卯酉四支。

以十二地支配八卦得四十八局,八干四维配得二十四局,共七十二局,此七十二局乃大吉之局,用之宜,主子孙后代富贵荣华,七十二局有半通者为次吉。如不为此格者为死局,定主后代子孙凶灾百出,直到绝后为止。

第六节　二十四山方位知识

罗盘二十四方位:

二十四方位又称二十四山,为勘察风水的关键之一,所谓二十四方位是由八干、四维、十二地支组成,《天玉经》云:"先天罗经十二支,后天加上干和维,八干四维辅支位,子母公孙同此推。"

八干:甲、乙、丙、丁、庚、辛、壬、癸(戊己属土坐中央)。

四维:四维者乃四角也,即乾、坤、艮、巽四卦称之为四维,因坎、离、震、兑四卦称之为四正,所以只论四维不论四正。

先天八卦图

十二地支:即子、丑、寅、卯、辰、巳、午、未、申、酉、戌、亥。

东方震卦统管甲、卯、乙三字——属木。

东南巽卦统管辰、巽、巳三字——属木。

南方离卦统管丙、午、丁三字——属火。

西南坤卦统管未、坤、申三字——属土。

正西兑卦统管庚、酉、辛三字——属金。

西北乾卦统管戌、乾、亥三字——属金。

北方坎卦统管壬、子、癸三字——属水。

东北艮卦统管丑、艮、寅三字——属土。

据传说，最早的罗盘只有十二支，没有八干与四维，所以八干四维本身不司天地之气，在应用时八干四维辅十二个地支，干维之间而不司天地之气。

罗盘一个圆周为360度，也即一周天为360度，分成24个方位，每个字占15度，罗盘二十四山有十二阳山，十二阴山。

甲丙庚壬子寅辰午申戌乾艮十二山为阳。

乙辛丁癸亥卯未巳酉丑坤巽十二山为阴。

也就是罗盘二十四字中红字为阳，黑字为阴。

第七节 《摇鞭断宅》峦体歌

堪宅先需观峦头，首看道路与河沟。
烟囱高楼与桥塔，树木井石与山头。
相美为吉则可用，相恶为凶切莫留。
吉凶方位配卦看，应期还随太岁游。

无论是宅是坟，先找出中心太极，然后再看周围的住宅、山头、道路、流水等。取靠近秀美相生为吉，破落相克为凶。对于阴宅要先看龙脉，从太祖、少祖、父母、子息来龙，见有生机饱满，一眼望去生气勃勃可用，再配合周围的流水、沟、塘、路等，有情者可用，无情者则作凶论。

1.道路：无论阴宅还是阳宅，四周的道路弯弓抱穴者皆以吉断，反弓或直射者皆以凶论，如直过直往者无吉无凶。

2.汪塘：汪塘以圆塘和半圆塘为吉，如见三角塘或者有塘角冲宅为凶,以常年有水为吉,枯干无水或臭气污水者为凶。

3.河流:河流也与道路一样,弯环抱宅者谓之玉带围腰,最吉,如外反弓者最凶,直来射宅者更以凶推。

4.水沟:在六吉方来水弯环抱宅者为吉,去水为凶,六凶方来水则凶,河水有吉有凶,依十二长生墓绝来看吉凶,若冲宅者更凶。

5.山头:视其山头形象,如光秃破象都以凶断,如环抱形象秀美可作吉论。

6.楼房:楼房有吉有凶,但以尖角冲门或者逼近为凶,自家有屋角冲门者也以凶论。

7.井厕:井和厕所无论在何方位都以凶论。

8.桥梁:桥梁不论大小都以凶论,如直冲直射更凶。

9.凡见烟囱、高压电杆、变压器、厂房,一概均以凶论,如直冲门向更凶。

10.树木:树木不可挡门,遇则以凶推,若形枯怪状更凶。

11.凡是工厂、学校、机声隆隆,以及暴水大响的方位皆以凶断。

第八节 《摇鞭断宅》九星飞泊歌

九星妙诀出先贤,宇宙循环不记天。
二十年为一小运,一元三运六十年。
三元一百八十载,周而复始永无边。
运星入中顺着数,到向为用不需言。
若能了解玄中妙,万事如同在眼前。

《断宅总诀》曰:"阴阳向上星宫坐,九星飞泊定玄机。"所说的星宫，是指玄空飞星，每二十年一小运，三个小运共六十年为之一元，从上元一运到下元九运共计一百八十年，周而复始。

地运每运 180 年内含三个甲子，我国历法，每 180 年还原一次，其中包括节气、闰气、大小月、岁朔完全还原。

上元	1864—1883	一白
	1884—1903	二黑
	1904—1923	三碧
中元	1924—1943	四绿
	1944—1963	五黄
	1964—1983	六白
下元	1984—2003	七赤
	2004—2023	八白
	2024—2043	九紫

九星飞泊是二十年一个变化，都是以运星入中顺布，从一运一直到九运。本书"玄空篇"、"九星飞泊"篇，内有详细介绍。现如下图：

9	5	7
8	1	3
4	6	2

上元一白入中

1	6	8
9	2	4
5	7	3

上元二黑入中

2	7	9
1	3	5
6	8	4

上元三碧入中

3	8	1
2	4	6
7	9	5

中元四绿入中

4	9	2
3	5	7
8	1	6

中元五黄入中

5	1	3
4	6	8
9	2	7

中元六白入中

6	2	4
5	7	9
1	3	8

下元七赤入中

7	3	5
6	8	1
2	4	9

下元八白入中

8	4	6
7	9	2
3	5	1

下元九紫入中

例如下元七赤运入中宫，飞星四绿到未坤申三方，未坤申三个向都以四绿星到向为用。又如飞星八白到戌乾亥三方，戌乾亥三方都以八白为用，其它以此类推。

一白属坎卦　　二黑属坤卦　　三碧属震卦

四绿属巽卦　　五黄为伏位　　六白属乾卦

七赤属兑卦　　八白属艮卦　　九紫属离卦

五黄在中宫，乃不动之象，可直接随星而配，如七赤运五黄在震方，就直接以震为用。又如三碧运五黄在兑方，就直接以兑为用，其余以此类推。

阳宅以向上飞星为上卦，大门的方位为下卦，上下两个重卦配成复卦。无论是机关学校、工厂、商店都用一种方法来配卦。

阴宅的配卦与阳宅大同小异，不同点是阳宅以大门方位为下卦，而阴宅则以水口的方位配得下卦。

例如一阳宅，坐丑山未向，大门在离方，现在是七运，配成“风火家人”卦。

“风火家人”卦：巽宫八卦属木

兄弟 ▅▅▅ 卯

子孙 ▅▅▅ 巳

应

妻财 ▅ ▅ 未

父母 ▅▅▅ 亥

妻财 ▅ ▅ 丑

世

兄弟 ▬▬▬ 卯

凡是阴宅、村庄、城市、桥梁等特大建筑物,都以向上飞星为上卦,水口方位为下卦,所说的水口是指水流去或停蓄的地方。

例如:一个大门朝南的村庄,水向西流,在村西头有个水塘,现在是七运,飞星二黑到离,坤为上卦。水塘在兑方,兑为下卦,配得复卦为"地泽临"卦。

"地泽临"卦:坤宫八卦属土

子孙 ▬ ▬ 酉

妻财 ▬ ▬ 亥

应

兄弟 ▬ ▬ 丑

兄弟 ▬ ▬ 丑

官鬼 ▬▬▬ 卯

世

父母 ▬▬▬ 巳

例如一阴宅,坐乾山巽向,水口在未方,1982 年下葬,时值六运,运卦配成"风地观"卦。

"风地观卦":乾宫八卦属金

妻财 ▬▬▬ 卯

官鬼 ▬▬▬ 巳

父母 ▬ ▬ 未

世

妻财 ▬ ▬ 卯

官鬼 ▬ ▬ 巳

父母 ▬ ▬ 未

应

第九节　《摇鞭断宅》太岁临方断卦歌

断宅先需看岁君，十二地支定吉凶。
岁君若与吉神会，定有喜事入门中。
若见凶物临太岁，灾祸重重运不通。
年月日时皆同断，摇鞭断宅显奇功。

无论是阴宅或阳宅都是根据当年太岁(如子年的太岁是子，丑年的太岁是丑)所临的方位来推断吉凶。先看太岁所临之方有何物，是吉是凶，对照卦爻中的地支来推断吉凶。其法与六爻卦断法相同，只是六爻是以一个用神来断事，而摇鞭断宅是以每个爻都作用神来推断，甚至月与日都可以看作用神来断事。只是太岁的力量大，而月日的力量小而已。

例如：一阳宅坐艮山坤向，大门开在午方，1983 年六运建成，配得复卦为“雷火丰”卦。

“雷火丰”卦：坎宫八卦属水

官鬼　⚋　戌
父母　⚋　申
　　　世
妻财　⚊　午
兄弟　⚊　亥
官鬼　⚋　丑
　　　应
子孙　⚊　卯

先看卦象，“雷火丰”卦，上木下火谓之生入，木火通明，青龙入宅，钱财广进，人丁兴旺，乃富贵双全之宅卦。

再从初爻逐位分看,初爻卯木临子孙爻,卯为东方,此方若无凶破之物,则主该年有吉庆之事,添丁得子,喜事临门。

再看第二爻的丑位,丑为东北方,此方临官鬼,若东北方无凶破之物,则断此年主吉,家中如有做公务之人,可断这年有升迁之喜。如此方有凶破之物,可断该年不仅不利升官,而且要注意官场上有不测之事出现。

正北或西北亥子之位临兄弟爻,兄弟爻主破财,若该年正值太岁之年,此方再见凶破之物主该年破财,若不见凶破之物,此年平常。

正南午方临财爻值太岁,如见此方有鱼塘、林木、河水抱宅等吉祥之物,可断该年财源广进。若此方见有凶破之物,如桥路冲宅、破山头,烟囱等,可断该年有破财生灾,妻子有病等不吉之事。

赋曰:先看太岁值何位,再将卦中地支详。
如若地支不临岁,仍以岁君断卦方。
岁方最忌有凶物,定有凶事切需防。
年月皆以此法断,保你定能得安康。

据上所述,卦爻地支的吉凶是以太岁所临的方位看该方有无吉凶之物而确定的。如子年太岁在子,再看卦中子位上有何吉凶之物,是吉还是凶对照卦位来判断。断卦必须要有实践经验,要多看书,多实践,从卦中找诀窍,多进行跟踪调查,时间长了,自能悟出自己的实践经验,其实摇鞭断宅法不是专门断一年事情的,可将应期断到某月某日发生。把六爻的应期断法与摇鞭断宅理论相结合,可收事半功倍之效。

例一:七运——阳宅坐亥山巳向,大门开在西南未方,1986年建宅,配成天地否卦。

"天地否"卦:乾宫八卦属金

父母 ▅▅▅ 戌

应

兄弟 ▅▅▅ 申

官鬼 ▅▅▅ 午

妻财 ▅ ▅ 卯

世

官鬼 ▅ ▅ 巳

父母 ▅ ▅ 未

例二：七运——阴宅坐丁山癸向，水口在西北乾位，配得“雷天大壮”卦。

“雷天大壮”卦：坤宫八卦属土

兄弟 ▅ ▅ 戌

子孙 ▅ ▅ 申

父母 ▅▅▅ 午

世

兄弟 ▅▅▅ 辰

官鬼 ▅▅▅ 寅

妻财 ▅▅▅ 子

应

此卦内克外为克出，卦逢六冲，六冲主散，此卦给人第一印象主凶。再看其坐山，丁山属离卦，离卦先天在震位，后天在乾，玄机点在乾、乙二方，见乾方地势高起，乙方有棵古树逼近也是凶局，这是第二凶象。遇到这种现象，可直断此坟葬后定出凶事。

断卦时看外卦生内卦，谓之生入主吉，内生外谓之生出主半吉半凶，内卦克外卦克出因耗身而主凶，外卦克内卦为克入主凶，看卦时先看何爻持世，某方对世爻有利，某方对世爻有害，是吉是凶则一目了然。

第十节　摇鞭断宅择日法

择日法是辅助六爻断宅的一种方法，它可辅助阴阳宅旺丁旺财。自古以来，人们无论对婚丧嫁娶，建筑开业或是经商出行等事，每每都要选个好日子，否则心中就不会踏实，但择日的说法非常讲究，各个门派的择日法都不一样，有的用奇门择日，有的用六壬择日，还有用五行八字择日，花样很多，说法各异，到底哪一派最好，到目前仍无定法。摇鞭断宅派的择日方法与众不同，自有独到之处。

赋曰：摇鞭断宅妙通神，不用六壬与奇门。

只取日月扶补用，旺丁旺财事可成。

其意为：当你将六爻卦装好后，如需要旺财就选一个旺财的日子，需要旺子就选一个旺子的日子，需要扶官就选一个助官的日子。需要补山补宅，就可选卦中某一个六亲，用日支或月支来进行扶助坐山，将坐山扶旺之后，即可达到旺山的。

第三章 八宅篇

第一节 八宅三要基本概念

《八宅明镜》和《阳宅三要》是我国古代勘测阳宅重要风水学书籍，记载了风水学的理论等，具有重要研究价值。在自然科学现代化的今天，若将它作为传统文化去研究，必须本着吸取精华，剔除糟粕的原则去掌握运用，使它与现代科学接轨，从中起到重要的辅助作用。

对于专业研究风水者来说，最好将每一派风水学都了解一下，从基础理论了解起，并能做到正确扬弃，使其能更好地为人类服务。

《八宅明镜》的操作方法是以门路和炉灶为主，强调配合宅主元命，书中说："专论山向不论命者大凶，论命不论山向者亦凶，合命又合坐向者永福。"可见《八宅明镜》的应用重点在于山向和年命。在应用时，无论是安床、开门、起灶、造厕、神位、书房等都是从坐山起伏位，测算出九星所临的方位再配合年命，可直断吉凶。

而《阳宅三要》注重的是房子的大门、主屋、灶位，以三者之间的宫位论吉凶，不太重视"年命"。其用法是从大门上起伏位，无论大门开在何方，永远都是伏位。但伏位不论吉凶，其吉凶是以主屋（主卧房）与灶位的配置而产生。若配置不当，则易遭凶祸。其灶的位置须安在吉方，用法以大门为伏位，从左向右顺数八宫九星,这就是《阳宅三要》灶安吉位与《八宅明镜》灶位须在宅命或年命凶位的论点显然不同之处。

想要了解阳宅风水,大多是从八宅或三要入门,但此法由于年代久远,衍生出多个派别。例如原法以“坐山”为伏位起游年,而有些书则改由“向”或“大门”上起游年。关于宅命,原法是以坐山定宅命,而却有些派别却以“大门”之方向定宅命,例如坐北向南的住宅,门开在西南方,传统法应该为坎宅,从坎位上起游年,而现在有些门派却以大门对宫“艮宅”论命。有的重视宅命而轻视年命,也有的只重视年命,而不重视宅命,各据其理。为完整表达此法,特以传统《八宅明镜》和《阳宅三要》为依据,作以下叙述。

第二节　东西四宅的分法

一、东四宅古歌诀

坎离震巽是一家,西四宅中莫犯它。
若逢一气修成象,子孙兴旺定荣华。

二、西四宅古歌诀

乾坤艮兑四宅同,东西卦爻不可逢。
误将它爻混一屋,人口伤亡祸重重。

八卦是由乾、坎、艮、震、巽、离、坤、兑八个字组成,八卦五行是乾、兑属金,震、巽属木,坤、艮属土、坎属水、离属火。由于八卦五行相互间产生了相生相克的现象,因此很自然分成两组相生的体系,一组是“坎、离、震、巽”,一组是“乾、坤、艮、兑”。这两个组就是所说的“东四宅”与“西四宅”。

西四宅的乾、兑两卦属金,坤、艮两卦属土,金与金、土与土是相互比助的，土与金又是相生的，因此乾、兑、坤、艮都是相生相助的，而且乾、兑、坤三卦都是居在西边，所以概称为西四宅。

东四宅的震巽两卦属木，坎卦属水，离卦属火，形成水生木，木生火，其中震巽两卦居东边，所以概称为“东四宅”。

三、八宅的具体方位

西四宅的八卦方位

乾宅：坐西北朝东南
坤宅：坐西南朝东北
艮宅：坐东北朝西南
兑宅：坐西朝东

东四宅的八卦方位

坎宅：坐北朝南
离宅：坐南朝北
震宅：坐东朝西
巽宅：坐东南朝西北

四、八宅的四吉四凶方

八宅之乾、坎、艮、震、巽、离、坤、兑八个方位，分为四吉方位和四凶方位两个组，所谓四吉者乃生气、延年、天医、伏位。四凶者即五鬼、六煞、祸害、绝命。又将八宫之星配上九星之名称，即生气配上贪狼，五鬼配上廉贞，延年配上武曲，六煞配上文曲，祸害配上禄存，天医配上巨门，绝命配上破军，伏位配上辅弼分成四吉四凶之方位。

八宅的应用方法是从坐山开始起伏位，按“大游年”歌诀顺序向下数。如坐坎宅，即以坎为伏位，艮为五鬼（廉贞），震为天医（巨门），巽为生气（贪狼），离为延年（武曲），坤为绝命（破军），兑为祸害（禄存），乾为六煞（文曲）。然后再依九星的性质而论其吉凶，是凶则凶，是吉则吉。

大游年歌诀

乾六天五祸绝延生，坎五天生延绝祸六。

艮六绝祸生延天五，震延生祸绝五天六。

巽天五六祸生绝延，离六五绝延祸生天。

坤天延绝生祸五六，兑生祸延绝六五天。

歌诀是将九星按卦位顺序排列，但要注意的是一卦的九星位置不一样，在背诵和应用时，一定要按其顺序往下念，不可错位。我们日常所用的罗盘后面都有这首歌诀，但罗盘上写的是从上往下读。如下图：

八命配九星

九星八卦论吉凶

乾	坎	艮	震	巽	离	坤	兑
六	五	六	延	天	六	天	生
天	天	绝	生	五	五	延	祸
五	生	祸	祸	六	绝	绝	延
祸	延	生	绝	祸	延	生	绝
绝	绝	延	五	生	祸	祸	六
延	祸	天	天	绝	生	五	五
生	六	五	六	延	天	六	天

八方九星看门命

八门套九星

罗盘背面游年图

八宅游年的应用方法，首先要知宅主多大年岁，出生在哪一年，再按男女查出此人是什么年命，然后再把年命配成卦。如此宅主是东四命，就与东四宅相配；宅主是西四命，就配上西四宅。经过八卦变化产生了九星，九星的次序一律是自左向右旋转。如宅主是乾命人，乾就是他的本位，又称之为“伏位”。将乾卦按后天八卦方位从左向右顺着数，其次序是“乾、坎、艮、震、巽、离、坤、兑”。再对照大游年歌诀是“乾六天五祸绝延生”，知其坎位为六煞，艮位为天医，震位为五鬼，巽位为祸害，离位为绝命，坤位为延年，兑位为生气。如果是属于坎命的，则依坎为本位，自坎卦由左向右旋转顺着数，其次序是“坎、艮、震、巽、离、坤、兑、乾”。坎卦以艮为五鬼，震为天医，巽为生气，离为延年，坤为绝命，兑为祸害，乾为六煞方位。其余的六卦都仿此法。

乾山

坎山

艮山

震山

巽山

离山

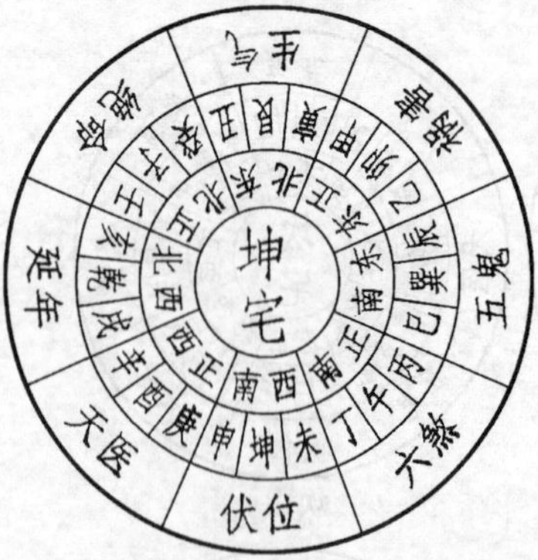

坤山

兑山

五、九星七曜与五行歌诀

生气贪狼是木星，延年武曲本属金。

天医巨门原属土，辅弼二星属木行。

五鬼廉贞原属火，绝命破军同属金。

祸害禄存又属土，六煞文曲水上行。

吉星有四种，即生气贪狼属木，延年武曲属金，天医巨门属土。

凶星有四种：即绝命破军属金，五鬼廉贞属火，祸害禄存属土，六煞文曲属水。

吉凶不定有两种，即左辅与右弼二星属木。伏位和其它七个方位各布一星，星吉则吉，星凶则凶。

吉星宜高大不宜低小，吉星高大而得位者以吉断；凶星宜低不宜高，凶星高大者以凶断。八宫代表方位，九星代表吉凶，东西四命代表宅主的元命，门路代表出入之门，灶口代表灶门的朝向。

六、吉凶方位的宜忌

吉方：吉的方位宜高、方、整齐为好，忌低、陷、漏、缺。吉的方位宜开门、主房、书房、客厅、电梯入口、电话、卧室、神位、床，忌炉灶、浴厕、烟囱、杂乱之物。

凶方：凶的方位宜低、平、干净，忌高、大、凸出。凶的方位宜浴室、厕所、污水、炉灶、电视、储藏室，忌做主屋、开门、床、神位。

第三节　九星吉凶知识

一、四吉星位置的性质

①生气——贪狼星属木，是九星的第一吉星，方位为东方，其卦象为震。其性主仁慈，出贵催官，利男性，旺人丁。令人有生气，凡事积极向上，且多才多艺，是吉庆和顺之象征。如果读书无成，功名不就，人丁败落，贫苦不堪，可按东西四命的八宅方位，将大门或床位、灶房移在生气方可解，应验日期在甲乙亥卯未年月。

②天医——巨门星属土，是九星的第二吉星，方位为东北方，其卦象为艮。其性主健康，利女性，旺财发富，性格忠厚，包容忍让，易得贵人扶持，祛病消灾。如遇久病不愈，不育或有

子难养，生意不顺，财运不遂或遇事无帮无助，可在宅命的天医方位开门、安床、设灶。应验日期于戊己辰戌丑未年月。

③延年——武曲星属金，是九星的第三吉星，方位为西北方，其卦象为乾☰。其性主和顺、果断，交际关系好，利于外交，夫妻和睦，婚姻早成，人丁兴旺，多福多寿。如果遇遗传性短寿，求婚不成，人丁不旺，穷困潦倒，可按宅主之年命，将大门或床位、灶房安在延年方。应验日期于庚辛巳酉丑年月。

④伏位——左辅右弼属木星，是九星中的第四吉星，其卦位为东南方，卦象为巽☴，其性主柔顺平静，慈祥宽容，男性主重视家庭，全家和睦。如遇诸事不顺，耗资损财，依宅主的元命在伏位上安床设灶，应验于甲乙亥卯未年月。

二、四凶位置之性质

①绝命——破军星属金，是九星中的第一凶星，属兑卦。其卦象为兑☱，兑为秋天，有肃杀之气，主冲突，多生疑难杂症、刀伤、车祸、焦虑不安、多病夭寿、官灾人祸、子女缘薄、无子绝嗣。如果在绝命方开后门，主子孙患不治之症，惹是生非，应验时间在庚、辛、巳、酉、丑年月。

②五鬼——廉贞星属火，是九星中的第二凶星，属离卦。其卦象为离☲，其性主暴躁、无事惹祸、官事口舌、癌病车祸、忤逆不孝、体弱多病、抢劫盗贼、易招火灾、鬼邪等现象。应验在丙丁寅午戌年月。

③祸害——禄存星属土，是九星中的第三凶星，属坤卦。其卦象为坤☷，主目瞎耳聋，人丁受损、争斗仇杀、孤寡贫穷、官非诉讼、身体虚弱、自信心弱、意见分歧、懒散反叛，应验在戊己辰戌丑未年月。

④六煞——文曲星属水，是九星中的第四凶星，属坎卦，其卦象为坎☵，主口舌是非、水灾上吊、忤逆不孝、惊恐失常、度量狭窄、婚姻反复、人口不宁、财运不遂，男性不务正业，女性易惹

桃花。应验于壬癸亥子年月。

歌曰：生气贪狼旺人丁，延年武曲身康宁。
天医巨门人无病，伏位辅弼百事兴。
绝命破军损人口，五鬼廉贞凶不轻。
祸害禄存难生育，六煞文曲女多淫。
此是九星吉凶诀，学人以理细推情。

三、九星与八卦关系

生、延、天、绝、五、祸、六、伏，名曰九星，皆是八卦变化而来的。其变化的依据是根据伏位(坐山)之卦，按次序进化。

现以乾宅为例，乾宅以乾卦☰为基本卦，进行变化(变爻是以阳爻变阴爻或阴爻变阳爻)。第一次从上爻开始变化为兑☱卦，为生气——贪狼木星。第二次又从中间之爻继续变化，由兑卦☱变震卦☳，为五鬼——廉贞火星。第三次从下面的爻继续变化，由震卦☳变☷坤卦，为延年——武曲金星。第四次回过头又变中爻，由坤卦☷变☵坎卦，为六煞——文曲金星。第五次又变上爻，由坎卦☵变☴巽卦，为祸害——禄存土星。第六次又从上爻往下变中爻，由巽卦☴变☶艮卦，为天医——巨门土星。第七次又变初爻，由艮卦☶变☲离卦，为绝命——破军金星。从此再向上变中爻，就会变回原来的基本卦乾卦——伏位，也就不用再变了。其它坐向也用同样变化方法进行演变，以坐山之卦为伏位开始，依上中下、中上、中下、中的固定程序，进行逐爻变化，配成了生气贪狼、五鬼廉贞、延年武曲、六煞文曲、祸害禄存、天医巨门、绝命破军、伏位辅弼四吉四凶方位。表述如下：

伏位(坐山)乾卦☰为基本卦

上爻变兑☱为生气贪狼木星。(吉)

中爻变震☳为五鬼廉贞火星。（凶）

下爻变坤☷为延年武曲金星。（吉）

中爻变坎☵为六煞文曲水星。（凶）

上爻变巽☴为祸害禄存土星。（凶）

中爻变艮☶为天医巨门土星。（吉）

下爻变离☲为绝命破军金星。（凶）

中爻变乾☰又还原成基本卦位——伏位。（吉）

第四节　东西四命的求测

根据以上可知，宅有东四宅与西四宅之分，东四宅即坎、离、震、巽，西四宅为乾、坤、艮、兑。然而人命也有东四命与西四命之分，无论男女命，只要遇到所配的卦为坎、离、震、巽者都为东四命，凡遇所配的卦为乾、坤、艮、兑者都为西四命。东四命的人宜配住东四宅，西四命的人宜配住西四宅。

从这里不难看出，凡是东四命配东四宅的卦，或西四命配西四宅的卦，它所遇到的方位都是生气贪狼木、天医巨门土、延年武曲金、伏位辅弼木的四大吉星。这些方位所包含的五行都是相生相助的，所以碰在一起所产生的效果都是大吉大利的。

倘若东四命的卦配住西四宅，或者西四命配东四宅的卦，所产生的方位都是绝命破军金、祸害禄存土、六煞文曲水、五鬼廉贞火，而这些方位的四大凶星五行都是互相克制的，遇在一起所产生的效果都是有凶无吉的。

一、东四命与西四命求法

东西四命是根据一个人出生年的干支与八卦演变而来的，

将出生年年命的乾、坎、艮、震、巽、离、坤、兑，这八种叫做三元年命，简称元命，其确定方法有三种：①手掌推命法，②查表法，③公式法。

(1)手掌推命法

手掌推命法，是古人推算元命的一种快速而简单的方法，其法是根据洛书九宫的数序演化而来的，第一步先须了解洛书九宫图的数理结构，继而要将“三元命歌诀”背熟，即可按此“三元命诀”推命了。

洛书九宫图起源很早，理法奥妙无穷，凡是先后天之八卦数理全在其中，其数序是戴九履一，左三右七，二四为肩，六八为足。

洛书九宫飞星图

巽四	离九	坤二
震三	中五	兑七
艮八	坎一	乾六

三元命歌诀

上元甲子坎宫看，中元起巽下兑间。

上五中二下八女，男逆女顺是根源。

如上元甲子年生男是坎命，从坎一宫逆数，乙丑年生人是离命，丙寅年生人是艮命，丁卯年生人是兑命……一直往下逆推。中元甲子年生男是巽命，从巽四宫逆排，乙丑年生人是震命，丙寅年生人是坤命，丁卯年生人是坎命……下元甲子生男是兑命，从兑七宫起逆数，乙丑年生男是乾六命，丙寅年生男是中五(中五以坤二代表)坤命，丁卯年生男是巽命……

上元甲子年生女从中五宫起艮，为艮命顺行，乙丑年生为乾命，丙寅年生为兑命，丁卯年生人为艮命……一直往下顺推。中元甲子生女为坤女，从坤二上起，乙丑生人是震三命，丙寅生人是巽四命，丁卯生人中五寄艮命。下元甲子生女是艮命，从艮上起,乙丑生人是离命,丙寅生人是坎命,余仿此。

为了方便推算,古人又用一种叫"野马跳涧"的手掌推算法,只要知其是哪一年出生的人,马上即可知这个人什么命,不用一年一年去细推。

野马跳涧歌

野马跳涧走,从寅数到狗。

一年隔一位,不用亥子丑。

例:查1958年(戊戌)出生的男性。1958年属于中元,中元应从巽宫起逆行。从1924年在巽宫开始十年十年地逆数,1934年到震,1944年到坤,1954年到坎,然后再一年地数,1955年到离,1956年艮,1957年到兑,1958年到乾,则知1958年出生男性是乾命,为西四命。

又如1958年出生的女性,根据男逆女顺的原则,女命应顺数,从坤二宫开始十年十年的向前数,1934年到震三,1944年到巽四,1954年到中五止,然后再一年的向前数,1955年到乾六,1956年到兑七,1957年到艮八,1958年到离九,则知1958年出生的女性是离命，为东四命。

无论男命或女命遇到五时，则男为坤卦，女为艮卦。

(2)查表法

出生年份干支							上元		中元		下元	
							1864~1923		1924~1983		1984~2043	
							男	女	男	女	男	女
甲子	癸酉	壬午	辛卯	庚子	己酉	戊午	坎	艮	巽	坤	兑	艮
乙丑	甲戌	癸未	壬辰	辛丑	庚戌	己未	离	乾	震	震	乾	离
丙寅	乙亥	甲申	癸巳	壬寅	辛亥	庚申	艮	兑	坤	巽	坤	坎
丁卯	丙子	乙酉	甲午	癸卯	壬子	辛酉	兑	艮	坎	艮	巽	坤
戊辰	丁丑	丙戌	乙未	甲辰	癸丑	壬戌	乾	离	离	乾	震	震
己巳	戊寅	丁亥	丙申	乙巳	甲寅	癸亥	坤	坎	艮	兑	坤	巽
庚午	己卯	戊子	丁酉	丙午	乙卯		巽	坤	兑	艮	坎	艮
辛未	庚辰	己丑	戊戌	丁未	丙辰		震	震	乾	离	离	乾
壬申	辛巳	庚寅	己亥	戊申	丁巳		坤	巽	坤	坎	艮	兑

按表：如上元甲子生的男命，属于坎宫东四命，女命属艮宫西四命，又如中元丙戌年生的男命，属于离宫东四命，女命属乾宫西四命。再如下元乙卯年生的男命，那就属坎宫东四命，女命属于艮宫西四命。

例：1953年生的男命，查1953年为中元癸巳年，在出生年份干支表上找到了“癸巳”，同横行向右查到中元1924~1983男女竖行交叉处，即男性为坤命，女性为巽命。

(3)公式计算法

还有一种更简单地用公式计算宅命方法，先将八卦按次序定数，坎一坤二震三巽四中五乾六兑七艮八离九。按规定入中宫的男命寄坤，女命寄艮。要知2000年之前的出生时间与2000年以后的出生时间，不仅算法不同，而且男女各异。2000年以前出生的人计算方法。

男性:(100－出生年末尾两位数)÷9,求余数定卦命。

例如:1953年出生的男性,(100－53)÷9＝47÷9＝5…2,余数2,应为坤卦,该男性为坤卦命,坤卦属于西四命。

女性:(出生年末尾两位数＋5)÷9,求余数定卦命。

例如:1953年出生的女性,(53＋5)÷9＝58÷9＝6…4,余数4,为巽卦命,巽卦属于东四命。

2000年以后出生(包括2000年)人的计算方法。

男性:(99－出生年末尾两位数)÷9,求余数定卦命。

例如:2006年出生的男性,(99－6)÷9＝93÷9＝10…3,余数3,应为震卦命,属于东四命。

女性:2006(丙戌)年出生的女性,(6＋6)÷9＝12÷9…余3,余数3为震卦命,该年出生的女性都为震卦命,属于东四命。

女命也可直接用出生年的年尾数减4除以9,得出的年命数和上述出生年尾加5,除以9的结果一样。例如:1953年出生的女性,(53－4)÷9＝49÷9＝5余4数,女命的4数属巽卦。

第五节　东西四命的应用

《八宅明镜》与《阳宅三要》两部书的八宫九星名词皆是一样,推算方法也大致相同,可是在用法上确有很大差异。所以,在应用时二者不能混为一谈。《八宅明镜》是以“年命”为主,其法是说“专论山向不论命者大凶,论命而不论山者小凶,合命又合坐向者永福”。可见其法重点在于“年命与坐山”。因此无论安床、开门、起灶、厕所、神位、书房等,都要先以年命配合坐山,然后再用“大游年”法,推出九星,按照九星的属性定其吉凶,是吉则吉,是凶则凶。其宅命的配置,以“宅坐山”为伏位,将门、床、书房、神位等放在四吉之位，将灶房、厕所压在宅命或年命的凶位。

而《阳宅三要》的应用，却不注重年命，而是以房子的大门，主屋（主卧房）、灶房三者之间的宫位的生克论吉凶。其法是从大门起伏位，大门无论开在什么方位，永远就是伏位，伏位不论吉凶，其吉凶的产生，必须看其主屋（主卧房）与灶房的配置而决定，如配置得当，则无论东西四命皆能得福。而灶的位置必须压在以大门为伏位的吉方。这里与《八宅明镜》书中的东西四命宅，灶位须压在凶方，显然不同，千万不能混淆。

一、宫星生克之论述

所谓“宫”指的是乾、坎、艮、震、巽、离、坤、兑八个宫。“星”指的是贪狼、巨门、禄存、文曲、廉贞、武曲、破军、辅弼。贪狼生气属震木，巨门天医属艮土，武曲延年属乾金，文曲六煞属坎水，因为这四个星都在阳方，所以称之为阳星。禄存祸害属坤土，破军绝命属兑金，廉贞五鬼属离火，辅弼伏位属巽木，这四个星都在阴方，所以称之阴星。乾坎艮震四星在阳方，属于阳宫，巽离坤兑在阴方，属于阴宫。

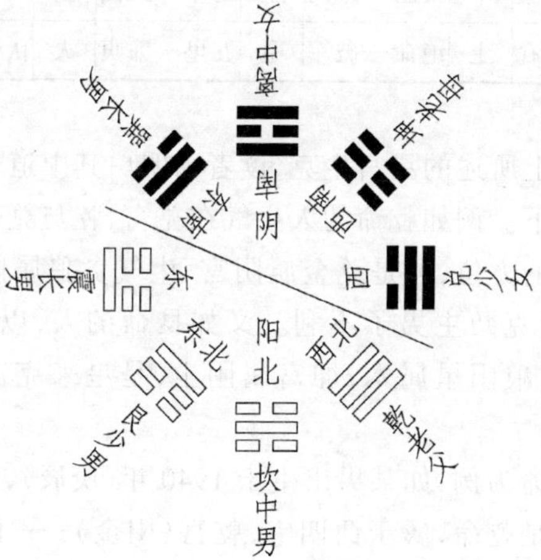

但凡阳星临于阳宫，阴星临于阴宫者叫做宫星相同，不论生克。如果阴星临于阳宫，或者是阳星临于阴宫，都称为宫星相克。宫为内，星为外，星克宫称之为外克内，叫做内战；宫克星称之为内克外，叫做外战。凡是内外相克者皆为凶，内克外吉凶参半，外克内皆凶。

例如：乾卦属金是阳宫，伏位临于辅弼，辅弼属木是阴星，便是阳金克阴木，因是宫来克星，称之为内克外。又如贪狼星属阳木，临于坤宫，坤宫属阴土，便是阳木克阴土，是星来克宫，叫做外克内。故无论是宫克星还是星克宫，只要是阳克阴的都不利于女人。

又如贪狼星属阳木，临于兑宫，兑宫属阴，这是阴金来克阳木，叫做阴宫克阳星，宫来克星谓之内克外。禄存星属土，是阴星，临于阳宫坎水是阴土克阳水，谓之星来克宫，叫做外克内，故凡是阳性受克的都不利于男人。

九星阴阳生克表

阴阳	九　星	五行	九　星	五行	九　星	五行	九　星	五行
阳星	生气—贪狼	木	天乙—巨门	土	延年—武曲	金	六煞—文曲	水
阴星	祸害—禄存	土	绝命—破军	金	五鬼—廉贞	火	伏位—辅弼	木

通过以上所述的星宫生克，读者已明白其中道理，但其中有些需强调一下。例如乾命的人生气在兑宫，乾与兑是宫星比和，应该说是吉的方位，可是兑金属阴宫，生气贪狼属阳木，是宫来克星，阳星受克乃主男子不利。又如艮命的人，以坤卦为生气方，但生气贪狼阳星属木，坤宫属阴土，是星来克宫，主不利女人。

现以乾命为例：如某男出生于1940年（庚辰），查1940年庚辰年出生的是乾命，属于西四宅，乾宫（阳金）——伏位属阴木，乃阳金克阴木，是属于宫来克星，叫做内克外，伏位本身是小吉之星，但由于星受宫克，因此小吉之星变为半凶之星，阴星受克不利女人，不利的日期应验在甲乙亥卯未年月。

又如西四宅的兑宫（阴金）——兑乃是乾命人的生气，贪狼木星（阳木），生气贪狼本来是吉方，可是兑金属于阴宫，而生气贪狼属于阳木是宫来克星，阳星被克不利于男子。特别对长房长子不利，可直断其该宅人丁败落，读书无成，功名不就等不吉之处，其不利的时间应验在甲乙亥卯未年月。

再如西四宅的坤宫（阴土）——坤乃是乾命人的延年，属于武曲金星（阳金），延年本来就是吉星，阳金临阴土，宫星相生，乃是大吉之宅命。

再如西四命的艮宫（阳土）——艮乃是乾命人的天医巨门星，巨门本就是吉星，现土星坐土宫，相生相助，乃非常吉利的宫星比助之布局。

有古歌一首：

宫生宫位大吉昌，宫来克星最不良。
宫生星来田财进，宫来克星事不祥。
星来生宫诸事旺，星来克宫把人伤。
内克外来多不利，外来克内惹祸殃。
外来生内大吉庆，内生外来泄力量。
阳克阴来女有祸，阴来克阳男命亡。

九星吉凶喜忌表

九　星	五行	九　星　主　事	喜忌方位	应　期
生气贪狼	木	1.主催官富贵、大旺人丁、多才多艺、百庆交集。 2.性主仁慈，主有五子。	1.如临坎、离、震、巽为之得位。 2.如临乾兑之方谓之侵权，男女都不吉	甲乙亥卯未
天医巨门	土	1.主身体健康，大利女性，旺财发富。 2.富有千金，主有三子，易得贵人扶持。	1.如临乾兑艮坤，谓之得位，主吉。 2.如临坎位，谓宫来克星，外战减吉。	戊己辰戌丑未
延年武曲	金	1.主夫妻和睦，婚姻有成，人丁兴旺。 2.多福多寿，人缘颇佳，主得四子。	1.临离卦谓之外战，在震巽二卦主凶。 2.如在乾兑艮坎，都是大吉之卦。	庚辛巳酉丑
伏位辅弼	木	1.其星也吉，主慈祥宽容，小富中寿。 2.在生育与性方面的疾病，女多男少。	1.如临坎、离、震、巽方位叫做得位。 2.如临乾兑方位主凶。	甲乙亥卯未
五鬼廉贞	火	1.主无事惹祸，官事口舌，癌症车祸。 2.忤逆不孝，体弱多病，易招火灾。		丙丁寅午戌
六煞文曲	水	1.口舌是非，婚姻不顺，人口不安。 2.水灾上吊，人口不宁，女犯桃花。		壬癸亥子
祸害禄存	土	1.官讼疾病，劫财伤丁，目瞎耳聋。 2.孤寡贫穷，体弱多病，懒散反叛。		戊己辰戌丑未
绝命破军	金	1.夭寿多病，绝嗣无丁，刀伤车祸。 2.官灾人祸，子女缘薄，不治之症。		庚辛巳酉丑

1.以本命四吉方位，宜立宅向、开门、安床、作灶向、书房最好。

2.以本命四凶方位，宜厕所、灶座、烟囱、碓、磨最好。

3.凡要求子、催官出贵、吉庆和顺，都要在生气求吉。

4.凡要身体健康、祛灾除病，都要从天医方位着手。

5.凡要增寿除病、人丁兴旺，都要从延年方位着手。

6.凡是疾病死亡、疑难杂病、官灾人祸，都犯绝命方位。

7.凡是口舌是非、癌症车祸、火灾鬼邪，都犯五鬼方位。

8.凡是劫财盗失、淫邪上吊、财运不遂，都犯六煞方位。

9.凡是仇杀争斗、官非诉讼、孤寡贫穷，都犯祸害方位。

第六节　东西八宅不得相混

通过以上介绍，读者对八宅的东西四命已有初步了解，再进一步谈谈东西宅命不许相混的具体道理，职业风水师认为这是入门之径。

一、东西四宅命门主灶不可相混

1.东四宅坎、离、震、巽都是水木相生，木火通明，与游年生气、天医、延年三吉星完全相合。而西四宅是土金相生比和，宫星相生，宫星比和。所以，东四宅不可与西四宅相混，而西四宅也不可与东四宅相混。

凡是上讲究的小康之家，无论是主房，厨灶或大门，没有不与三吉星相合的。若是东西四宅相混，不是木克土，就是火克金。从游年上看，不是六煞、祸害就是五鬼绝命，要是克阴肯定不利妇女，克阳定是男性有伤。其原理不外乎五行生克。

东四卦：震卦五行属木，巽卦五行属木，坎卦五行属水，离卦五行属火。

西四卦：乾卦五行属金，坤卦五行属土，艮卦五行属土，兑卦五行属金。

2.宫星相克

火克乾宫（火克金）乾金受克，主伤老翁。

土入坎宫（土克水）坎宫受克，主伤中男小口。

木入艮宫（木克土）艮土受克，主伤少男。

金入震宫（金克木）震木受克，主伤长男。

水入离宫（水克火）离火受克，主伤女人。

木入坤宫（木克土）坤土受克，主伤老母、少妇。

火入兑宫（火克金）兑金受克，主伤幼妇、少女。

金入巽宫（金克木）巽木受克，主伤长女。

注：先天为人丁，乾为老父，坤为老母，震为长男，巽为长女，坎为中男，离为中女，艮为少男，兑为少女。

第七节　东西四命与门主灶之生克

乾命为西四命，五行属金，大门宜开在兑方，兑五行属金，为生气方；主卧房门开在艮方，艮五行属土，为天医方；厨灶向乾方，乾五行属金为伏位。这样即完全符合门生主，主生灶，灶生命，遇到这样的布局可直接以吉断。

坎命为东四命，五行属水，大门宜开在巽方，巽五行属木，为生气方；主卧房门宜开在震方，震五行属木，为天医方；厨灶向震方，震五行属木为天医方。门生主，主生灶，灶生门。遇到这样的布局，可直接以吉断。

艮命为西四命，五行属土，大门宜开在乾方，乾五行属金，为天医方;主卧房门宜开在坤方,为生气方;厨灶向兑方,兑五行属金,为延年方。这样门生主,主生灶,灶生门。遇到这样的布局,可直接以吉断。

震命为东四命,五行属木,大门宜开在巽位延年方,巽卦五行属木;主卧房门宜放在坎位天医方,坎卦五行属水;厨灶宜向巽位延年方,巽卦五行属木。这样即完全符合门生主,主生灶,灶生门。遇到这样布局,可直接宜吉断。

巽命为东四命,五行属木,大门宜在坎方,坎五行属水,为生气门;主卧房门宜放在巽方伏位,巽卦五行属木;灶口宜震方,震方五行属木为延年方,这样符合门主灶相生。遇此者可直断为吉宅。

离命为东四命,五行属火,大门宜开在震方,震卦五行属木,为生气方;主卧室宜放在巽方,巽卦五行属木为延年方;灶口宜朝向巽方,巽卦五行属木,为延年方。这样的布局符合门、主、灶相生,住之大吉。

坤命为西四命,五行属土,大门宜开在艮位生气方,艮卦五行属土;主卧房门宜开在兑位天医方,兑卦五行属金;厨灶宜朝向乾位延年方。这样完全符合门生主,主生灶,灶生门,遇到这样布局,可直接以吉断。

兑命为西四命,五行属金,大门宜开在乾位生气方,乾卦五行属金;主卧房门宜开在艮方延年方,艮卦五行属土;厨灶宜朝向兑位,兑卦五行属金。这样,完全符合“门生主,主生灶,灶生门”,遇到这样的布局可以直接以吉断。

第八节　九宫掌快速推游年法

以上所说的东西四命，以及九星（实质七星）方法理论完全清楚。只是在应用时速度太慢，职业风水师为人去相宅，总不能成天背着书本去查对，为解此难题，又产生了“江湖传统九宫掌”，就省事多了。在运用时，只需用手一掐，即知八个方位好坏，其吉凶祸福则一目了然，此法在过去是江湖职业风水师专用掌法，应用范围较广。九宫掌也可用于“玄空九星水法”。

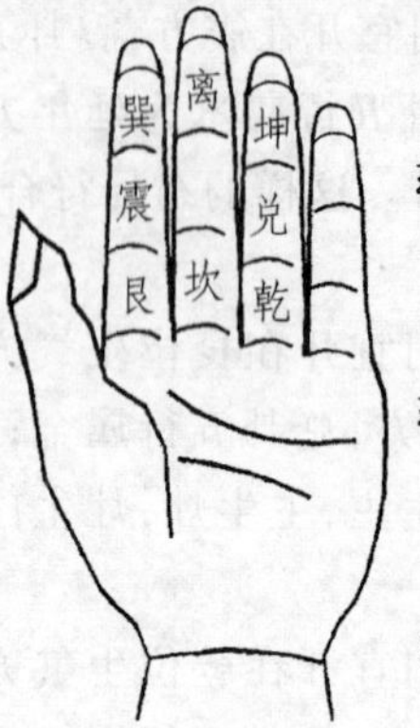

	东南	南	西南	
	巽	离	坤	
东	震		兑	西
	艮	坎	乾	
	东北	北	西北	

1.先求出男女本命卦。

2.将求出的命卦按在九宫掌图上，如乾命则从乾上起伏位，坤命则从坤上起伏位，依照大游年歌诀所行路线进行顺着向前数，找出九星所落之宫位来判断吉凶。从伏位开始按照大游年歌顺着往下数，看九星中某一星在何宫何位，这个宫就是何星。下面举例说明：

例如：某男出生于1939（己卯）年，查上述男女命卦表，己卯年属中元甲子,男属兑命,这时就在九宫掌上找出相对的兑位,再按照大游年“兑生祸延绝六五天”的歌诀,伏位在兑,生气在乾,祸害在坎,延年在艮,绝命在震,六煞在巽,五鬼在离,天医在坤,最后又转到伏位。

又如:1985年出生女命,查1985(乙丑)年属于下元甲子范畴,乙丑年出生的人属于下元甲子管辖,乙丑年出生的女命属于离命,已知乙丑年出生的女人是离命,就在九宫掌上找出相对的离卦,即以离卦为伏位,再依照大游年“离六五绝延祸生天”的歌诀往下数,即离为伏位,坤为六煞,兑为五鬼,乾为绝命,坎为延年,艮为祸害,震为生气,巽为天医。

游年歌是从卦位顺着往下读,而宫位(伏位)是以乾坎艮震巽离坤兑顺着往前数。

仍以乾命乾宅为例。

游年口诀顺序:“乾(命)→六→天→五→祸→绝→延→生”。⇨绝(绝命)、延(延年)、生(生气)。现附图如下:

图一:年命或宅命为“乾卦”

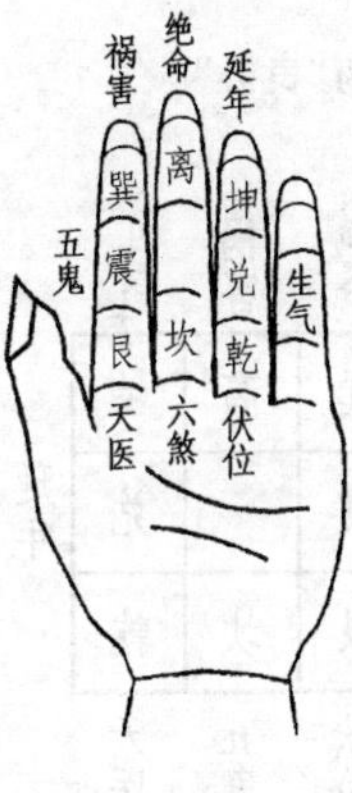

祸害	绝命	延年
巽	离	坤
震		兑
艮	坎	乾
天医	六煞	伏位

五鬼（左）　生气（右）

将年命卦定在乾位上,以乾卦为伏位,顺着往下数,坎卦为六煞→艮卦为天医→震卦为五鬼→巽卦为祸害→离卦为绝命→

坤卦为延年→兑卦为生气→最后又返回本宫伏位。记“乾六天五祸绝延生”这句游年歌诀。

图二:年命或宅命为“坎卦”

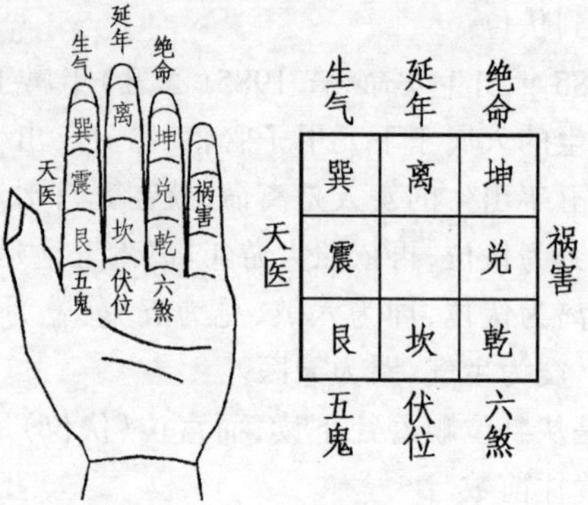

将年命卦定在坎位上,以坎为伏位→艮卦为五鬼→震卦为天医→巽卦为生气→离卦为延年→坤卦为绝命→兑卦为祸害→乾卦为六煞→最后又返回本宫伏位。记住“坎五天生延绝祸六”这句游年歌诀。

图三:年命或宅为“艮卦”

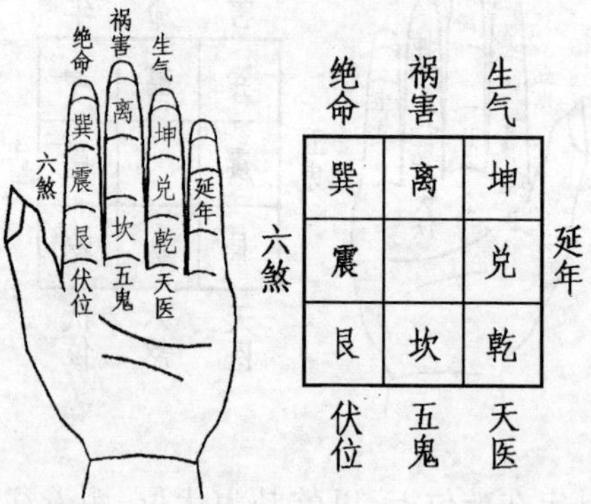

将年命卦安在艮位上，以艮为伏位→震卦为六煞→巽卦为绝命→离卦为祸害→坤卦为生气→兑卦为延年→乾卦为天医→坎卦为五鬼→最后又返回到本宫伏位。记住“艮六绝祸生延天五”这句游年歌诀。

图四：年命或宅命为“震卦”

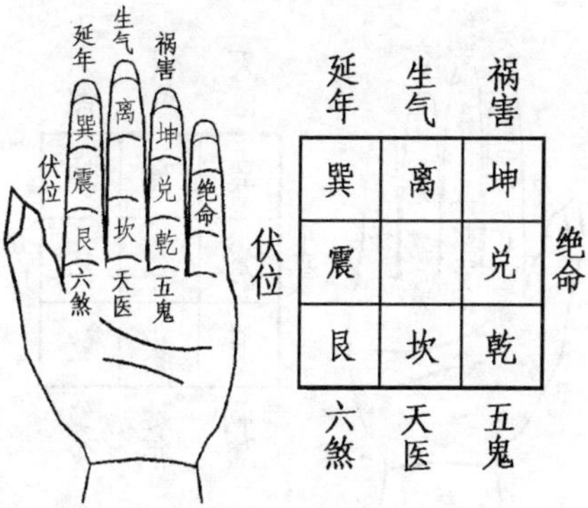

将本命卦安在震位上，以震卦为伏位→巽卦为延年→离卦为生气→坤卦为祸害→兑卦为绝命→乾卦为五鬼→坎卦为天医→艮卦为六煞→最后又返回本宫伏位。记住“震延生祸绝五天六”这句游年歌诀。

图五：年命或宅命为巽卦

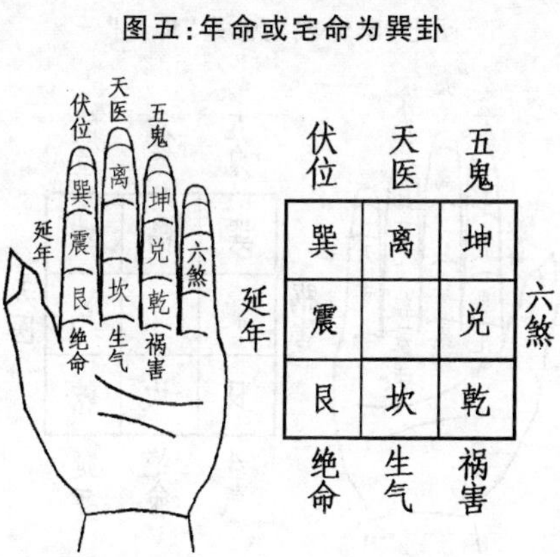

将本命卦定在巽位上，以巽卦为伏位→离卦为天医→坤卦为五鬼→兑卦为六煞→乾卦为祸害→坎卦为生气→艮卦为绝命→震卦为延年，最后又返回本宫伏位，记住“巽天五六，祸生绝延”这句游年歌诀。

图六：年命或宅命是离卦

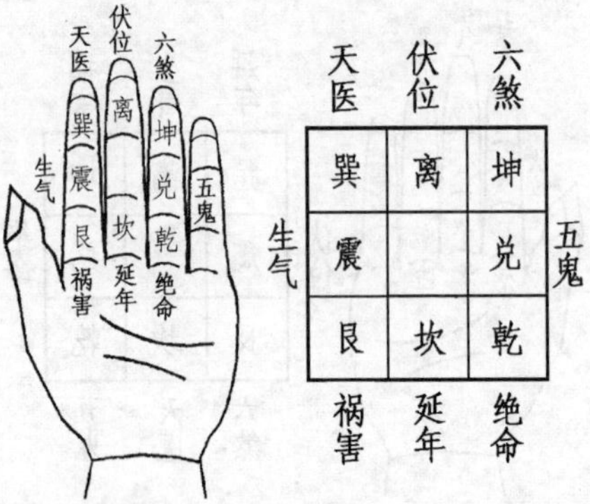

将本命卦固定在离卦上，以离卦为伏位→坤卦为六煞→兑卦为五鬼→乾卦为绝命→坎卦为延年→艮卦为祸害→震卦为生气→巽卦为天医。最后又返回本宫伏位。记住“离六五绝，延祸生天”这句游年歌诀。

图七：年命或宅命是“坤卦”

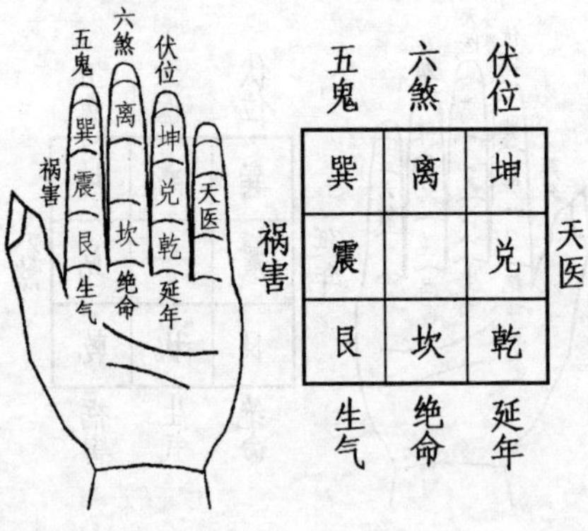

将本命卦固定在坤卦上，以坤卦为伏位→兑卦为天医→乾卦为延年→坎卦为绝命→艮卦为生气→震卦为祸害→巽卦为五鬼→离卦为六煞，最后又返回到本宫伏位。记住“坤天延绝，生祸五六”这句游年歌诀。

图八：年命或宅命是“兑卦”

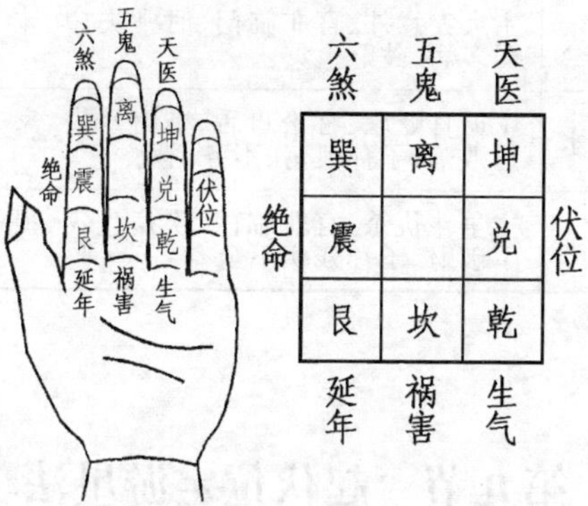

将本命卦固定在兑位上，以兑卦为伏位→乾卦为生气→坎卦为祸害→艮卦为延年→震卦为绝命→巽卦为六煞→离卦为五鬼→坤卦为天医，最后又返回本宫伏位。记住，“兑生祸延绝六五天”这句游年歌诀。

三吉四凶星克应吉凶表

星名	五行	主要吉凶克应所主	应期年月
生气贪狼	阳木	主富贵多子，大门、炉灶口宜朝向生气方，主丁、财、贵齐旺。	甲乙亥卯未
天医巨门	阳土	要想健康长寿，宜在此方服药健身，灶门宜向病人之天医方，体弱者床位宜在天医方或床头朝向天医方。	戊己辰戌丑未
延年武曲	阳金	要家庭和睦、子孝孙贤、健康长寿，老人宜住延年方位的房间，年轻人宜住天医方，小儿宜住生气方。	庚辛巳酉丑

星　名	五行	主要吉凶克应所主	应期年月
伏位辅弼	阴木	要夫妇没有外恋、夫妻体贴、赚钱门路多，灶门宜朝向伏位方位，但主丈夫其人无主见。	甲乙亥卯未
绝命破军	阴金	主人丁败绝、血光之灾、交通意外、人丁夭折、人口多病、破财生灾。	巳酉丑
五鬼廉贞	阴火	主火灾意外、官非临门、时常失望、体弱多病、破财生灾。	丙丁寅午戌
六煞文曲	阳水	主退官贬职、官讼口舌、破财水灾、家道败落、子孙浪荡、不务正业。	壬癸亥子
祸害禄存	阴土	主争斗仇杀、官非临门、疾病生灾、损丁破财、子孙残疾不全。	戊己辰戌丑未

第九节　起伏位定游星法

起伏位定游星法在八宅法中是非常重要的，也是最关键的一个步骤，由这个步骤才派生出四吉方、四凶方。四吉四凶定出之后即以此作为阳宅吉凶的判断依据。但定游星不是一种，据目前所知起伏位，定游星有五种方法，所以不同的方法自然就会产生不同的吉凶。

一、年命起伏位。二、坐山起伏位。三、门上起伏位。四、高屋起伏位。

这种起伏位的方法常常使人感到迷惑，不知如何是从，其实这四种方法各有各的理论依据，也都在广泛使用。而且大家都坚持自己的方法是正确的，一般认为在不同的情况下，用不同的方法起伏位。

一、年命起伏位

以年命卦起伏位定九星是八宅法的基本理论。很多人认为好的风水应该不论何人住进去都好,但事实并不是这样,如东四命住进西四宅,西四命住进东四宅,都会产生出不同的凶气。因此,由年命卦所推演出来的东西四命和四吉四凶的风水法很重要的。

二、坐山起伏位

坐山起伏位主要用于东西四宅,而人命配卦重点是东西四命,这是两者不同地方。坐山是各派风水中重要的一项,无论哪一派风水都要首先确定坐山,然后才能立向,立向后才能确定出八方二十四方位的吉凶。

三、门上起伏位

门上起伏位非常简单,先由坐山起伏位数到大门,看大门在哪个九星上,再以门上起伏位数到坐山,看坐山在哪个九星上,用这样来回起九星的方式之后,若坐山是吉星,这个方位就不宜开后门或窗,避免吉气流走,如果是凶星,则可在这个方位使凶气流出,这种起伏位法主要是看可不可以在坐山后面开门或窗。

很多学者对门上起伏位提出质疑,认为这不是《八宅明镜》的理论,而近年港澳一带,都用从门上起伏位,那么门上起伏位到底有没有道理呢?《阳宅三要》一书就是从门上起伏位的,认为门为进气口,无论旺气、衰气或生气、煞气,都是由大门进出的。

《阳宅三要》提倡门上起伏位,其基本理论是门与主屋,门与灶的五行要求相生或比和。例如乾门,主屋最好是土金之位,灶房也应该是一样,若没有主屋者,则以坐山看主屋。

《阳宅十书》中提到门上起伏位也是非常有道理的,今以乾宅为例:

1.乾宅在坤方开门,按“游年歌”之“乾六天五祸绝延生”之歌诀,坤为乾宅之延年。再从坤上起伏位,按"坤天延绝生祸五六"之歌诀,乾为坤之延年,延年为吉星。所以乾宅若开坤门,坐山之伏位处不可以开后门或开窗。

2.乾宅开兑门,按"乾六天五祸绝延生"的游年之歌诀,兑为乾宅的生气。再从兑上起伏位,按"兑生祸延绝六五天"之歌诀,乾为兑之生气。生气为吉星,故乾宅若开兑门,在坐山的伏位不可开门或开窗。

3.再如乾宅坎门,乾宅在坎方开门,按"乾六天五祸绝延生"的歌诀,坎为乾宅之六煞。再以坎为伏位,按"坎五天生延绝祸六"之歌诀,乾为坎之六煞。六煞为凶星,故乾宅若开坎门,在坐山后面可以开门或窗。

4.乾宅震门,乾宅在震方开门,按"乾六天五祸绝延生"之游年歌诀,震为乾宅之五鬼。再以震为伏位,按"震延生祸绝五天六"之游年歌诀,乾为震之五鬼,五鬼为凶星,故乾宅若开震门,在坐山伏位处可开震门或窗以排泄凶气。

5.乾宅巽门,乾宅在巽方开门,按"乾六天五祸绝延生"之歌诀,巽为乾之祸害。以巽为伏位,按"巽天五六祸生绝延"的游年歌诀,乾为巽之祸害。祸害为之凶星,故乾宅若开巽门则在坐山伏位处可以开后门或开窗。

6.乾宅离门,乾宅在离方开门,按"乾六天五祸绝延生"的游年歌诀,乾为离之绝命,绝命为之凶星,再从离位上起伏位,顺数至乾位又是绝命,故乾宅开离门,坐山伏位之处可以开后门或窗以排泄凶气。

四、高房起伏位

高房起伏位,不仅八宅书上没有记载,其它书上也很少见,近些年港澳台有人用从高房起伏位,同样也建立一套判断吉凶方位的理论。

以乾门为例,若震方有高屋,则以震为伏位,则按"震延生祸绝五天六”的游年歌诀,从震上起伏位,顺时针巽为延年,离为生气……乾为五鬼。因而此门反又变为五鬼凶门。

过去私人家院较大,才会在院内盖起高屋,现在农村仍然有之。院内一旦盖起高屋,就会使整个气场与景观也随之改变。因此,以高屋来确定游年九星有它的理论依据。

关于高屋起伏位,在城市根本用不到。如果是工厂、机关、学校在自已院内建高楼,可以参考应用。因为新的高楼盖成以后,会使整个气场有大的改变。

若从高楼方位起伏位,会影响大门的吉凶,门上起伏位,是推断建起高屋或矮屋吉凶的一种方法,其法与门上起伏位完全一样,此法也可用于家中的实物摆设,和《阳宅十书》中的理论一样,四吉方要高,四凶方要低。

风水学大体上分阴宅和阳宅两大类,阴宅着重于龙、穴、砂、水、向,也就是以向收水,以向拨砂,配合二十四山纳甲水法或先后天水法,结合峦头和理气原理去综合分析,一切难题都可迎刃而解。阴宅和阳宅原理一样,只是操作方法有点不同,阳宅有内外峦头之分,注重气流和采光,其它和阴宅一样判断。

风水学派别很多,各派理论的争议很大,为此本书将常用的中国传统风水几大流派统统写出,供大家了解。

第十节　八宅派重要应用事项

1.八宅派主要以坐山为主,以坐山起伏位,对应八宫论吉凶。

2.大门要开在吉方,厨灶要坐凶向吉,厕所要坐凶方,床铺与主卧房门要在吉方。

3.八宅派的四吉方即生气、天医、延年、伏位。凶方即绝命、五鬼、祸害、六煞。

4.八宅派不论时间因素,依命卦而固定不变,与三合派大致相同。

5.阳宅内六事,是指大门、卧房、炉灶、厕所、神位、床位。

6.大门为气口,宜纳生旺之气,若门外无有形煞,又有先后天水到堂,则主丁财两旺。

7.大门不宜开在八宅凶方和曜煞方,主出凶事。

8.主卧室宜设在男主人命卦的四吉方,但卧室门与床位应设在女人的四吉方(以屋内小立极点为准)。

9.炉灶宜设在女主人命卦之四凶方,最好坐凶向吉,火门(煤气炉开关)也最好朝向本命卦之吉方。

10.大门朝向非常重要,朝生气方主旺财,朝伏位主旺丁。

11.若要身体健康,应将灶座压在病者的凶方,大门朝向天医方。

12.灶座宜压在凶方,不宜压在延年、生气、天医方,门与床宜设在命卦的天医或生气方最好,室内重物放在凶位上压之,但凶的摆设宜低矮不宜高大。

13.财位宜放在生气方,也可在此方做上催财的装饰物。

第十一节　元命与八宅宜忌

一、元命配宅法则

屋有坐向,命有东西,宅可改变,命不可改变,所以在相宅时应从命配山。如西四宅命可配西四宅命的坐山朝向,其宅的大门、主房、灶口、收银台、办公桌,宜在乾、坤、艮、兑四个方位,这四个方位乃属西四宅,该方宜高大、整齐,不宜有障碍物逼近为吉。而灶座、厕所、烟道、垃圾、污水,宜放在东四坎、离、震、巽的四个方位。由此可知西四宅的坐山朝向,只宜西四命人住之为吉,若是东四命的人不可居住,住之主凶。由此可推出东西四宅命的坐山朝向合理配法。西四命的人宜居西四(未、坤、申、庚、酉、辛、戌、乾、亥、丑、艮、寅)十二坐山。东四命的人宜居东四(壬、子、癸、丙、午、丁、甲、卯、乙、辰、巽、巳)十二坐山。如果东西四宅与东西四命配合不上,而又无法改动的话,只有将灶座、厕所放在四大凶方,灶口、床头朝向四大吉方,这样即可补救。

二、东西宅命相配八法

1.乾命宅相配八法

①住宅:乾命的人宜住坐东北向西南的房子大吉,坐西南向东北的房子也吉。坐西朝东的房子,门宜开在东北艮方。坐西北朝东南的房子,宜开西南坤门。

②房间:宜住西房南间,西房中间,西房北间,北房东间,东北房东间中间,忌南屋北向,北屋南向。

③大门或房门,宜开在戌、亥、未、申、辛、丑、寅的方向。

④灶位:宜坐坎、震、巽、离,灶门宜朝向艮、坤、乾、兑。

⑤道路:宅中之路宜通向西方、西南方。

⑥井位:宜立在西方、东北方。

⑦水口:宜放甲、乙、壬癸方。

⑧床位:床位或朝向宜在内室坤、艮、兑三方。

2.坎命宅相配八法

①住宅:坐坎向离大吉,坐离向坎中吉,坐震向兑也吉。

②房间:宜住南屋东间,东屋南间,北屋中间。

③大门:辰巽巳方、坎方、离方位。

④灶位:宜压在乾、坤、艮、兑方位,灶门宜朝震、巽、离方位。

⑤宅内:通道宜用震方。

⑥井位:宜在巽、巳方大吉。

⑦水口:宜走向丑寅申未方大吉。

⑧床位:在房间内宜放在丙、丁、辰、巳、甲、乙方位,床头也是。

3.艮命宅相配八法

①宅:坐东北向西南开坤门,坐西南向西北开乾门、丑门。

②房间:宜住西房南间,南房西间,北房西间,西房北间,忌北房中间,南房中间。

③大门:宜开在戌、亥、未、申方。

④灶位:宜在震、巽、离、坎四凶方,灶口宜朝向未、申、乾吉方。

⑤道路:宅中通道宜用西方。

⑥井:宜开在西方。

⑦水口:宅内之水宜出丙、丁二方。

⑧房间:艮命人房间卧室宜在乾、坤兑方。

4.震命宅相配八法

①震卦属东四命,宜居坎、离、震、巽方,忌乾、坤、兑、艮方。

②住屋:宜住东屋南间,南屋东间,北屋中间。

③门:门宜在巽、壬、癸、离、震方。

④灶位:坤、兑、乾、艮位,灶口宜朝向壬、癸方。

⑤路:宅内之路宜用吉方。

⑥井:宜开在丙方。

⑦水口:宅内之水宜放辛、庚方。

⑧床位:宜放巽、壬、癸、震位,床头也宜此四吉方。

5.巽命相配八法

①巽卦属于东四,宜居坎、离、震、巽,忌乾、坤、艮、兑方。

②住屋:宜住东屋南间,北屋中间,南屋东间。

③门:宜放在坎、离、辰、巳、震方。

④灶位:宜坐坤、兑、艮方,灶口宜朝向坎、离、震方。

⑤路:宅中通道宜用东方。

⑥水井:宜放在坎方。

⑦水口:宅内之水宜放在辛、庚方。

⑧床位:室内宜放在坎、离、震位。床头朝向也是。

6.离命相配八法

①离卦属于东四命,宜住坎、离、震、巽方,忌乾、坤、艮、兑方。

②住房:宜住南屋、东间、东屋、南间、北屋中间大吉。

③门:巽、巳、壬、癸、震、巽、离方。

④灶位:宜坐坤、艮、兑方,灶口宜朝甲、乙、辰、巳方位。

⑤内路:宅中通路宜用东方。

⑥水井:宜立在卯方。

⑦放水:水道宜走乾方。

⑧床位:卧室内宜放巽、震、癸、壬方位。

7.坤命相配八法

①坤卦属西四,宜住乾、坤、艮、兑,忌坎、离、震、巽方。

②住房:宜西屋大吉,南屋西间,北屋西间,忌北屋南屋。

③门:戌、乾、未、坤、丑方大吉。

④灶位:宜坐坎、离、震、巽、灶口宜朝乾兑申未方。

⑤道路:宅中通道,宜用西方。

⑥水井:宜放在西方。

⑦放水:宜向丙丁方位。

⑧床位:卧室内宜乾、坤、兑最好,床头也是如此。

8.兑命相配八法

①住房:宜住西屋大吉,北屋宜西间或东间、南屋西间,忌南屋中间,北屋中间,东屋中间。

②门:宜戌、亥、艮、坤方。

③灶位:宜坎、离、震、巽,灶口宜朝向乾、坤、艮、兑方。

④道路:宅内通道宜用西方。

⑤水井:宜放在西北方。

⑥水口:宜向丙、丁方向出水。

⑦床位:宜放室内艮、坤、乾方。

现代说法

原始风水思想认为世间一切事物都是由“阴”“阳”结合而成的。阴和阳是两种最基本的力量。阴阳两极的流动形成自然循环流转,它们是一种互补、互助、相依为命的共存关系。这个理论有它的合理性,滥行比附也产生了一些偏差。但它着眼于协调人类生存与生态环境的关系,力图通过对天地人三者之间的关系的协调,选择一种适宜人类生存与繁衍的生态环境。研究地形、地势、地理、地貌,看重山、水、路、地质、丘陵、林木等自然环境的和谐统一,达到建筑物与周围环境的和谐融洽,却是可取的。

第十二节　灶与门配合看法

灶乃饮食之源,养生之所。病因病机皆由饮食而入,身体状态如何,都由灶与门来定,门与灶配合是否得当,可给居住之人带来不同祸福。故门与灶的位置合格能使人体康健,灶位不合格可造成居住之人多灾多病。测灶之法将中心点放上罗盘,以灶位配门位产生出各种吉凶。

一、灶、门相配吉凶所主

八门配八灶,组成六十四卦,吉凶祸福可由卦而断。例如乾灶配坎门,乾卦☰为天,坎卦☵为水,配成“天水讼卦”。又

如坎灶配艮门,坎卦为水,艮卦为土,配成“水山蹇”卦,以此将六十四卦配好后,再按歌诀中吉凶含意而断出吉凶,简述如下:

1.乾灶配乾门,天天纯乾

乾卦二金始发福,纯阳久后损妻室,二阳同居绝后嗣,凶灾都由长房得。

2.乾灶配坎门,天水讼卦

讼卦纯阳后伤阴,男女血光又逃淫,父子不和犯官讼,六畜小口都不宁。

3.乾灶配艮门,天山遁卦

土金相生显功名,父慈子孝家安宁,年年富贵田财广,阳盛伤阴久绝丁。

4.乾灶配震门,天雷无妄卦

无妄伤阴克长房,肝胆胁疾筋骨伤,肺气喉鼻皆不利,破财生灾病卧床。

5.乾灶配巽门,天风姤卦

姤卦金木阴人伤,自缢风瘫病卧床,损人伤财女寿短,用水通关病自良。

6.乾灶配离门,天火同人卦

金火相克出女强,投军做贼应长房,哮喘疯瘫心脏病,官司火灾上公堂。

7.乾灶配坤门,天地否卦

天地正配号延年,老父有寿妻儿贤,丁财两旺家富贵,儿孙后代置庄田。

8.乾灶配兑门,天泽履卦

二金比和旺钱财,子女聪慧富贵来,离妻宠妾多再娶,金旺多伤防祸灾。

9.坎灶配坎门,坎为水卦

坎卦水多旺钱财,中男家业名利来,水金淫荡浮肿病,伤妻泌尿有病灾。

10.坎灶配艮门,水山蹇卦

水土相克伤中男,腰肾脾胃病不安,溺水凶灾出聋哑,夫妇离异家贫寒。

11.坎灶配震门,水雷屯卦

水木相生万事兴,合家和顺福禄行,子孙俊秀名声远,全阳伤阴寿不宁。

12.坎灶配巽门,水风井卦

水木相生号贪狼,丁财两旺富贵长,男聪女秀登金榜,儿孙四海把名扬。

13.坎灶配离门,水火既济卦

水火既济最为良,丁财两旺福寿长,久则伤阴损中女,心目肾疾病卧床。

14.坎灶配坤门,水地比卦

水土相克伤中男,淫声胎漏事不安,肾亏经产痨疫症,世代单传子艰难。

15.坎灶配兑门,水泽节卦

兑金泄水少女伤,男女桃花运不良,儿孙定出淫乱辈,破财损丁乱纲常。

16.坎灶配乾门,水天需卦

金水相泄耗父精,先吉后凶伤女阴,尿频浮肿肺气病,忤逆子孙入门庭。

17.艮灶配艮门,艮为山卦

艮卦纯土发初年,朋友同心喜事添,日久损阴伤小口,脾胃虚弱久病缠。

18.艮灶配震门,山雷颐卦

土木相克损少男,脾胃腹痛胃有寒,阳盛伤阴克妻子,久后三嗣家不安。

19.艮灶配巽门,山风蛊卦

蛊卦阴盛女当家,脾胃疯瘫病难查,伤夫子亡领义子,夫妇相争常磨牙。

20.艮灶配离门,山火贲卦

火烈土燥山火贲,女人性暴似火焚,儿孙聋旺目多病,出人邪恶横祸生。

21.艮灶配坤门,山地剥卦

土厚能容老母欢,母爱少男家业宽,虽然进财置田产,年久脾虚肾病传。

22.艮灶配兑门,山泽损卦

土金相生喜洋洋,子女俊秀出贤良,功名出众扬四海,出人高寿体健康。

23.艮灶配乾门,山天大畜

山天父子最同心,光宗耀祖显门庭,好佛行善声名远,年久伤妻子仃伶。

24.艮灶配坎门,山水蒙卦

蒙卦自缢有水灾,兄弟不和口舌来,又主神邪入宅内,官事诉讼事业衰。

25.震灶配震门,震为雷卦

二木相见利长男,财源兴旺入名坛,长房大发小房败,日久乏嗣妇不安。

26.震灶配巽门,雷风恒卦

恒卦二木配成林,发财致富家业兴,夫妇和顺生贵子,事业茂盛有功名。

27.震灶配离门,雷火丰卦

丰卦木火来通明,夫妻恩爱事业兴,儿孙金榜登科甲,财源滚滚入门庭。

28.震灶配坤门,雷地豫卦

木土相克老母伤,肝胆脾胃病着床,骨肉亲情如冰炭,耗尽家财主瘟蝗。

29.震灶配兑门,雷泽归妹卦

雷泽金木伤长房,长妇长孙皆不良,四肢麻木肝胆病,车祸血灾甚凄凉。

30.震灶配乾门,雷天大壮卦

大壮祸及长房当,忤逆儿孙甚不良,肝胆喉病筋骨痛,灾祸绵绵怨上苍。

31.震灶配坎门,雷水解卦

解卦水木是天医,钱财滚滚六畜宜,娶配后妇发长子,日久伤阴夫妇离。

32.震灶配艮门,雷山小过卦

木土相克胃不宁,阴人小口灾祸侵,盗贼临门家财败,兄弟相残不消停。

33.巽灶配巽门,巽为风卦

巽卦纯阴女当家,伤夫克子事如麻,肝胆皮肤风湿病,日久孤单断不差。

34.巽灶配离卦,风火家人卦

家人家中出女强,财源滚滚入家堂,日后须防缺子继,阴人作祟却须防。

35.巽灶配坤门,风地观卦

观卦阴盛女当家,男人惧内软如麻,老母长妇胆胃病,邪病官灾不离家。

36.巽灶配兑门,风泽中孚卦

中孚金木是纯阴,姐妹相争吵不停,疯狂淫乱男短寿,胆肺筋骨病不轻。

37.巽灶配乾门,风天小畜卦

小畜不利女人行,败财亡家实可怜,长妇必患筋骨病,克妻再娶后伶仃。

38.巽灶配坎门,风水涣卦

涣卦得位号贪狼,子孙得地把名扬,妻贤子孝人丁旺,家庭和谐福满堂。

39.巽灶配艮门,风山渐卦

木土相克小儿伤,女妇掌权把家当,脾胃肝胆皆不利,人财两败卖田庄。

40.巽灶配震门,风雷益卦

益卦二木号延年,夫妻恩爱有财钱,兄妹同心事业旺,富贵两全福禄添。

41.离灶配离门,离为火卦

离卦火旺家业宽,阴盛男命寿不全,妇人持家心脏病,女多男少绝家传。

42.离灶配坤门,火地晋卦

晋卦财旺主有名,火土相生近人情,纯阴无后过继子,母女有寿男仃伶。

43.离灶配兑门,火泽睽卦

睽卦开始旺女阴,久后阴生病不轻,五口凶灶损人丁,肺部口鼻女声淫。

44.离灶配乾门,火天大有卦

离乾相配伤老翁,肺病咳喘气不通,中女还需防产厄,心脏目疾一起攻。

45.离灶配坎门,火水未济卦

火水未济号延年,夫妇正配有财钱,子孙满堂功名显,日久心目病来缠。

46.离灶配艮门,火山旅卦

旅卦名为祸害星,女人性躁掌家庭,夫妇不合常争吵,寡母无儿后仃伶。

47.离灶配震门，火雷噬嗑卦

噬嗑生气号贪狼，木火通明喜气洋，招财进宝大富贵，五子登科好文章。

48.离灶配巽门，火风鼎卦

鼎卦初年家道兴，妇女强干把令行，久居纯阴子孙少，过继子孙掌家庭。

49.坤灶配坤门，坤为地卦

坤卦纯阴旺钱财，老母持家富贵来，久住阳衰定孤寡，多女少男人丁衰。

50.坤灶配兑门，地泽临卦

临卦诸事大吉昌，孝顺儿女敬高堂，妇女掌家置田产，久财克夫把子丧。

51.坤灶配乾门，地天泰卦

泰卦延年福寿长，子寿母慈妻贤良，子女聪秀财禄旺，福寿满门大吉昌。

52.坤灶配坎门，地水师卦

师卦母子不同心，母不喜儿泪淋淋，母主腹疾儿肾病，如若投军病安宁。

53.坤灶配艮门，地山谦卦

谦卦母子喜洋洋，母慈子者得久长，丁财两旺事业顺，高考得中天下扬。

54.坤灶配震门，地雷复卦

复卦伤女长男凶，逆母凌弟理不通，老母脾胃腹泻死，盗贼资财总是空。

55.坤灶配巽门，地风升卦

升卦阴盛运不通，破财讼事屡见凶，阴盛阳衰出寡母，母女之间不相容。

56.坤灶配离门，地火明夷卦

纯阴相生主伤男，长女孝敬老母安，心脑目疾事难免，腹部有病治则难。

57. 兑灶配兑门，兑为泽卦

兑卦纯阴家业兴，少妇掌家宅不宁，长房不利子孙少，肺病气急伤肝经。

58. 兑灶配乾门，泽天夬卦

兑卦财旺福寿长，老阳少阴配成双，丁财两旺富且贵，老父宠妾把家当。

59. 兑灶配坎门，泽水困卦

困难少女与中男，情妾纠缠难过关，少女血疾与腹泻，破财官祸甚贫寒。

60. 兑灶配艮门，泽山咸卦

咸卦少女配少男，夫妇和顺把家安，男命官禄登金榜，女子贞慈好容颜。

61. 兑灶配震门，泽雷随卦

随卦金木有伤残，定主长子不得安，自缢投河遭贼盗，破财倾产母艰难。

62. 兑灶配巽门，泽风大过卦

兑卦纯阴家不安，姐妹相斗不平凡，定主损男伤妇女，肝胆肺病与风寒。

63. 兑灶配离门，泽火革卦

革卦纯阴妇女伤，官非盗贼入家堂，咳喘目疾心脏病，久后绝嗣怨上苍。

64. 兑灶配坤门，泽地萃卦

萃卦金土又纯阴，阴盛阳衰不旺丁，虽然无子招贤婿，财源茂盛家业兴。

二、灶的坐向看法

门与灶相配是判断阳宅吉凶的重要依据。看灶的吉凶，是论灶的所坐位置，而不论灶的朝向。而灶口的朝向与灶座不同，灶座要坐凶方，灶口要朝吉方。

灶座不可压在本命的生气方，犯之主丁财两败，堕胎小产，易生愚傻之儿。压在天医方，主身体不佳，患病难愈；压在延年方，主短寿夭折，婚姻难就；压在伏位方，主财运不好，终身贫困；压在绝命方，主财源茂盛，增福增寿；压在六煞方，主身体健康，无灾无病；压在祸害方，主诸事平安，无灾祸；压在五鬼方，无盗无火，一切平安。

灶口朝向宜本命的吉方，例如东四命的人，灶口朝向宜东四宅的坎、离、震、巽四方。目前多是用煤气灶，人要面凶背吉才为正确。灶口朝向生气方主发财，朝向延年方主长寿，朝向天医方主身体健康。

作灶的日期，宜选用天德、月德、玉堂、生气、平、定、成等日。

三、八方论灶的吉凶

灶的五行属火，是煮食之地，坐凶向吉身体健康，坐吉向凶，人多生病。灶在坎方，水火既济，主家人平安。灶在震、巽，谓之木火通明，多有贵人相助。灶在艮，火土相生，阴阳相配。灶在离方，火太旺防灾。灶在兑，乾方火金相克，主运不通顺。灶在坤方，病符星得旺，主人多病。但这些也不是绝对的。例如灶在震、巽方，主木火通明，贵人相助，若有五黄星飞来，却又助起五黄煞之凶性，反作凶论之，断事必须灵活，不可死搬硬套，这就说明凡事都是相对而论之，而不可绝对化。

四、灶的组合吉凶断

1.厨房的水龙头不可冲射灶口，主宅人易患肠胃毛病。

2.灶与电饭煲五行属火，开关为灶口，开关宜朝向坎、震、巽最吉，艮为中吉，离为小吉，向乾兑为凶。

3.电冰箱在厨房内不能与门和灶相冲，冰箱的门不宜与厨房门相冲，名曰“冲煞门”，犯之主家中有口舌，夫妻争吵不休。

4.厨房门不宜正对卧室门、厕所门或大门。

5.厨房灶门或火口,宜向四吉方,即生气、延年、天医、伏位。切记不可对着水龙头。

6.灶的座位或烟道,排油管宜在绝命、五鬼、祸害、六煞四凶方出。

7.厨灶来水方位宜放在零神之位,零神有水主生财,书云:“得以零神与正神,指日上青云。”如现在是七运,东方见水主旺财,坤方见水主聚财,若是兑方见水主破财。到2003年后看下元八运,坤方见水主旺财,震方见水主聚财,艮方见水主破财。

五、灶之面积和选作方法

古时作灶很讲究,对于高低宽窄都有一定说法,如作灶尺寸须取单数,长七尺九寸,意思象征着天上北斗七星,地下九州,宽四尺五寸,象征着四海五湖,高一尺二寸,代表一年十二个月。

砌灶的材料也有讲究,如作灶必须用新砖、净土,挖取地下五寸的新土,再用井水加猪肝粉和泥用之为大吉。

六、作灶时间

1.作灶忌日:正、五、九月忌丁卯日,二、六、十月忌甲子日,三、七、十一月忌癸酉日,四、八、十二月忌庚午日。

2.每年忌正月十三日、二月十一日、三月初九、五月初五、六月初三、七月初一、二十九、八月二十七、九月二十五、十月二十三、十一月二十一日、十二月十九日。

现代说法

家居饮食离不开炉灶,炉灶的位置是需要格外注意的。一则要注意灶周围的卫生清洁,二则要兼顾做饭的方便,还有燃料在燃烧中、食品菜肴煎炒时释放出的有害气体需要排出,最后因做饭用水用火还要注意安全。因此一个炉灶能牵涉很多方面,所以选择炉灶的位置要慎之又慎。风水学把选择炉灶作为一个重要问题提了出来,很有意义。现代科学尽管有自己的一套做法,但同时要兼顾民间的传统习惯,风水学中的一些吉凶说法正是民俗的内容。

第十三节　门主灶装卦法

门与主装卦:以主为上卦,门为下卦,上下配成六十四卦。

门与灶装卦:以灶为上卦,门为下卦,上下配成六十四卦。

主与灶装卦:以主为上卦,灶为下卦,上下配成六十四卦。

配成六十四卦后,以五行生克,阴阳否泰,爻变九星,再以卦爻之义来判断吉凶。例如:一家房屋坐乾山巽向,大门向西(兑),以乾☰为上卦,以兑(☱)为下卦,上下合成天泽履䷉卦,请查天泽履卦,吉凶祸福则一目了然。又如这家大门向西,灶在东北艮位,艮为上卦,兑为下卦,合起来叫做山泽损卦,查41条山泽损乃土金相生,阴阳正配大吉,再以游年查,艮兑互为延年,仍为大吉。

六十四卦断阳宅

乾宫八卦

1.乾为天:二金比和,田产兴旺,家中富有。但纯阳无阴,久则伤妻克子。

2.天风姤:金木刑战,伤妇女,有疾患。

3.天山遁:土金相生,田产丰盛,功名显达,父慈子孝,小房兴隆,男女好善,但阳盛阴衰,伤妇女。

4.天地否:土金相生,阴阳正配,家道和睦,仁义和顺,产业丰隆,四五年即发,逢巳酉丑年会合金局应事。

5.风地观:木来克土,凶象,伤妇女,有疾患,伤丁破财。

6.山地剥:阴阳二土,子母有欢愉之象,家业兴隆,子女成行，礼佛好善，年久脾虚不食，腹疼黄病。

7. 火地晋。火炎土燥，母女同居，纯阴无阳，损男丁、小儿。

8. 火天大有：火克金，凶象。

坎宫八卦

9. 坎为水：二水比和，钱财丰富，产业兴隆，初年顺利，但纯阳无阴，伤妇女。

10. 水泽节：水泄金气，主伤少女。

11. 水雷屯：水木相生，富贵至极，家庭和顺，福禄荣昌，但纯阳不利于阴，年久妇女短命，人丁不旺。

12. 水火既济：阴阳正配，富贵双全，人丁大旺，年久中女短寿，又主心疼眼病。

13. 泽火革：火克金，凶象。先伤幼女，次伤中女，遭横祸有疾患。

14. 雷火丰：青龙入宅，木火通明。妇人当家，田产广进，人才清秀及第登科，富贵双全。

15. 地火明夷：火炎土燥，凶象。纯阴伤男，伤中女、老母。

16. 地水师：土克水，凶象。伤中男、老妇。

艮宫八卦

17. 艮为山：二土重叠，初年顺利，但纯阳多疾，妇女短寿。

18. 山火贲：火烈土焦，凶象。损少男、中女，遭横祸、疾患等。

19. 山天大畜：土金相生，家财大发，功名显达，父慈子孝，小房兴隆，子贵孙贤。但阳盛阴衰，伤妇女。

20. 山泽损：土金相生，阴阳正配，家财大发，功名显达，妇女贤惠，子贵孙贤，少男配少女大吉。

21. 火泽睽：烈火炼金，凶象。伤少女、男人，遭横祸。

22. 天泽履：土金比和，田财广进，子孙聪慧，妇女美丽，子孝孙贤，但性情刚烈。

23. 风泽中孚：金木相战，必伤妇女，阴盛阳衰，男人短寿，有疾患。

24. 风山渐：木来克土，伤小房，长妇，小儿，有疾患，遇横祸。

震宫八卦

25. 震为雷：二木并扶，长男用事，财帛丰厚，发长败少，不利于妇女、小儿。初年大吉，久纯阳乏嗣。

26. 雷地豫：木克坤土，先伤老母，次及长房，有疾患，败象。

27. 雷水解：水木相生，家庭和顺，财产丰厚，初年富贵，但久则纯阳不化，年久不利。

28. 雷风恒：二木成林，大利功名，长男长女相配和顺，子贵孙贤，婚姻美满，科甲连绵，富贵双全。

29. 地风升：木克土伤，凶象，伤老母，主男。家庭不和，祸事不断，破财招灾。

30. 水风井：水木相生，贪狼得位，五子登科，田产丰盛，男聪女秀，子孝孙贤，大吉之卦。

31. 泽风大过：金木相战，凶象。疾患、祸事。巳酉丑年应事。

32. 泽雷随：金来克木，凶象。伤长子长孙少女长女，人财两绝。遭疾患、祸事。

巽宫八卦

33. 巽为风：二木比和，妇女持家，但纯阴不长，伤男人，有疾患。

34. 风天小畜：金来克木，凶象。主伤长女，人财两空。

35. 风火家人：木火通明，妇女仁慈好善，财帛丰盈，但二女同居，木上火下，根芽焚尽，抱养过继。

36. 风雷益：二木成林，最为盛旺，人财两旺，富贵双全，亥卯未年生贵子大吉。

37. 天雷无妄：金来克木，凶象。父子不和，伤长子、老公，子女不存,疾患、横祸,损人耗财。

38.火雷噬嗑:木火通明,青龙入宅,招财进宝,大富大贵,出文人秀士,高考得中,大吉之卦。

39.山雷颐:木来克土,脾虚伤寒,不利小口,主克妻伤子。

40.山风蛊:木来克土,阴盛阳衰,伤夫克子,遭疾患。

离宫八卦

41.离为火:烈火燎原,纯阴男子灭绝,妇人持家,遭疾患、官司,女多男少。

42.火山旅:火燥土焦,小口易病,妇女性暴,遭疾患等。

43.火风鼎:木能生火,妇女持家,田产丰厚,但纯阴不长,子孙稀少,年久不利。

44.火水未济:夫妇正配,功名显达,财帛丰厚,子孙满堂,但年久克妻,心疼眼疾。

45.山水蒙:土去克水,主伤中男,鬼祟入宅,不利小口。

46.风水涣:青龙入宅,子孙荣贵,丁财两旺,妻贤子孝,家中和谐,子女满堂,荣华富贵,大吉之卦。

47.天水讼:纯阳不化,伤妇女、中男,小口。

48.天火同人:火来克金,妇女持家,大凶。

坤宫八卦

49.坤为地:二土比和,财源丰厚,富贵有余,但纯阴伤阳,多女少男,最后绝嗣。

50.地雷复:木克土,主伤老母,伤小儿、妇女,长子不孝,久则人财两空。

51.地泽临:土金相生,财产广进,男女孝道,但母女同室,阴盛不生,妇女持家,伤夫克子,幼年大发。

52.地天泰:土金相生,父母俱吉,福寿康宁,财旺子秀,君子进官,平人得财,大吉之卦。

53.雷天大壮:金来克木。伤长子长孙,次及老翁长妇,祸患连连。

54.泽天夬:二金比和,家道和顺,人财两旺,富贵双全,必出文人秀士。

55.水天需:金来生水,伤老公、中子、妇女,内外之卦。

56.水地比:土来克水,主伤中男,遭疾患。

兑宫八卦

57.兑为泽:二金比和,家道兴隆,但纯阴不生,子孙稀少,败长发小,多生胃疾,不食之病。

58.泽水困:水泄金气,主伤少女,次及中男,人丁衰败。

59.泽地萃:土金相生,母女同室,老母当家,财产日增,子孙稀少,家多好善,又主宠婿。

60.泽山咸:土金相生,阴阳正配,夫妇和顺,富贵双全,人财两旺,大吉之卦。

61.水山蹇:土来克水,不利中男,夫妇离异,遭疾患,横祸。

62.地山谦:阴阳二土重叠,母得幼子,青龙入宅,广积财宝,母慈子孝,但少盛中衰,久则黄肿,心腹疼痛。

63.雷山小过:木来克土:主伤少男,兄弟不和,腹痛气蛊,丑、暗、淫、声、鬼祟之事出现。

64.雷泽归妹:金木刑战,定伤长子长孙,遭疾患,人财不利。

现代说法

门是空气流通及屋里屋外联系的出入口,而炉灶同样是家庭的必需。它们两个之间互相关联,互相影响。在建筑设计时统一考虑并科学安排门和炉灶的位置,关系到屋内的清洁及良好的家庭环境的形成,关系到人的身体健康。

第十四节　门位的看法

一、看门总则

门有五种称谓:即大门、中门、总门、便门、房门等。虽称谓多多,然有轻重之分。若在吉方则吉,凶方则凶。大门乃一家人出入之要道,如人吃饭、呼吸之咽喉,称之为阳宅三要之一,为堪察阳宅之关键。大门既要与主房、厨房相配,又要与东西四命之四吉方相合。宅之后面不宜在正中开门,容易泄气,便门必须开在两边角上。门不宜多开,多开则散气,房门要大小相配,屋大门小,屋小门大都是不吉之房。屋门切忌不可与仓门、庙门、街道、河流等相冲,犯之主出凶事。

二、门与房内其它组合

1.门与门不宜相对,名叫冲门煞,住之主家中不和,口舌是非多多。

2.门对乾坎艮震不利男子,门对巽离坤兑不利女人。

3.门窗相对有吉有凶,若门在吉方窗在凶方,门纳吉气窗泄其气,其吉气则减。门在凶方,窗在吉方,凶气从窗排出,其凶亦减。

4.门与厨、厕皆不可相对,住之主运气不顺,因厕所有污浊阴湿之阴气,有臭秽阴潮之气,对身体不好。

关于开门之法,传统风水皆以《玉辇经》为主,现将其法录出,以便到时应用。

三、《玉辇经》开门论吉凶

《门楼玉辇经》用于判断大门、总门所在方位的吉凶,主要用于阳宅开门之用。此法将二十四山配上二十四门,以定吉凶。

二十四门按照传统已定的次序排列,必须熟记。

福德→瘟疫→进财→长病→诉讼→官爵→富贵→自吊→旺庄→兴旺→法场→癫狂→口舌→旺蚕→进田→哭泣→孤寡、荣昌→少亡→娼淫→亲姻→欢乐→败绝→旺财。

二十四门吉凶神煞的顺序,非常繁琐难记,为了帮助记忆,现编成一首歌诀如下:

福德瘟疫与进财,长病诉讼官爵来。
富贵自吊旺庄主,兴旺法场癫狂灾。
口舌旺蚕进田出,哭泣孤寡荣昌哉。
少亡娼淫与亲姻,欢乐败绝怎旺财。

二十四山的顺序必须逐位往下进行,不能混乱,这首歌诀可帮助你记忆,但凡以风水为业的人,都将此歌背会,而且都得滚瓜烂熟,并且将二十四山八卦起门法都熟记于心。

二十四山起门歌

戌乾亥山从巳起,壬子癸地向申求。
丑艮寅山逢亥位,甲卯乙山寅上游。
辰巽巳山申为首,丙午丁山丁上流。
未坤申山壬上走,庚酉辛山兑位搜。

歌诀以乾、坎、艮、震、巽、离、坤、兑,从乾位上起巳,坎位上起坤,顺序艮位起亥,震位起寅,巽位起申,午山起丁,坤山起壬,酉山起兑。(见下图)

用法:阳宅皆以坐山为体,如坐巽向乾之住宅,则以"辰巽巳山申为首"之字句,则从申字上起福德,庚上瘟疫,酉上起进财……顺数二十四山。

二十四门表格

坐山	戌乾亥	壬子癸	丑艮寅	甲卯乙	辰巽巳	丙午丁	未坤申	庚酉辛
福德	巳	申	亥	寅	申	丁	壬	酉
瘟疫	丙	庚	壬	甲	庚	未	子	辛
进财	午	酉	子	卯	酉	坤	癸	戌
长病	丁	辛	癸	乙	辛	申	丑	乾
诉讼	未	戌	丑	辰	戌	庚	艮	亥
官爵	坤	乾	艮	巽	乾	酉	寅	壬
富贵	申	亥	寅	巳	亥	辛	甲	子
自吊	庚	壬	甲	丙	壬	戌	卯	癸
旺庄	酉	子	卯	午	子	乾	乙	丑
兴旺	辛	癸	乙	丁	癸	亥	辰	艮
法场	戌	丑	辰	未	丑	壬	巽	寅
癫狂	乾	艮	巽	坤	艮	子	巳	甲
口舌	亥	寅	巳	申	寅	癸	丙	卯
旺蚕	壬	甲	丙	庚	甲	丑	午	乙
进田	子	卯	午	酉	卯	艮	丁	辰
哭泣	癸	乙	丁	辛	乙	寅	未	巽
孤寡	丑	辰	未	戌	辰	甲	坤	巳
荣昌	艮	巽	坤	乾	巽	卯	申	丙
少亡	寅	巳	申	亥	巳	乙	庚	午
娼淫	甲	丙	庚	壬	丙	辰	酉	丁
亲姻	卯	午	酉	子	午	巽	辛	未
欢乐	乙	丁	辛	癸	丁	巳	戌	坤
败绝	辰	未	戌	丑	未	丙	乾	申
旺财	巽	坤	乾	艮	坤	午	亥	庚

二十四门吉凶判断歌

1. 福德安门大吉昌，年年进宝得田庄。
子孙高中登金榜，后代子孙不寻常。

2. 瘟疫之位莫安门，三年五载染时瘟。
更有阴人来自缢，女人生产命难存。

3. 进财之位是财星，在此安门百事兴。
六畜田蚕人丁旺，加官晋禄振家声。

4. 长病之位疾病重，此位安门立见凶。
家长成员目喉病，少年暴死牢狱中。

5. 诉讼之方大不祥，安门招灾若祸殃。
日圆口舌阴人耗，时遭口舌恼心肠。

6. 官爵安门最高强，德业荣身入帝乡。
庶人当年财大旺，千般吉庆自荣昌。

7. 富贵位上好安门，定主扬名爵位尊。
田地资财人口旺，金钱财宝不需论。

8. 自吊位上不相当，安门立见有灾殃。
刀灾瘟火招横事，离乡自缢女人乡。

9. 旺庄安门正是良，进财进宝少灾殃。
广进田庄人送契，大获蚕丝利非常。

10. 兴旺安门寿命长，年年季季少灾殃。
仕人进职加官禄，家人发福进田庄。

11. 法场位上有祸殃，在此安门受刑伤。
非灾牢狱戴枷锁，流往发配出他乡。

12. 癫狂之位不可夸，生离死别出癫邪。
田地消退人口散，水火瘟疫绝人家。

13. 口舌安门最不祥，无缘无故惹祸殃。
夫妇相斗逐日少，兄弟无端斗争强。

14. 旺蚕位上好修方，此位安门家道昌。

六畜蚕桑皆大利，坐收米谷满食箱。

15. 进田位上福绵绵，连进财宝子孙贤。

更主外人来赠物，金银财宝富庄田。

16. 哭泣之门不可开，年年遭祸败家园。

横死少亡男共女，嚎哭悲痛泪盈腮。

17. 孤寡之门有大凶，修之寡女坐家中。

六畜田蚕俱损败，更兼人散走西东。

18. 荣昌位上最堪修，安门之后旺人丁。

家庭发福人无祸，富贵荣华事业兴。

19. 少亡之位不可谈，一年之内家不安。

好酒之人多误死，家门伤子死天涯。

20. 娼淫之位不堪修，修必淫乱事不休。

室女怀胎随人走，一家老少不知羞。

21. 亲姻位上好休方，修之六亲众贤良。

日常往来多吉庆，金银财宝满仓箱。

22. 欢乐修门更进财，常有外人送钱来。

田蚕六畜皆兴旺，癸福声名响似雷。

23. 败绝之方不可修，修之零落不堪愁。

人丁横死无踪迹，父母东西各自投。

24. 旺财门上君要知，富贵升迁任发挥。

显达人丁多旺盛，一生丰厚寿齐眉。

现代说法

充满能量的开运风水，主要在于光线及空气流畅。门与窗是空气出入的通道，门窗的位置、大小、形状不仅从感官上给人以影响，而且与家居环境的清洁卫生、居住者的身心健康关系甚大。中国风水术对大门的方位、形状、尺寸有着严格的规定。门的方位，原则上与整个住宅方位相一致，但有时为了改善风水，也可以例外。太强的气流对人身不利，为限制气流过速，应避免在同一排有三个或三个以上的门或窗，因为门窗过多气流太强会对居住者健康有损害。同时，设门不当，不能保证正常的空气流通，也不利于人的居住。要避免穿堂风拂动，这样易令人得病。

第四章　九星篇

第一节　九星飞泊基础概念

中国风水学派别很多,各派都有自己的精华之处。但虽有诸多派别,其根源大多来自河洛理数,学理不外乎峦头与理气两派。其两派的服务对象都是阳宅与阴宅。就阳宅来说,分为外六事与内六事,外六事是指宅外山川、河流以及各方位建筑物。堪宅时,首先看宅外之建筑物对本宅有何影响,是吉是凶作为判断依据。学理方面多以三元三合两派的学理来论其宅之吉凶。内六事是指大门、厨房、床位等,堪察内六事多以"八宅派、飞星派、玄空派"来定其吉凶,无论是哪门风水选宅都不能超出此两大派之外。各门各派都有优点和不足之处,如八宅派易学易用,但依命卦固定不变。如想断出细致的来龙去脉,未免太粗糙。飞星派、玄空派虽有时空因素,但何年、何运,在何方开门,又太繁琐。

"九星飞泊"是以《洛书》之九宫顺序推排的,以各宅的坐山为主,用后天八卦方位来分布九星。以一卦所管的三山,将本山之星安入中宫,依洛书九宫飞布之法,将中宫卦之五行与其它八宫卦之五行相互生克来决定吉凶。相传,早在明代风水名师慕讲师、蒋大鸿都是以此"紫白飞星"的相宅法相宅。

《洛书》的排列,就是人们常说的"九宫图"。其原理不论你从左向右,还是从右向左,由上而下,还是由下而上计算,加起来都是十五。如图：

九 宫 图

4 东南	9 南方	2 西南
3 东方	5 中宫	7 西方
8 东北	1 北方	6 西北

此图是按《洛书》的九宫顺序而来，其歌诀是戴九履一，左三右七，二、四为肩，六八为足，现以中五立极的图形划为“井”字形的九宫格，以便运用。

学习“九宫飞泊”法，第一步就要了解《洛书》九数成九运的原理，近一步要明白什么是三元九运。

三元九运

古人以十天干及十二地支组合成六十甲子纪年，每六十年为一元，每二十年为一运，上中下三元合起来共一百八十年为一个正元。

上元运：一白、二黑、三碧，每运二十年，三运六十年。

中元运：四绿、六白，每运三十年，二运六十年。

下元运：七赤、八白、九紫，每运二十年，三运六十年。

三元九运总共一百八十年，称之为一大元。

九运

一白坎卦水运掌甲子至癸未年 1864～1883(共二十年)	上元
二黑坤卦土运掌甲申至癸卯年 1884～1903(共二十年)	
三碧震卦木运掌甲辰至癸亥年 1904～1923(共二十年)	
四绿巽卦木运掌甲子至癸巳年 1924～1953(共三十年)	中元
六白乾卦金运掌甲午至癸亥年 1954～1983(共三十年)	
七赤兑卦金运掌甲子至癸未年 1984～2003(共二十年)	下元
八白艮卦土运掌甲申至癸卯年 2004～2023(共二十年)	
九紫离卦火运掌甲辰至癸亥年 2024～2043(共二十年)	

关于三元者二十年一运，六十年一元，如近代从 1924 年交

中元运甲子，属巽、乾两卦，以上所说二十年一运，三运共六十年。唯独元合并用派将中元三个运划分为两个运，以一运三十年，二运共六十年成为一元，因中元的中间二十年属五黄，五黄在中宫，前十年属四绿巽卦，后十年属六白乾卦，所以乾、巽二卦为三十年一运，二运六十年为一元，从 1954 年甲午年进入中下元运，至 1984 年交下元甲子，直至 2044 年起，又是为上元甲子，如此周而复始。

第二步再来认识一下“九宫飞布图”

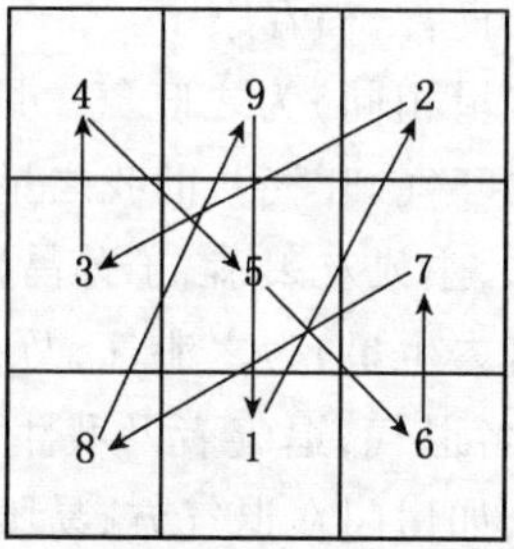

“九宫飞布图”，是根据《洛书》之次序演变而来，从中宫起点，按顺序向前移动，此法无论是“八宅法”还是“玄空法”都是将本宅坐山安在中宫，然后再依照洛书次序由中宫到乾→兑→艮→离→坎→坤→震→巽→再回到中宫，顺布八方。

第二节　九宫飞泊的旺衰分法

一、飞星入中产生的五气

九宫飞泊是以本宅坐山之星加入中宫，以中宫为“我”，八方飞星为客，再以“我”与“八方”飞星之后天八卦五行的相生相克，而得出生气、旺气、煞气、泄气、死气五种吉凶之气以定祸福。

如乾宅，乾的洛书为六白，即将“六白”加入中宫，以中宫为我，顺数七赤到乾，八白到兑宫，九紫到艮，就这样一直按顺序向下排，继续将一白到离，二黑到坎，三碧到坤，四绿到震，五黄到巽，六白又回到中宫。再以九宫飞星之五行，与中宫五行的生克得出五种不同之气，以定祸福。

生气方：生我（星来生中宫）为之生气。即飞到各方之星来生中宫之星谓之生气。生气乃生我之星，五行相生则吉，万物生长，得生得助，主孝义良善，福寿康宁。

旺气方：同我（宫星相同）为之旺气。即飞到各方之星与中宫之星相同比合谓之旺气，旺气乃助我之星，木见木，土见土，金见金，火见火，水见水，主兄友弟恭，子孙昌盛，富贵荣华。

泄气方：我生（宫去生星）为之泄气，乃中宫之星去生各方之星谓之泄气，泄气又名退气，退气者乃我生之星谓之退，犯之主人口多病，破财生灾，如房门在退气方，易堕胎流产，若有一、六、八、九等吉星同宫，可逢凶化吉。

煞气方：克我（星来克宫）为之煞气，乃八方之飞星克中宫之星谓之煞星，煞气方宜静不宜动，动则有祸，该方也不宜有高之物，如屋角、高塔、高台、电杆、烟囱之类都主不吉。煞气方若有障碍之物，再有响动之声就是遇有吉星也难解其凶。

死气方：我克（宫去克星）为之死气，即中宫之星去克飞到各方之星。死气方不宜开门，如大门设在死气方容易破财，房门设在死气方，主生女不生男。死气方乃是我克之妻财之位，若遇上中宫土去克一白水，中宫震巽木去克八白土，中宫离火克六白金，中宫坎水克九紫火，如遇生旺之运，再没有其它障碍之物，虽然为凶，但主得贤妻而旺财生官，富贵显达。

关煞方：屋前五黄所到之方谓之关煞，五黄关煞不宜动，动则有祸，遇克祸轻，有助祸大，最忌关煞方与岁煞加临，如年月五黄到此方，则灾祸立至。

坎宅　坐北朝南

坐北朝南的房子为坎宅，坎以“一白”入中宫顺飞，再以九宫飞星之五行与中宫五行生克求出五种吉凶之气以定祸福。如坎宅一白水入中宫，二黑土星飞到乾方克中宫一白水为之煞气方。三碧木星飞到兑方，一白水生三碧木为泄气方。四绿木星飞到艮方，泄中宫一白水，为泄气方。五黄土星飞到离方克中宫一白水为煞气，浊气所聚为之关煞方。六白金星飞到坎方，生中宫一白水为生气方。七赤金星飞到坤方，生中宫一白水，为生气方。八白星飞到震方，八白土克中宫一白水，为煞气方。九紫星飞到巽方，九紫火星被中宫一白水所克，为死气方。

坤宅　坐西南朝东北

坐西南朝东北的房子为坤宅，坤宅以二黑土星入中宫顺飞，一白水星飞到巽方，被二黑土克之为死气方。三碧木星飞到乾方，克中宫二黑土为煞气方。四绿木星飞到兑宫，巽木克中宫二黑星为煞气。五黄土星飞到艮宫，五黄为浊气所聚之关煞方位。六白金星飞到离方，泄中宫二黑土为泄气方。七赤金星飞到坎方，金泄土为之泄气方。八白土飞到坤方为旺气方。九紫离火飞到震，离火生坤土为生气方。

兑宅　坐西朝东

兑宅七赤飞入中宫，一白坎水飞到艮方，一白水泄七赤，为泄气方。二黑土星飞到离方，生中宫七赤金为生气方。三碧木星飞到坎方，被七赤金所克，为死气方。四绿木星飞到坤方，被中宫七赤所克为死气方。五黄星到震为浊气所聚之关煞方，诸事不宜。六白乾金到巽为旺气方。八白土飞到乾方，土生中宫七赤金，为生气方。九紫火飞到兑方，火克中宫兑金为煞气方。

艮宅　坐东北朝西南

坐东北朝西南艮宅，八白土星飞入中宫，一白水飞到兑方，被中宫八白土所克，为死气方。二黑土飞到艮方，与中宫八白相同为旺气方。三碧木飞到离宫，克中宫八白土为煞气方。四绿木星飞到坎方，克中宫八白土为煞气方。五黄到坤方，五黄为浊气所聚之关煞方。六白金星到震方，泄中宫八白土为泄气方。七赤金星飞到巽方，泄中宫土气为泄气方。九紫火星到乾宫，生中宫八白土为生气方。

震宅　坐东朝西

震宅坐东向西，三碧木飞入中宫。一白水星到震方，生中宫三碧木为生气。二黑星飞到巽方，被中宫三碧木克为死气。四绿木飞到乾宫，同中宫三碧木为旺气。五黄星飞到兑方，五黄乃浊气所聚之关煞方位，诸事不宜。六白金星飞到艮方，克中宫三碧木，为煞气方。七赤金星飞到离，克中宫三碧木为煞气方。八白土星飞到坎方，被中宫三碧木所克为死气方。九紫火星飞到坤方，九紫火泄中宫三碧木为泄气方。

巽宅　坐东南朝西北

四绿木飞入中宫为我,一白水星飞到坤宫,生中宫四绿木,为之生气方。二黑土星飞到震方,被中宫四绿木所克,为之死气方。三碧木飞到巽方与四绿木相同,为之旺气方。五黄土星飞到乾宫,五黄土为之煞气,五黄乃浊气所聚为之关煞。六白金飞到兑方,克中宫四绿木为之煞气。七赤星飞到艮方,克中宫四绿木,为之煞气方。八白土星飞到离方,八白土被中宫四绿克之为死气。九紫火星飞到坎宫,泄中宫四绿木之气,为泄气方。

乾宅　坐西北朝东南

坐西北朝东南乾宅，以六白乾金入中宫，六白入中宅为我，一白水星飞入离方，泄中宫六白金为泄气方。二黑土星飞入坎方，生中宫六白金，为生气方。三碧木星飞入坤方，被中宫六白金所克，为死气方。四绿木星飞到震方，被六白金所克为死气方。五黄土星飞到巽宫，五黄乃浊气所聚之星，为之关煞方。七赤兑金飞入乾宫与中宫六白金相同为旺气方。八白土星飞到兑方，生中宫为生气方。九紫火星飞入艮方，克中宫六白金为煞气方。

离宅　坐南朝北

坐南朝北为之离宅，九紫离火坐中宫为我，一白水星飞到乾宫，克中宫九紫火为煞气方。二黑土星飞到兑方，泄中宫九紫火为泄气。三碧木星飞到艮方，生中宫九紫火为生气方。四绿木星飞到离方，生中宫九紫火为生气方。五黄土星飞入坎方，五黄为浊气所聚之煞气，所到之方为关煞方。六白金星飞到坤方，被中宫九紫相克，为之死气方。七赤金星飞到震方，被中宫九紫火相克，为之死气。八白土星飞到巽方，八白土泄中宫九紫火为泄气方。

第三节 九星旺衰的吉凶应象

通过以上图表，已经介绍了八宫方位与九宫飞泊旺衰的由来。下一步再来谈谈紫白九星旺衰与吉凶所主。

一白坎水——吉星

一白又名为贪狼星，又称之为文曲星，为中男，五行属水，掌管官贵、男丁、文书之事，为九星中第一吉星。在一运时生旺为吉，六运双星加会为凶。

临生旺主旺丁旺财，利文利武，早年文章震世，名扬四海，多生聪明漂亮智慧超人的男丁。仕人遇之，主升官得禄，常人见此进财见喜。

衰退时，主败男丁，容易惹起酒色之祸，或因酒色而导致家破人亡，对身体方面易患后天性耳聋，或泌尿系统疾病，如肾脏衰弱、妇科等疾病，严重的会出现克妻或眼目出毛病，甚至主夭亡飘荡。

二黑坤土——凶星

二黑名为巨门星，又名病符星，为老母，五行属土，掌病符、疾病之神，为凶星，在1—2运生旺用之旺财，其余大运用之为凶。

临生旺主兴家立业，旺男丁，主妇女当家，勤劳俭朴，人丁兴旺，发财，但易出愚蠢之人，不利文贵。

衰退时主招惹官非、各种疾病，寡妇传家，又会招小人暗算。

三碧震木——凶星

三碧星又名蚩尤星，为长男，五行属木，掌管是非口舌、刑狱之神，所以称为之凶星，在2—3运生旺时，用之为吉，其余大运用之不宜。

生旺之时主大发财源，旺人丁，出文人秀士，兴家立业，功名显达。

衰退时主见官刑狱灾，是非口舌，遭官讼，惹盗贼，又主出现四肢疾病。

四绿巽木——半凶半吉

四绿星又名文昌星，五行属木，为长女，在3—4运生旺之时，用之大吉。余运慎之。

生旺时主文章显达，金榜题名，君子加官，平民进财，可得贤妻良夫。有利于考试和文学创作，学术研究。衰死时，出官非讼事，男子酒色败家，妇女淫乱，易出伤亡、意外事故。

五黄煞属土——极大凶星

五黄为廉贞星又名戊己大煞，又叫都天大煞。五行属土，其性最凶，除非在五行生旺时可用，余运切忌。该方宜静不宜动，静则荣华极致，多子多孙。动则有祸，轻则灾病，重则损丁破财，凶祸连连，官讼不停。

六白乾金——吉星

六白星又名武曲星，又称之为官星，为之老父，五行属金，在5—6运生旺，用之大吉，其它运双星加会主凶。

生旺时主人丁兴旺，权威显达，升官掌权，富贵荣华。衰败时主官非连连，刑妻伤子，孤苦伶仃，而且要提防官讼车祸及金属物所伤。

七赤兑金——凶星

七赤为破军星，又名盗贼星，为少女，五行属金，在6—7运时生旺，用之大吉，余运不宜。

生旺时旺丁发财，官运亨通，小房富贵，而且有意外之财。

衰死时有口舌官非，盗贼牵连，牢狱横祸，火灾损丁，并且易得肺部之病。

八白艮土——吉星

八白为左辅星，又名财帛星，为少男，五行属土。在7—8运时生旺，余运不宜。

生旺时事业有成，功名显达，财源兴旺，置业买产，小房得福。衰败时易伤小口，疾病腹痛，易患腰腿脚病。

九紫离火右弼星——半吉半凶

九紫星又叫“名誉星”，为中女，五行属火。8—9运时生旺，其余元运根据峦头而定吉凶。

生旺时，发福最快，富贵荣华，丁财两旺，文才盖世，四海扬名。

衰败时，为官罢职，身败名裂，易得心脏血病，目疾失明等。

综上所述，九星中以一白、六白、八白为吉，称之为三吉星。五黄、二黑、三碧、七赤为四凶星，四绿、九紫星为吉凶参半。“九星飞泊”与“玄空九星”稍有不同，“九星飞泊”是以中宫为基本点，与中宫五行相同之星为旺气，生中宫之星为生气，克中宫之星为煞气，被中宫所克之星为死气，中宫所生之星为泄气。而“玄空九星”是以当运之气为旺气，未来元运之星为之生气，例如1998年属七赤之运，七赤上一元是六白乾金，乾金与七赤兑金相比和，比和为旺，所以七赤为旺气。下一运为八白运，以八白艮土生助七赤兑金，为生气。生旺之星与上面所说的三吉星称之为“五吉星”。五吉之星用之大吉。四绿巽木及九紫离火都是半吉半凶之星，以双星加会而定吉凶。如1与4相会，《紫白诀》云：“四一同宫，准发功名之显”，主出文人秀士，这是指当旺而言。反之，要是走衰败之运又称为“四荡一淫”。也就是说四绿巽木如走衰败之运，反会出现“桃花运”，可能导致因色败家之风波。九紫离火如走衰败之运，不仅不出文才，待双星加会为凶时，则应出现火灾、血光之灾等事。

现代说法

居所的周边环境是风水要勘察的重要内容，它要寻找的有生气的地方是:避风向阳,山清水秀,流水潺潺,草木欣欣,莺歌燕舞,鸟语花香之地。这恰恰是生态建筑学所追求的。这里既有感官心理的因素,又有生理的需要、事业的必须。给人造成心理压抑的形体,人看到后就不舒坦;对人体健康不利的环境,自然不是人们所追求的。

第四节　九星中的四大凶星

紫白九星,分五种吉星,四种凶星。所谓的四种凶星,即五黄、二黑、三碧、七赤四种,风水学认为,这四种星给人们构成的危害性很大,人们将它称作"煞气",危害性最大的要数五黄与二黑,其中令人最可怕的是"五黄星",它可说是四大凶星中第一杀手,它直接影响人们健康和安全,现在介绍一下四大凶星。

一、五黄星

五黄星又叫廉贞星,又称之为五黄煞,戊己都天煞。风水学中将五黄分为大运五黄、宅星五黄、流年五黄、流月五黄。对人们影响力最大最快的莫过于流年五黄和流月五黄。其中宅星五黄的影响反应比较慢。

无论哪种五黄,所飞到的宫位,如果能保持平静没有动象的话,一般都没有大碍。一旦有了动象,就会出现不可抗拒的杀伤力。会给人们带来破财、车祸等意外灾害。因此,对五黄星的预防千万不可掉以轻心。导致五黄起凶的因素不外乎以下三个方面。

1.大门的位置,大门是各家进出的地方,如人之咽喉,属于纳气最强之位,大门的进出会给全宅带来动气,如门开在五黄方,会给家人带来多灾多病,意外伤害,工作不顺之事。

2.房门的位置更不可忽视,如果房门开在五黄方,会给房内所住的人带来身体不好,事业不顺,严重的会出现一些凶灾恶祸。带来何灾何祸,可依五黄星所在的卦位判断出相关方面的事情。特别要注意床头的位置,因床位的好坏对人来说是很直接的,一旦五黄飞到床头,会直接影响自己的身体。

3.屋内家用电器的摆设都要注意位置,如炉灶、电视机、电冰箱、电风扇、空调、音响等,在开放时都会引起五黄的凶气。

既知五黄的凶性,就要设法避开它,关于怎样去避免,首先就要掌握五黄煞所到的方位和时间,在这个时间和方位要保持不动,只要不动它其凶性就不可能发动这样即可避免它。关于宅命五黄在本章已写得很清楚,相信读者已经明白,可根据以上所介绍的八宅图形查对即明。如坐西北朝东南的乾宅,五黄在巽位,坐南朝北的离宅,五黄在坎位(可查上图)。五黄的位置主要就是根据不同的住宅坐山朝向决定的。至于住宅的坐山朝向,必须弄清楚。每一住宅的坐山各不相同,九星又是根据每一住宅的坐山朝向决出某宅九星不同位置,关于八宅九星的判定,历来就是一件复杂的事情,现在不妨提供出推算年、月五黄位置的具体方法,以便知道五黄具体所在的时间和位置,到时可加以防范和躲避。

年五黄的推算法

推算年五黄先要将"年上起紫白"的几句口诀背熟,其口诀是:

上元甲子一白求,中元四绿中宫留。

下元七赤居中位,正月逆数是根由。

记住上面这两首口诀,推算年月五黄的难题,即可迎刃而解了。如求1998年戊寅年五黄所在方位,先知道1998年是下元七运,诀中有"下元七赤居中位"之口诀,已知1984年是下元甲子年,则从七赤运甲子年开始算起,1984年甲子年在七,1985年乙丑在六,1986年丙寅在五,1987年丁卯在四,戊辰在三,己巳在二,庚午在一,辛未在九,壬申在八,癸酉在七,甲戌在六,乙亥在五,丙子年在四,丁丑年在三,1998戊寅年在二,已知1998年戊寅在二,则将与二合起为"十"的方位就为该年的五黄方。与二合为十的为八,八乃是八白方,故知1998年戊寅年的五黄在艮卦的丑艮寅八白方位。

月五黄的推算法:

月五黄的推算方法,与年五黄的推算方法有所不同,推算月五黄必须先将月紫白歌诀记熟,了解歌中之意。

子午卯酉八白宫,辰戌丑未五黄中。

寅申巳亥二黑位,正月逆数是为宗。

例如:想知道1998年八月五黄在何方位。已知1998年是戊寅年,按月紫白的歌诀"寅申巳亥二黑位",这句话符合推算,则以为标准。戊寅年的地支为寅,寅年则从正月起二黑逆数,二月到一白、三月到九紫、四月到八白、五月到七赤、六月到六白,七月到五黄,八月到四绿,与四绿合十的数字为六,六为乾位,知其戊寅年八月五黄煞在乾,其余以此类推。

五黄煞除了在旺运时当旺之星作吉外,其余在各运中无论是生是克一律作为凶断。在九星中,五黄实属众凶之首,其凶的程度以上已经说明,总的说来犯之主损丁破财,尤其对妇女更为不利,因五黄为寡妇,为孕妇,又为主人。故紫白歌诀有"二五交加损主,亦主重病"之论,又有"五黄虽为凶神,倘若到山到向之坟宅,得以吉星加临者,不但不凶,反而助吉甚速也。"

现从1998—2036最近四十年五黄所到方位列表如下

年干支	公元年	五黄	年干支	公元年	五黄	年干支	公元年	五黄
戊寅	1998	艮	辛卯	2011	震	甲辰	2024	兑
己卯	1999	离	壬辰	2012	巽	乙巳	2025	艮
庚辰	2000	坎	癸巳	2013	中	丙午	2026	离
辛巳	2001	坤	甲午	2014	乾	丁未	2027	坎
壬午	2002	震	乙未	2015	兑	戊申	2028	坤
癸未	2003	巽	丙申	2016	艮	己酉	2029	震
甲申	2004	中	丁酉	2017	离	庚戌	2030	巽
乙酉	2005	乾	戊戌	2018	坎	辛亥	2031	中
丙戌	2006	兑	己亥	2019	坤	壬子	2032	乾
丁亥	2007	艮	庚子	2020	震	癸丑	2033	兑
戊子	2008	离	辛丑	2021	巽	甲寅	2034	艮
己丑	2009	坎	壬寅	2022	中	乙卯	2035	离
庚寅	2010	坤	癸卯	2023	乾	丙辰	2036	坎

现将五黄到八方所容易发生的凶事逐一细述如下：

五黄星——凶星

五黄到坎方——易惹酒色之灾，对身体易患耳病，肾病、泌尿系统疾病，女性提防流产，孩子不肯读书，工作降职。

五黄到坤方——主有火灾之厄，招惹官非，房地纠纷，易得腹疾、皮肤病等。

五黄到震方——因财招祸，赌博破家，残足伤妻，惹盗贼招车祸，易出官非。

五黄到巽方——主神经系统疾病，以及皮肤病、脱发症，感情烦恼等。

五黄到中宫——大凶之象。

五黄到乾方——主头部疾病不利年长之男，为官罢职，远行受阻等。

五黄到兑方——主官司口舌，易被金属伤身，又主出盗贼，受牢狱之灾，吸服毒品，并且有桃花风波。

五黄到艮方——主运气不通，亲友反目成仇，又主得肠胃疾病，关节神经等病。

五黄到离方——主患眼病，心脏病，又主见血光之灾，或因色导致性病。

关于五黄的凶性《玄空捷诀》云："五黄大煞离得远一些尚无妨碍，山向飞星逢之，切须留意，年月日加临，更当小心。"

古书有云：八山最怕五黄来，纵有生气绝资财，凶星又遇五黄到，弥深灾祸绝妻财。

二黑星——病符星

二黑星为凶星，其气不像五黄星那样严重，只不过会使人身体不好而已，最主要的还是要看旺衰，如果其宅是旺相的话，最多会给家人带来感冒伤风等小病。如果其宅走衰运的话，有可能也会出现严重的疾病。如果二黑星飞到大门或出入通道，可以确定家中成员身体有病，那么会生什么样的病，病的轻重可按旺衰来决断，发生什么疾病可按卦象来确定。

二黑星所导致的疾病与五黄星一样，但二黑星比五黄星致病力大，但必须先考虑坐山朝向的旺衰和零正适宜，否则就无法决定出致病有多大。

现将二黑星所到八方所应的疾病细述如下：

如：二黑星飞到乾卦，主要病症为头疼、骨病、关节疼。

二黑星飞到兑卦，主要病症为呼吸系统疼病，如肺结核、口腔炎等。

二黑星飞到艮卦，主要病症为四肢，骨折等疾病。

二黑星飞到离卦,主要病症为心脏,血液循环系统、心脑血管、中风等病。

二黑星飞到坎卦,主要病症为肾脏、泌尿系统毛病,如肾炎、尿道等病。

二黑星飞到坤卦,主要病症为肠胃病,如胃炎、肠炎等病。

二黑星飞到震卦,主要病症为肝胆及经脉方面疾病,如肝炎、胆结石等。

二黑星飞到巽卦,主要病症为肝胆脉方面毛病,如肝癌、胆结石等病。

再将二黑病符星逐年位置列表如下,以供查对预防,其查找方法,如2000年二黑病符星在哪一宫,查"玄空篇"中第五节,先查该年是九星中哪一星入中宫,再以中宫之星飞入八宫,就知道二黑星现经转移到哪一宫了,这时再作具体防备。

如1999年二黑星所到宫位,查1999年己卯年是一白入中宫,就继续向前推,二黑到乾……知其1999年的二黑星在乾宫。已知二黑星在乾宫,乾为西北方,在西北方不可开门或放置电器、音响等物,只要在西北乾位没有动作的话,二黑病符星就发作不出它的凶力,病灾是完全可以避免的。

三碧星——小人星

三碧星是古时称之蚩尤星,又名叫做小人星,它的凶气是使人发生是非口舌。无影无踪的事情引起他人对你猜疑、诬陷、说坏话。甚至你是清清白白的人,谣言会从空而降,无缘无故甚至无影无踪的事会令你背上黑锅,搞得你焦头烂额,尤其在民俗民风特别保守的农村,发生这种事的很多,城市或机关单位要稍好一些,但也免不了这些是是非非的事发生。遇到这种情况,尽可能克制住自己三思而后行,上述矛盾大多与住宅风水的三碧星有关,必要时自己就可以化解,其法有两种。

①推算出该年该月的三碧星在什么方位,可用颜色或数字

来克制它，三碧星本身属木，可以在三碧方位用上红色的东西来化解，如火炉、电器、红纸、红布料等。因为风水学中红色属火可以泄木的五行之气，如能再配合符法来化解为最佳方法。

②第二种方法可用金来克木，在三碧方向挂上一把金属剑，或者挂上菜刀，也可以利用金能克木的理论来克制三碧星的凶性，但这种方法有利弊，因凶星有凶星本性，如果你用武力来压制它，能压制住很好，如一旦压制不住，它的凶性会更加猛烈。

七赤星——贼星

七赤星称之为贼星，又叫做偷盗星，触犯了七赤煞气，家中会易招小偷，如果你家的大门开在七赤方，或者在七赤方有电器、音响或其它带煞性的凶物，那么你定会遭来小偷的关照是毫无疑问了。七赤星最怕与三碧、五黄等凶星同入一宫，如果七赤星所飞到的宫位，再遇到三碧或五黄也同时飞到，那么就不仅仅是偷盗之事，而且会出现其它难以想到的飞灾横祸临门，遇到这种情况可以设法化解，其法有两种：

①首先推出七赤星在什么方位，例如知道七赤星的五行属金，耗泄它的力量是黑色或蓝色，可以在七星所在的方位，用上蓝色或黑色的纸张或蓝色黑色的布料挂起来以化之。

②也可在七赤所在方位放上鱼缸或花木，鱼缸内的鱼宜放黑颜色，以一条或六条为好，因黑色属水，一六也属水，这样可助水性来泄七赤之气，最好还是在该方不要放上触动七赤星之音响之气，否则不仅会招来小偷，还会产生相关方位的疾病。

例如 1999 年农历己卯年为一白入中宫，七赤在西南坤（未坤申）方，如果大门开在西南方，或该方有电机、音响等动作，那免不了会引来小偷算计你，出现被偷盗之事是肯定无疑了。

现代说法

宅门、房门、床头、家用电器、炉灶的位置，它们的总体布局，既有是否美观的问题，也有居住是否方便、能否与周边融洽、体现使用价值、适合人生活的要求。现代科学讲自然信息与人体信息和谐，每个人体具有各自不同的生命信息、能量及不同的组合结构。当自然信息与人协调同步时，既达成共振效应。

第五节　九宫飞星的用法

九宫飞星来源于洛书之数理，是按照戴九履一，左三右七，二四为肩，六八为足，中五立极的原理来确定的。先以当运之星入中宫，然后按次序顺飞九宫，而得出生气、旺气、煞气、泄气、死气等五气来论吉凶。在应用时先看大门、卧房、炉灶等是否在生、旺之吉位，再看厕所、浴室、储藏室等是否在煞气、死气、泄气等方位。如果吉凶各归其位的话，其家中的运气肯定是平平安安，兴兴隆隆。如果大门、房灶在煞气、死气、泄气的位置，那么居住后家运肯定走向衰落，步步走向下坡路。

公司、商场等营业单位，如要财运旺盛，其收银台必须放在生气、旺气的位置。办公室的位置也要放在生气、旺气的位置，这样才能使财源茂盛。

总的来说，生方主发人丁，旺方主发财源，煞方主损人丁，泄方主遭官讼，死气方主无凶无吉，应用时最好吉凶归位为最佳方法。

生旺星之由来，以当运之星为旺气，未来之星为生气，以生旺之星与九星中的一白、六白、八白为之大吉。四绿、九紫为半凶半吉，以双星加会定其吉凶。例如一与四双会，为“贪狼星入巽，准发科名”。四与九组合为之“木见火多，定生聪明之子”。三、九与四、九双会，两者大体相同，若四绿巽木不当运，反而会出现桃花运方面之事。九紫离火失运，会应在火灾、血光方面之灾。

风水学认为九星中最凶之星莫过于五黄煞,它是众凶星之中的第一杀手,其次的就是二黑病符星,用九运飞星盘来看,大门、卧房、炉灶的位置绝不能放在这两颗凶星的位置,容易影响家人的运气和身体健康,若卧房放在这个位置,则会影响个人的运气和身体健康。再说得确切一些,如果大门开在这两颗凶星方位,不仅影响全家人的运气,要想发财也是绝不可能的。再者大门如开在五黄煞,而卧室再放在二黑病符的向星上,只要流年时间一到,无论怎么回避,都免不了凶灾与病魔一齐发生。

三碧和七赤,这两颗都是凶星,但相对来说三碧星比二黑、五黄二星的凶气要稍好一些,但也不是省油的灯,千万不可掉以轻心,因三碧为小人星,七赤为之贼星,都是好斗之星。书云"三七叠至,被劫盗而更见官灾",所以房、门、灶若在三碧向星,容易出现遭盗窃和官灾之事,但事情也不是绝对的,如目前是七运,七赤星为旺气,该方面没有障碍物,不仅用之无害,反主大吉,运用时必须要一分为二的方法将问题分辨清楚。如果遇上七赤星和二黑星碰在一起,该方的峦头再见凶煞,定会出现凶灾的。

关于双星加会所产生出来的吉凶也不是一成不变的,因峦头形象所配合的元运时间不同。因此,产生出来的旺衰变化也有所不同,出现的吉凶也有所不同,所以在应用时须要精心分析,尽量将紫白吉星放在家宅的"动"方,二、五、七的凶星尽量宜静不宜动。关于"静"与"动"的分辨,就是看能否激发起九星之作用。

大门、卧房、炉灶都属于动态,最能激发起九星吉凶之性,所在的位置非常重要。其次像电视机、电话机、洗手间、鱼缸以及一切音响等皆属于动态,摆设的位置相当重要,尽量不要放在凶的方位。

任何一个家宅皆有吉凶方位,只要将吉星放在动方,也就是将动态之物放在吉方，将凶星安放在安静不动的位置，如库房、厕所或者放在没有人住的储藏房屋，会使你的家宅住进去平安无事，而且对事业发展容易顺利成功。

在勘测时应将罗盘放在家宅的立极点上，看其周围峦头有无高山，或有比本宅高大的房屋、高楼、大厦或其它建筑物，有无残破房屋，怪异山形，兽形、怪石、形煞等。无论此方的山星是凶是吉，只要给人们有不舒服的感觉，都一律以凶论之。反之，如山形秀美，楼厦整齐，给人一看心里感觉很舒适，这样的山形应以吉论，但还须看山星及双星加会配合峦头吉凶而定。

现代说法

身体健康，事业发达，工作顺利，是每个人的心愿，怎样实现也是共同追求的，只不过努力的程度不同，所经的途径不同，因而结果也各不相同。大门、卧屋、炉灶和厕所、浴室、储藏室的作用不同，所需条件不同，位置也应有所区别。一个企业，一个单位，收银台、办公室的位置自然是十分重要的，它应该首先从位置上给人注入可信赖、有生气的信息。

第六节　九星飞泊操作技术

通过以上介绍，对于九星旺衰和九星吉凶具体情况，大体有了初步概念，现在进一步再来谈一谈操作。

紫白九星不仅可以判断出流年流月吉凶，还可断出很多琐碎之事，具体方法可根据以下几个步骤就可以进行推算了。

1. 首先明白三元九运，以及九宫飞布图的飞布路线，依据洛书次序由中宫到乾→兑→艮→离→坎→坤→震→巽。

2. 首先要查清住宅的坐山方位，属于八宅中的哪一宅，再查当年“紫白飞星”配合“月紫白飞星”。

3.将所查出的“住宅方位”、“年紫白飞星”、“月紫白飞星”代入中宫,飞布八方。

4.住宅的方位查法:如坐北向南以坎一入中宫,顺着坤二、震三、巽四、乾六、兑七、艮八、离九。

5.年紫白飞星查法:其法在以上诸节已有详述,年紫白飞星诀曰:“上元一白坎宫求,中元四绿中宫留,下元七赤居中位。”也即以任何方位之星入中宫顺飞八宫。

6.月紫白飞星查法,依月紫白飞星诀曰:“子午卯酉八白宫,寅申巳亥二黑中,辰戌丑未五黄起。”依月紫白飞星可查出当年逐月某星入某宫。

7.了解紫白飞星双星加会歌诀中的重要意义,如二五交加损主,也主重病。三七叠临遭盗也主宫灾。四一同宫,准发科名之显。五黄重叠,动土发凶无疑。八四相会,损小儿。九七穿途,当逢回禄之灾。具体运用方法在“玄空篇”叙述最详。

8.分析九星之吉凶特性,须将本篇以上所说,详细加以分析。

9.宅内外峦头定论。

一、宅外峦头断吉凶

先观察宅外的四周山水远近高低,再以生旺五气来决定出对该宅的吉凶反应。

1.所谓“山”是指高山、高楼,凡是一切高于本屋宅的高大建筑物都称之为山。

2.所谓“水”,是指河流、水沟,都市马路,凡是一切低于本屋宅低洼之处都称之为水。

3.凡是宅外的生气方、旺气方,不怕“高起”、隆起。该方若有高山及一切高大建筑物,形象优美,远近适宜,可直断此宅大吉。如该方有山头破碎、形象古怪、破旧不堪的楼房逼近,则又以凶断之。

4.凡是宅外死气方、煞气方、泄气方最宜"低伏",如该方有河流、水沟、公路、水色清澈、形象环抱,可直接以吉断,如该方又有一些河流、水沟、公路,其水污秽,形象反弓,则又以凶断。

二、宅内峦头断吉凶

每到宅内,先看大门及楼梯口的方位,次看床位、炉灶,再看厕所、电视、冰箱,或其它音响、重物机器等。

1.凡是生旺之气,皆为吉气。如床位与房门都在生旺之方,则有利于工作升迁,如此方有水则更好,因水主财源,那不仅会升官,更可发财,生旺之方宜静不宜动,如能放银柜、办公桌以及一切装饰品更好。

2.死气方、泄气方可安放厕所、电冰箱、电视、音响、发动机器等。

3.五黄方、煞气方为之浊气所聚集位置,只宜开口出煞,此方不宜有响声或电器声,以及一些刺耳噪音之物,犯之主灾祸立见。

现将坐山方位飞星及年、月紫白飞星速查表附下。

1.房宅方位飞星数字顺序速查表

歌曰: 坎一坤二震位三,巽四乾六兑七安。

艮宅为八离九数,飞星顺序有何难。

宅位 / 飞星	坎宅	坤宅	震宅	巽宅	乾宅	兑宅	艮宅	离宅
飞星入中数	1	2	3	4	6	7	8	9

2.年紫白飞星入中宫速查表

歌曰: 上元一白坎入中,中元四绿入中宫。

下元七赤兑宫起,逐年逆行是真宗。

流年紫白六十甲子							上元	中元	下元
甲子	癸酉	壬午	辛卯	庚子	己酉	戊午	1	4	7
乙丑	甲戌	癸未	壬辰	辛丑	庚戌	己未	9	3	6
丙寅	乙亥	甲申	癸巳	壬寅	辛亥	庚申	8	2	5
丁卯	丙子	乙酉	甲午	癸卯	壬子	辛酉	7	1	4
戊辰	丁丑	丙戌	乙未	甲辰	癸丑	壬戌	6	9	3
己巳	戊寅	丁亥	丙申	乙巳	甲寅	癸亥	5	8	2
庚午	己卯	戊子	丁酉	丙午	乙卯		4	7	1
辛未	庚辰	己丑	戊戌	丁未	丙辰		3	6	9
壬申	辛巳	庚寅	己亥	戊申	丁巳		2	5	8

其查法如想知道某年何星入中宫，先要知道该年属于三元九运的哪一元，何星当运。例如求 1988 年是何星当运，查本章第一节三元九运，知是从 1984 年—2003 年属下元七赤当运，即从 1984 年开始起甲子，已知 1984 年甲子年交七赤，就从七赤运开始年顺星逆往下推算，1985 年乙丑六白，1986 年丙寅是五黄，1987 年丁卯年是四绿，1988 年戊辰年是三碧。要想知道 1988 年吉凶如何，可将三碧的 3 数安入中宫顺飞八宫。上附年紫白飞星速查表以便查对。此表非常简单，用时可直截了当地去查。例如求 1998 年流年紫白何星入中宫，已知道 1998 年是戊寅年，知道 1998 年戊寅是属于下元甲子，查下元戊寅年是二黑当运，即可将二黑安入中宫，顺推九宫，余皆彷此。

3. 月紫白飞星速查表

歌曰：　　子午卯酉起八白，寅申巳亥求二黑。

　　　　　辰戌丑未五黄起，正月逆数中宫得。

现代说法

以居所为中心，与周边环境构成一个格局，在居所内又组成了一个小环境，从宏观到微观，逐步考虑环境的布局。家庭这个小环境中的任何物质都会产生作用于人体的超微离子和磁场，这些能量也随着环境的不同，也随着人体自身的场态信息的改变而改变。这些信息能量可以使居住者心情愉悦、头脑清晰、健康长寿，也可以使人心情苦闷、精神恍惚、多病短寿！

第五章 玄空篇

第一节 玄空学基本概念

玄空风水学理论的内容包罗范围大，涉及领域广，风水界一致认为是深奥玄秘的一门学问。玄空风水其理出于河洛理数，符合先后天八卦之哲理。从字义上解释，玄者即是天时，空者即是空间及其方位。自古有"天地玄黄"之说，用"玄"来代表天象运行与时间变化，用地代表世间万物。可见天象时间与地象空间两者是密不可分的。玄空学的学理是根据洛书九星挨排之理论与地球之状态间的结合的原理，去选择最佳居住空间，使居住之人不仅身心康泰，而且能改变人生环境。所以"玄空学"历来在风水行列中备受关注。

玄空学是以形、理、气、数四个方面为主要依据，其中最大特点是以坐山与朝向去判断人和事，所以玄空学在古代堪舆学中就被认为是一门最奥妙的学科。

第二节 怎样确定坐山与朝向

确定坐山朝向是堪察风水的主要关键，无论是房屋还是坟墓，第一步就要确定坐向。一般来说，立向并不太难，只要将中心点找准,正确地使用罗盘就可以立向了。然而立向不难判向难。现代的风水建筑与古代大有不同,趋于艺术化的建筑,形象千奇百怪,五花八门,各式各样都有。由于形式不同,其用途也不同。新建的楼房判向比较容易识别,因为有图纸作参考,要是陈旧的房子就比较麻烦,因为没有图纸参考,又不能爬上楼顶去观看。坐向搞不清楚,一切都无法下手了,判向必须要分三个步骤:

第一步,认定楼形。楼形有多种多样,基本上分为两大类,一类是方形,长方形、正方形、一字形、工字形等,另一类不是方形,包括有三角形、圆形、菱形、井字形等等。

第二步,确定楼房的朝向,看是属于方形还是长方形、还是一字形。在实践中楼房的朝向是比较容易确定的。因为它有四边或接近四边的,在确定朝向时可选长边两面作大向,若长边是弯曲的,可以用根绳子将头拉成直线,可以选择朝阳的一面为朝向,也可确定在开门的一边为朝向。如果该宅靠近大路可选择人车最多的一边为朝向,也可选择光线强的一边,最低的一边,有流水的一边为朝向,如下图:

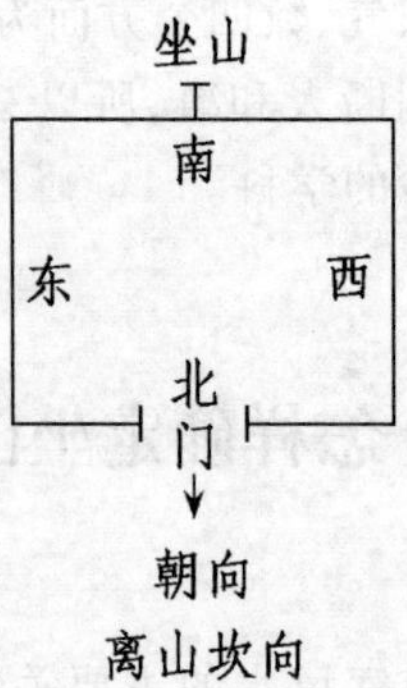

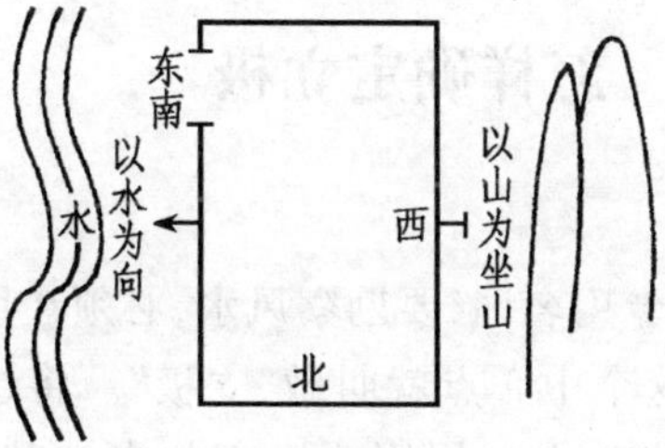

西山卯向

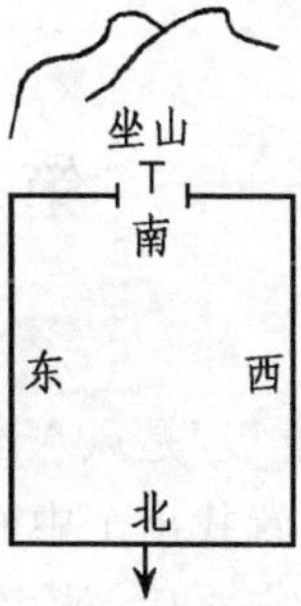

朝向马路
离山坎向

关于判向可总结为以下几种方法：

1.以大楼总门定向，即这座大楼内所有单位或住户都以大门总入口为坐向。

2.以阳面为朝向，是根据《水龙经》"阴阳动静排龙诀"的字义，以阳动为向，阴静为山的旨意。

3.以不同环境定向，大局以背山面海，背高面低，以高处或大山为坐山，面海和低处为向。

4.以空旷、路边、河边、湖边来确定为朝向。

5.有很多大门以门牌或经常出入之门为向。

6.以形象确定山向，形者乃屋的整体形象，以正门定向。

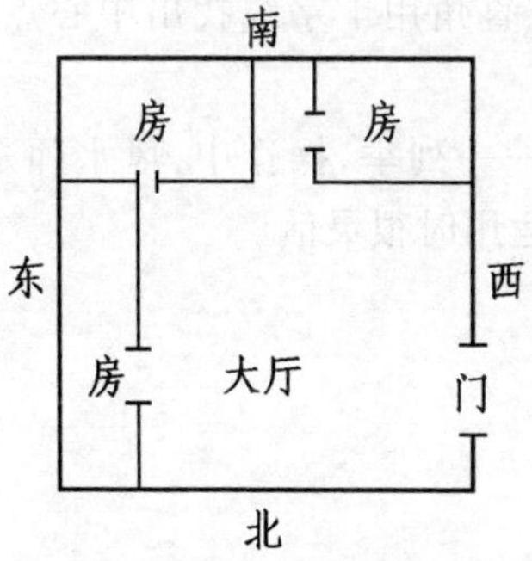

以坐东南向西北为巽山乾向

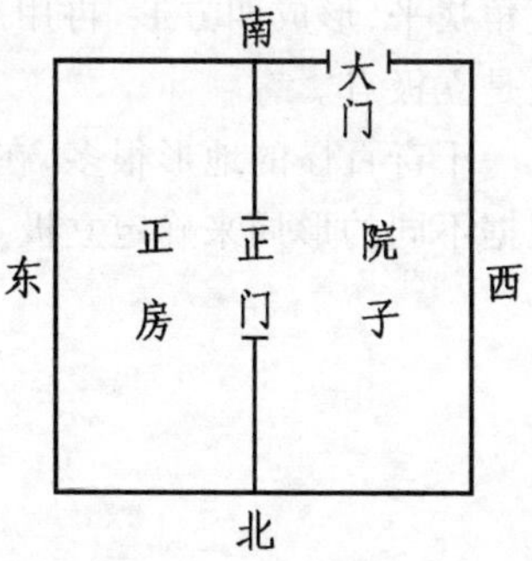

以正门坐东朝西震山兑向

第三节　怎样确定立极

“立极”是风水学中的专用名词，要勘察风水，必须在房屋的中心位置找出个中心点，这个中心点就叫做“立极”。将这个中心点确定之后，就由这个中心点的周围八个方位来定其吉凶。立极的确定已在本书第一章“坐与向基本知识中”有图形示出，现不需再以重复，大体不外以下几条：

1.四方形(包括长方形)的住宅，以四角交叉点为立极点。

2.三角形的住宅，以两边斜线的一半作交叉点，然后再与对象划直线，另一斜线，也是同样，两线的交点为立极点。

3.梯形的住宅可将长位与短位的中间部分找平，形成方形，然后再找出交叉点，便是立极点。

4.如果一块方形大面积的住宅，旁边有凸一部分，或凹下一小块，在测量时则将这一小块除去，变成一块方形或长方形的地。

5.一块四方之地，缺少一角或多出一角，应用虚角从整体的直角找平，形成四方形，再用虚角或直角用十字线找出中心点，便是立极点。

千奇百怪的地形很多，在此不一一列举，操作中，风水师是根据不同的形局来确定立极点的，运用时很灵活。

第四节　玄空飞星与三元九运

三元九运是根据洛书九宫之数划分而成，所以又称为“洛书元运”。三元九运来历很早，相传在公元前2697年，黄帝命大桡以干支纪年来推演历法，定此年为黄帝元年，也即甲子从此开始，往后每一个六十年就是一个循环周期，将一个循环周期称之为“六十花甲子”。直到现在已将近七十九个花甲子。

三元者乃上元中元下元三个元，每一元为六十年，称之为一个花甲子，每一元又分为三个运，每运为20年，三个运共六十年，所以称之六十年为一元。

又将三个花甲子称之为一个正元，三个花甲子共一百八十年，每一正元分为上元、中元、下元，每一个正元分为九个运，故称之为“三元九运”。

九运：九运者依次分为一白水运、二黑土运、三碧木运、四绿木运、五黄土运、六白金运、七赤金运、八白土运，九紫火运。

上元：
- 一运（一白水）1864—1883年甲子年—癸未年
- 二运（二黑土）1884—1903年甲申年—癸卯年
- 三运（三碧木）1904—1923年甲辰年—癸亥年

中元：
- 四运（四碧木）1924—1943年甲子年—癸未年
- 五运（五黄土）1944—1963年甲申年—癸卯年
- 六运（六白金）1964—1983年甲辰年—癸亥年

下元：
- 七运（七赤金）1984—2003年甲子年—癸未年
- 八运（八白土）2004—2023年甲申年—癸卯年
- 九运（九紫火）2024—2043年甲辰年—癸亥年

中元五黄前十年划归于四绿运，后十年划归于六白运，所以四绿和六白每运三十年，二运为六十年。

九星中每一星都有不同的吉凶，但在不同的元运中，吉星与凶星性质都会改变的，以生旺之气为吉，以死退之气为凶，但吉星到失运时又变为衰死之气，则不为吉。

紫白九星旺衰表

三元	九运	旺气	生气	退气	死气	煞气
上元	一运	一白	二黑 三碧	九紫	四绿 五黄	六白 七赤 八白
	二运	二黑	三碧 四绿	一白	五黄 六白	七赤 八白 九紫
	三运	三碧	四碧 五黄	二黑	六白 七赤	八白 九紫 一白
中元	四运	四绿	五黄 六白	三碧	七赤 八白	九紫 一白 二黑
	五运	五黄	六白 七赤	四绿	八白 九紫	一白 二黑 三碧
	六运	六白	七赤 八白	五黄	九紫 一白	二黑 三碧 四绿
下元	七运	七赤	八白 九紫	六白	一白 二黑	三碧 四绿 五黄
	八运	八白	九紫 一白	七赤	二黑 三碧	四绿 五黄 六白
	九运	九紫	一白 二黑	八白	三碧 四绿	五黄 六白 七赤

旺气——当令之气谓之旺气，也即入中宫之星为当令之气，如从 1984 - 2003 是下元七运，七赤金星当令，七赤星进入中宫后就是当旺之气。凡是当旺之气皆为吉气，若山星当旺，则人丁大旺，地位显赫，向星逢之，则发财致富，事业辉煌。

生气——未来即将要旺之气，谓之生气，如现在是七赤星当令，到 2003 年以后八白运就是生气，山星逢之旺人丁，生贵子，向星逢之得偏财，男娶贤妻，女配良夫。

退气——已过之气谓之退气，如当今七赤运当令，六白星就是退气，无论山星或水星逢之，皆主衰退，如能保持现状就比较不错了，没有进展的可能。

死气——死气是最凶之气，也就是离开中宫较远的星叫做死气，如七运当令，一白二黑就是死气，山星逢之，主出愚蠢而身弱多病无财无用之人。向星逢之，主家业败落，甚者损妻破财，家破人亡。

煞气——离开中宫最远的运星，如七赤当运、三碧、四绿、五黄就是煞气，是最凶之气，具有强大的杀伤力，山星逢之，主损丁、横祸、凶死。如平常很健康的人，偶得急病、死亡或伤残，重者有绝嗣、凶杀、发狂、火灾、车祸等凶事出现。向星逢之，主倾家荡产，若山星和水星皆逢煞气，轻则损丁破财，重则家破人亡。

第五节　江湖八卦九宫掌

八卦九宫掌是看风水的技巧，也就是平时说的“掌上功夫”。俗说“手指掐算妙通神”，玄空风水最注重的是九星，即一白坎水、二黑坤土、三碧震木、四绿巽木、五黄中土、六白乾金、七赤兑金、八白艮土、九紫离火。这些五颜六色的星辰，五行性质都不一样，内中自然地就产出互相生克，生克后就导致出各种不同的结果，所以玄空风水要求，不仅将九星熟记于心，再把它用在手掌上。掌法有许多种，玄空学常用的是后天八卦和排山掌。后天八卦掌主要用于挨排九星。所以，后天八卦掌又称之为“九宫挨星掌”。九宫挨星掌是以后天八卦掌为基础的。因此，要知道九宫掌，必须先了解后天八卦掌。

图一

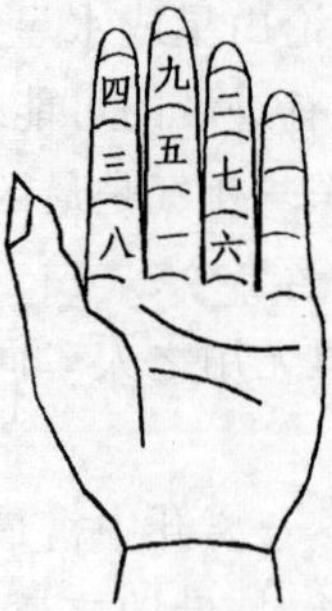

图二

九宫挨星掌是将后天八卦移入中宫，无论顺飞还是逆飞都可应用。图中所标明的叫地盘，是配合天盘的主要依据，它是根据某方之九星属阴或属阳，分别入中宫，分别顺逆飞遁八宫。例如：元旦盘中之五入中宫，则六到乾、七到兑……又如八入中宫、九到乾、一到兑、二到艮、三到离、四到坎、五到坤、六到震、七到巽，这是地盘化出之天盘。余皆仿此。

第六节　年月日时起紫白法

一、年紫白星起法

紫白九星是根据“洛书九星”演化而来，所谓“紫”就是九紫星，而“白”就是一白星，也即从一白到九紫星的组合所产生出各种吉凶变化。

上元一白起甲子　中元四绿中宫始

下元七赤居中位　年顺星逆皆由此

上元从一白开始起甲子，逆数。也就是说，上元甲子年是一白入中宫，乙丑年九紫入中宫，丙寅年是八白入中宫……逆数至二黑再循环。

中元从四绿开始起甲子,逆数。也就是说,中元甲子年是四绿入中宫,乙丑年三碧入中宫,丙寅年二黑入中宫……逆数至五黄再循环。

下元从七赤开始起甲子,也是逆数,也就是说,下元甲子年是七赤入中宫,乙丑年六白入中宫,丙寅年五黄入中宫……逆数至八白再循环。

例如 1984 年是下元甲子,七赤入中逆数,1985(乙丑)年是六白入中,1986(丙寅)年是五黄入中……逆数而去,1998(戊寅)年二黑入中,1999(己卯)年又是一白入中宫,年顺星逆,周而复始。

如上元甲子年一白入中宫,二黑到乾,三碧到兑,四绿到艮,五黄到离,六白到坎,七赤到坤,八白到震,九紫到巽。乙丑年九紫入中,丙寅年八白入中,丁卯年七赤入中,戊辰年六白入中,己巳年五黄入中,庚午年四绿入中,辛未年三碧入中,壬申年二黑入中,癸酉年又是一白入中。以 1998 年为例,首先要知道该年是属于上中下三元中的哪一元,从上述三元九运表中查看,1984 年至 2003 年是属于下元甲子,而 1998 年戊寅年是属于下元甲子中间的一年。上面口诀是“下元七赤居中位”字句,说得非常确切,则以此为依据,仍从 1984 年甲子年开始,将七赤加入中宫,年顺星逆,乙丑年到六白,丙寅年到五黄……戊寅年到二黑,则知 1998 年戊寅年飞星是二黑入中宫,顺飞八宫,定其旺衰。

九宫掌的推算方法,只要你能运用得熟练,可以十年十年地往前推,例如 1984 年甲子,逆推隔一位是 1994 年的甲戌,再逆推隔一位 2004 年的甲申,再隔一位是 2014 年的甲午,就这样每逆推隔一位就正好十年。例如求 2001 年九星中哪一星入中,已知 1984 年甲子七赤入中宫,1994 年甲戌六白入中,2004 年甲申五黄入中,再从年干回头数,2003 年是癸未年六白入中,2002 年是壬午年七赤入中宫,2001 年辛巳年八白入中宫,地支逆数,九星顺行。

附六十甲子年星入中速查:

六	十	甲	子				上元	中元	下元
甲子	癸酉	壬午	辛卯	庚子	己酉	戊午	一白	四绿	七赤
乙丑	甲戌	癸未	壬辰	辛丑	庚戌	己未	九紫	三碧	六白
丙寅	乙亥	甲申	癸巳	壬寅	辛亥	庚申	八白	二黑	五黄
丁卯	丙子	乙酉	甲午	癸卯	壬子	辛酉	七赤	一白	四绿
戊辰	丁丑	丙戌	乙未	甲辰	癸丑	壬戌	六白	九紫	三碧
己巳	戊寅	丁亥	丙申	乙巳	甲寅	癸亥	五黄	八白	二黑
庚午	己卯	戊子	丁酉	丙午	乙卯		四绿	七赤	一白
辛未	庚辰	己丑	戊戌	丁未	丙辰		三碧	六白	九紫
壬申	辛巳	庚寅	己亥	戊申	丁巳		二黑	五黄	八白

如果想多了解一些,就需将年上起紫白具体方法弄明白,如果只是对风水有些兴趣或者不想在此多动脑筋,可用现代数学公式来推算,但也非常方便。

其推法非常简单,但要知道 2000 年之前与 2000 年之后推算方法不是相同的,举例如下:

1.1999 年之前的推算公式:

100－所求年份的最后两个数字＝取所得的余数。

例如:求 1998 年是九星中哪一星?

100－98＝2(由于 2 小于 9,故直取 2)对照上表,2 是“二黑”即知道 1998 年是二黑星入中宫。

2.2000 年及以后之公式:

99 - 所求年份的最后两个数字 = 取所得的余数。

例如:求 2000 年是九星中哪一星?

99 - 00 = 9(由于已被除尽没有余数,故直接取 9)9 是 9 紫星,即知 2000 年是九紫星入中宫。

再如:求 2006 年是九星中的哪一星?

99 - 06 = 3(余数,由于少于 9,故直接取 3)3 是三碧星。

已知每年入中之星后,即可知道各方位飞临之星。

例如:1998(戊寅)年二黑入中宫,顺飞九宫,年星是

	巽	离	坤	
	1	6	8	
震	9	2	4	兑
	5	7	3	
	艮	坎	乾	

又如:1999(己卯)年一白入中宫,顺飞九宫,年星是

	巽	离	坤	
	9	5	7	
震	8	1	3	兑
	4	6	2	
	艮	坎	乾	

二、月紫白星起法

月紫白推算方法

子午卯酉八白宫,辰戌丑未五黄中。

寅申巳亥何方法，逆行二黑是真宗。

子午卯酉年从艮八起正月逆飞。

辰戌丑未年从中五起正月逆飞。

寅申巳亥年从二黑起正月逆飞。

推算方法，以年干支为主，例如，“子午卯酉八白宫”，但凡逢到子午卯酉年的，都从八白艮宫起正月，月顺数星逆数。如求1996(丙子)年的各月紫白星，则从正月在艮宫起八白，二月在兑宫七赤、三月在乾宫六白、四月在中宫五黄，五月在巽宫四绿，六月在震宫三碧，七月在坤宫二黑，八月在坎宫一白，九月在离宫九紫，十月在艮宫八白，十一月在兑宫七赤，十二月在乾宫六白，周而复始。又“辰戌丑未”五黄中，此句指的是凡是辰戌丑未之年，正月在五黄(中宫)，即是正月五黄在中宫，二月到四绿，三月三碧、四月二黑，五月一白，六月九紫，七月八白，八月到七赤，九月到六白，十月又到五黄，十一月到四绿，十二月到三碧。又说“寅申巳亥何方法，正月二黑是真宗。”此句指凡是逢到寅申巳亥之年的，则从正月在二黑，月顺星逆，二月到一白，三月到九紫，四月到八白，五月到七赤，六月到六白，七月到五黄，八月到四绿，九月到三碧，十月到二黑，十一月到一白，十二月到九紫。

子午卯酉年月九星图

辰戌丑未年月九星图

寅申巳亥年月九星图

例如:1998(戊寅)年正月二黑入中逆数,二月一白入中,三月九紫入中……但凡逢寅申巳亥年皆从正月起二黑、二月起一白、三月起九紫,月顺推,星逆数。

又如:1999 年(己卯)年月八白入中宫逆数,二月七赤、三月六白……但凡逢子午卯酉年皆从正月起八白,二月起七赤、三月起六白,月顺推,星逆数。

再如:2000 年(庚辰)年,正月五黄入中宫,二月四绿入中宫,三月三碧入中宫……但凡逢辰戌丑未年皆从正月五黄入中、二月四绿入中、三月三碧入中……

月上九星大多用于开山立向,动土修方,最忌五黄一星,切不可犯,犯之诸事不利,有关五黄方的吉凶认定,请参看本书有关五黄凶星之趋避之法。有关紫白星本身是吉是凶,于开山修方立向关系很大,定其旺衰生死之后才能论其五行生克,方能显示吉凶。

为了方便查阅,再附一表。

月紫白星入中表

地支年	公历年 \ 九星 \ 月份	正月	二月	三月	四月	五月	六月	七月	八月	九月	十月	十一月	十二月
子年	1996 年	八	七	六	五	四	三	二	一	九	八	七	六
丑年	1997 年	五	四	三	二	一	九	八	七	六	五	四	三
寅年	1998 年	二	一	九	八	七	六	五	四	三	二	一	九
卯年	1999 年	八	七	六	五	四	三	二	一	九	八	七	六
辰年	2000 年	五	四	三	二	一	九	八	七	六	五	四	三
巳年	2001 年	二	一	九	八	七	六	五	四	三	二	一	九
午年	2002 年	八	七	六	五	四	三	二	一	九	八	七	六
未年	2003 年	五	四	三	二	一	九	八	七	六	五	四	三
申年	2004 年	二	一	九	八	七	六	五	四	三	二	一	九
酉年	2005 年	八	七	六	五	四	三	二	一	九	八	七	六
戌年	2006 年	五	四	三	二	一	九	八	七	六	五	四	三
亥年	2007 年	二	一	九	八	七	六	五	四	三	二	一	九

注:地支每隔十二年一个循环,表中 1996 年是子年,至 2008 年隔十二年也是子年,再过十二年是 2020 年又是子年。天干每隔十年是一个循环,如 1996 年是丙子年隔十年 2006 年是丙戌,2016 年是丙申年,2026 年是丙午年……

三、日紫白星起法

日紫白起法

日家紫白不难求,二十四气六宫周。

冬至雨水及谷雨,阳顺一七四中游。

夏至处暑霜降后,九三六星逆行求。

阳局顺飞

冬至至芒种末日是顺数。

冬至后的甲子日一白入中宫，顺飞。

雨水后的甲子日七赤入中宫，顺飞。

谷雨后的甲子日四绿入中宫，顺飞。

阴局逆飞

夏至至大雪末日是逆数。

夏至后的甲子日九紫入中宫，逆飞。

处暑后的甲子日三碧入中宫，逆飞。

霜降后的甲子日六白入中宫，逆飞。

如冬至后的第一个甲子为上元起一白，乙丑起二黑，丙寅起三碧。雨水后甲子为中元起七赤，乙丑起八白，丙寅起九紫，谷雨后甲子为下元起四绿，乙丑起五黄，丙寅起六白。冬至后求值日星入中宫一律顺行。

夏至后的甲子为上元起九紫，乙丑起八白，丙寅起七赤，处暑后甲子为中元起三碧，乙丑起二黑，丙寅起一白。霜降后甲子为下元起六白，乙丑起五黄，丙寅起四绿，一律逆布，夏至后求值日星入中宫一律逆行。

日紫白九星值日图

顺逆	中　　气	紫　白　星
阳局顺飞	冬至——公历 12 月 21 日至 23 日	一 二 三 四 五 六 七 八 九
	雨水——公历 2 月 18 日至 20 日	七 八 九 一 二 三 四 五 六
	谷雨——公历 4 月 19 日至 21 日	四 五 六 七 八 九 一 二 三
阴局逆飞	夏至——公历 6 月 21 日至 23 日	九 八 七 六 五 四 三 二 一
	处暑——公历 8 月 23 日至 25 日	三 二 一 九 八 七 六 五 四
	霜降——公历 10 月 23 日至 25 日	六 五 四 三 二 一 九 八 七

现将日紫白入中宫之法再来详解一下：

1.首先要抓住冬顺夏逆这个原则，将一年二十四节气分成两组，冬至后顺数，夏至后逆数。记住阳局顺行“冬至三时一七四”的歌诀。所谓三时者，即冬至、雨水、谷雨三时，这三个时皆是甲子日入中宫，逐日顺数，则可知其余的星数。

如冬至后的甲子是“1”顺数，逆行甲戌是2……

甲子1→甲戌2→甲申3→甲午4→甲辰5→甲寅6

用指掌推算，从子位上起甲子，子位代表“1”，子位向后隔一位是甲戌，戌代表“2”，戌向后再隔一位是甲申代表三……（见图一）

要想快速推算，还要将十天干倒背，如十天干顺背是甲乙丙丁戊己庚辛壬癸。再将倒过来背，即癸壬辛庚己戊丁丙乙甲，必须要将其背得滚瓜烂熟。

比如说冬至后雨水前的庚午是九星中的哪一星入中宫，那么就从午位的“庚”字倒回来向后数，己戊丁丙乙甲，一直数到子位停住，即知庚午属于甲子一组，甲子是“1”，再从甲子向前数至庚午，即甲子1、乙丑2、丙寅3、丁卯4、戊辰5、己巳6、庚午7。便知冬至后雨水前的庚午日是七赤星入中宫。

如此类推，雨水后至谷雨前的庚戌日是什么星入中呢？

用庚戌的“庚”字往后推，即庚己戊丁丙乙甲，甲字停在辰位上，知其庚戌属于甲辰一组，甲辰的九星代数为二，再从向回数，顺数至庚戌，是八数，即知夏至后的庚戌九星代数是八，以“八”入中宫。

2.夏至后是逆数：

夏至后甲子是“9”开始逆行，如甲子是9，甲戌是8，甲申是7……

即：甲子9→甲戌8→甲申7→甲午6→甲辰5→甲寅4

九宫掌是：

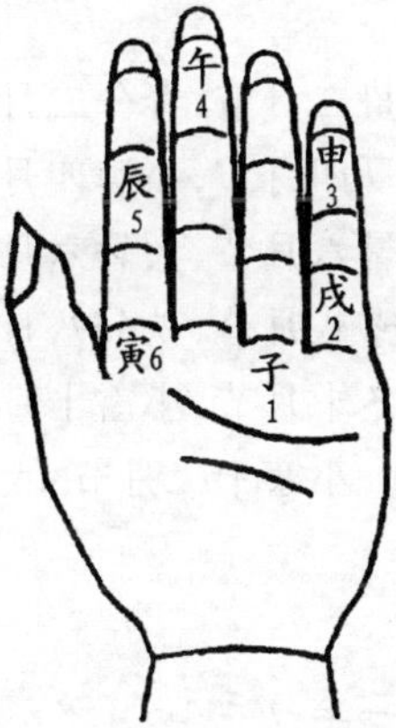

图一

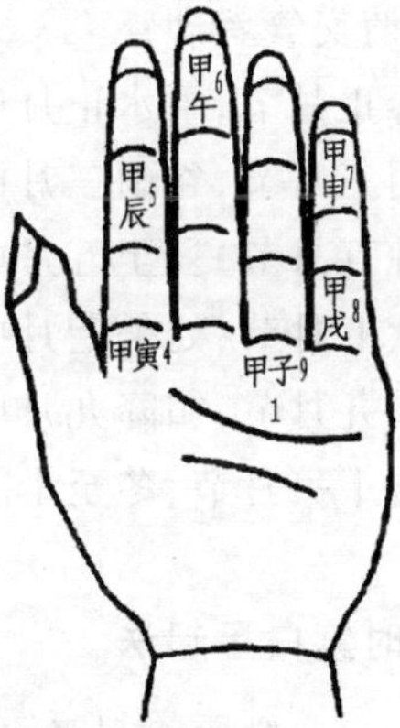

图二

已知夏至后逆数，要推算夏至后到处暑前的丙午日是什么星入中呢？

从丙午位的丙字往回数到甲，即丙、乙、甲，甲字停在辰位上，知其丙午日属于甲辰一组，查上表，甲辰的九星代数是“5”，逆数，乙巳代数是4，丙午代数是3，知其丙午日是“三碧”入中宫。

为了方便查找，现将六十甲子分成六个组别列表如下：

六十甲子干支表

甲子	乙丑	丙寅	丁卯	戊辰	己巳	庚午	辛未	壬申	癸酉	此为甲子组
甲戌	乙亥	丙子	丁丑	戊寅	己卯	庚辰	辛巳	壬午	癸未	此为甲戌组
甲申	乙酉	丙戌	丁亥	戊子	己丑	庚寅	辛卯	壬辰	巽巳	此为甲申组
甲午	乙未	丙申	丁酉	戊戌	己亥	庚子	辛丑	壬寅	癸卯	此为甲午组
甲辰	乙巳	丙午	丁未	戊申	己酉	庚戌	辛亥	壬子	癸丑	此为甲辰组
甲寅	乙卯	丙辰	丁巳	戊午	己未	庚申	辛酉	壬戌	癸亥	此为甲寅组

此值日九星表是以该月交气以后,方能算新的星数值日入中宫,所谓交气者即:

立春正月节,雨水正月中气。惊蛰二月节,春分二月中气。

清明三月节,谷雨三月中气。立夏四月节,小满四月中气。

芒种五月节,夏至五月中气。小暑六月节,大暑六月中气。

立秋七月节,处暑七月中气。白露八月节,秋分八月中气。

寒露九月节,霜降九月中气。立冬十月节,小雪十月中气。

大雪十一月节,冬至十一月中气。小寒十二月节,大寒十二月中气。

四、时紫白星起法

时家紫白最妙玄,需知二至与三元。

冬至三时一七四,四孟宫中顺而全。

夏至九三六星逆,九星挨巽震排之。

顺逆两般如日起,戌丑亥寅一般施。

歌解:推算紫白九星,以时家紫白比较难推一些,但只要将一年二十四节气的冬至与夏至阴阳划分开来,以冬至以后,夏至以前这段时间为阳顺数,以夏至以后冬至以前这段时间为阴,逆数,若将阳顺阴逆的具体用法弄明白,时紫白星的难题即迎刃而解。

冬至后,夏至前这段时间,凡见子午卯酉日的子时,都以一白入中顺数。夏至后冬至前的子时,都以九紫入中逆数。

冬至后,夏至前这段时间,凡见辰戌丑未日的子时,都以四绿入中顺数。夏至后冬至前的子时,都以六白入中逆数。

冬至后,夏至前这段时间,凡见寅申巳亥日的子时,都以七赤入中顺数。夏至后冬至前的子时,都以三碧入中逆数。

时紫白飞星速查表

时辰	子午卯酉日		辰戌丑未日		寅申巳亥日	
	冬至后	夏至后	冬至后	夏至后	冬至后	夏至后
子时	一白	九紫	四绿	六白	七赤	三碧
丑时	二黑	八白	五黄	五黄	八白	二黑
寅时	三碧	七赤	六白	四绿	九紫	一白
卯时	四绿	六白	七赤	三碧	一白	九紫
辰时	五黄	五黄	八白	二黑	二黑	八白
巳时	六白	四绿	九紫	一白	三碧	七赤
午时	七赤	三碧	一白	九紫	四绿	七赤
未时	八白	二黑	二黑	八白	五黄	五黄
申时	九紫	一白	三碧	七赤	六白	四绿
酉时	一白	九紫	四绿	六白	七赤	三碧
戌时	二黑	八白	五黄	五黄	八白	二黑
亥时	三碧	七赤	六白	四绿	九紫	一白

如子午卯酉谓之四孟之日，上元冬至开始，经中元雨水，下元谷雨，一直到夏至都从子时起一白，丑时起二黑，寅时起三碧……直至亥时起三碧，一律顺推。若是夏至后的子午卯酉日都从子时起九紫，丑时起八白，寅时起七赤……直至亥时起三碧，一律逆推。

辰戌丑未谓之四季之月，上元冬至，中元雨水，下元谷雨，一直至夏至，都从子时起四绿，丑时起五黄，寅时起六白……一律顺行。若是夏至后辰戌丑未日，都从子时上起六白，丑时起五黄，寅时起四绿，一律逆数。

寅申巳亥谓之四仲之日，上元从冬至开始经中元雨水，下元谷雨一直至夏至，都从子时起七赤，丑时起八白，寅时起九紫……直至亥时起九紫，一律顺推。若是夏至后的寅申巳亥都是子时起三碧，丑时起二黑，寅时起一白……一律逆推。

再说得确切一点，冬至后，凡子午卯酉日的子时完全以一白入中宫。冬顺夏逆，顺数是子时一数，丑时二数，寅时三数，卯时四数……

夏至后，凡辰戌丑未日，子时六白入中宫，冬顺夏逆，逆数是子时六数，丑时五数，寅时四数，卯时三数。

如果明白上述年月日时方法，即可掌握年月日时的吉凶星所占方位，便可趋吉避凶。在风水学看来，家中每在发生某些吉凶之事时，大多与年月日时恰好吻合。如家有喜事，其喜事发生的年月日时多是紫白等吉星排列的时间与方位。又如家中出现凶事，其凶事发生的时间和方位多与衰死煞气有关，当然与该方位的峦头也不能没有关系。上述三元年月日时和紫白九星，在玄空学中占重要地位，常用来预测生活中所遇到的人、物、事，其应用范围相当广泛。历来风水书上的紫白趋避方法，都是以此为依据。

第七节　玄空飞星盘之排法

学习玄空风水，第一步就要学会命盘排法，知其“洛书轨迹”和九星八卦次序，然后再往下进行，其八卦次序是：

坎一、坤二、震三、巽四、中五、乾六、兑七、艮八、离九。

一数代表坎卦，九星为一白星，五行属水，位在正北方。

二数代表坤卦，九星为二黑星，五行属土，位在西南方。

三数代表震卦，九星为三碧星，五行属木，位在正东方。

四数代表巽卦，九星为四绿星，五行属木，位在东南方。

五数代表中宫,九星为五黄星,五行属土,位属于中宫。

六数代表乾卦,九星为六白星,五行属金,位在西北方。

七数代表兑卦,九星为七赤星,五行属金,位在正西方。

八数代表艮卦,九星为八白星,五行属土,位在东北方。

九数代表离卦,九星为九紫星,五行属火,位在正南方。

九星的运行轨迹,是根据洛书数序而来,其序数是戴九履一,左三右七,二四为肩,六八为足,在基础篇已有详述,为方便记忆,不妨再重复一下。

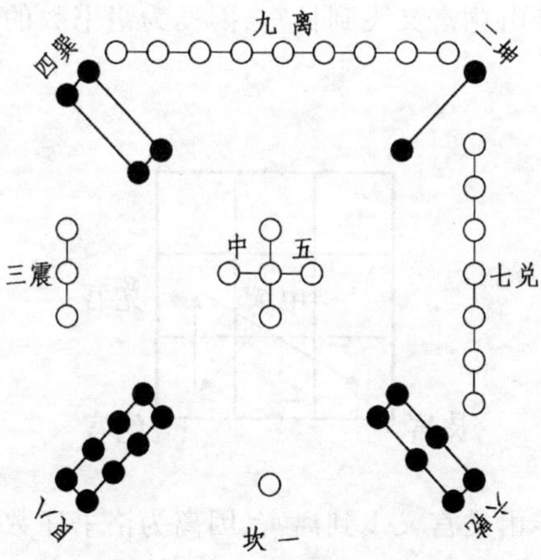

飞星由中宫为起点,然后按照洛书的顺序九宫飞移,所以九宫飞星的轨迹又称之为“洛书轨迹”(洛书步法飞星图)如下。

1.洛书中宫为五数,将五布入中宫,第一步由中宫飞到“乾宫”因乾为六数,其位置为西北方。

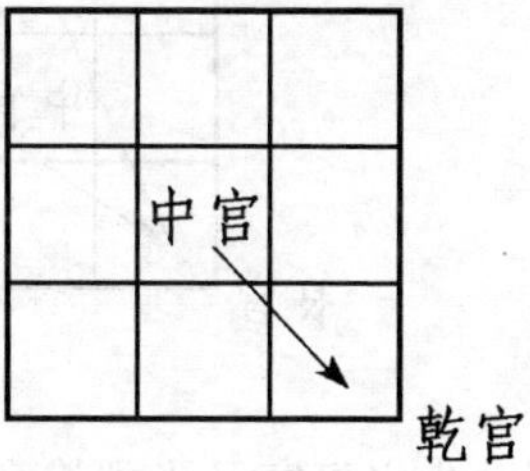

2.第二步由乾宫又

飞到兑位,因兑为洛书数的七数,其方位为正西方。

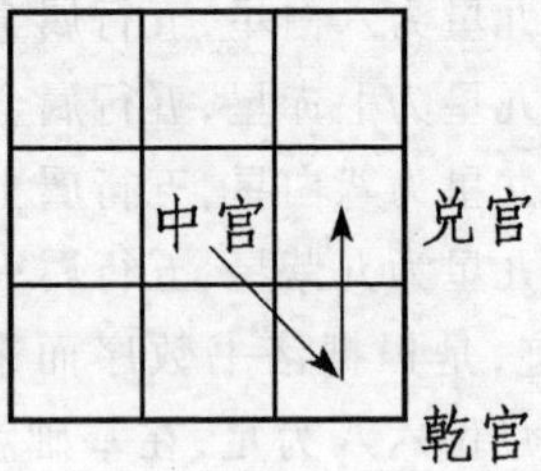

3.第三步由兑宫又飞到艮宫,因艮为洛书数的八数,其方位为东北方。

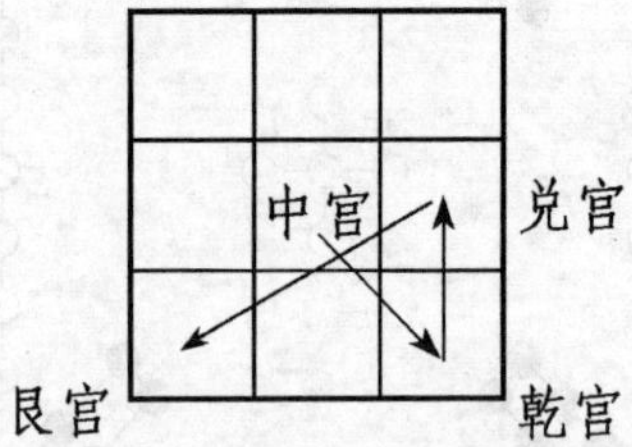

4.第四步由艮宫又飞到离宫,因离为洛书序数的九数,其方位为正南方。

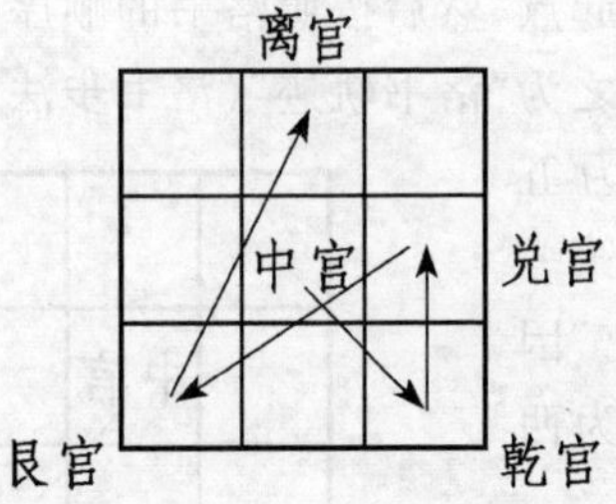

5.第五步由离宫又飞到坎宫,因坎为洛书序数的一数,其方

位为正北方。

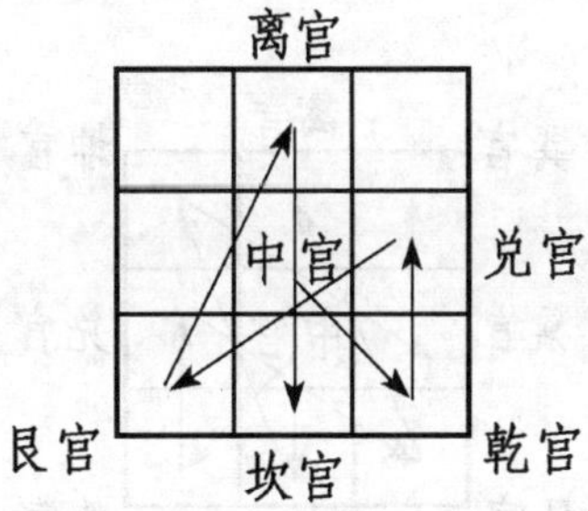

6.第六步由坎宫飞到坤宫,因坤为洛书序数的二数,其方位为西南方。

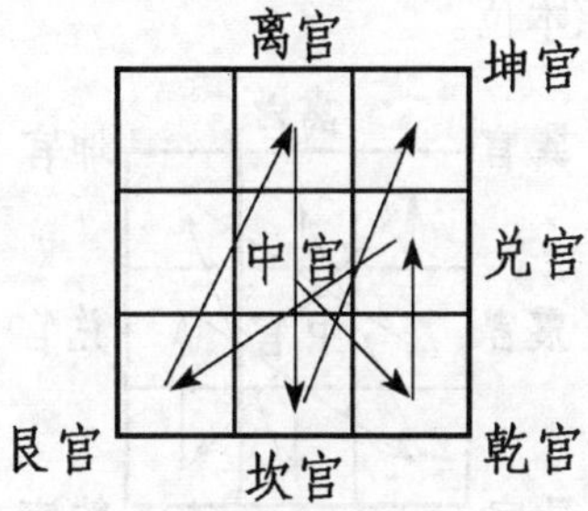

7.第七步由坤宫飞到震宫,因震的洛书序为第三数,其方位为正东方。

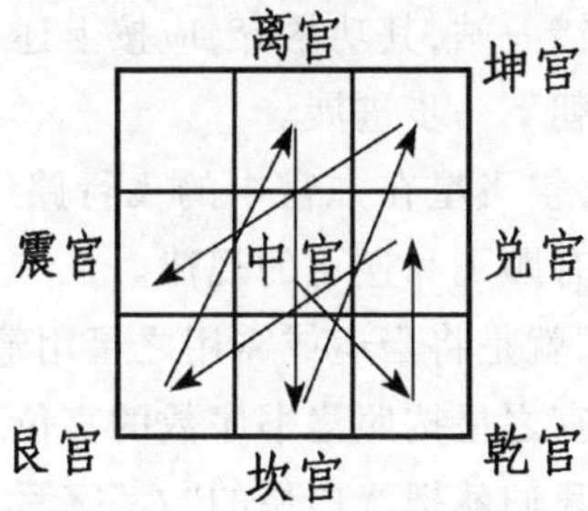

8.第八步由震宫飞到巽宫,因巽的洛书序数为第四数,其方位为东南方。

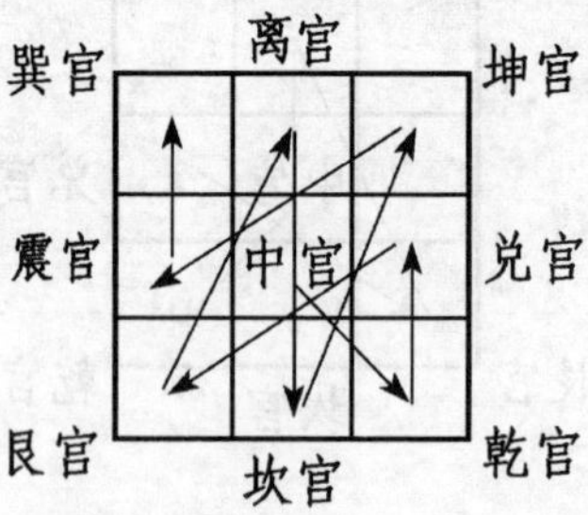

9.第九步是最后一步,由巽宫又回到中宫,此九宫飞星的循环轨迹到此又还原本位。

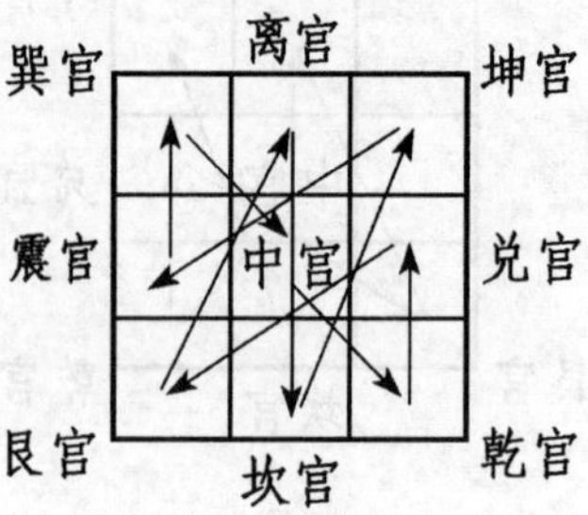

九宫飞星的运行路线非常重要,这和走路一样,路线方向一步都不能错,若走错一站,其功尽弃,应按上述八卦次序进行,待熟习之后,然后再朝下一步进展。

第一步知道玄空飞星在九宫中的飞行路线后,进一步就要知道飞星入中后,有顺飞和逆飞的规律。

1.所谓"入中"就是将当运或需用之星用笔写在九宫格的中宫,然后再将入中宫之星按照洛书序数的宫位逐位飞行。例如:八白星入中宫时,我们就把八白星的"八"字写入中宫,然后按照它的正常轨迹由小到大飞入乾六宫,在乾六宫写上“九”字。又从乾六宫飞到兑七宫,在兑七宫写上一白,又从兑七宫飞到艮八宫,在艮八宫又写“二”字,离九宫写上“三”字,坎一宫写上“四”字,二黑宫写上“五”字,震三宫写上“六”字,巽四宫写上“七”字,最后又回到中宫。按照序数逐宫往下进行,余类推。

2.当运星入中宫后,又有顺飞和逆飞之分。所谓顺飞者,就是将入中宫之星的数序由小到大,如入中宫之星是坎一,飞到乾宫的是坤二,飞到兑七宫是震三……飞到巽位是离九,逐位顺着往下进行。至于逆飞与顺飞则正好相反,但所飞的路线不变,数序而变,如坎一入中宫,飞到乾六宫乃是离九,飞到兑七宫的是艮八……飞到巽四宫是坤二,星数是由大到小的逆数排法,现将九宫顺逆以图明示。

一白水星入中顺逆图

顺飞

九	五	七
八	一	三
四	六	二

逆飞

二	六	四
三	一	八
七	五	九

二黑土星入中顺逆图

顺飞

一	六	八
九	二	四
五	七	三

逆飞

三	七	五
四	二	九
八	六	一

三碧木星入中顺逆图

顺飞

二	七	九
一	三	五
六	八	四

逆飞

四	八	六
五	三	一
九	七	二

四绿木星入中顺逆图

顺飞

三	八	一
二	四	六
七	九	五

逆飞

五	九	七
六	四	二
一	八	三

五黄土星入中顺逆图

顺飞

四	九	二
三	五	七
八	一	六

逆飞

六	一	八
七	五	三
二	九	四

六白金星入中顺逆图

顺飞

五	一	三
四	六	八
九	二	七

逆飞

七	二	九
八	六	四
三	一	五

七赤金星入中顺逆图

顺飞

六	二	四
五	七	九
一	三	八

逆飞

八	三	一
九	七	五
四	二	六

八白土星入中顺逆图

顺飞

七	三	五
六	八	一
二	四	九

逆飞

九	四	二
一	八	六
五	三	七

九紫火星入中顺逆图

顺飞

八	四	六
七	九	二
三	五	一

逆飞

一	五	三
二	九	七
六	四	八

第八节　玄空三盘排法

玄空三盘(运盘、山盘、向盘)又名为宅命盘,又称之为飞星盘。例如七运子山午向的形式如下:

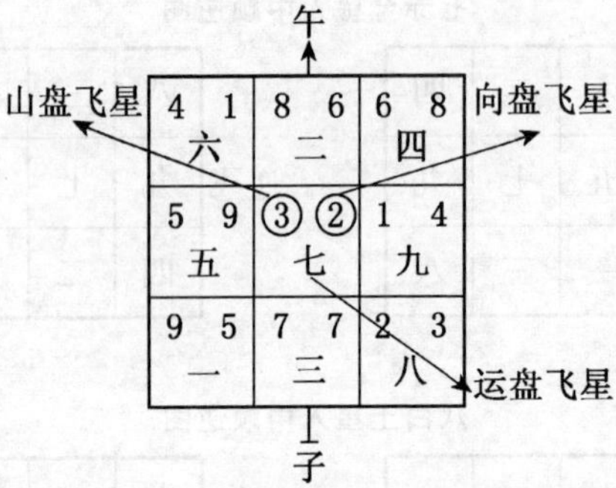

飞星盘是以九个宫位组成,而每个宫下面的大写数字是当运的飞星,称之为"运盘"。而右上方的阿拉伯数字为"向盘",左上方的阿拉伯数字代表坐山,称之为"山盘"。

在知道"九宫飞星盘"之同时,需要了解三元九运及二十四山的三元龙阴阳排列法。否则就无法分出顺行与逆行。

关于三元九运,已在第二节"三元九运"中已有详述,不再重复,现来谈谈三元九运的用法:在风水学中把五百四十年称为一大元,又将五百四十年分为三个正元,每个正元为一百八十年,每一百八十年又分为三个单元,每个单元六十年,在每个六十年又分三个运,每个运为二十年,这就是我们所说的元运。目前是一个大元中的最后一个正元——1864 年—2043 年之间。

关于每一个元运又分为一白、二黑、三碧、四绿、五黄、六白、七赤、八白、九紫一直循环不息,待三元九运走完了,又开始一个新的一元。关于近代三元九运的详述请参阅第二节"三元九运表"。

明白三元九运的意义,即能够了解推排"玄空飞星盘"了。玄空飞星运盘的具体排法是以当运之星入中宫顺飞九宫,运盘又称之为"地盘",又叫做"天盘"。

一、排运盘

运盘的推排方法很简单，先划一个九宫格第一步开始看当时是属于哪一元运，如目前是下元七运，就将九宫格的中宫写上“七”字，再以七字顺飞八宫。若是 2003 年以后要盖房子(2004—2023 年)因为从 2003 年以后又开始走到下元八白运，就将“八”字写在中宫顺飞。又如你的房子是 1984 年以前盖的，那就是六运，即可将“六”字填入中宫顺飞九宫，往后每过二十年就是一运，交运后即须换上一个中宫，九宫图排法如下：

九	五	七
八	一	三
四	六	二

一运盘

一	六	八
九	二	四
五	七	三

二运盘

二	七	九
一	三	五
六	八	四

三运盘

三	八	一
二	四	六
七	九	五

四运盘

四	九	二
三	五	七
八	一	六

五运盘

五	一	三
四	六	八
九	二	七

六运盘

六	二	四
五	七	九
一	三	八

七运盘

七	三	五
六	八	一
二	四	九

八运盘

八	四	六
七	九	二
三	五	一

九运盘

二、排山盘

将运盘各宫之星数求出之后,第二步即可进行学习推排“山盘”了,所谓山盘者,即是将坐山飞星之数字用阿拉伯数字写在中宫运盘的左上方,再按坐山飞星的三元龙阴阳来决定顺飞或逆飞,三元龙的运用方法是逢阳顺飞,逢阴逆飞,这就是“山盘排法”。

三、排向盘

将山盘排好后,最后一步再来排“向盘”,向盘是将运盘朝向飞星数字,用阿拉伯字码写在运盘大写字码的右上角,与山星并排,仍以三元龙阴阳决定顺飞或逆飞,逢阳则顺飞,逢阴则逆飞。

现以六运的子山午向为例,如下图:

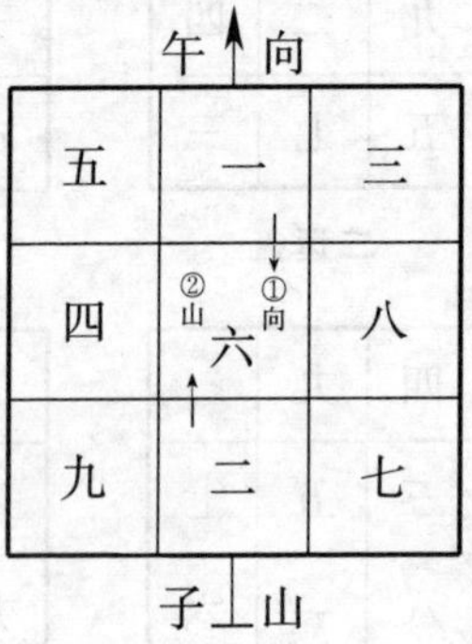

1. 将六运的“六”字用大写字码写入中宫,顺飞八宫谓之“运盘”。

2. 坐山是子,子属北方坎卦,运盘的卦数为二,将“2”用阿拉伯字码写在运盘的左上角称之为山盘。

3. 朝向是午,午属南方离卦,运盘的卦数为一,将“1”用阿拉伯字码写在运盘的右上角称之为向盘。

4. 坐山坎卦包括壬子癸三山皆属坎卦,朝向离卦包括丙午丁三个方位皆属离卦。

例二：八运宅——坐甲山庚向的房子

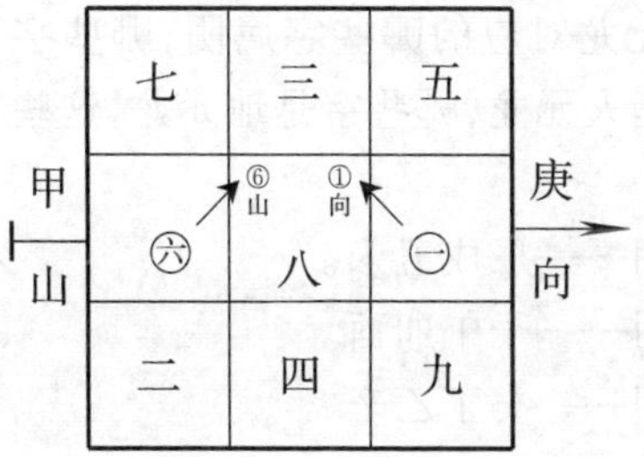

1. 八运以八入中宫为运盘，顺飞九宫。

2. 坐山是甲，甲属东方之震卦，对照运盘卦数为㊅，则将六移入中宫，将“6”用阿拉伯字码写在中宫大写数字的左上角，称之为山星。

3. 朝向是庚，庚属西方兑卦，对照运盘卦数为㊀，则在中宫运盘八数的右上角用阿拉伯字码写上“①”字为向盘。

4. 因甲卯乙三山皆属震卦，所以坐卯向酉，坐乙向辛或坐甲向庚都是同样写上㊅，庚酉辛三个向星皆属兑卦。无论是坐卯向酉、坐甲向庚或坐乙向辛都属兑向，余皆仿此。将山星和向星确定之后，还要将山星和向星继续飞入九宫，但飞布的方式与运盘不同，因运盘一律皆是顺布，而山星与向星则是按照三元龙阴阳的不同，而有顺布与逆布之分，其法是三元龙逢阳则顺布，逢阴则逆布，而阴与阳的分法，请参看三元龙的阴阳图说得非常明白，现将三元龙的具体算法详列如下。

前述山、向二盘的飞星顺逆，取决于三元龙的阴阳，现将三元龙附图如右：

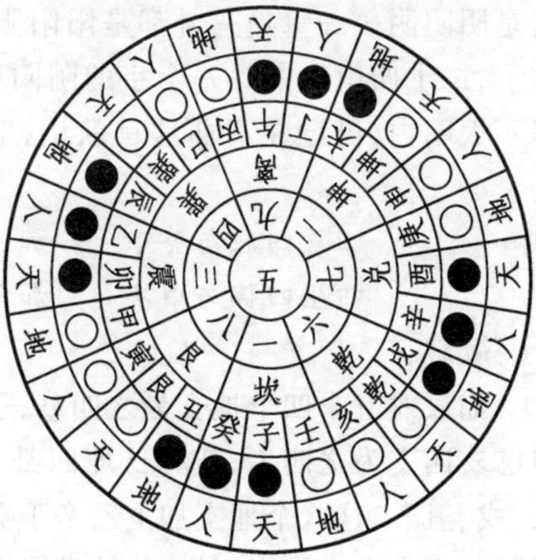

图中有黑圈与白圈，白圈代表“阳”，黑圈

代表“阴”。

先来熟悉一下二十四山三元龙对应的哪些字属阴，哪些字属阳，哪些字是天元龙，哪些字是人元龙，哪些字是地元龙，这些必须熟记于心。

地元龙：阳——甲庚壬丙、阴——辰戌丑未。

天元龙：阳——乾坤艮巽、阴——子午卯酉。

人元龙：阳——寅申巳亥、阴——癸丁乙辛。

三元龙在玄空风水中非常重要，因三元龙用于辨别二十四山阴阳，推算飞星顺逆起主导作用，所以必须要熟记于心。三元龙的阴阳有一定规律，只要掌握住其中规律，非常好了解。从乾、坎、艮、震、巽、离、坤、兑八个卦看都是天元龙。寅申巳亥四生和乙辛丁癸四个阴干都是人元龙，辰戌丑未四墓和甲庚丙壬四个阳干都是地元龙。除了这个规律之外，还有二十四山三元龙的阴阳，这里也有一个规律，从二十四山八卦方位顺着向前数，子、午、卯、酉四卦都是阴阴阴，乾、艮、巽、坤四卦都是阳阳阳，例如从坎卦的子位开始，子属阴，癸属阴，丑属阴，也就子癸丑三字是阴阴阴、从艮位上看，艮寅甲都是阳阳阳，再从卯位上看是阴阴阴……每隔一卦都是阳阳阳、阴阴阴。这个规律掌握住了，二十四山向中每一个字的阴阳就了如指掌。如果还是觉得不太明白，可记住下面这首歌诀，对你阴阳识别是很有帮助的。

四墓四旺与癸丁　　加上乙辛皆属阴

四生四偶与甲庚　　加之丙壬阳中行

歌解：

如辰戌丑未四个地支为之四墓，子午卯酉四支为之四旺，寅申巳亥四支为之四生，乾巽艮坤四卦为之四偶。子、午、卯、酉、辰、戌、丑、未这八个地支加上乙辛丁癸四个天干共十二个字，皆属阴。寅申巳亥为之四生，乾坤艮巽谓之四偶，四生四偶加上甲庚丙壬四个天干共十二个字都属阳，只要将这首歌诀背熟，对于三元龙的阴阳，即可一目了然。关于三元龙阴阳顺逆具体用法，举例如下。

七运——坐子向午的宅命盘求三元龙。

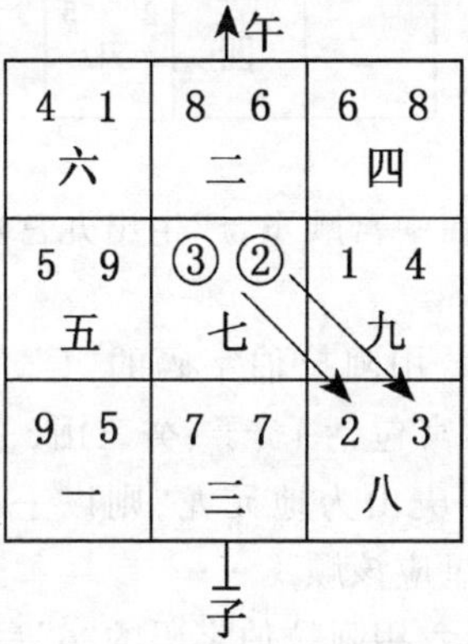

一、排七运的运盘，以七入中宫顺飞，运盘不分阳顺阴逆，一律顺飞。

二、排山盘，看坐山的“三”为震卦，震卦统管甲卯乙三山，其天元龙卯属阴，故山星的三入中后要逆飞。

三、排向盘。向首的运盘为二黑，二是坤卦，统管未坤申三山，其天元的坤属阳，所以要顺飞。

利用运盘三元龙配地盘三元龙，而求出山星与向星的阴阳，然后再根据阴阳来确定顺飞与逆飞，此法在开始时给人一种繁琐的印象，但先繁后简，进入以后便可了然于心。开始了解时可以根据上述1—9运的飞星顺逆图按图查对，再按照上述三元龙阴阳排法即可。

例三：八运坐庚山甲向的屋宅

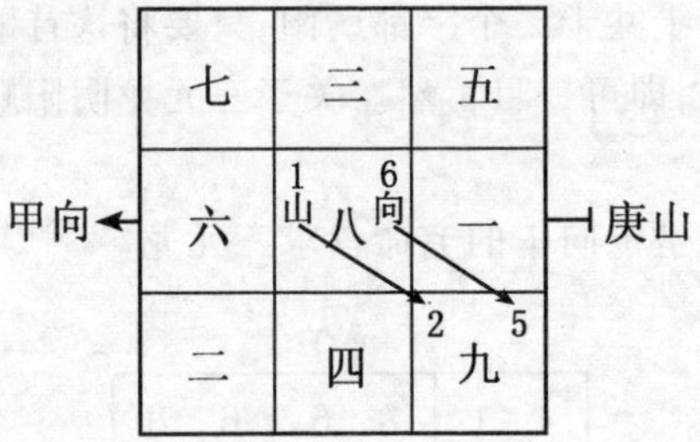

1.八运将八安在中宫顺飞,产生出九宫数字,得出庚山之一数,向星之六数。

2.将山星的一数用阿拉伯字码的“1”,写在中宫左上角,1为元旦盘之坎宫,坎宫包括壬、子、癸三山,壬为地元龙、子为天元龙,癸为人元龙。庚山为地元龙,则以壬山之地元龙来相对应,壬山为阳,则山星应该顺飞……

3.向星:将向星六用阿拉伯字码的“6”写在中宫的右上角,6为元旦盘之乾卦,乾卦含戌、乾、亥三山,戌为地元龙,乾为天元龙、亥为人元龙。甲向为地元龙,则以戌山之地元龙对应,戌山为阴,则向星应该逆飞,以5到乾,4到兑……

4.若是向星或山星之运盘卦数逢五,五在元旦盘则没有山向,可依以山星或向星之阴阳来决定出顺飞或逆飞。

例如:七运宅——坐酉向卯

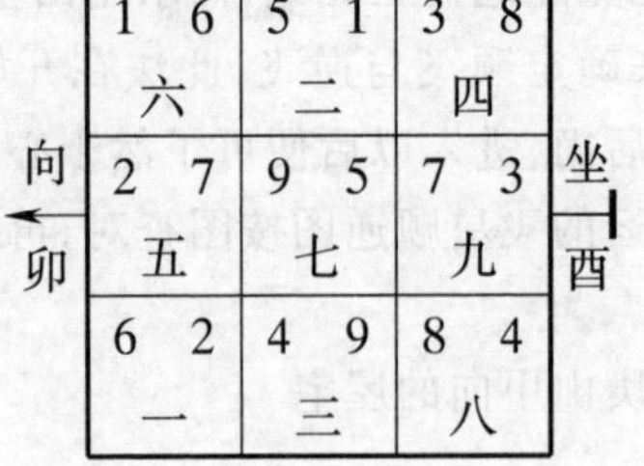

1.山星:坐山的山星为酉,酉为兑卦天元龙,酉以“9”入中宫,9为元旦盘之离卦,离卦包括丙午丁三山,则丙为地元龙,午为天元龙,丁为人元龙。则午卦之天元龙,对应酉山之天元龙,午山属阴,则逆飞。

2.向星:卯向属震卦,为之天元龙,卯向以“5”入中宫,5在元旦盘为中宫,无山无向,仍以“卯”向来确定三元龙,卯山属阴,则逆飞。

又如:八运宅——坐子向午

午↑向

3　4 七	8　8 三	1　6 五
2　5 六	4　3 山　向 八	6　1 一
7　9 二	9　7 四	5　2 九

子⊥山

1.八运以八入中宫顺飞。

2.坐山的山星为四绿,以“4”入中宫,查八运的二十四山三元龙阴阳顺逆图。四属巽宫,天元龙属阳,故四绿入中宫顺飞。

3.向星是三碧,三碧属震卦,以“3”布入中宫,查八运的二十四山三元龙阴阳顺逆图,震卦的三元龙天元龙属阴,故以三碧星入中宫逆飞。

第九节　替卦与兼向识别

替卦的“替”是指兴替之替,而并不是代替之替。替卦乃是用于本来之向吉凶颠倒时,用以趋吉避凶,使其卦气纳吉的一种方法。玄空学与三合派不同,三合派是以坐山为重,而玄空派则注重向首,或大门。替卦是在坐山兼左兼右出现在 3 度以上 6 度之内的情况下便可用替卦。

替卦又名替星,专用于兼卦或兼线,专业者视此法为之一大绝密,所以保守得特别严密。

例如:坎卦中的壬山与乾卦中亥山之间的卦线,向子山之方向三度之内(并非压卦线,压者即是空亡),若坐山之分金线正好落在此范围内即叫做兼卦。再说得具体一些,也就是坐山之兼线,正好落在地元龙与人元龙交界三度以内。

什么叫做兼线?例如坎卦中壬山与子山同是一卦,它们之间的阴阳而不是一样,若坐山分金兼线正好落在此两山之骑缝线,向左或向右三度内(而不是骑缝线上)则叫做兼线。

兼卦与兼线都须用替卦,但元龙的性质仍然不变,因天人二元龙阴阳相同,所以,天人二元龙不替,只是地天二元龙要替。

起星图

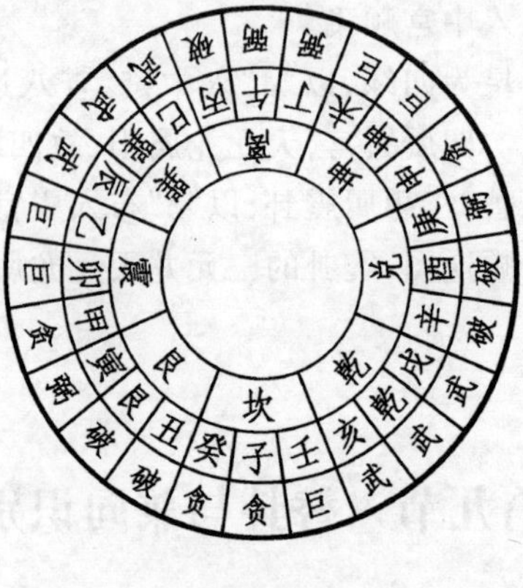

挨星口诀

子癸甲申是贪狼,坤壬乙卯未巨门。

乾巽六山皆武曲，艮丙辛酉丑破军。

寅午庚丁皆右弼，专替九星顺逆行。

子癸甲申——贪狼星，以“1”代入中宫。

坤壬乙卯未——巨门星，以“2”代入中宫。

戌乾亥辰巽巳——武曲星，以“6”代入中宫。

艮丙辛酉丑——破军星，以“7”代入中宫。

寅午庚丁——右弼星，以“9”代入中宫。

在二十四山中能用替卦的只有十三字，即壬、丙、甲、卯、乙、庚、辰、巽、巳、申、丑、寅，不能用替者有十一字，即子、癸、午、丁、酉、辛、戌、乾、亥、未、坤。

举例一：七运子午兼壬丙向或子午兼癸丁向

午向

4 1 六	8 6 二	6 8 四
5 9 五	3 2 七	1 4 九
9 5 一	7 7 三	2 3 八

子山

下卦图

午向

3 1 六	7 6 二	5 8 四
4 9 五	2 2 七	9 4 九
8 5 一	6 7 三	1 3 八

子山

起星图

1. 运盘七运，以七入中宫顺飞。

2. 山盘子山为天元龙，对照运盘“三”为震卦，三的天元龙为卯，卯在起星诀中为巨门，巨门起星诀为“2”，以 2 入中宫，飞星请看下卦图，卯为震卦的天元龙属阴，则逆飞。

3. 午向的向盘天元龙为“二”，二的运盘为坤卦，坤卦的起星诀是巨门，坤二卦的天元龙为阳，则顺飞。

例二：八运——午子兼丙壬和午子兼丁癸向

1.八运以八入中宫顺飞。

2.坐山的飞星为三碧,三的天元龙为卯,卯的挨星诀为巨门星,巨门属二黑,故不用三碧而用二黑入中宫,卯为震卦的天元龙属阴,所以用二黑入中逆飞。

3.向上的天星是四绿,四为巽卦的天元龙,巽卦的挨星为武曲,武曲以“6”代入中宫,故不用四绿而用六白入中宫,巽的天元龙属阳顺飞。

第十节　飞星的应用

一、山星与向星的认识

1.山星:凡是房子外面有山峰、高楼、高压电、水塔、土墩、大树、假山桥梁等统称之为山,也即凡是一切高出地面之物皆称之为山。凡是房子里面的床位、橱柜、厨灶、桌位、电器,以及一切高大之物,皆称为山。

2.水星:包括江、河、湖、海、沟渠、道路,凡是比房屋低下之处皆称之为水。在屋内指大门、走道、窗口、电梯、浴厕、鱼缸或井等皆称之为水。

凡是山星又指(坐山)与水星(向星)所代表的物体,如在旺气方、生气方为吉,若在退气方、死气方、煞气方为凶。其吉凶现象,在前面三元九运旺衰篇中吉凶已经详明。

二、飞星下卦四大局

在一至九运中,共换得宅命盘216个,这些命盘繁琐难记,使人看就觉得眼花缭乱,无所适从,给了解玄空风水带来很多麻烦。其实,只要掌握其中一定规律,并不是什么难事,可以根据宫位分成四种类型;第一为旺山旺向,第二掌握何为上山下水,第三是双星会向,第四是双星会座,只要将此四大类型分析清楚,马上就能了解清楚。

下卦飞星四大类型简易表

四大类型名称	合格为吉	不合格为凶
旺山旺向	后面有山前面有水或一片空旷	前面有山无水,后面有水无山
双星会向	前面有水,水外面又有山	前面有山无水,后面有水无山
双星会坐	前面平坦后面有水水外面又有山	前面有水,后面有山无水
上山下水	前面有山后面有水	前面有水后面有山

1.旺山旺向——即山上当令之旺星挨到山上,向上当令之星挨到水里,称之为旺山旺向。

凡是旺山旺向之住宅当令者最吉,其宅后面有秀丽的山峰,前面有环抱有情的河水或清洁湖池,或者是块空旷之地,或者后面有高楼或其它高大的建筑物,这样的住宅谓之合局之宅,住之主丁财两旺,富贵双全。若是前面有山无水,后面有水无山,谓之局势相反,住之主损丁破财,凶事频生。

例一:七运——酉山卯向住宅

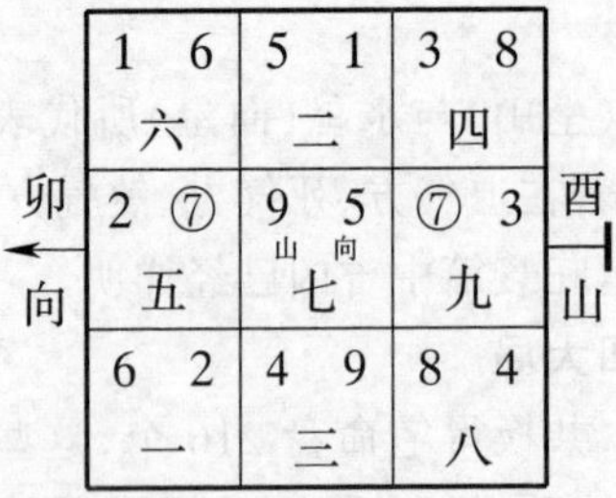

七运酉山卯向，山上当令之旺星“7”飞到兑宫山上，向上当令之旺星“七”，又飞到震宫向上，谓之旺山旺向。

如上图七运酉山卯向，七为当旺之星飞到山上，向上谓之“旺山旺向”，凡是旺山旺向之住宅山要有山，向要有水，方为大吉，若是向上无水有山，或是山上无山有水，皆作凶断，最注重外界自然形势，峦头为主要关键。

例二：八运——亥山巳向

八运亥山巳向的屋宅，山上当令之旺星“八”飞到乾宫山上。向上当旺之星⑧又飞到巽宫，向上形成山管山，水管水，也就是水归水，山归山，谓之旺山旺向，为当令合局之山向。书云：山上龙神不下水，水里龙神不上山，这样的住宅，符合“山主人丁水主财”的布局，居之主丁财两旺，反之主丁财两旺。

2.双星会向——山与向上当令之旺星，同时挨到向上，谓之双星会向。

例一：如七运壬山丙向之屋宅

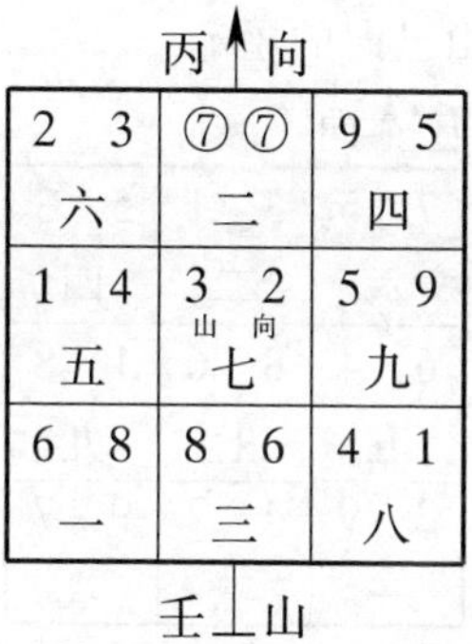

此图为七运之壬山丙向，乃是中宫当令之旺星⑦与向上当令之旺星⑦一同都挨到向首之离宫聚会，这种格局乃谓之“双星会向”，像这样的格局，最好在前面临近有空旷马路，或者远处见有高山、高楼或大厦、大树等为吉，若只是有水而无山，则只主旺财不旺人丁，若只是有山而无水却只主旺丁而不旺财。

3.双星会坐——当令之旺星同时挨到坐山，谓之双星会坐。

八运甲山庚向，中宫当令之旺星⑧，与山上当令旺星⑧同时挨到坐山震宫相会，这样的布局符合双星会坐之局。这种格局最宜坐山的后面有水池、花园，稍远一点再有高楼、山峰耸立，在农村住宅的后面有河水、田地，后面又有山丘、远处再有高峰作屏拱，这样的格局住之主旺相发贵，而且主出文人秀士。

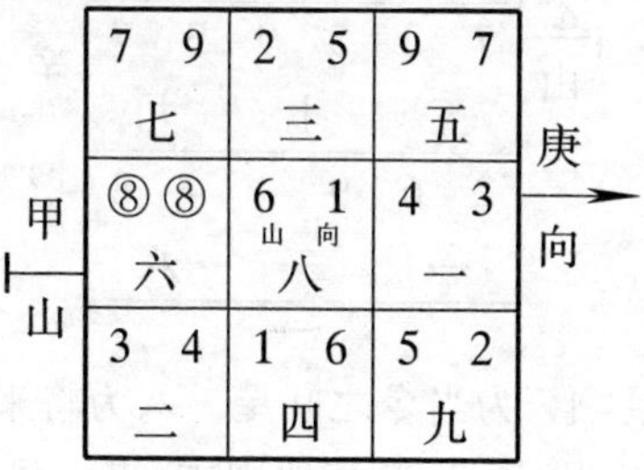

4.上山下水——指当令之山星飞到向方,而当令向星则又飞到坐方,谓之上山下水。

例:七运——亥山巳向的屋宅

巳 向

7 5 六	3 1 二	5 3 四
6 4 五	8 6 七	1 8 九
2 9 一	4 2 三	9 7 八

亥 山

山上当令之旺星⑦飞到向首巽宫,向上当令之旺星⑦飞到坐山乾方,这种格局谓之“山上龙神下水,水里龙神上山”,皆主不吉。犯上山下水之住宅,最好在前面有高楼,或秀丽之山峰,背后有空地、河水、门路,在坐山之后面再有流水或路形成弯抱有情之势为吉,但面前的高楼不宜有逼迫感,否则,丁财两败,凶祸立见。

关于上山下水详细介绍

例如:七运——乙山辛向屋宅

乙山

6 1 六	1 5 二	8 3 四
7 2 五	5 9 七	3 7 九
2 6 一	9 4 三	4 8 八

辛向

以山上飞星“七”为当令之旺星。八为将来的生气,所以七、八两方要高,九在坎宫,若逢高地则吉,玄空风水以生旺之气在高处则主人丁大旺。六为衰气临于巽方，四为死气临于乾方，衰死之气不可高大，若乾、巽两方高起，则为死气得力主凶，若乾巽两方有水，将衰死之气用水隔住，则可脱煞。故水能脱煞，也能招煞，用得不当能引祸入门。

运盘九紫飞星到向，向星辛金属兑卦的人元龙，对应着九的人元龙丁火，丁火属阴逆行，飞星七赤倒向，七为当运之气，八到乾，乾为未来之旺气，故乾兑两方有水为吉，谓之“水里龙神”，生旺之气见水则吉，主大旺财源。四、五、六皆是衰死之气，故四、五、六三方有水则凶，所以坎的方位宜高，不宜见水。衰死之气在水里排龙宜放在高处，若山上排龙，生旺之方无山而有水，谓之“山上龙神下水”。若水里排龙，其生旺之方无水反而见山，叫做“水里龙神下山”，无论上山还是下水，皆主丁财两败。七运的甲山兼寅或甲山兼卯，庚山兼申或庚山兼酉，巳山兼巽，巳山兼丙，亥山兼乾，亥山兼壬，乾山兼戌，巽山兼巳，巽山兼辰，皆谓之上山下水。如阳宅犯此十二山，再见其形局破碎，对角之宅，皆主凶祸立见，应验其速。

第十一节　正神、零神的认识与作用

玄空风水学对正神与零神非常注重，那么何为正神与零神？零神水为什么称之正神水，正神水为什么又称之为零神水？这一点是非常关键的，务必需要弄清楚。

说起来很简单，每当元运之旺气之位称之为正神之位，正神相对的方位称之为零神，由于正神与零神是对峙的，故称之为阴阳零正。

现将三元九运中各运的正神与零神详列如下：

一白运　坎一为正神,离九为零神。

二黑运　坤二为正神,艮八为零神。

三碧运　震三为正神,兑七为零神。

四绿运　巽四为正神,乾六为零神。

五黄运　前十年寄巽四,故巽为正神,乾六为零神。后十年寄乾六,乾为正神,则巽为零神。

六白运　乾六为正神,巽四为零神。

七赤运　兑七为正神,震三为零神。

八白运　艮八为正神,坤二为零神。

九紫运　离九为正神,坎一为零神。

这里不难看出,旺位是代表正神,衰位是代表零神。正神的位置宜开门收气,忌见有水,而零神的位置以水为吉,开门反而不吉。

目前是下元七赤运,正神旺气在西方,零神衰气在对面的合十方位的东方,也即西方正神宜开门,东方零神宜见水,现列表如下以示明白。

九运 / 正神 / 零神	一运	二运	三运	四运	五运	六运	七运	八运	九运
正神旺气	坎一北方	坤二西南方	震三东方	巽四东南方	五黄中央	乾六西北方	兑七西方	艮八东北方	离九南方
零神衰气	九数南方	八数东北	七数西方	六数西北	五数 前十年东南巽位 后十年西北乾位	四数东南	三数东方	二数西南方	一数北方

正神代表旺位，零神代表衰位，而水以衰为旺，如衰方见水，这些水便是旺财运的水，能令你事业财运飞黄腾达，得心应手。正如《天玉经》所云：明得零神与正神，指日入天云。

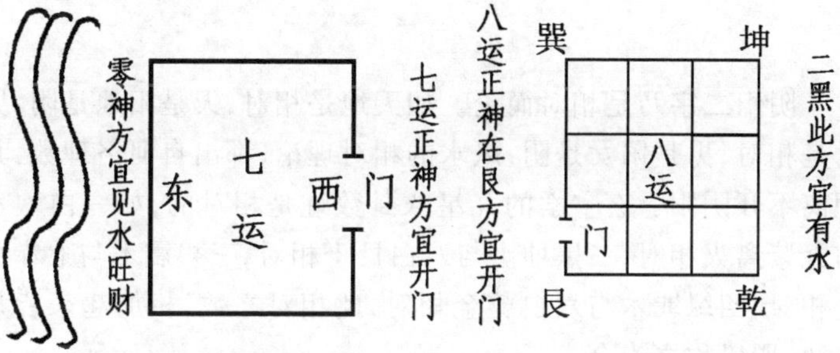

一运：坎位为正神宜开门，零神在离位宜见水

二运：坤位为正神宜开门，零神在艮位宜见水

三运：震位为正神宜开门，零神在兑位宜见水

四运：巽位为正神宜开门，零神在乾位宜见水

五运：前十年门宜开在正神巽位，零神乾位宜见水。
后十年门宜开在正神乾位，零神巽位宜见水。

六运：乾位为正神宜开门，零神在巽位宜见水。

七运：兑位为正神宜开门，零神在震位宜见水。

八运：艮位为正神宜开门，零神在坤位宜见水。

九运：离位为正神宜开门，零神在坎位宜见水。

正神的“正”字，是指“当运”之气。

零神的“零”字，是指“失运”之气。

正神乃是当运之气，与正神合十的方位即是零神，零神方见水主旺财。大到国家区域，小到个人住宅，如零神方见水，不仅主旺财而且在工作或事业上都心想事成。

第十二节　阴阳合十的作用

阴阳二字乃是相对而论。如天地是相对，天是阳地是阴，男女是相对，男是阳女是阴，风水的相对理论，都出自河洛理数，其理离不开阴阳。玄空学的九星八卦数理是相对的，如一白坎水与九紫离火相对，二黑坤土与八白艮土相对，三碧震木与七赤兑金相对，四绿巽木与六白乾金相对，此相对之数，相加起来皆是十数，所以称之为合十。

玄空学的挨星盘中，八卦每个宫中的运星和山向飞星，合起来都是十数，其合十之功用，在于使全局各卦互相通气，而达到生气流畅。以其宅之山星换向而言，飞星得满盘合十者，则八宫卦气都与中五相通，中宫戊己土动与阴阳二气互为交感，化育无穷，使墓宅得其阴阳二气，而自然人丁昌盛，财运亨通，诸事自能兴旺发达，若是满盘合十者最吉，如果仅是山向与中宫合十者，也是同样吉利。

例：七运——午山子向屋宅

午 山

1 4 六	6 8 二	8 6 四
9 5 五	2 3 七	4 1 九
5 9 一	7 7 三	3 2 八

子 向

若山星与运盘合十，或向星与运盘合十，或得山星与运星全部合十者，主广结人缘，诸事顺利，生贵子，升官进职，富贵双全。但若犯上山下水，或双星在座，而背后又无水者，虽然满盘合十也不可用。现将全局合十的二十四山向列表如下：

乾山巽向：一运，运星与向星合十
九运，运星与山星合十
亥山巳向：一运，运星与向星合十
九运，运星与山星合十
巽山乾向：一运，运星与山星合十
九运，运星与向星合十
巳山亥向：一运，运星与山星合十
九运，运星与向星合十
丑山未向：二运，运星与向星合十
八运，运星与山星合十
未山丑向：二运，运星与山星合十
八运，运星与向星合十
子山午向：三运，运星与向星合十
七运，运星与山星合十
癸山丁向：三运，运星与向星合十
七运，运星与山星合十
午山子向：三运，运星与山星合十
七运，运星与向星合十
丁山癸向：三运，运星与山星合十
七运，运星与向星合十
庚山甲向：四运，运星与山星合十
六运，运星与向星合十
甲山庚向：四运，运星与向星合十
六运，运星与山星合十

第十三节　三般卦的作用

所谓三般卦者——凡是八宫所挨到之山星、向星、运盘，形成一四七、二五八、三六九者，则称之为父母三般卦，每宫元运皆贯通上、中、下三元。三般卦分为父母三般卦和连珠三般卦两种。

例如：八运宅——申山寅向的屋宅

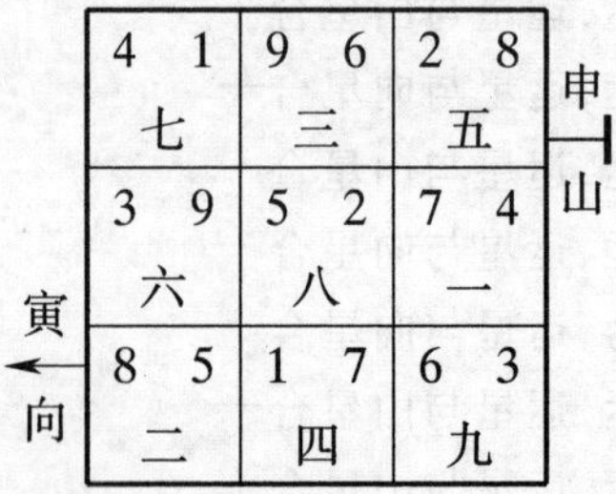

这个布局的山星、向星、运盘形成一四七、二五八、三六九父母三般卦。中宫、坤宫、艮宫形成二五八、坎宫、巽宫、兑宫形成一四七、震宫、离宫、乾宫形成三六九。

例如：六运的丑山未向

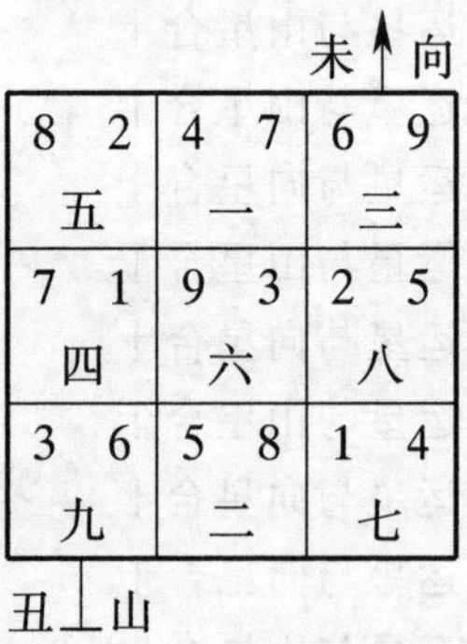

现将各运合于父母三般卦之山向列于下：

二运：艮山坤向，寅山申向
坤山艮向，申山寅向

四运：丑山未向，未山丑向
艮山坤向，坤山艮向

五运：艮山坤向，寅山申向
坤山艮向，申山寅向

六运：丑山未向，未山丑向
未山丑向，丑山未向

八运：艮山坤向，寅山申向
坤山艮向，申山寅向

凡是合得父母三般卦者，得贵人相助，诸事好办，但需要向星挨到之处有水者才能用，若无水有山，反而主出凶事。此局如是水绕玄武者，定主当元就可发财，事业顺利，经营有成，财运茂盛，好事临门。

还有连珠三般卦，所谓三般者也即每宫位之山、水、运三个数字都互相连串，然而运星必须在中间数字的方能称之为“连珠三般卦”。例如七运坐亥向巳，七入中宫，山星“8”，向星“6”就是“连珠三般卦”。

凡是山星、水星、运盘形成离宫为一二三，坎宫为二三四，坤宫为三四五，震宫为四五六，中宫为六七八，乾宫为七八九，艮宫九一二的皆称之为连珠三般卦，连珠三般卦的作用与父母三般卦的功效一样，但必须是向星所到之处有水方能有效，否则成为上山下水之败局。因为向星是主宰世间一切祸福的主要根源。

例一：七运——亥山巳向的屋宅

巳向

7 5 六	3 1 二	5 3 四
6 4 五	8 6 七	1 8 九
2 9 一	4 2 三	9 7 八

亥山

二运,辰山戌向,戌山辰向

三运,巽山乾向,巳山亥向

五运,巽山乾向,巳山亥向

乾山巽向,亥山巳向

七运,巽山乾向,巳山亥向

乾山巽向,亥山巳向

八运,辰山戌向,戌山辰向

乾山巽向,亥山巳向

连珠三般卦的形成,必须符合周围的山水环境方能有效,若与周围山水环境不合,则反主伤丁破财,《表囊序》中说:“山上龙神不下水,水里龙神不上山。”如若反局反起祸殃。

例三:二运——辰山戌向的屋宅

辰山

9 ② 一	5 7 六	7 9 八
8 1 九	1 3 二	3 5 四
4 6 五	6 8 七	② 4 三

戌向

像这个格局是连珠三般卦，但山上当令之向星②飞到向首乾宫，向首当令之旺星②又飞到巽宫，谓之上山下水之败局，这样的布局，虽然形成连珠三般卦，难免会出现破财伤丁之事。但凡犯上山下水墓宅，只要前面见山，后面见水，则无有大害，若是前面见水，后面见山，免不了丁财两败，凶祸立见。

连珠三般卦，若与环境相配合，可通三运之气，在社会主广结人缘，处处遇贵人相助，无论是在事业上、生意上，还是学业上，都能得到格外的收益，并且还能时间长久，后代荣华富贵。

第十四节 令星入囚的作用

所谓“令星入囚”，就是当运之令星依时入中宫，谓之“令星入囚”。如七运之戌山辰向，其中当令之飞星七入中宫，故无入囚现象，要到下元八运才有入囚之可能，山管人丁水管财，到八运丁星入囚，定有损失人口之忧。

例一：七运——戌山辰向屋宅

辰向 ←

9 7 六	4 2 二	2 9 四
1 8 五	8 6 山 向 七	6 4 九
5 3 一	3 1 三	7 5 八

戌山

令星入囚有两种，分为山星入囚和向星入囚。如山星入囚，山星乃管人丁之星，山星入囚主人丁不旺，或不能生育，小产堕胎,或夭折无后,断绝后嗣。向星入囚,向星是统管财源之星,若向星入囚,定主宅中财运不通,穷困潦倒,甚至主破财克妻,凡是向星入囚者凶祸最凶,严重者能导致家破人亡。

令星入囚为祸不轻,比上山下水还要严重,不过有囚住和囚不住之别。如是向星入囚,若向首有弯曲而有情的江河湖泊之水放光者,即使令星入囚也不成大害,所以称之为囚不住,凡囚不住之星仍可继续为旺。

例二:七运——辰山戌向之屋宅

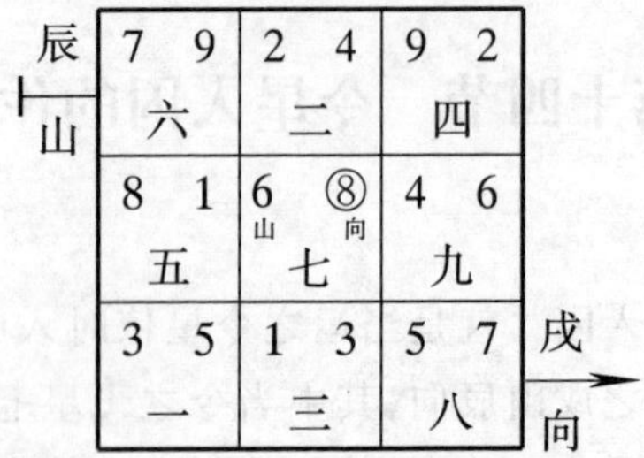

像这种格局为旺山旺向,但八运时,向星⑧飞入中宫为“入囚”,遇到这样布局,可以直断可到八运时损财。

还有一种地运入囚之法,就是双星会向之局,其地运是当运之向星飞到坐山之运谓之地运“入囚”。

第十五节　收山出煞的用法

“山上龙神不下水,水里龙神不上山”,这句话乃是玄空风水学判断吉凶的关键之词。又曰“山管人丁水管财”,意思是指凡是人丁旺衰皆是取决于山,财源之盛败皆取决于水。倘若山与水之龙神颠倒错位，定主损丁破财，凶祸临门。所以，山上排龙切忌下水，水里排龙不可上山。应当山上飞星旺气之处，或飞星生气之处有山，或者有高大之建筑物最吉。在向上飞星旺气之处及飞星生气之处见到河流或低洼空地之处为吉，这就是山向飞星作用于环境形势的主要诀窍，名曰“收山”。将山上衰气、死气之飞星置于有水处或低洼处，将向上衰气，死气之飞星置于高处是谓出煞。以当令之元运为旺气，未来之元运为之生气，过去之元运为之衰气，过去久远之元运为之死气。

例：七运——乙山辛向之屋宅

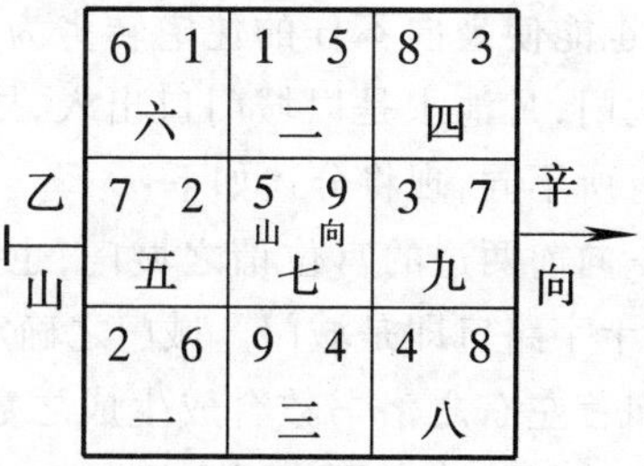

1. 山星——七为当令之旺气，飞到坐山之震宫，八为未来之生气，飞到坤宫，故震、坤两方要高，八运和九运在坎方和坤方见到高楼或高山，或者有其它高大建筑物，谓之山上龙神得位，则主旺人丁。

六为衰气，临于巽方，中宫五、乾宫四为死气，若震、巽、中三方高大，则为衰死之气得力主凶，故巽、乾两方宜低洼或见水，衰死之气有水挡之则吉。

2. 向星——七为当运之旺气，飞到向首兑宫，八为未来之生气飞到乾宫，故兑、乾两方宜低洼或有水，为之“水里龙神得位”，主大旺财源。

艮方六为衰气，坎四离五为死气，若艮、离、坎三方低洼或有水，为衰死之气得力，故艮、离、坎三方宜见山不宜见水。

总的来说,玄空风水学主要关键在于分辨山向与飞星的旺衰,用来配合龙神与水神来进行分析,力图避免上山下水之病,起到收山出煞之功。

第十六节　城门与城门诀的作用

城门之法在玄空风水中起到重要的作用。能使旺山旺向的住宅锦上添花,也能使坐向不佳的住宅转劣为优。城门是指古时城池四面的大门,凡池水是以城门口出入,故也称之为水口,城门与城门诀有所不同,现将分述如下:

1.城门——向前两边的宫位谓之城门,也就是宅前180度之内有三叉水,十字路口即是城门。城门之确定方法,是以元旦盘之洛书数与向首左右之洛书数合成生成之数来决定的,符合生成之数者为正城门。读者可将以下四句口诀熟记,即可了解什么是正城门。

一六共宗,二七同道。

三八为朋,四九为友。

如:离山坎向——以乾为城门,即一六共宗。(坎一、乾六)

震山兑向——以坤为城门,即二七同道。(兑七、坤二)

兑山震向——以艮为城门,即三八为朋。(震三、艮八)

坎山离向——以巽为城门,即四九为友。(离九、巽四)

乾山巽向——以离为城门,即四九为友。(巽四、离九)

坤山艮向——以震为城门,即三八为朋。(艮八、震三)

震山兑向——以坤为城门,即二七同道。(坤二、兑七)

巽山乾向——以坎为城门,即一六共宗。(乾一、坎六)

正城门　　午　向

巽四	离九	坤二
震三	中宫	兑七
艮八	坎一	乾六

子　山

午向属离宫，洛书数为九，离卦左边的巽宫洛书数为四，合“四九为友”的生成之数，故巽为正城门。

又如：酉山卯向，卯属震宫，其洛书序为三，震卦的左边艮卦，艮的洛书数为八，歌诀中有三、八为朋字句，故卯向以艮为城门。

卯向　　　　酉山

巽四	离九	坤二
震三	中宫五	兑七
艮八	坎一	乾六

卯向属震宫，洛书数为三，艮宫洛书数是八，符合“三八为朋的生成之数，故艮为正城门”。

2. 城门诀——城门与城门诀不一样，两者不能相混，不同之处是凡符合城门者，再将城门之方位所得运盘再入中宫换排，若挨到该方合天心正运（当令之元运），则称之为城门诀。

从上面看来，城门是取自向首两旁之卦，其学理是根据先天生成之数而来的，如坎山离向：离卦左边巽卦的洛书数是巽四，右边坤卦。坤卦的洛书数是二，离卦本身的洛书数是九，先天生成数之歌诀中有“四九为友”的字句，离卦九与巽卦四的洛书数正好是“四九为友”。这样就可选定巽卦为正城门，坤卦即为副城门，又因保持同元纯洁之气，故在取向时，取同元之处为正城门，如取天元龙为山向时，即取两旁天元龙为正城门，立人元龙之向，即取两旁的人元龙为正城门，立地元龙之向，即取两旁地元龙处为城门。

无论立宅安墓，城门为玄空风水的主要关键，书云：“水法之千言万语无非是城门也。”故有“只识玄空而不识城门者其术只乃半数也”之说。凡是向的左右三岔路或三岔水为之城门，故立穴定向皆宜城门为重。

风水师到某地，看此水在此运中是凶是吉，第一步将山向定准，然后再将当令之元运安入中宫，顺飞八方，再看此方此水属于何星，辨其阴阳顺逆，若是当令之星飞到之处则为吉水，若当令之星不能飞到乃是凶水。

例如：某宅坐庚山甲向，当前是七运，将运星七赤入中宫顺布如下图：

坐庚山甲向，巽方来水，飞星六到巽，六属乾卦，乾的地元龙属阳顺飞，则七不到巽方，此巽方之来水为之凶水。

如果差一点不是巽上来水，而是辰字上来水，辰对应戌乃是地元龙，六的地元龙属阴，入中宫逆行到辰，则运星七到水，为之吉水。

若是巳方来水，巳对应的亥是人元龙属阳，将六入中宫顺行，则运星七运不到巳水，则为凶水。

如果巽卦(辰巽巳)三字完全是水，巽卦对应的乾卦属阳，将六入中宫顺行，七不到巽宫水，为之凶水。

水的吉凶判定，皆随运星而替，能明其兴替之理，则已入此道之门，仅以上例为导，其它类推。

总的来说，风水学认为城门就是水口，为朝向两边的卦位，运用时须注重运盘与向首相合，同之一气。若风水形势较好，再无其它障碍物冲射，城门符合洛书生成之数者，当旺之运此乃旺山旺向更为发福，但是若过此运者必然败落。

第十七节　流年紫白飞星到八方主事

紫白飞星各有其性，特别是流年飞星能直接影响到房屋的流年运气。如房屋的大门逢流年吉星飞到，则主该年好运临门，求财则财运顺利，求官则官运亨通，若流年凶星飞到，则主该年“凶星来到”，占人主人丁衰败，求财则财运不遂，或者是家人多病，或者是非叠起，样样不遂心意。

飞星到大门方位吉凶都会影响全家人的运气，吉则应吉，凶则应凶。

飞星到个人睡房，会影响个人的运气，吉则应吉，凶则应凶。

飞星到办公室、办公桌、书桌，不仅会影响工作和学习、遇凶星更会使情绪波动学习不认真，更会使工作失误。遇吉星飞到会使工作顺利学习认真，处事顺利。

例如：某公司预测财运，流年八白星飞到兑方，公司的收银台正好又放在此方，可直断此年“财运丰厚”，但开支与损耗也大。又如流年四绿飞到兑方，可断该年容易被金属所伤，或惹出桃花运风波。

关于所说的九星飞到八方，是指流年太岁飞到门位、房位、灶位、床位以及办公室、会计室、收银台、书桌等方位。在设计布局时可作参考，最主要的还要配合原局宅盘飞星与年月飞星共同判断。

一白星飞到八方断事

一白星飞到坎方——谓之一一比和，一白为官星，主宰文章，吉则利文职，读书聪明，有游动性，财运亨通。凶则有酒色之灾，肾病、妇科病。

二黑星飞到八方断事

二黑星飞到坤方——谓之二、二比和，又名病符复位，吉则财产丰富，武职权威，女人持家。凶则主身体多病，女人好淫，小人暗算，绝嗣。

三碧星飞到八方断事

三碧星飞到震方——谓之三、三比和，吉则家业颇丰，名扬四海。凶则家出盗贼，出凶狠好斗之人，主官非口舌，易有手足之伤。

四绿星飞到八方断事

四绿星飞入巽方——谓之四、四比和，吉则大利学业，连登科甲，凶则寡妇当家，漂泊四方。

五黄星飞到八方断事

五黄星飞到中宫——谓之五、五比和，吉则旺丁旺财，兴家耀祖。凶则有血光之灾，重者得癌病难医之症。

六白星到八方断事

六白星飞到乾宫——谓之六、六比和，吉则升官晋职，仕途亨通。凶则官非口舌，破财损伤，易出交通事故，头伤骨折。

七赤飞到八方断事

七赤星飞到兑方——谓之七、七比和，吉则大发横财，出聪明好学，凶则遭盗入室，男女淫乱，为色遭官，且有火灾之患。

八白星飞入八方断事

八白星飞入艮方——谓之八、八比和，吉则大利文才，学业有成，事业发达，凶则失运破财，而且有筋骨酸疼之病。

九紫星飞入八方断事

九紫星飞到离方——谓之九、九比和，吉则大显文章，门庭荣耀，丁财两旺。凶则男女好色，而且有眼目、心脏之病人，易有血光之灾。

第十八节　双星加会应用方法

房宅的吉凶判断，重点要看双星加会，双星加会首先注重元运，先将元运当令之星安入中宫，然后再顺飞九宫，得出山盘与向盘之后，再看山盘与向盘是否得以生旺之气，如得其生旺之气则诸事皆吉，否则事与愿违。如目前是七运，以七赤兑金，八白艮土为生旺之气，若将生旺之气辨别清楚，吉凶祸福则一目了然。九星飞泊以大门、水位、办公桌、收银台为向盘，在勘测时尽量将其安排在七赤、八白方位，以求得生旺之气，则能大旺财源。山盘管辖形山、高楼、大厦以及一切高于自家屋宅的建筑物。若家宅附近有秀丽的山峰，漂亮的高楼，而且山星又在七赤、八白的方位上，则主人丁大旺，但也不可太以逼近，若太以逼近，反作凶断。总的来说，向星得生旺之气主旺财，山星得生旺之气主旺丁。这就是“山管人丁水管财”的简单道理。

所谓“双星加会”，就是山星与向星结合到一起叫做双星加会，是判断房宅吉凶的主要依据。然而山星与向星除了得其生旺之气为吉外，如遇到一、六、八，三白之星也照吉断，但其力量次于生旺之气，这些在“紫白诀”中已有详述。但特需说明的是，并非吉星碰在一起就断吉，凶星遇到一起就断凶，主要关键还是要参看峦头好坏来进行判断，是凶则凶，是吉则吉，这就是风水学中经常提到的“峦头离开理气不准，理气离开峦头不灵”之“形理合参”之理论。

现将七运中常见的“双星加会”用法详细的叙述一下。

一、1 与 4 之组合

七运——艮山坤向飞星图

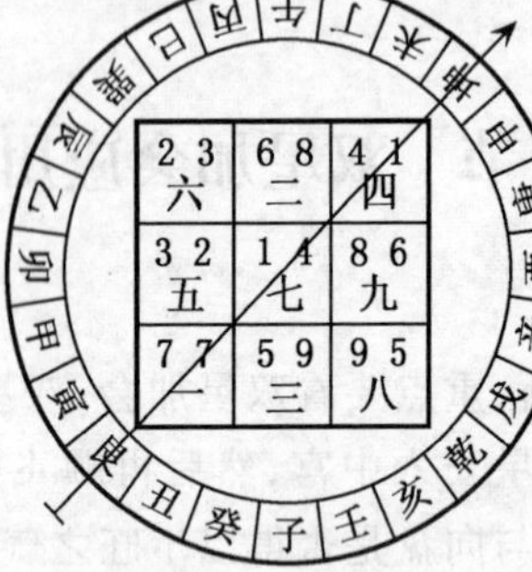

此图七运——阳宅坐艮山坤向。飞星盘为双星到坐，也就是当令七赤之旺星山与向盘一同都到坐方，应主旺丁损财，因为七赤旺星到坐方主旺丁，七赤向星到向主旺财。但本坐山之向七赤旺星不到坐向而都到坐山，定主损财。这里必须注意的是，判断家宅财宅不能仅仅凭着旺山旺向，双星到向或到坐即可决定财运的好坏，必须要配合内外峦头与理气来论断吉凶。比如说这个布局大门开在坤方 4、1、四的位置，为一白坎门，有利于家人当官或读书。《紫白诀》曰：“四一同宫，准发科名之显。”《玄髓经》云：“木入坎宫，风池身贵之征。”《飞星赋》又说“四荡一淫”,此皆说明四与一双会有利于功名与读书,本来断此宅多出文人学士,高官厚禄,但不利的是,此宅未方有座楼房,多年失修,破旧不堪,而且非常逼近,断此宅虽出文人学士,高官厚禄,但免不了出淫荡之事,唯到流年引动之年而应验。

二、2 与 5 之组合

七运——亥山巳向飞星图

此图七运——阳宅坐亥山巳向,飞星盘七赤入中宫顺飞九宫,坐山“八”入中宫顺飞,向星“六”入中顺飞,得出的山盘,向盘为上山下水,也就是说向盘七赤旺星在向上应该主旺财,现反而置于坐山主破财,为之上山。山星七赤旺星到坐山,本来主旺丁,现置于向前,反而主损丁,这样的布局为之下水。其家大门开在巽方六、7、5 的位置上,为之五黄关煞之门,定主家中人口不安,巽卦主长女,七赤兑为少女,定主家中长女,少女有病,最主要的病在肠胃,因五黄属土。最怕流年飞星走到二黑病符星到门时,家宅中之长女、少女和巽命的人易有病伤。则“二五交加必损主”,又“二主宅母多病,黑逢黄至出鳏夫”。又“黄黑交错,家长有凶”,从理气来说,五黄为煞星,且为衰气,助为煞气增加,再以大门来说,大门是为动方,是气势很强的峦头。也就是人们常说的,“峦头无理不灵,理气无峦头不验”。其实大门只要流年走到凶星,如五黄三碧等。居住之人均会易有病苦,不一定要到二黑病符星到门才应事。更验证的是,如果门外冲着电杆、屋角、楼厦逼近,马路或沟桥冲射或者是破碎,恶形之山石等恶煞,那么不仅是有病,更有损丁之忧。

三、2 与 3 组之组合

七运——壬山丙向飞星图

此图七运——阳宅坐壬山丙向,大门开在巽方,根据七运飞星盘推算为之双星到向,也就是当令七赤旺星入中宫,山盘与向盘齐到向方,主旺财损人口,因七赤运盘向星到向主损丁。当然还须参考其它的峦头理气来综合起来判断,方能准确无误,绝不是二与三碰在一起就直断这家损人口。例如这个屋宅的大门开在巽方 2、3、6 的位置上,为之"三碧门",主凶灾、官讼之应,因三碧为蚩尤星,谓之"斗牛煞起惹官型",主家人整天吵架、斗嘴,如在走到凶年凶时,或者遇上三煞五黄临此方位,就可断定这家会有官事诉讼打斗之事发生,但还需要根据该方峦头吉凶来综合判断,若该方有电杆、屋角、破山等凶物,即可断发生的事大,如不见凶物,可断事小。

四、3 与 8 之组合

七运——卯山酉向飞星图

此图七运——坐卯山酉向或乙山辛向，大门开在坤方。根据七运坐山朝向的飞星盘推算，为旺山旺向，也就是当令七赤之旺星，山星到坐主旺丁，向星到向主旺财。旺山旺向者主丁财两旺，但此宅的大门开在西南坤的位置为三碧门，三碧为蚩尤星，主发生凶灾、官讼之事，因三、四属木，艮八属土，艮八为少男，为小口，三与四逢八为之木克土，八白艮土受克。《紫白诀》云“然八会四，小口殒生，三八之逢更恶”，为此断出有克小口之事。此宅应事于排行最少的儿子应事，因坐震宫为三，艮为少男，或者是排行老三会发生灾祸。特别注意的是逢二黑、五黄等凶煞到门时，易应验灾祸。

五、4 与 2 之组合

七运——戌山辰向飞星图

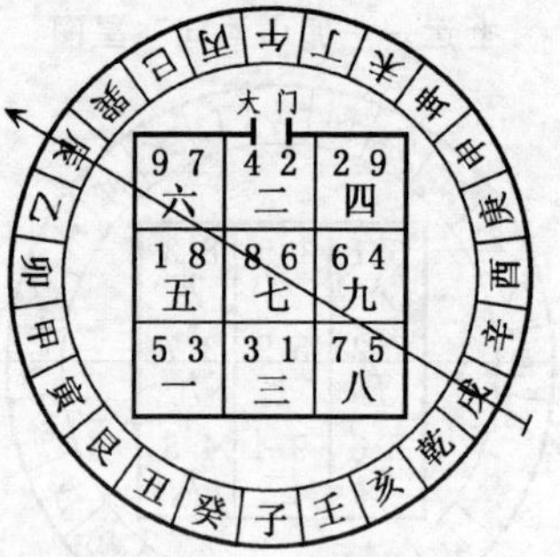

此图七运——坐戌山辰向，为旺山旺向，主丁财两旺。但此宅的大门开在离方 4、2、二的位置上，主居住之人反复多病，巽为长女、离为中女，定主长女和中女有病较重，因二为病符星，巽四木克二黑坤土，土受木伤，故多得肠胃之病。不仅如此，如果流年三碧到门时，三碧为蚩尤星，到门为"二三斗牛煞"，定主官讼、争斗、口舌是非不断出现。待流年五黄或九紫到门时，主家人有疾病伤亡之事。

六、7 与 9 之组合

七运——巳山亥向飞星图

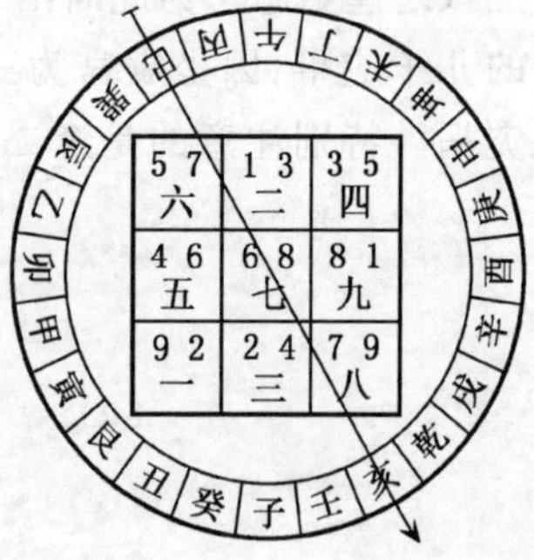

此图七运——坐巳山亥向，本盘为之上山下水，主丁财两败之格局，其宅的大门开在离方，要注意火灾。《飞星赋》曰："赤紫兮，致灾有数。"如果大门前面有破山头，大厦逼近或有电杆、大树等峦头形煞时，只要凶的流年一引动，即可造成火灾。如果家宅内电视、音响位置坐二黑、五黄位置时，也是火灾之象征。《紫白诀》曰："七九穿途，常招回禄之灾。"除了七九穿途外，二七的组合也会有火灾之应验，因二七为先天之火。最好还是须配合峦头理气来一起分析才能应验。

七、双星加会需重峦头

双星加会是玄空风水中判断吉凶的关键一项，其运用方法有很多种类，以上介绍的只是七运中常用的一种。其它双星加会可参看飞星赋、紫白诀、玄机赋、玄机秘旨等，请多加留心参悟。其实无论哪一种双星加会，都不外乎先看峦头，峦头分有形煞和无形煞两种，但凡峦头有形煞的，皆以凶断。无论理气生旺，皆以紫白飞星来推测可出何事，以二十四山来预测事情可发生的时间。只要能找出能发现什么灾祸和灾祸的发生时间，什么问题都解决了。峦头无形煞的，若有动，则以双星加会论断吉凶，若是静方，除非宅外有高楼、大厦、电杆、大树、破山头克应外，则双星加会无吉无凶，这一点必须搞明白。

八、双星配八卦断语细释

风水学认为，运用《玄空风水学》来判断吉凶，必须要了解本篇中的所有断语，而其断语活动性极大，并非是一成不变的，必须要以个人日常所积累应用经验来推测，才能知道在什么情况下运用哪一组数字来断验。

第十九节　双星加会的断事法则

玄空飞星每颗星都有它的名称、属性和数字排列，每当两个数会合在一起就会产生出另一个卦，玄空学称之为“双星加会”，双星加会是玄空风水学断事最为重要，而且是必不可少的一个程序，因为这些数字的产生全都来自河洛理数和先后天八卦。例如一和三碰在一起，一是一白，属坎卦，名曰贪狼星，五行属水，三是三碧，属震卦，名曰禄存星，五行属木，两星交会后便组成了“水雷屯”卦。二星组成后所代表的人、物、事都产生了新的变化。当熟悉九星的性质之后，再结合八卦所代表的人、物、事一起进行断事，结果就会出乎意料，有人认为老祖先留下的这束奇葩实在是奥妙无穷的。

运星入九宫后产生了三种飞星，第一是“元运飞星”，第二是坐山飞星，第三是“向上飞星”，将三种飞星合并就成为一个星盘，即可断事了。其中山星与向星之间的组合最为重要，而运星并不主要。对于山星与向星组合断事，主要是以下诸条。

1. 山星主人丁，向星主财源，如目前是七赤运，七赤乃兑卦，在人物方面主少女，在人体方面主口舌。七赤到山，山主人丁，主少女当权，出有才干的女中强人，若七赤到向，向主钱财，主居住之人有钱，又主因少女而发财，或是以动口来财，有出人头地的女子干出一番大事而会大发财源。

2. 山星与向星组合，最好能阴阳相配，若都是阴性或都是阳性，就会出现纯阳纯阴之毛病。所谓阴性是指：二黑坤土、四绿巽木、七赤兑金、九紫离火，也就是八卦中巽、离、坤、兑四卦。阳性即是一白坎水、三碧震木、六白乾金、八白艮土，也即八卦中的乾、坎、艮、震四卦。

3.山星与向星组合,以生、旺为吉,退、煞为凶,死则吉凶参半,凡是生旺之星,不受克则吉,若受克泄则凶,例如现在是七运,七赤星当旺,若七赤与二黑同宫,二与七则合成先天火局,火能克金,七赤金星受克,七赤本来是旺星,受先天火克,经克制后,旺星的性质就会减退了。

4.在判断“双星加会”时,必须要分清生、旺、退、杀、死,生旺为吉,退杀为凶,死则吉凶参半,如向星七赤金八白土到向,七赤星则旺上加旺,因八白对七赤来说是生气。七赤金若与六白金相遇为之比旺,也是属于大吉之数。七赤金若与三碧木或四绿木碰在一起。金能克木,则木为死气。七赤金若与一白水相遇,金去生水,七赤金被一白水所泄,谓之退气。七赤金与九紫火相遇,火能克金,则九紫火为七赤金之煞气。

5.九星之组合,以生、旺为吉,退、煞为凶,如四与八相遇,四绿木能克八白土,若四绿在生旺时主旺财,因八白为财,我克者为财,退煞时便主衰落。关于四八相遇者则以四绿为主,若是八四相遇,则以八白为主,如向首四八同临,则四是向的挨星,八是山的挨星,若是山上临八四者,则以八是山的挨星,四是向的挨星,举一反三,余皆仿此。

6.判断宅中的人、物、事,基本上是以卦气为主,虽有一白贪狼、二黑巨门、三碧禄存等多称名词,在断事时还要以八卦所代表的人、物、事为断事依据。如二黑坤土,坤主老母,要以宅中老母取应。要是一白水星,仍以宅中中男或次子断之。

7.在断事时,先察盘中之山向,如二黑坤土受克,坤主老母,主其宅出鳏夫。一白坎水受克,坎为中男,故主不利中男,三碧为震,震为长男,三碧受克,不利长男,若七赤受克,七赤为兑为少女、为妾、为悦,受克则易惹桃色风波,四绿受克不利长女。

双星加会速断事

熟悉九星各个数字所代表的人、物、事，是运用玄空风水学断事的最基本功底，也是玄空断事必不可少的必要程序。只要掌握它的五行属性，那么在世间万事万物都已掌握在你的手中。

一是坎卦，一白是贪狼星五行属水，人物代表中男，江湖人物，是盗贼，是耳朵，是血液，是水中之物。

二是坤卦，二黑为巨门星五行属土，人物代表老母，是大肚量之人，是病人，其人吝啬、柔顺、懦弱之人。

三是震卦，三碧星为禄存星，五行属木，人物代表长男，勇而好斗之人，好动发怒之人，是毛发、肝。

四是巽卦，四绿星为文曲星，五行属木，人物代表长女、寡妇、仙道之人，文质彬彬之人、读书人、是绳子、是鸡。

五是五黄属中宫，廉贞星，五行属土，是四大凶星之一，五黄不动，无凶可起，一是动象，其凶祸莫测。

六是乾卦，六白星、武曲星，五行属金，人物代表人、君、父、政府官员、第一把手、刚健勇武、多动少静，代表首、骨、肺。

七是兑卦，七赤星、破军星，五行属金，人物代表少女、歌伎、巫师，主口舌、喜悦、诽谤，代表饮食、口、肺、疾涎。

八是艮卦，八白星、左辅，五行属土，人物代表少男、闲散之人、童子，其性阻隔、宁静、进退不决，代表手指、骨、鼻、背。

九是离卦，九紫星，右弼星，五行属火。人物代表中女、文人、斯文之人、军人、目疾人，其性聪明有才，读书有成，又代表心脏、目、上焦病。

第二十节 飞星峦头断吉凶

双星组合,对玄空风水非常重要,但最主要的还是看峦头吉凶形象,如山形、水势、高楼、屋角、沟塘、往来道路等等。在玄空风水看来,吉星遇好的峦头,当然是锦上添花,凶星遇上坏的峦头,定是凶上加凶。若是吉星遇到坏的峦头,不仅得不到好处,而且会招来灾祸,虽是吉星也会变凶。如果该方位是凶星,就是有再好的峦头也没有用,最多也只能减轻一点凶星的气势。

例如:七运丑山未向的住宅。

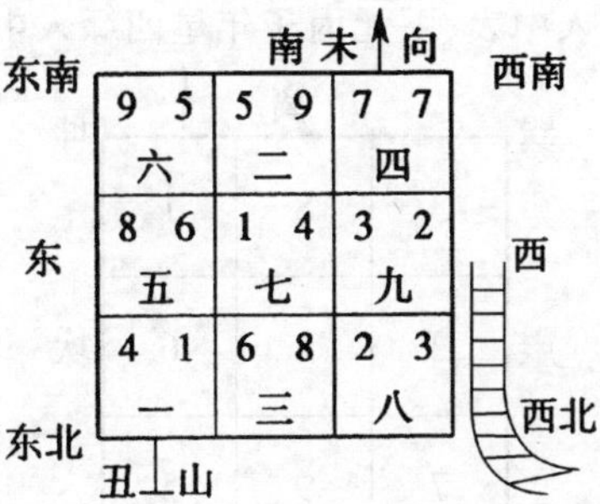

此宅坐丑山未向,西北方有条大路冲来,遇到这种情况,可直断其宅夫妻不和。

一幅九宫图可以代表全方位组合,可代表一个村庄,一栋大楼,一个住宅,也可以代表一间屋、一间办公室,或是这间办公室内各个方位办公桌、鱼缸、电视机等,也可看作是一个大厅的接待室、收银台等。要问这间办公楼在何时何方位主何吉凶,可按九宫图内各个方格的每个方位双星组合来断事。再按运盘双会之星结合流年飞星综合来断事。

例如：七运丑山未向的住宅。

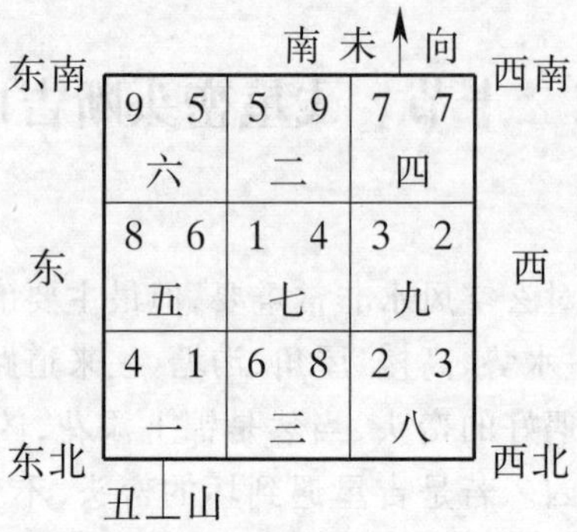

图一

一、流年星飞入八宫断事

如：七运丑山未向住宅，求 1996（丙子）年吉凶如何？

查三元九星入中表，下元丙子年星四绿入中宫。

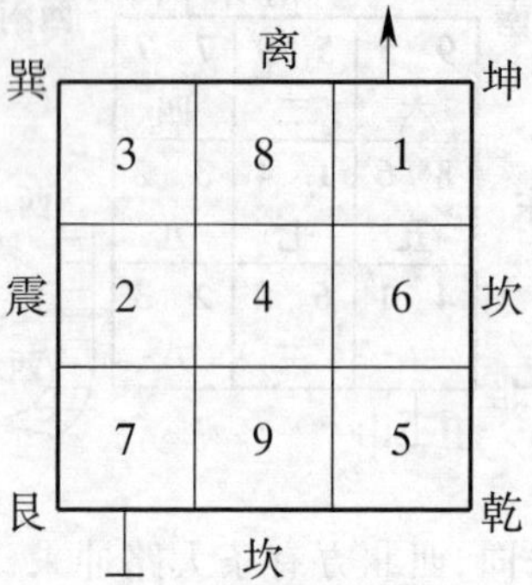

图二

丙子（1996）年流年飞星盘

先看七运飞盘，西北方 2 与 3 两个数字碰在一起谓之"斗牛煞"，主出车祸、官灾、刑狱、家庭不和等事，1996 年丙子流年五黄飞临乾宫时，五黄乃凶星，乾宫再有大道冲射，此宅在 1996 年免不了出现上述灾祸。

北方坎位，原星盘是 6 与 8 组合，《紫白诀》云："富似朱陶，断是坚金遇土。"《摇鞭赋》云:"天临山天多富贵。"土能生金,有进财进田,添置产业之喜,土来生金本来是件好事,可是1996年四绿星飞临,主犯桃花运,由于招惹桃花而导致斗打口舌,家庭失和。

东北艮位,4与1之组合,《紫白诀》云:"四一同宫,准发科名之显",有利于读书功名,若在该月放读书桌、办公桌或安上床位,定主考试得中,功名显达,工作顺利,官途升迁。又有流年星七赤飞临,定主事业辉煌。《飞星赋》云:"七乃药匙之异样,定主医卜兴家",此方若有好山好水,定出出类拔萃的医师或预测师。

东方震位原星盘8与6之组合,断法与坎方6与8同断,但流年星二黑飞临,二黑乃病符星,会主家中长男身体不好,但不影响进财。

东南巽方,原星盘9与5组合,《玄机赋》曰:"值廉贞而见火灾,为难产致死",又曰:"火见土而出愚钝顽夫"。此方若有凶形之煞,或人睡此方,生出的孩子不听话,好在流年飞星三碧飞入,使孩子虽不听话而天资聪明,但火灾与官非难免。

西南坤方,原星盘7与7相遇,七乃当运之星,双星到向定主旺财,加之流年飞星一白飞临,定主出四海扬名的医师或预测师。但此方最好没有障碍之物才能应之。

西方兑位,原星盘3与2组合,谓之斗牛煞,断法与西北乾宫相同,但流年六白星飞临,六白在七运退气无凶无吉。

玄空风水断事,先将运盘双星加会得出主要所应之事,然后再结合流年飞星一起去断事,最后再结合屋内外之峦头,山形水势或道路等综合断之。正如上面所说,再好的星盘,若遇坏的峦头也照样起凶。

现以六运的丑山未向为例：

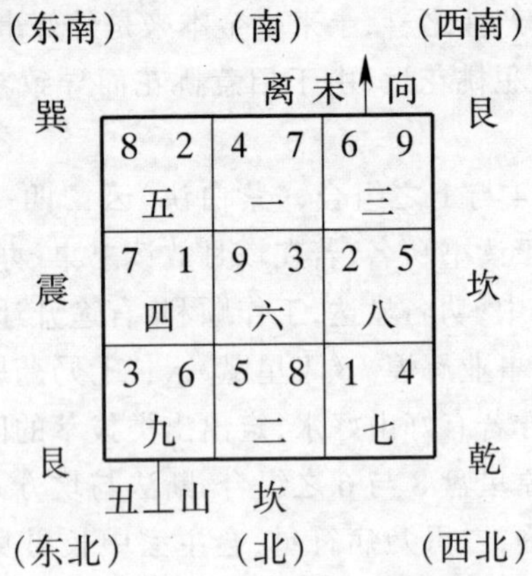

格局中西方兑宫飞星2与5组合，《紫白诀》中："二五交加必损主"，又曰："黑逢黄至出鳏夫，黄逢黑至出寡妇"，凡是逢二与五两个数字碰在一起的皆主凶，这个星盘如果兑宫西方再有路冲、楼角，以及其它障碍之物的，此方绝不能住，住之起凶。

玄空飞星除了用双星加会与流年飞星断事外，最主要重视峦头，对于山形水势，路形冲射，特别重视，因吉星遇上好峦头，定会加强吉气，若遇坏的峦头，不仅减轻吉气，甚至会吉变为凶。唯有当运的双星到向不怕冲射，例如：六运的辰山戌向，双六到巽宫；七运的丑山未向，双七飞到坤宫；八运的庚山甲向，双8到震宫都是极旺星临门。经云："冲起乐宫最无价"，要记住旺极之星不仅不怕冲，而且是越冲财气越旺。如下图：

午向

2 1 五	6 6 一	4 8 三
3 9 四	2 1 六	4 8 八
7 5 九	5 7 二	3 9 七

子山

未向

9 5 六	5 9 二	7 7 四
8 6 五	1 4 七	3 2 九
4 1 一	6 8 三	2 3 八

丑山

甲向　庚山

9 7 七	5 2 三	7 9 五
8 8 六	1 6 八	3 4 一
4 3 二	6 1 四	2 5 九

例如:六运的大门开在午方,午方有路冲来,七运的门开在西南方,西南有路冲来,八运的大门开在东方,东方有路冲来,这些极旺之气不仅不怕路冲,而且会越冲越发。

相反来说,吉旺之星组不怕冲,如果凶星或不吉之星组,绝对不可有路冲,也不可在此方开门、开窗,若是窗中望见外面的来路或凶的峦头,冲起凶星的星组,定会出现灾祸莫测。如见这样的布局,应当赶紧告诉宅主,设法改变其门路。

总的来说,玄空风水既注重星的组合,又注重峦头吉凶,有些峦头形势对风水的影响非常大,吉星遇上好的峦头等于锦上添花,若是凶星再遇上凶的峦头,其祸无穷。

二、年星临门吉凶推断法

某年吉凶如何,一般都是以临门之飞星来推断的,如某宅七运门朝西开，七赤当运，旺星飞临门，门朝西开的房屋，乃是吉门。那么这一点只能是一般的推算法。但吉星临门，并不代表屋内所有的人都吉，必须能推算出什么最吉，哪些事情吉，哪些事不吉，这样才能算得上高层次。那么是怎么去推算呢？应该再用流年飞星临门的星再入中宫，飞到该屋内所居住之人的本命卦的宫位，看是什么星，再以飞星的性质来断其吉凶。

东南		南		西南
	1	6	8	
东门	9	2	4	西
	5	7	3	
东北		北		西北

流年飞星临门

东南		南		西南
	8	4	6	
东	7	9	2	西
	3	5	1	
东北		北		西北

临门之飞星到命

东南		南		西南
	1	6	8	
东	9	2	4	西
	5	7	3	
东北		北		西北

东南		南		西南
	1	5	3	
东	2	9	7	西
	6	4	8	
东北		北		西北

三、月星管一月之祸福

年星主管一年之吉凶，月星统一月之祸福，在应用时如年星与月星结合后，吉凶会有一定的变化的，尤其是流月的吉凶特别明显。操作时先将游年盘求出，然后再看月星与年星组后所产生出的效果如何。

例如：四绿命的人，大门开在西南方。求1996（丙子）年的正月如何？将本命四绿入中宫，其星盘是：

巽		离		坤
	7 三	3 八	5 一	
震	6 二	8 四	1 六	兑
	2 七	4 九	9 五	
艮		坎		乾

将年命四绿加入中宫，大门开在西方，依月紫白歌曰："子午卯酉八白宫"，丙子年农历正月月星八白入中，一白星飞临西方，与年星六白组合成一六共宗为吉，一六为金水相生，得运时主文学艺术扬名内外。文章盖世，升官进禄，进财见喜，失运时易惹酒色之祸，导致家破人亡，或肾脏泌尿系统易出毛病。

四、日星管一日之吉凶

依据上述进行推导，当月吉星临门，那个月定有吉庆之事，凶星临门，定然事与愿违，甚至会主出现凶灾。风水学不仅用年、月星预测未来之事，日星、时星也同样被应用。该日财星临门（古称八白为财星），该日定有生财之事，贼星临门（称七赤为之贼星），该日需防小偷入室，病星临门（称二黑为之病星），该日仅防生病，灾星临门（称五黄为之灾星），防该有凶灾恶祸之忧。时星也被用来测事。

例如：有三碧命的女孩，早上出去玩，下午未回家，家人到处寻找，来求测看人在什么地方，何时能回。

孩子1998（戊辰）年生，三碧命，家门开在北方，求测时间1997年8月15日己丑日申时七赤入中宫，三碧飞到北方，孩子应该到北方去找。若问何时回家,再将本命三碧星加入中宫。察临门之星就是回家之时。

东南		离		西南
	7 三	3 八	5 一	
东	6 二	8 四	1 六	西
	2 七	4 九	9 五	
东北		北		西北

2	7	9
1	3	5
6	8	4

现代说法

风水术中讲究天地人三者的和谐统一,源自中国传统的天人合一的思想,又用阴阳五行说注入了独特的内容,实际就是宇宙场、地球环境场、人体生命信息场三者之间互相依存,相互感应,相互制约的动态变化。不同的季节、不同的环境,会有不同的变化。有的地方偶然事件频繁发生,人们认为阴气太重,其实首先是一种心理感应(就像走夜路紧张一样),其次是因为一些矿体或尸体的化学元素和同位素都释放在周围,一些从事危险性工作的人(如司机)大脑细胞处于低潮,瞬间失去正常功能,或产生错觉,酿成祸事。

数术是风水术的重要内容。通常认为,数术是以阴阳五行的生克制理论来推测自然、社会、人事的吉凶,属《周易》研究范畴的一个支派,曾经是我国历史上社会生活的时尚。狭义的术数是专指预测吉凶的法术。数术力求完整地把宇宙万物生成及发展的象、数、理的规律融于一体,建构一种宇宙结构的模型。在具体运用中,配置各自相关的要件,然后在一定条件下依据五行生克制的机制进行推断,是传统文化中的一种文化机制。有人认为它既不是科学也不是迷信,特色是运用了象数思维。

第六章　三元篇

第一节　三元八卦水法概论

风水学古称流派，名称不下数十种，其中较为权威的有三合派、三元派、玄空派、八宅派等。各派都有各派的学理，运用方法各有不同。如三合派以十二长生诀论吉凶，玄空派以城门论吉凶，八宅派以九星论吉凶，而三元派则以先后八卦水法论吉凶。虽然派别很多，但其学理都不外乎河洛理数和五行八卦，到底哪一门派最为正宗？笔者认为无论哪一门派学理都各有各的特点，都有自己的独到之处。如果想彻底了解此道，必须对每一门派的学理都要细心了解，最起码说对每一门派学理都要知道。

三元水法，原名“先后天八卦水法”，江湖上称之为龙门八局，相传是唐朝国师邵延瀚所传，其理是从先后天八卦方位演变而来的，风水界一致认为是古今正统学派。

三元水法是根据二十四山先后天水的来去决定吉凶的，以先天八卦决定人丁旺衰，用后天八卦推测财运成败，其它方面如工作前程、事业兴衰，以及富贵贫贱、穷通寿夭等等，都以各方位的水法来决定吉凶。

三元水法的操作方法比较简单，只要将先天八卦与后天八卦的位置搞清楚，一切难题都迎刃而解。在实地操作时以二十四山向的坐山为主，先看其坐山属于后天八卦的哪一卦，其卦又属于先天八卦的哪一卦，再从中演变出天劫、地刑、客位、宾位、辅卦、库池、三曜煞等星名称，再以先后天八卦位置与这些方位星名的性质来详细进行分析，依此即可判断出吉凶。

据古书记载，三元水法最早只是用于墓葬择吉，由于阴宅和阳宅断法相同，后来逐渐也用于阳宅，其效果也是一样。但是坟墓葬于荒山野外、住户立于平川大地，周围水的来去都非常明显，只要根据三元水法理论去推测，吉凶祸福都可推断出来。可是现代的住宅都是集体规划，很少依山傍水，特别在城市根本见不到水，如果不知变易的话，三元水法就无法应用了。所以，要知水有广义和狭义之分，狭义之水如河流、沟渠、溪水等称之为真水，而广义之水比较难分，如道路、街道、立交桥等都称之为干流水。然而广义之水也要分清来去，如地势稍高，水向稍低的一边流去，稍高的一边称之为来水，稍低的一边称之为去水。再说得明白些，平时没有水，只是雨后见到流水，这样的水称之为干流水。观水无定法，须凭着自己眼力而判定，只要弄清水之来去即可。再说得确切一点，只要能掌握水之来去，再按书所介绍的水法去判断。

风水学强调应将各家学理进行综合研究，认为三元水法的实地应用最好能与三合、玄空、八卦等水法配合起来。

诗曰：

自古地理论阴阳，龙穴砂水细审详。
峦头理气宜贯用，三元三合都包藏。
先后二天分体用，六十四卦作文章。
诸派精华能融通，名震江湖扬四方。

第二节　细谈三元水法

了解三元水法，必须要记住“先天八卦和后天八卦”的具体位置，尤其是先后天八卦派生出来的各种星煞名称，也要熟记于心。

先天水——坐山的先天方位，来水或去水，称之为先天水，先天水主管人丁和官贵，如该方来水主人丁兴旺，若去水大凶。谓之“先天来水旺人丁，荣华富贵值千金；如若流破先天位，人丁败绝主夭贫”。

后天水——坐山的后天方位来水称之为后天水，后天水主大发财源，主管妻财，如该方来水主大发财源，古诗云：“后天来水主旺财，财源茂盛滚滚来；如若流破后天位，破财妻病又生灾。”

宾位水——朝向的先天之位叫宾位，宾位之水宜出不宜来，如来水利女口不利男丁，主外姓子孙发旺。若是宾位来水，主自家男人败绝，招赘的女婿反而会大旺人丁。

客位水——向的后天之位叫做客位，客位之水宜出不宜来，来水利女口不利男丁，外姓子孙旺盛。

天劫水——天劫水是凶水，此方之水宜出不宜来，如来水主其宅患痨疫、吐血之病，又主出癫狂之人，甚则损丁绝嗣。

地刑水——天劫地刑都在“坐山”前左右四十五度，如天劫在左，地刑必在右，天劫在右，地刑必在左，地刑之水宜来不宜出，来水则吉，出水则凶，犯之主破财生灾，妇女有病，不停吃药，成天离不开药碗。

案劫水——向前面之水叫做案劫水，又称之为“明堂水”，其方之水不宜直来，水若直来名曰箭射明堂，主损小口，绝后嗣。但水也不可直去，直去与射来之水同样起凶，若能停蓄为最好。

辅位水——辅位水宜来不宜出，来水旺人丁，若穴前有深池而聚水，主大富大贵。

库池水——库池可以看做是财库，其宅的财富多少，直接与库池有关，如库池方位的水澄清近穴，不仅主财源茂盛，而且荣华富贵。

正窍位——正窍位称之为水口，而且灵验度极高，但要精心推测，不能出现丝毫差错。

二十四山先后天位置明示表

坐山	乾	坎	艮	震	巽	离	坤	兑
先天	离	兑	乾	艮	坤	震	坎	巽

坐山	乾	坎	艮	震	巽	离	坤	兑
后天	艮	坤	震	离	兑	乾	巽	坎

二十四山各种星煞明示表

坐山卦	先天	后天	宾位	客位	辅卦	库池	案劫	天劫	地刑	三曜煞		
										正曜	天曜	地曜
坎	兑	坤	震	乾	艮	坤	离	巽	坤	辰	巳	卯
离	震	乾	兑	坤	巽	兑	坎	艮	乾	亥	申	午
震	艮	离	巽	坎	坤	坎	兑	乾	坤	申	寅	亥
巽	坤	兑	离	艮	震	坤	乾	坎	兑	酉	卯	巳
乾	离	艮	坤	兑	坎	艮	巽	震	离	午	亥	寅
坤	坎	巽	乾	震	兑	巽	艮	震	坎	卯	辰	酉
艮	乾	震	坎	巽	兑	乾	坤	离	兑	寅	午	申
兑	巽	坎	艮	离	坤	坎	震	艮	巽	巳	酉	辰

第三节 先后天八卦简易入门法

一、先后天八卦

三元八卦水法古时称之为龙门八局，是风水界最有权威的一门学科，其学理乍一看非常简单，深入了解，却被一些“先天”与“后天”八卦所难住，有人说，三元八卦像一座迷魂阵，进入容易出来难，很多学者研究了多年，也无法弄明白，最后大多不了了之。为了使不了解者尽快了解，现将多年实际应用经验奉献给读者；为了大家在了解中少走弯路，本着“真传一张纸，假传万卷书”的心理，用简单而直截了当的方法告诉读者，使你马上就能进入风水学，了然于心。

先来熟悉一下简易先后天八卦图。

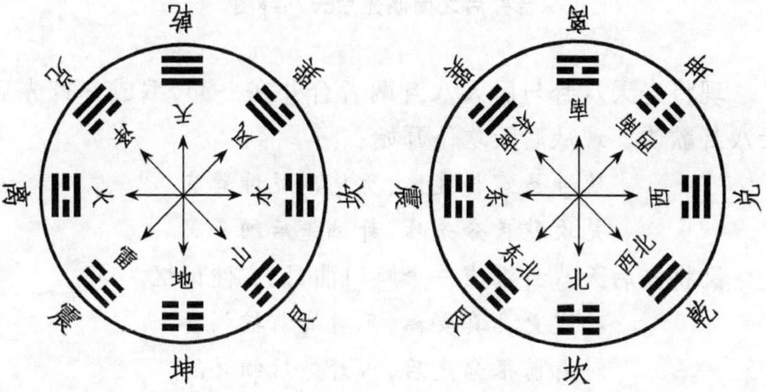

先天八卦是：乾南、坤北、离东、坎西、兑在东南、震在东北、巽在西南、艮在西北，其顺序是：乾、兑、离、震、巽、坎、艮、坤。

后天八卦是：离南、坎北、震东、兑西、巽在东南、艮在东北、坤在西南、乾在西北,其顺序是:乾、坎、艮、震、巽、离、坤、兑。

①要想了解先天八卦方位及后天八卦方位,必须将先后天两种八卦图形熟记在心。

②将两种图形的位置熟记后,再将先后天八卦的位置合并在一起,下点工夫背下来,合并后开始不用分谁是先天,谁是后天。

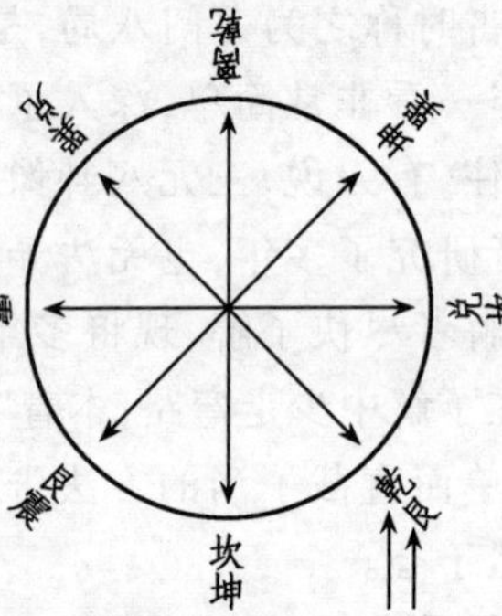

合并后之简明先后天八卦图

现将先天八卦与后天八卦两者合并在一起,编成一首先后天八卦歌诀。现从后天坎位开始:

坎坤艮震与震离,巽兑离乾坤巽宜。

兑坎乾艮分先后,卦位先后细寻思。

又将先后天八卦编成一个顺口溜,以方便记忆。

砍空更真真要离,兄对离前控训妻。

对看前根分先后,八卦先后细寻思。

意思是嫂子砍空撒谎,兄长接受不了,现在真要离婚了,在离婚前兄长将妻子告上法庭训上一顿,要她前后找找根源。

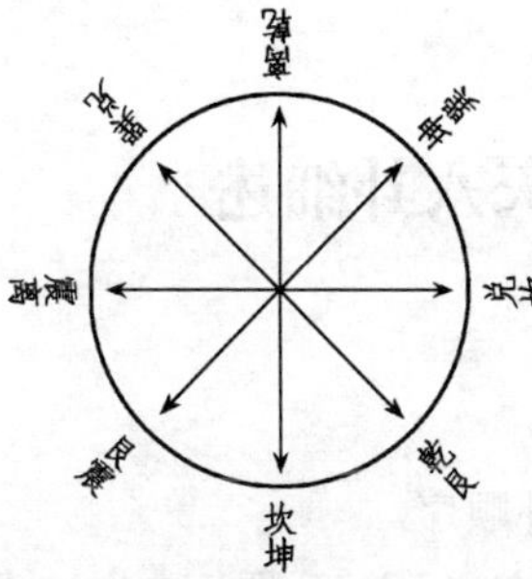

诀窍:内层是后天八卦位,为“坐山”,外面是先天八卦。

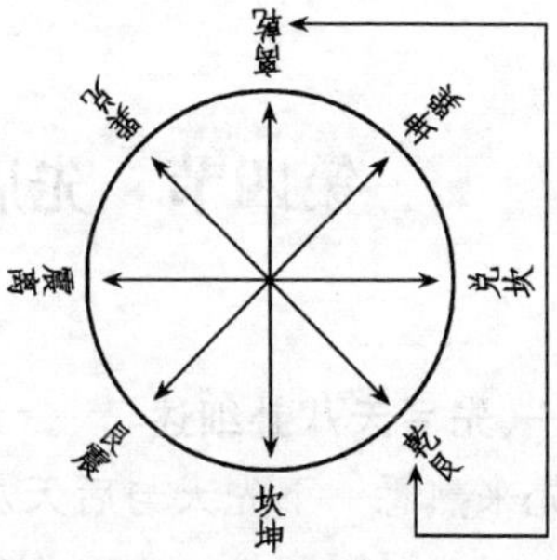

诀窍:里层是后天“坐山”,外层是先天。例如“乾”字,后天在西北方,先天南方。

二、八卦与二十四山

二十四山以后天八卦来确定方位。

八卦统管二十四山,而每一卦管三山,在一卦所管的三个山中,这三个山都属这一卦来论事。二十四山都以后天八卦来定位。

乾卦山:统管戌乾亥三山　　坎卦山:统管壬子癸三山

艮卦山:统管丑艮寅三山　　震卦山:统管甲卯乙三山

巽卦山:统管辰巽巳三山　　离卦山:统管丙午丁三山

坤卦山:统管未坤申三山　　兑卦山:统管庚酉辛三山

凡想了解此道者,必须认明先天八卦与后天八卦的卦位,而且要将卦位卦序熟记,以不再去翻书查找。以后无论你了解哪一派风水都不会离开先后天八卦,只要将卦的位置掌握住,就能深入浅出,了解要领。

第四节　先后天八卦细述

一、先后天八卦细述

先来熟悉一下先天与后天八卦顺序

先天八卦顺序是：乾一、兑二、离三、震四、巽五、坎六、艮七、坤八。

后天八卦顺序是：坎一、坤二、震三、巽四、乾六、兑七、艮八、离九。

了解三元水法必须记住先后天卦位。

离之先天在震	坎之先天在兑
乾之先天在离	巽之先天在坤
震之先天在艮	兑之先天在巽
艮之先天在乾	坤之先天在坎

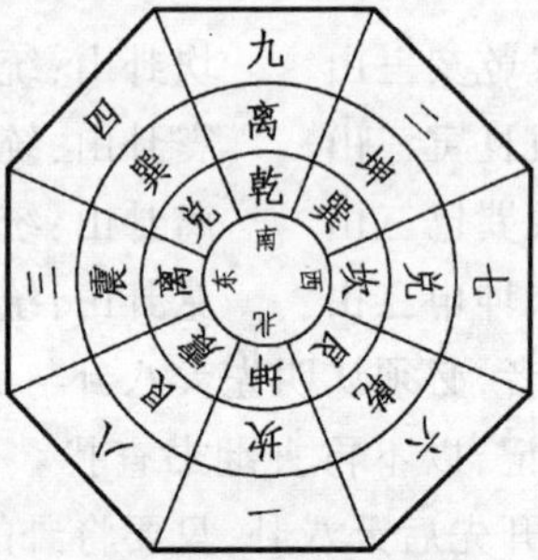

先后天八卦同位图

先天乾坤，即后天坎离。先天坎离，即后天震兑。

先天震兑，即后天艮巽。先天艮巽，即后天乾坤。

先天之坎位,乃后天之兑位。后天之坎位,乃先天之坤位。

先天之兑位,乃后天之巽位。后天之兑位,乃先天之坎位。

先天之巽位,乃后天之坤位。后天之巽位,乃先天之兑位。

先天之坤位,乃后天之坎位。后天之坤位,乃先天之巽位。

先天之乾位,乃后天之离位。后天之乾位,乃先天之艮位。

先天之离位,乃后天之震位。后天之离位,乃先天之乾位。

先天之震位,乃后天之艮位。后天之震位,乃先天之离位。

先天之艮位,乃后天之乾位。后天之艮位,乃先天之震位。

二、先天八卦的认识与作用

操作时先看此屋宅的坐山是属于后天八卦的何卦,该卦在先天八卦居于何方位(请参看先后天八卦图),这个方位就是此屋宅的先天八卦位。

先天八卦位主“人丁”,无论阳宅或阴宅,若有从先天卦位的水流过堂前的,就谓之“先天水朝堂”,住此宅的人,定是人丁兴旺,尤其是男性子孙旺盛。如宅主想多生男孩,可选择先天水朝堂的屋宅居住。如果你的住宅没有先天水朝堂,根据条件可用人工引导先天方位的水来朝堂,即可旺“男丁”。如先天位之水没有朝堂,而从别的方向流去,就不是先天朝堂,就不能旺男丁。又如先天八卦水不朝堂,反而有他方之水流入先天卦的,谓之“破先天”,这样就变成了很坏的风水,不仅不能旺人丁,而且会损丁绝嗣。

诗曰:不识先天水何来,灾祸连连人丁衰。

后天之位如颠倒,家贫破败损妻财。

三元风水的学理,是以先天为“人丁”之位。我国的伦理观点自古以来是以男子为“正嫡”,女子为“旁裔”,所以,三元地理注重先天水主旺人丁,而旺的是“男丁”。

须言之,说明先天水宜来不宜出,先天之位来水旺男丁。如果先天之位去水,或者被它方所破者反主损丁甚至绝嗣。

二十四山先后天八卦图

凡坐戌乾亥三山(乾卦山)之宅墓,如有水从离卦位(丙午丁)流过巽位(辰巽巳),就是先天水朝堂。

凡坐壬子癸三山(坎卦山)之宅墓,如有水从兑卦位(庚酉辛)流过离位(丙午丁),就是先天水朝堂。

凡坐丑艮寅三山(艮卦山)之宅墓,如有水从乾卦位(戌乾亥)流过坤位(未坤申),就是先天水朝堂。

凡坐甲卯乙三山(震卦山)之宅墓,如有水从艮卦位(丑艮寅)流过兑位(庚酉辛),就是先天水朝堂。

凡坐辰巽巳三山(巽卦山)之宅墓,如有水从坤卦位(未坤申)流过乾位(戌乾亥),就是先天水朝堂。

凡坐丙午丁三山(离卦山)之宅墓,如有水从震卦位(甲卯乙)流过坎位(壬子癸),就是先天水朝堂。

凡坐未坤申三山(坤卦山)之宅墓,如有水从坎卦位(壬子癸)流过艮位(丑艮寅),就是先天水朝堂。

凡坐庚酉辛三山(兑卦山)之宅墓,如有水从巽卦位(辰巽巳)流过震位(甲卯乙),就是先天水朝堂。

三、后天八卦的认识与作用

认识后天八卦需先用罗盘测量一下,看屋宅坐山属于后天八卦何卦，再看此坐山所坐的先天八卦又属何卦，依此先天八卦的位置找出它的后天八卦在什么位置，该卦就是本坐山的后天八卦位，其卦位来水经过本坐山的对面，就叫做后天水朝堂。

后天水主应“妻财”，若这个方向有水流到堂前的，这家的宅主就会旺妻旺财，因妻而发财致富。因此，不论住家、店铺或者工厂要想财源旺盛，就必须选择后天水朝堂的住宅居住。

后天八卦位在风水学上又是妻财之位，如果看妻子的祸福如何，即可从后天卦位进行推测。

凡坐戌乾亥三山（乾卦山）之宅墓，有水从艮（丑艮寅）卦方流过巽（辰巽巳）卦之位，就是该山后天水朝堂。

凡坐壬子癸三山（坎卦山）之宅墓，有水从坤（未坤申）卦方流过离（丙午丁）卦之位，就是该山后天水朝堂。

凡坐丑艮寅三山（艮卦山）之宅墓，有水从震（甲卯乙）卦方流过坤（未坤申）卦之位，就是该山后天水朝堂。

凡坐甲卯乙三山（震卦山）之宅墓，有水从离（丙午丁）卦方流过兑（庚酉辛）卦之位，就是该山后天水朝堂。

凡坐辰巽巳三山（巽卦山）之宅墓，有水从兑（庚酉辛）卦方流过乾（戌乾亥）卦之位，就是该山后天水朝堂。

凡坐丙午丁三山（离卦山）之宅墓，有水从乾（戌乾亥）卦方流过坎（壬子癸）卦之位，就是该山后天水朝堂。

凡坐未坤申三山（坤卦山）之宅墓，有水从巽（辰巽巳）卦方流过艮（辰巽巳）卦之位，就是该山后天水朝堂。

凡坐庚酉辛三山（兑卦山）之宅墓，有水从坎（壬子癸）卦方流过震（甲卯乙）卦之位，就是该山后天水朝堂。

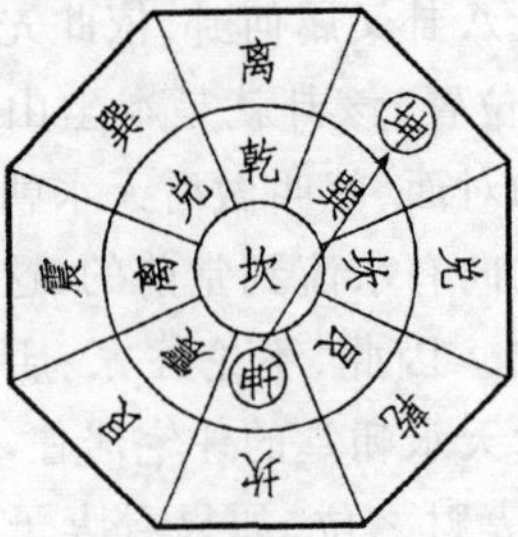

坎卦

后天坎位居先天坤位

离卦

后天离位居先天乾位

震卦

后天震位居先天离位

巽卦

后天巽位居先天兑位

乾卦

后天乾位居先天艮位

坤卦

后天坤位居先天巽位

艮卦
后天艮位居先天震位

兑卦
后天兑位居先天坎位

后天八卦理论认为，住宅、店铺、厂房应依据该理论建造，若能选到后天水朝堂的房屋居住，你定会财源滚滚，如后天之水不朝堂的话，财源会大打折扣。若想经济好转，在条件允许情况下可以用人工引导后天水朝堂，其效果虽然不如原来的天然水力量大，但也可朝好的方向转化。如果住宅不是后天水朝堂，或者自已住宅的后天水被其它水冲破，除非你先天八字是富贵之命，不然纵有天大的本事，也无力回天。

总的说来，后天水主妻财，要想财源茂盛，就必须使后天水朝堂。

四、先天八卦与后天八卦合看

先天位主“人丁”，后天位主“妻财”，这是三元风水理论不易之理。但其中有一个问题需要说清楚，假如先后天之水一方朝堂，而另一方又被流破，遇到这种情况又该怎样解释？遇到这样的风水布局，可依照上面所说一样推断，反正是先天水主“人丁”，后天水主“妻财”。可从力量的大小去判断。

在风水理论中，有大地大发、小地小发、大地大败、小地小败的说法。也就是说，如果先天水与后天水同时朝堂，那肯定是丁财两旺，若在大地上则能大发，在小地上则能小发。假如先天位与后天位两水都被流破，叫做“消亡败绝”，必主大地大败，小地小败，最后不仅丁财不旺，甚者会绝嗣，最后是女人招赘。

五、流破先后天主凶

先天水来旺人丁，流破定主家不兴。

后天来水财星旺，反之耗财妻不宁。

流破先天：

坎山离向流破兑卦　　艮山坤向流破乾卦

震山兑向流破艮卦　　巽山乾向流破坤卦

离山坎向流破震卦　　坤山艮向流破坎卦

兑山震向流破巽卦　　乾山巽向流破离卦

流破后天：

坎山离向流破坤卦　　艮山坤向流破震卦

震山兑向流破离卦　　巽山乾向流破兑卦

离山坎向流破乾卦　　坤山艮向流破巽卦

兑山震向流破坎卦　　乾山巽向流破艮卦

六、先后天八大吉向

识得先天水路行，富贵荣华旺人丁。

后天之水朝堂到，人财两旺值万金。

乾震来水立坤向，坎巽来水立艮向，艮离来水立兑向，震乾来水立坎向，巽坎来水立震向，离艮来水立巽向，坤兑来水立乾向。

吉向若收先后天水朝堂，必然大地大发，小地小发。不仅主丁财两旺，出官出贵，能成堆金积玉之巨富家庭。地小水小虽然发富，只能是有财无谋或者是因妻致富之家庭。如八局先后天水会聚，或有奇美秀丽之龙水相应，再有干龙结穴者，此为难得的好地，后代主出状元宰相之龙水。若左朝右对后代定出豪智将相之才；若龙枝出脉结穴者，定出少年科甲之人；若干龙、枝龙无结穴者，或在虎砂结穴者，为之小结之地，也主大富大贵，丁财昌盛。

七、消亡败绝水

若先后天水互相流破，名曰“消亡败绝”水。先天流破后天名曰消，后天流破先天名曰亡。天劫方来水流破先天者，名曰“消亡败绝水”。消亡败绝为最凶之水，若再遇上龙穴不好，定主人丁败绝，克妻损财，家业逐渐凋零。水大而急者凶事来得快而且重。水小缓慢者，凶事也来得缓慢而轻，业此道者在立山定向时务必要注重，不能出一点差错，否则为害不浅。

如坎山（壬子癸）离向的屋宅，先天在兑，后天在坤，天劫在巽，如兑方有水出坤方，谓之先天流破后天名曰“消”，坤方来水流入兑方名曰“亡”，巽方的天劫之位再有水流入兑方或者流入坤方者，名曰“败绝水”。如下图：

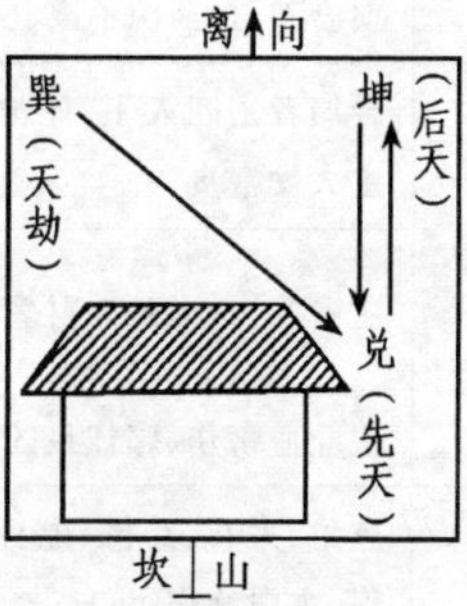

图一　坎山离向

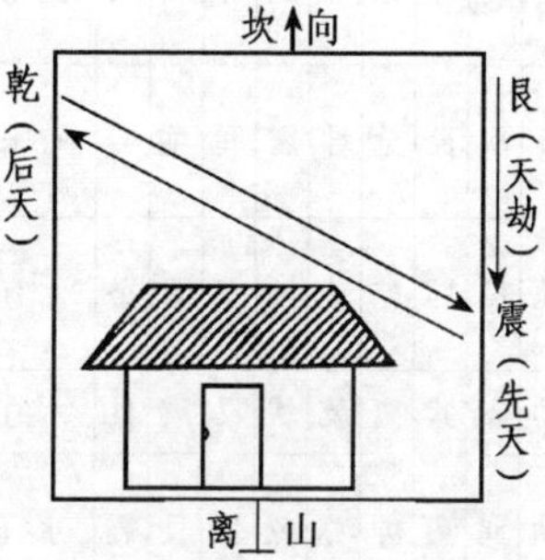

图二　离山坎向

又如离山（丙午丁）坎向的屋宅，先天在震，后天在乾，天劫在艮，如乾方来水出震，叫做后天破先天谓之“亡”，震方来水出乾位叫做“消”，艮方若来水出乾位或出震位，艮方为离宅的天劫之位，水出先后天之位，叫做败绝水。（如上图二）

歌曰：先天冲后后冲先，消亡之水断后烟。

天劫水冲二天位，人丁败绝损财钱。

八、明堂的吉凶所主

无论阴宅或阳宅,前面都有一块空地,这块空地叫做内明堂。明堂分内明堂、外内堂,靠近住宅前面的称作内明堂,在内明堂前面的,称作外明堂,如内明堂前面有河溪、平原或大山都称作外明堂。内明堂与外明堂的吉凶力量不同,外明堂力量大,内明堂力量小,上面所说的"大地大发,小地小发",都是指明堂而言。

坐山	乾	坎	艮	震	巽	离	坤	兑	水　法	吉　凶　所　主
先天	离	兑	乾	艮	坤	震	坎	巽	宜来朝堂不宜出	合局者主旺人丁
后天	艮	坤	震	离	兑	乾	巽	坎	宜来朝堂不宜出	合局者主旺财
地刑	离	坤	兑	坤	兑	乾	坎	巽	宜来朝堂不宜出	主妻财,五黄与太岁冲刑损妻破财,药碗不离
辅卦	坎	艮	兑	坤	震	巽	兑	坤	宜来朝堂不宜出	合局者主旺人丁,库池深主大发富贵
库池	艮	坤	乾	壬	坤	辛	巽	癸	水宜澄清近穴	主财库,论形象知财多少
天劫	震	巽	离	乾	坎	艮	震	艮	水宜出不宜来	主吐血痨伤、癫枉最凶
案劫	巽	离	坤	兑	乾	坎	艮	震	水宜出不宜来	屋角、大石、路桥、电杆冲射,主财绝伤小口
宾位	坤	震	坎	巽	离	兑	乾	艮	水宜出不宜来	主发外姓子孙,伤本姓丁财
客位	兑	乾	巽	坎	艮	坤	震	离	水宜出不宜来	
水口	甲乙巽	巽丙丁	丙丁坤	乾庚辛	壬癸乾	艮壬癸	甲乙艮	艮甲乙		
正曜	午	辰	寅	申	酉	亥	卯	巳		最忌门路冲射,又忌屋角、大石、古井、古树、电塔、电杆、桥、路冲射,主损丁破财,出疯狂之人
地曜	寅	卯	申	亥	巳	午	酉	辰		
天曜	亥	巳	午	寅	卯	申	辰	酉		

先天水朝堂旺人丁,应在男人方面的人气旺盛,若先天位被流破则主小口难存或人丁不旺。无论内明堂还是外明堂,只要有先天水朝堂,好事都应在男人方面,如体健身旺,朝气蓬勃。但外明堂的力量较大,内明堂力量稍次。

内明堂流破先天主损小口,多主损十六岁以下的男孩。外明堂流破先天多主健壮的男人短寿,“所谓短寿者,五十岁以前去世的男人称为短寿,如过了五十岁去世的就不为短寿。如果内明堂与外明堂都流破先天位,不仅人丁短寿,很可能会绝嗣。还有一些宅墓的内外明堂都流破先天之位,不但没有出现以上情况,而且还旺丁旺财,这又是为什么?遇到这种情况可以断定这家宅主的血缘关系不是正嫡,很可能是旁裔关系。

第五节 八法水逐位详论

一、宾位计算方法

1.宾位是以本坐山之朝向求之,先看坐山的朝向是何卦(后天八卦),再看该朝向的先天八卦是何卦,此卦方位即是宾位。再说得具体一点,就是向的先天叫做宾位。例如坐山是“乾”卦,而乾的对面是巽,这个巽字是乾山的“向”,巽的先天在坤,坤位就是乾卦的宾位。只要记住一句话,“向的先天位就是该坐山的宾位”。

坐山	乾	坎	艮	震	巽	离	坤	兑
宾位	坤	震	坎	巽	离	兑	乾	艮

易记歌诀：

宾位水法最易通　坎震艮坎与乾坤
震巽巽离离卦兑　坤乾兑艮记心中

2.宾位的位置

乾山巽向:巽卦之先天在坤,故乾卦山以坤为宾位。

坎山离向:离卦之先天在震,故坎卦山以震为宾位。

艮山坤向:坤卦之先天在坎,故艮卦山以坎为宾位。

震山兑向:兑卦之先天在巽,故震卦山以巽为宾位。

巽山乾向:乾卦之先天在离,故巽卦山以离为宾位。

离山坎向:坎卦之先天在兑,故离卦山以兑为宾位。

坤山艮向:艮卦之先天在乾,故坤卦山以乾为宾位。

兑山震向:震卦之先天在艮,故兑卦山以艮为宾位。

二、宾位水朝堂八卦方位

凡坐戌乾亥三山(乾卦)之墓宅,有水从坤(未坤申)方流过巽(辰巽巳)位,就是该山宾水朝堂。

凡坐壬子癸三山(坎卦)之墓宅,有水从震(甲卯乙)方流过离(丙午丁)位,就是该山宾水朝堂。

凡坐丑艮寅三山(艮卦)之墓宅,有水从坎(壬子癸)方流过坤(未坤申)位,就是该山宾水朝堂。

凡坐甲卯乙三山(震卦)之墓宅,有水从巽(辰巽巳)方流过兑(庚酉辛)位,就是该山宾水朝堂。

凡坐丙午丁三山(离卦)之墓宅,有水从兑(庚酉辛)方流过坎(壬子癸)位,就是该山宾水朝堂。

凡坐辰巽巳三山(巽卦)之墓宅,有水从离(丙午丁)方流过乾(戌乾亥)位,就是该山宾水朝堂。

凡坐未坤申三山(坤卦)之墓宅,有水从乾(戌乾亥)方流过艮(丑艮寅)位,就是该山宾水朝堂。

凡坐庚酉辛三山(兑卦)之墓宅,有水从艮(丑艮寅)方流过震(甲卯乙)位,就是该山宾水朝堂。

三、客位算法

1.客位算法仍依屋宅坐山之"向"求之,先看该山向属于何卦(后天八卦),再看此向的先天八卦是何卦,再依先天八卦,找出其在后天八卦之方位,这个方位便是客位。再说得明白一点,也就是"向的后天之卦位"叫做客位。例如坐山是"乾",而乾的对面是巽,这个巽字是乾山的"向",巽的先天位在兑,兑位就是乾卦的客位。只要记住一句话,"向的后天之位就是该卦的客位"。

坐山	乾	坎	艮	震	巽	离	坤	兑
客位	兑	乾	巽	坎	艮	坤	震	离

易记歌诀:

客位水法编成诗　　乾兑坎乾艮巽思
震坎巽艮离坤记　　坤震兑离不用疑

2.客位的位置

客位与宾位的求法大概相同,宾位是向之先天八卦位,而客位是向的"后天卦位"。

乾山巽向:坐乾向巽,巽卦之后天在兑,故乾山以兑为客位。
坎山离向:坐坎向离,离卦之后天在乾,故坎山以乾为客位。
艮山坤向:坐艮向坤,坤卦之后天在巽,故艮山以巽为客位。
震山兑向:坐震向兑,兑卦之后天在坎,故震山以坎为客位。
巽山乾向:坐巽向乾,乾卦之后天在艮,故巽山以艮为客位。
离山坎向:坐离向坎,坎卦之后天在坤,故离山以坤为客位。
坤山艮向:坐坤向艮,艮卦之后天在震,故坤山以震为客位。
兑山震向:坐兑向震,震卦之后天在离,故兑山以离为客位。

3.客位水朝堂八卦方位

凡坐戌乾亥(乾卦)三山之宅墓,有水从兑(庚酉辛)方流过巽(辰巽巳)位,就是该山的客水朝堂。

凡坐壬子癸(坎卦)三山之宅墓,有水从乾(戌乾亥)方流过离(丙午丁)位,就是该山的客水朝堂。

凡坐丑艮寅(艮卦)三山之宅墓,有水从巽(辰巽巳)方流过坤(未坤申)位,就是该山的客水朝堂。

凡坐甲卯乙(震卦)三山之宅墓,有水从坎(壬子癸)方流过兑(庚酉辛)位,就是该山的客水朝堂。

凡坐辰巽巳(巽卦)三山之宅墓,有水从艮(丑艮寅)方流过乾(戌乾亥)位,就是该山的客水朝堂。

凡坐丙午丁(离卦)三山之宅墓,有水从坤(未坤申)方流过坎(壬子癸)位,就是该山的客水朝堂。

凡坐未坤申(坤卦)三山之宅墓,有水从震(甲卯乙)方流过艮(丑艮寅)位,就是该山的客水朝堂。

凡坐庚酉辛(兑卦)三山之宅墓,有水从离(丙午丁)方流过震(甲卯乙)位,就是该山的客水朝堂。

宾位水是向之先天,客水是向之后天。宾位与客位主要吉凶都应在女人与外姓人身上,对外姓子孙,房客,出嫁的女儿、女婿或招赘的女婿,只要不是直系血统关系皆称之为宾客。宾位水主应女人,客水主应客财。

宾位与客位之水只是对外人发福,但对本家不利,只要外姓人住此宅屋都会发迹,特别是招赘女婿住进去会最好,此种风水,称之为"败子旺客之地",故虽旺客,也需原来的房主和来客一起同住,否则房客会招凶事。宾客方之水宜出不宜收,若收到宾客方之水来会冲破先天或后天之位,主无男丁,故又称之为"消亡败绝水"。所谓"消"者乃先天水破后天,主旺丁败财,俗称"穷命"。"亡"者后天水冲破先天,主败男丁旺女口,自家男丁退败伶仃,而女儿招赘却又旺丁旺财。

如先后天之水都不朝堂,只是宾客水朝堂,其宾客之位环境优美，而且又山清水秀，风景怡人，此家必出命发千金，容貌秀丽，嫁配豪门的女贵人。

若是先天与后天以及宾水与客水都来朝堂，此乃是风水宝地，可直断该宅丁财两旺、福禄倍增。

假使先天水与后天水都来朝堂，但宾客两水都不朝堂，而且向他处流失，则主房主宾客不旺，福力渐减，但对女口影响不大。

假如先天朝堂，后天水和宾客水都不朝堂或流失，可断此宅旺男不旺女。如先天水不朝堂，只有后天水和宾客水朝堂，主该宅的宅主旺女口不旺男丁。

仔细观察起来，先后天及宾客的水完全流失是没有的，宅墓的内局有水口散乱是有的，但从外局看，完全流失是绝对没有的。从这一点看来，三元风水的堪察方法，最主要注重先天和后天，关于宾位和客位是不太重要的。故宾客位之水宜出不宜来。来水者则主发外姓子孙，对本主家不仅人丁不旺，而且主退财。若然无男丁之人住进去，水出者则又主发男丁。

四、天劫、地刑

1.天劫地刑的具体位置

天劫位之计算方法是先看坐山是什么卦，再看本坐山卦的先天八卦是什么卦，将此先天八卦再变为后天八卦就是天劫位。再说得明白一些，“坐山先天之后天位”就是天劫地刑之位。

天劫位之计算方法除了上述的方法之外，更重要的规律就是该位置必须在坐山左前边或右前边，也就是该坐山朝向的左边或右边。

地刑位与天劫位两者的位置都在坐山左右两边的斜前面的方位相对应，一个在左前面，一个在右前面，很像两个把门的岗哨一样站立两旁。

坐乾卦山（戌乾亥）乾卦的后天位在艮，艮卦的后天位在先天震位，故乾卦山以震（甲卯乙）为天劫位。震在乾卦的左前方，右前方是离,故离为乾卦山的地刑位。

坐坎卦山(壬子癸)坎卦后天之位在坤,坤卦的后天之位在巽,故巽为天劫位,巽在坎卦的左前方,右前方是坤,故坤为坎卦的地刑位。

坐艮卦山,艮卦的后天在震,震卦的后天在离,故艮卦山是离为天劫位。离在艮卦的左前方,右前方是兑,故兑是震卦的地刑位。

坐震卦山,震卦的后天在离,离卦的后天在先天乾位,故震卦的天劫位在乾,乾在震卦的右前方,左前方是坤,故震卦山以坤为地刑位。

坐巽卦山,巽卦的后天在兑,兑卦的后天在坎,故巽卦山的天劫为坎位。坎在巽卦山之右前方,故巽卦的地刑位为兑。

坐离卦山,离卦的后天在乾,乾卦后天在艮,故离卦山以艮为天劫位,艮在离卦的右前方,左前方是乾,故离卦山以艮为天劫位。

坐坤卦山,坤卦的后天在巽,巽卦山之后天在兑,故坤卦山是兑为天劫位。但兑并不在坤卦山之左前方或右前方,而是坤坎两卦分居之,故坤卦是以震为天劫,坎为地刑位。

坐兑卦山,兑卦的后天在坎,坎卦的后天在坤,故兑卦山是以坤为天劫位,但坤并不在兑卦的左前方或右前方,而是艮巽两卦分居之,故兑卦是以艮为天劫,以巽为地刑。

八卦坐山与天刑位之表

坐山	乾	坎	艮	震	巽	离	坤	兑
地刑	离	坤	兑	坤	兑	乾	坎	巽

易记歌诀:

乾离坎坤艮兑行　震坤巽兑离乾明

坤坎兑巽坐山起　　左右上角是地刑

八卦坐山与天劫位之表

坐山	乾	坎	艮	震	巽	离	坤	兑
天劫	震	巽	离	乾	坎	艮	震	艮

易记歌诀：

乾震坎巽艮离方　　震巽乾坎离艮长

坤震兑艮天劫位　　向之二面天卦藏

2.天劫水

天劫水称之为“曜母水”，又名为“药碗水”，此方之水只可出而不可收，来水的水势越急其凶越大。天劫位不宜有高大建筑物，如大树、烟囱、水塔、电线杆、屋角、桥箭、路冲，或有水来过堂，犯之必主其家有长期不愈的病人。此方宜静不宜动，如来水有声或机器响声隆隆不断，必主其家有头疼、血光或疯癫之人。如遇上天劫吊冲之年月，必应凶事。

3.地刑水

地刑水又名“曜子”水，又称之为“补药水”，多主家中妇女常年不断吃药，又主出官讼方面之事，家中收入的钱大多花费在吃药(包括吃补药)上面，如该方有冲煞之物，定主凶事不断出现，应该出现哪些凶事，可按照卦象来判断。如坎卦山的地刑在坤，坤为老母，若坤方有冲煞之障碍，可断该宅老妇人患泌尿系统疾病。

天劫与地刑的位置都在屋宅坐山的左前方(偏左四十五度)或右前方(偏右四十五度)，也就是屋宅坐山之后天位的后天位。

地刑位与天劫位分居在屋宅前方两相对峙的卦位，天劫位坐左边，地刑位则坐右边，很像两个凶神恶煞霸据在前面的两边，时时对主人有所威胁。

这两边凶神恶煞的天劫水喜出而不喜入，犯者不仅主人口有病，甚者克伤人口，不仅如此又主染吐血痨伤之疾，还主出风流无耻之徒。天劫的位置不是居于先后天的正窍位，就是居于宾位或客位，所以只可出而不可入。而地刑的位置不是居于先天位就是后天位，或者是辅卦位，所以不能出水。如果水出地刑之位，不是损丁伤妻就是破财、医药不断，所以称地刑为“药碗水”。

从上看来，天劫水与地刑水的位置都在坐向前左右两边，但天劫水宜出不宜来，来水主凶。而地刑水却又宜来不宜去，去水不吉，这是二水的不同之处。如地刑水流破必主其家人财两空，到岁运逢冲或五黄遇太岁冲起之年月，难逃破财生灾或妇女有病，或不停吃药，药碗成天不离之事。

乾宅

离宅

兑宅

巽宅

艮宅

震宅

坎宅

坤宅

五、案劫位

坐山的对面称作案劫位，案劫又称为朝向、朱雀方位，案劫的正前方称之为“明堂”，如艮山坤向，坤向即是艮山的案劫。明堂的形势宜环抱为好，杂乱则凶，故有古诗曰：“明堂环抱最有情，富贵值万金。”可见案劫之方非常重要。

案山的位置必须在天劫、地刑两者中间，如天劫在左地，地刑在右，天劫在右，地刑则在左。明堂就是案劫位的正前方。

按三元水法的要求，明堂要清秀丰润，其家主出人诚实忠厚；如果明堂前面有高山逼近或沟路反弓，主该宅出无情无义之人，并主六亲缘薄，上下关系不和睦。

案劫方的水宜聚蓄不宜来去，来水冲宅最凶，此方如有屋角、大树、枯树、枯木、大石等冲射，主其家损丁、败绝。如该方有马路、水沟形象反弓者，主出刚强叛逆，忤逆不孝子孙，又主其家人缘不好，交际淡薄。

案劫方如见巷道直冲，或有小路、水沟冲来，称之为朱雀开口，主家庭成员三天两头吵闹，意见不一。

案劫方如有大路直冲者，主出疯癫、虚损痨病之人，又主家门不宁，损伤少年人，血光意外之灾连绵不断。

案劫方如有屋角冲射，主其家出凶灾恶祸，夭折之人。而且又主出凶狠子孙，小孩不听教育，官非不断。

案劫方见倾斜之水者主不聚财，如见水口两出或三出者主夫妻感情不和。

总而言之，凡案山有凶煞之物，逢五黄、太岁临到之年月，必出凶事无疑。

所谓"劫"有软劫、硬劫两种，软劫乃指该方曜煞，枯树、竹、古松等，主其家出病痛怪病之人。硬劫指巨石、围墙等建筑物，应主出车祸、血光、开刀手术等不幸之事。

案劫的具体位置是：

乾山（戌乾亥）案劫在巽（辰巽巳）位

坎山（壬子癸）案劫在离（丙午丁）位

艮山（丑艮寅）案劫在坤（未坤申）位

震山（甲卯乙）案劫在兑（庚酉辛）位

巽山（辰巽巳）案劫在乾（戌乾亥）位

离山（丙午丁）案劫在坎（壬子癸）位

坤山（未坤申）案劫在艮（丑艮寅）位

兑山（庚酉辛）案劫在震（甲卯乙）位

八卦坐山与案劫位图表

坐山	乾	坎	艮	震	巽	离	坤	兑
案劫	巽	离	坤	兑	乾	坎	艮	震

易记歌诀：

乾巽坎离艮坤间　　震兑巽乾离坎安

坤艮兑震天劫位　　找出规律并不难

六、辅卦位详述

将八卦除去先天、后天、天劫、地刑、宾位、客位之卦位外，所剩的位置即是“辅卦位”。若上述八个卦全占满，则辅卦和地刑是同位。

辅卦位有几句口诀：

记住乾辅坎艮兑，离辅震位与巽坤。

坤辅兑上兑辅坤，坎乾当头记心中。

辅卦易记图：

乾→坎→艮→兑
↕
离→震→巽→坤

辅卦位乃辅佐的意思，又为贵人之位，辅卦方的水宜来不宜出，如该方前面有水池深又清者最好，主其家大发财源，人丁兴旺，出贵人，又主出女强人。但如流破先后天之位主败绝。辅卦水如超过先后天之水时不能做墓地，只可做工厂、学校、庙宇等，此水的重要性仅次于先后天之水。

例如：乾山巽向坎方来水　　坎山离向艮方来水

艮山坤向兑方来水　　震山兑向坤方来水

巽山乾向震方来水　　离山坎向巽方来水

坤山艮向离兑方来水　　兑山震向乾坤方来水

八卦坐山辅卦表

坐山	乾	坎	艮	震	巽	离	坤	兑
辅卦	坎	艮	兑	坤	震	巽	离兑	乾坤

易记歌诀：

乾坎坎艮艮兑宫　　震坤巽震离巽中
坤宫辅卦是离兑　　兑宫辅卦是乾坤

七、库池水

库池即是财库，是专看财富多少之位。库池水宜深而澄清为最佳，而且距离宅墓越近越好。库池的池形不可反弓，最好池内能有活水养鱼，可以催财。

库池之理很少人能够换算，只是把用法公开，供大家研究。

例如：乾卦(戌乾亥)三山，库池在艮位。
坎卦(壬子癸)三山，库池在坤位。
艮卦(丑艮寅)三山，库池在乾位。
震卦(甲卯乙)三山，库池在壬位。
巽卦(辰巽巳)三山，库池在坤位。
离卦(丙午丁)三山，库池在辛位。
坤卦(未坤申)三山，库池在巽位。
兑卦(庚酉辛)三山，库池在癸位。

八、论正窍

风水上的应用，最注重的就是“水口”，水口在风水学上应该说是最关键也是最灵验的一门学问，所以在立向时丝毫不能差错。

水口在三元水法上称之为“正窍位”，凡是水流破先天位，或流破后天位的就会消亡败绝，这些在前面已经说过。有些水宜流出不宜流入，有些水能流入而不能流出，这些都是了解三元风水的必备知识。二十四山中，有八个天干和十二个地支位。地支重浊且有冲煞，太岁冲动时则出现凶祸。天干轻清而且无冲煞,故水喜流天干,不喜流地支。

正窍出水的原则:

天干:甲乙丙丁庚辛壬癸和八卦之乾巽艮坤当以干论之。

地支:子丑寅卯辰巳午未申酉戌亥。

八卦之坎离震兑四正位。居在子午卯酉地支之中,当以地支论之。先天位、后天位、辅卦位、地刑位,这几个位的水不能流出。宾位可出不可入,客位水可出可进,以生男生女而定。天劫位、案劫位的水可出不可入。

出水口就是这样计算的,关于天劫位与案劫位,以及没有被限制和不能流出的天干之位有好几个,其中最好的有以下几个:

乾卦山(包括戌乾亥三山)水出巽为正窍位。

坎卦山(包括壬子癸三山)水出巽为正窍位。

艮卦山(包括丑艮寅三山)水出坤为正窍位。

震卦山(包括甲卯乙三山)水出乾为正窍位。

巽卦山(包括辰巽巳三山)水出乾为正窍位。

离卦山(包括丙午丁三山)水出艮为正窍位。

坤卦山(包括未坤申三山)水出艮为正窍位。

兑卦山(包括庚酉辛三山)水出艮为正窍位。

八卦坐山与正窍位列表

坐山	乾	坎	艮	震	巽	离	坤	兑
正窍	巽	巽	坤	乾	乾	艮	艮	艮

易记歌诀:

乾坎在巽艮在坤　震巽在乾离艮通

坤兑二卦都在艮　八卦水口记心中

八卦出水口的"正窍位"就是以上八个卦位,从中可以看出,正窍位不是在坐山宾客二水之外,所有的先天、后天、辅卦的水都要经过堂前流过方能起作用,这才合乎三元地理的原则。

九、三曜煞(正曜、天曜、地曜)

八曜歌:

坎龙坤兔震山猴　巽鸡乾马兑蛇头

艮虎离猪为煞曜　坟宅逢之一旦休

(龙为辰、兔为卯、猴为申、鸡为酉、马为午、蛇为巳、虎为寅、猪为亥)。

例如乾宅(坐西北向东南),管三个方位,即坐乾向巽,坐戌向辰,无论三者之中任何一向,其大门都要避开在"午"字上开门,否则到向之流年或冲向之流年,定出凶事,余皆类推。其诀为"坎宅忌辰,坤宅忌卯,震宅忌申,巽宅忌酉,乾宅忌午,兑宅忌巳,艮宅忌寅,离宅忌亥"。

八曜煞又名"龙上八煞",八山乃八个方位,每个方位都有一个煞方,煞方绝不可犯,犯之凶祸即至。煞曜方分正曜煞、地曜煞、天曜煞,所以称为"三曜煞"。

乾卦

①乾卦包括戌乾亥三山,煞曜在午,午为乾卦的正曜。

②乾卦的后天在艮,艮的煞曜在寅,寅是乾卦的地曜。

③乾卦的先天在离,离的煞曜在亥,亥是乾卦的天曜。

坎卦

①坎卦包括壬子癸三山,煞曜在辰,辰为坎卦的正曜。

②坎卦的后天在坤,坤的煞曜在卯,卯是坎卦的地曜。

③坎卦的先天在兑,兑的煞曜为巳,巳是坎卦的天曜。

艮卦

①艮卦包括丑艮寅三山,煞曜在寅,寅为艮卦的正曜。

②艮卦的后天在震,震的煞曜在申,申是艮卦的地曜。

③艮卦的先天在乾,乾的煞曜在午,午是艮卦的天曜。

震卦

①震卦包括甲卯乙三山,煞曜在申,申为震卦的正曜。

②震卦的后天在离,离的煞曜在亥,亥是震卦的地曜。

③震卦的先天在艮,艮的煞曜在寅,寅是震卦的天曜。

巽卦

①巽卦包括辰巽巳三山,煞曜在酉,酉是巽卦的正曜。

②巽卦的后天在兑,兑的煞曜在巳,巳为巽卦的地曜。

③巽卦的先天在坤,坤的煞曜在卯,卯为巽卦的天曜。

离卦

①离卦包括丙午丁三山,煞曜在亥,亥是离卦的正曜。

②离卦的后天在乾,乾的煞曜在午,午是离卦的地曜。

③离卦的先天在震,震的煞曜在申,申是离卦的天曜。

坤卦

①坤卦包括未坤申三山,煞曜在卯,卯是坤卦的正曜。

②坤卦的后天在巽,巽的煞曜在酉,酉为坤卦的地曜。

③坤卦的先天在坎,坎的煞曜在辰,辰为坤卦的天曜。

兑卦

①兑卦包括庚酉辛三山,煞曜在巳,巳是兑卦的正曜。

②兑卦的后天在坎,坎的煞曜辰戌,辰戌为兑卦地曜。

③兑卦的先天在巽,巽的煞曜在酉,酉为兑卦的天曜。

坐山	乾	坎	艮	震	巽	离	坤	兑
正曜	午	辰	寅	申	酉	亥	卯	巳
后天	艮	坤	震	离	兑	乾	巽	坎
地曜	寅	卯	申	亥	巳	午	酉	辰
先天	离	兑	乾	艮	坤	震	坎	巽
天曜	亥	巳	午	寅	卯	申	辰	酉

1. 正曜煞——为坐山的八曜煞,即卦之官鬼爻。

2. 天曜煞——即先天位的八曜煞。

3. 地曜煞——即坐山后天之曜煞。

所谓煞曜就是坐山五行被冲克的称之为曜煞,八曜煞的形成,实质就是八纯的官鬼爻演变而来,官鬼是卦气中最凶的一爻,如遇冲犯,易遭横祸。

现附表以便用时查看。

乾为天卦(金)

父母	▅▅▅ 世	戌土
兄弟	▅▅▅	申金
官鬼	▅▅▅	午火
父母	▅▅▅ 应	辰土
妻财	▅▅▅	寅木
子孙	▅▅▅	子水

官鬼午火克乾金

坎为水卦(水)

兄弟	▅ ▅ 世	子水
官鬼	▅▅▅	戌土
父母	▅ ▅	申金
妻财	▅ ▅ 应	午火
官鬼	▅▅▅	辰土
子孙	▅ ▅	寅木

官鬼辰戌土克坎水

艮为山卦(土)

官鬼	▅▅▅ 世	寅木
妻财	▅ ▅	子水
兄弟	▅ ▅	戌土
子孙	▅▅▅ 应	申金
父母	▅ ▅	午火
兄弟	▅ ▅	辰土

官鬼寅木克艮土

震为雷卦(木)

妻财	▅ ▅ 世	戌土
官鬼	▅ ▅	申金
子孙	▅▅▅	午火
妻财	▅ ▅ 应	辰土
兄弟	▅ ▅	寅木
父母	▅▅▅	子水

官鬼申金克震木

巽为风卦(木)

兄弟　——　卯木
　　　世
子孙　——　巳火
妻财　- -　未土
官鬼　——　酉金
　　　应
父母　——　亥水
妻财　- -　丑土

官鬼酉金克巽木

离为火卦(火)

兄弟　——　巳火
　　　世
子孙　- -　未土
妻财　——　酉金
官鬼　——　亥水
　　　应
子孙　- -　丑土
父母　——　卯木

官鬼亥水克离火

坤为地卦(土)

子孙　- -　酉金
　　　世
妻财　- -　亥水
兄弟　- -　丑土
官鬼　- -　卯木
　　　应
父母　- -　巳火
兄弟　- -　未土

官鬼卯木克坤土

兑为泽卦(金)

父母　- -　未土
　　　世
兄弟　——　酉金
子孙　——　亥水
父母　- -　丑土
　　　应
妻财　——　卯木
官鬼　——　巳火

官鬼巳火克兑金

十、三元水法二十四山分房法

房份在风水预测中占有重要地位，比如风水师每到一地，可判断出某宅是兴是废，是吉是凶，如判断得非常准确，宅主对此一定佩服。但如当场有人问，吉凶应在何人身上，属于哪房份，必须要随口应答，这才显示出真才实学。

房份的判断很简单,记住下述的这首歌诀:

房份预测定须知,请君背我几句诗。
子午卯酉乾巽位,再加艮坤是长支。
辰戌丑未与甲丙,加上庚壬二房题。
寅申巳亥与丁癸,乙辛三房不用疑。

例如:子、午、卯、酉、乾、坤、艮、巽这八个方位,无论来水或去水吉凶皆应在长房,长房者包括大房、四房、七房皆属长房。如此方水之来去都符合先后天八卦水法,该方再有奇砂秀水,定主一四七房大发财丁,而又出官贵之人。若此方之水来去不符合先后天水法,再见该方有水破局或有其它障碍物冲射,逢到流年太岁冲动之年月定主一四七房出凶事。又如辰、戌、丑、未、甲、丙、庚、壬这八个字皆属二房。二房者即二房,八房者即老二、老五、老八皆属二房。再如寅、申、巳、亥、乙、辛、丁、癸八个字皆属三房,三房者三、六、九皆属三房,即老三、老六、老九皆属三房,其判断方法与长房断法一样。

还有“八卦论六亲”分房法。如乾坤二卦为父母,若该方来去之水合局,再见奇峰秀丽,定主父母健康长寿;震巽二方水之来去合局,再见砂峰丽者,主长男长女旺丁旺财;坎离二方来去水合局,再见山清水秀者,中男中女荣华富贵;艮兑二卦来去水合局,再见峦头秀美者,定主少男、少女发福。

第六节　八卦水法图解

二十四山向八宫星位图

乾卦山

乾卦

一、先天位

乾卦先天位在离(丙午丁)方:

先天之水宜来不宜出,若此方的外界环境也秀丽润美,定主其家人丁发旺。

乾卦的先天在离,如此宅丙午丁方有水朝堂,定主该宅大旺人丁。

离方位的水与艮卦后天(丑艮寅)水会合出巽方,谓之先后天水朝堂,定主宅主人丁旺盛,大发财源。如其方之水反流向离(丙午丁)方出,谓之“流破先天”,定主堕胎或损失小口。如此水从丙位出主败二房,从午位上出主房房皆败。特别主长房最凶。从丁位上出主败三房。若是做官的主为官不得升职,重则削官罢职,并主出不务正业的浪荡之子。

乾卦的后天在艮(丑艮寅)位,此方如有水从宅前或宅后出离位,谓之后天破先天,也是最凶之水,遇此水者可直断其家“出少亡之人”,并可断出有单传、过继、绝嗣之事出。

离位不可有烟筒、墙角、尖物等冲射之物,因离卦属火,如遇太岁或五黄吊冲之年,会出现火灾。身体方面应主心脏、眼睛、小肠之部位出毛病,人员方面大多会应中年妇女身上,因离为中女。

乾卦(戌乾亥)三山最宜收离(丙午丁)方水来朝堂,必主人丁兴旺,如反流(即流破)不仅人丁不旺,日久必然败绝。

二、后天位

乾卦后天在艮(丑艮寅)方:

艮位为乾卦的后天,此方之水宜来不宜出,因后天水主财,来水者财源广进,如反流者破财损妻。此方宜无障碍物为佳。艮位乃乾卦的库池之位,此方最好有池塘或湖泊,澄清近宅。后天水朝堂主旺财,丑位来水发二房,艮位来水发长房,寅位来水发三房,丑艮寅三位一同来水者房房皆发。

三、天劫位

乾卦的天劫位在震(甲卯乙)方:

乾卦的后天在艮,艮的后天在震,震为乾卦的天劫位。从风水理论上来说,天劫位之水宜出不宜来。所谓“天劫”代表劫财之意,是风水中最坏的水,俗称“药碗水”。如水从(甲卯乙)震方流入的话。

天劫方最忌有屋角,电杆、围墙、水塔、桥路冲来,尤其是遇到岁运和五黄得令之时。

乾卦的曜煞是寅午亥三方，此方不宜有任何障碍物。

震为乾卦的天劫之位，此方之水不可从离位流出，谓之流破先天，主损人破财或出现意想不到的灾祸。

凡立乾山巽向的屋宅，最要注意震方天劫水过堂，若发现有这种破局之水，应即时告诉宅主赶紧设法调理，以防灾祸降临。

四、地刑位

乾卦的地刑位在离（丙午丁）方：

乾卦的地刑在离，与先天同位，此方之水宜来不宜出，外界环境要清静秀美，丰润无破为最好。

地刑位不宜有任何障碍物，更不能有水来破局。

五、案劫位

乾卦的案劫位在巽（辰巽巳）方：

乾山巽向的巽方就是案劫位，案劫又叫外明堂，此方要清秀。

案劫方的水宜出不宜来。巽卦位有水直冲而来。

案劫位之水如从寅艮位而去，谓之流破后天，必主其家出嫖客，男人好色重妻，出花街柳巷之事。

案劫水流入离方，谓之流破先天，有损丁之忧。

巽方水来流入坤位（宾位）名为"消亡败绝"，大凶。

辰方水来叫做刑戮水，主遭劫盗谋杀，声音嘶哑、耳聋、缺唇之子孙。巳方来水，定生花街柳巷之客。

乾卦的后天位在艮（丑艮寅）三方，如果艮位有水来与先天离方之水会合同出巽位，谓之先后天水朝堂，必主其宅大发财源，丁财两旺，后代主出官高显贵之人。大地大发，小地小发，此为风水学中最好的布局。

六、宾位

乾卦的宾位在坤（未坤申）方：

乾卦坐乾向巽，巽是乾的向，巽的先天在坤，坤就是乾卦的宾位。

宾位水宜出不宜来，若出水主其宅多生男丁。若来水主家多生女口，主外姓子孙（如招赘的女婿、外甥、外甥女）发旺，对自姓本支子孙反主败落。但是，目前社会上无论生男生女皆是一样，不在乎生男生女，所以此方之水可来可去。后天位主财，水由艮（丑艮寅）位同宾位（未坤申）来不仅财源大旺，而且又主人丁茂盛，是丁财两旺之水。

七、客位

乾卦的客位在兑（庚酉辛）方：

乾卦坐乾向巽，巽是乾的向，巽的后天是兑，兑方就是乾卦的客位。

客位水宜出不宜来，出水多生男，来水多生女，关于生男生女的要求全看你如何选择。

乾卦的后天位在艮（丑艮寅）方，有水流出兑（庚酉辛）方，也是好水，但水从右边出，失去平衡，一时人丁昌盛，日久主小房败绝。

八、辅卦

乾卦的辅卦在坎（壬子癸）三方：

辅卦之水宜来不宜出，来水者主旺人丁，此方如有长年聚水的池塘，而且水深清澈见底者，更主富贵发福。

九、库池

乾卦的库池在艮（丑艮寅）方位：

乾卦的后天之位在艮，艮为乾卦的库池，库池水流过堂前主发财，如该方有流水聚于池塘，而该池塘深又清澈者，不仅大发财源，而且主因妻致富。

十、正窍

乾卦的正窍在巽（辰、巽、巳）方：

正窍就是聚水之处，又叫水口。乾卦的水口在巽，巽为乾卦的向方，此方聚水最佳，主文官拜相，武职三公，放于乙位也是大吉，甲位次之。

十一、曜煞

"曜煞"又名"龙上八煞"。在风水学中应用很广，业风水者不可不知曜煞的由来与作用。由于它的灵验力特大，无论哪门风水学派都重视它，从来也没有争议过。

曜煞是八卦中最忌讳的方位，其方不宜有破局之物冲射。如屋角、破山头、古井、电线杆、烟囱、直冲街道、河头、沟头、路头、桥头等侵射，犯之主居家出现不安，破财、血光、凶祸、损人口等不吉之事。

相宅或定宅首先注重三曜之方：

乾山正曜在午方：犯之主败长房。

乾山天曜在亥方：犯之主败小房。

乾山地曜在寅方：犯之主败三房。

乾卦山实地操作方法

乾卦山是由戌乾亥三山组成，须收丙午丁方离卦来水，谓之收先天水到堂，又收艮卦丑艮寅方后天水到堂此皆好水。若二方来水出巽口者，谓之丁财两旺，富贵双全，大吉之水法。此乃收山出杀之法，如果内局出巽，外局出乙也都是好水。乾卦的天劫在甲卯乙，地刑在丙午丁，曜煞在寅午亥，此局凡是收离卦的来水，又收艮寅方之从巽口出者，皆是好水。但牵动土牛，也不理想，最好能在巽方蓄聚，不见流去者方是大吉之水。

乾卦流水不当的调理方法

1.乾卦的宅内外都有雨后水，或有小路冲破先后天者皆主不吉，遇到这种情况，应按照上述水之来去的方法进行改造，符合先后天水法为吉。

2.或有公路、河沟、暗沟中冲破先后天者为之凶局，都要进行改动，如没有条件改动，可在门前筑一道屏墙挡之也可以。

3. 院内之水最好从巽、甲、乙方出，门宜开在离方。

乾卦吉凶应验时间

先天离水应于九运的午年，后天艮水应于八运丑寅年，天劫水应三运的卯年。曜位水应于寅午亥年。

二十四山向八宫星位图

一、先天位

坎卦的先天位在兑（庚酉辛）方：

兑为坎卦的先天，此方之水宜来不宜去，如此方无水，宜山清秀丽润美。先天来水主旺人丁，如流破先天主伤小口，破财出凶事。此方如有凹缺，破山头等杂乱之物，主出愚蠢顽劣之人。

兑方来水入离位，谓之先天水朝堂，主房房人丁大旺，性情忠良。兑方来水入巽（正窍）位而去，为最吉最利之水。兑方水来由震位(宾位)流出谓之借库消水,也是大吉之水。如兑水入庚,再由巽方流出者,长房丁财两旺。

二、后天位

坎卦的后天位在坤(未坤申)方:

坤位是坎卦的后天,后天之水宜来不宜出。后天主财帛,水来者进财,如无水者宜山清秀丽,主妻财两旺,大发财源,无论住家、工厂、公司,此方最喜有水来朝,定会生意兴隆,财源滚滚。

坤为老母,为妇人,如坤方被流破,主妇人多病,水出坤位败长房,水出未方败二房,水出申位败三房,多主妇女月经失调之病。

如后天位无水者,只要有聚水池圹深而又清者也主广发财源。

后天坤方来水,定主大发财源,如此水流入兑位谓之流破先天,虽主发财,主出愚蠢之富人,如后天坤水与先天兑水汇合流向离位,谓先后天水朝堂,定主丁财两旺。水流丙方,二房发富;出午方,初年虽富,日久定出现桃花事端;出丁未方,三房发富。

坤卦来水流入巽方,也主大发财富,只因是反弓水,日久定出忤逆子孙。

三、天劫位

坎卦的天劫位在巽(辰巽巳)方:

坎卦的后天在坤,坤卦的后天在巽,故巽方是坎卦的天劫位。

天劫位之水宜出不宜来,如来水定主其家人居住不安,常年有病,主吐血,痨疾而不得善终。天劫位俗称"药碗水",无论阳宅阴宅,如一百米以内有屋角,烟囱、电线杆、水塔、大树、路头、桥冲以及各种尖物,必主其宅出现头疼痨伤,甚者在年运冲吊时有车祸、血光之灾。

巽为坎卦的天劫位,此方如来水流归坤位,后天而去,谓之

“流破后天”，主妇女有产厄、血光之灾。如流归兑位，兑方又为坎卦的先天之位，流破先天主人丁夭折，血光痨病，最后绝嗣。此水为最凶之水，最不利的是长房招灾。

四、地刑位

坎卦的地刑位在坤（未坤申）方：

仍如前条天劫位所述，坎卦坐子向午，午的左面是“巽”字，巽是坎卦的天劫位，那么“午”字的右面坐“坤”字，坤（包括未坤申）字就是坎卦的地刑位，地刑位之水宜来不宜出，此方如无水者山要丰润秀美。

地刑之位不可有破损，破者主损伤妇女。如此方有电杆、屋角、水塔等尖角物冲射，到太岁冲克之年定有官讼、破财等事不断出现。

五、案劫位

坎卦的案劫位在离（丙午丁）方：

所谓案劫就是坐山的朝向。好比过去公堂上大老爷趴的书案，比喻官老爷在公案上一呼百诺，断生则生，断死则死。因向在坐山的前面，所以又称之为“案劫”，案劫位又称为“朱雀明堂”。此方要山清水美、山峦水形要弯抱有情，定出诚实忠信之人。如有水路反弓、屋角、尖塔等杂乱之物冲射，主出无情无义的顽劣子孙，而又主其家人上下不和。

案劫之方不宜来水，水来者谓之“水箭冲心”，必主其家出凶死之人，丙方有水或路直冲者主出稀奇古怪之事，如住上下楼层，水路越长断楼上见凶，短者主楼下应事。午方有水出兑方名曰桃花水，定主男子偷情，女子多有外遇，无论家教怎样严谨，随人私奔之事屡见不鲜。

六、宾位

坎卦的宾位在震（甲卯乙）方：

坎卦坐坎向离，离是坎的向，离的先天在震位，震位是坎卦的宾位。

宾位水宜去不宜来，如来水旺女不旺男，外姓子孙发旺，自家缺男丁，如是招赘进门的女婿，反主丁财两旺。

宾位水流入兑方，兑乃坎之先天，称之为宾盛主衰，定主女多男少，往往多辈单传。流出酉方败大房，流出庚位败二房，流出辛位败小房，此水特别应验。

七、客位

坎卦的客位在乾（戌乾亥）方：

坎卦坐坎向离，离卦的后天在乾，乾位就是坎卦的客位。

客位水宜去不宜来。来水主在其家居住的外姓子孙发旺，自家人丁败退，特别主招赘之女婿旺人丁。

八、辅位

坎卦的辅位在艮（丑艮寅）方：

辅卦为贵人之位，此方之水宜来不宜去，来者旺人丁。如水无来去，只要有聚水也好，若有聚水之池塘深而又清者，也主大发财源。

艮方水流入坤方是大富大贵之水，此水持之时间最长，是绵远不断的好水，因坤方为坎卦的后天之位。

九、库池

坎卦的库池在坤（未坤申）方：

坎卦的后天在坤，坤方乃坎卦的库池，此方之水宜蓄而不流，无来无去为最好，如此方有水聚池，越深越大财源越旺，若见深清而又见底者，更主大发财源。

十、正窍

坎卦的正窍在巽位、丙位、丁位：

正窍就是出水位，又称之为“水口”，在八卦中除去先天位、后天位、宾位、客位、地刑之位剩下案劫位一两个天干，还有天劫位的一两个天干，每卦皆称这三个山为山口水，其中有一个最好的出位,就称之为“正窍位”。

内埕水放在左边主发左边,放在右边主发右边,水从堂中出者主房房皆发富贵,特别主二房最好。

如外局之水,选择放在巽位最为吉利,但注意“巽”的左右两边辰巳之位有无障碍物,如辰巳二方有破碎之障物,虽主大房发福,到太岁刑冲或填实之时祸灾还难免。

十一、曜煞

坎卦的曜煞在辰戌两位,天曜在巳,地曜在卯。以先天卦之正曜为本卦的天曜,以后天卦之正曜为本卦的地曜。

曜煞又称之“龙上八煞”,此方最忌冲射,如门、路、屋角、电杆、变压器、水塔等物,每逢太岁之年冲动或填实,必出凶事无疑。例如坎卦曜煞在辰戌,此方如有障物破局,遇辰戌填实之年,定主其家二房出凶事,时间应在申子辰寅午戌三合吊冲之年。

曜煞三方皆不宜有高大树木,主生癫狂暗痛之病,如树木茂盛主常年多病。

坎卦的正曜在辰,戌犯之主败二房。

坎卦的天曜在巳,犯之主败三房。

坎卦的地曜在卯,犯之主败长房。

坎卦山实地操作方法

坎卦由壬子癸三山组成,须收庚酉辛兑方来水,谓之收先天水到堂。又收未坤申坤卦后天水到堂为最吉。若二方来水出巽口(天劫与正窍)者谓之丁财两旺,富贵双全之水法。切记不可收巽卦天劫方来水,如其方来水轻则有病,重者损丁,虽女人掌权久之必绝。最后女儿招夫反而又旺丁。水出兑卦谓之流破先天,主损丁,流出坤卦谓之流破后天,主损女破财,大凡先后天来水出巽口天劫之位为最好之布局。

二十四山向八宫星位图

艮卦山

艮卦

艮卦统管（丑艮寅）三山，三山所主之吉凶应验皆以艮卦为主。

一、先天位

艮山的先天位在乾（戌乾亥）方：

先天的水宜来不宜出，先天主人丁，来水旺人丁，流破者损人丁，如无水者宜山清秀美。此方又是艮卦的库池之位，若有池堂聚水，或有水流入者，定主大发财源人丁昌旺。无论先天水到堂或后天水到堂，如明堂不清，杂乱而有障碍物者，不仅不能发福，反而多病。

二、后天位

艮卦的后天位在震（甲卯乙）方：

后天水宜来不宜出。后天主妻财，水来者主妻健财旺，财源滚滚。无论是住家、单位、公司或工厂，只要此方蓄水，或有水来，合局者大发财源，流破者有破产之忧。

艮卦的后天在震位，震方来水流入坤位，谓之后天水朝堂，坤位乃正窍之位，是大吉之水，主其家富贵双全，名利双收。但此水最好不要流入申位，因申乃艮卦的地曜方位，如水流入申为水口，吊起曜煞，反主大凶。其水流入坤位为最好的水，但坤地没有其它障碍物为好。

又如震水流来，从兑位出水，兑乃艮卦的地刑之位，名曰斜水过堂，由于是斜飞之水，虽是后天水朝堂主发财，可是与仕途不利，因兑为艮卦的辅卦位，辅卦乃辅之位为贵人之位，代表主要领导身边的左膀右臂，统领天下大大小小官员。所以，遇此者不仅不利升官，反主剥官削职，若被冲破地刑位，又主妇女身体不好。

如后天来水流出乾位，乾为艮的先天之位，谓之流破先天，主损少年儿童，虽然多生男孩，但不易成活。古书有云："后天流破先天位，终需败绝不善终。"如果戌方有池库聚水，其水深清如湖潭者，反主执掌重要之权贵，并且人丁旺盛。

震为长男，震方水来朝堂，长房发富，此乃得天地人和吉祥之水也。

后天震水与先天乾位汇合一同朝堂（明堂），必主人丁昌盛，大发财源，谓之三元不败之水也。

三、天劫位

艮卦的天劫位在离（丙午丁）方：

艮卦的后天位在震，震卦的后天之位在离，离卦就是艮卦的"天劫之位"。

天劫位之水宜出不宜来。古书云"天劫之水最为凶，破局犯之祸无穷，应出痨伤癫狂症，伤丁破财祸来攻"。遇太岁年运填实，三合吊冲之岁月，有破财损丁之厄。

艮卦的天劫在离，离方如有水流入乾位，谓之流破先天，称之为“消亡败绝”水，主损少年儿童，日久必然败绝凋零。

无论何水流破先后天，皆主败绝，水大来急主灾重，水小来慢主灾祸轻。

离位乃艮卦的天劫之位，如离方天劫来水流入兑方，兑乃地刑之位，名曰忤逆水，定出打爹骂娘的不孝子孙。丙方水来，主男女淫欲，午方水过堂，定出淫乱之女，即使良善人家之女，遇此水者也会伴随外人同居。

艮卦的天曜在午，地曜在申，如二方来水，主出疯狂之病人。如午方有水路或丁字路冲来者主出自缢之人。

四、地刑位

艮卦的地刑位在兑(庚酉辛)方：

地刑位之水宜来不宜出。若出水主妇人常年多病。地刑位又名“补药汤”，若被冲破者定主常年不断服药。水出庚方不利长房，水出酉方不利二房，水出辛方不利三房。

该方如无水流出，但见有破局之物，如屋角、高压电等物，也主不利。定主其家连连破财，口舌之事不断。

五、案劫位

艮卦的案劫位在坤(未坤申)方：

案劫位称之为“明堂”，又称之为“朱雀”。案劫方的水宜去不宜来。如无水去者，最好明堂有池潭聚水，如有湖泊，深池，清而见底者，也主大发财源，家资万贯，但也需先后天等吉方之来水配合。案劫方位最忌有破碎山头，电杆、大烟囱、屋角尖物，遇到太岁与五黄吊冲之年运到来，定有祸灾重出。

艮卦的案劫位在坤，该方来水主大凶，如坤方有巷道、路箭、河沟等物障碍直冲者，主其家人有心脏衰竭之症，日久暴疾而亡，大多应在妇女方面。

坤卦水来入兑位，从地刑方向流出者，名曰“消亡败绝”水，定主小房败落，因斜水反弓，主出忤逆不孝打爹骂娘之子孙，如案劫方水来流入宾位者，也是与消亡败绝水同断。

案劫前方的形势，最理想的是山环水抱，远看如万马奔腾，再有山清水秀，这样的风水，为长久不败之地。

案劫方若有尖形的障物冲射者，主其家生出缺唇之儿；如有水直射或旁水过堂，不仅生出唇之子，而且主破财生灾。

六、宾位

艮卦的宾位在坎（壬子癸）方：

坎为艮卦的宾位，宾位之水宜出不宜来，来水者主发外姓之人，对嫁出的女儿家旺丁，自家的人丁败落。

宾位来水主旺女婿败本家，此为“败子旺客”之地。房宅收到宾位水来，冲破先天或后天者，名曰“消亡败绝”水，这样的风水住之日久定主后代无人。

七、客位

艮卦的客位在巽（辰巽巳）方：

客位与宾位的断法大概相同，稍有不同的是，客水流来从辛位出，主长房人丁败退，二房平安，三房出凶事。如客水来从戌位出，主房房皆败，特别二房三房最明显。

八、辅卦

艮卦的辅位在兑（庚酉辛）方：

辅位之水宜来不宜出，来水旺人丁，此方最好有聚水池潭，住之必能大发财源。

九、库池

艮卦的库池在乾（戌乾亥）方：

库池乃财库之称谓，如此方有聚水之池塘最好，池塘越大财库越大，越深其财越旺，但要澄清靠近为最好。

十、正窍

艮卦的正窍在坤位、丙位、丁位：

正窍为之水口，此窍如选择在左边主长房荣华，在右边主小房富贵，如水从明堂中直出者，主房房大发丁财。如水从天劫位出去最好，水从正午方出去，定主长房发财，水流丙位主二房发福，水流丁位三房发福。

水口最要畅通，不可有任何障碍物阻拦，如有树根或乱石遮挡，使水流不畅，定主眼睛出毛病，堪宅时定须注意。

艮卦收乾位的先天位来水可以“旺丁”，收后天位的震方来水，定能“旺财”，如先天位和后天位二水汇合于堂前，从坤卦的案劫位出，为艮卦中最理想的外局水口，必主丁财两旺。

十一、曜煞位

艮宅的正曜在寅，地曜在申，天曜在午，此三方谓之三曜，三曜方不可破局，犯之灾祸即至。正曜破不利于三房，地曜破不利于三房，天曜破不利大房。

曜煞乃地理学中判断吉凶的一门学问，应用范围大，但凡业此道者无有不知的，而且每个学派对此都没有争议过，因此了解学习地理学，首先要了解八煞歌诀，并且还要背熟它，以便到时应用。

二十四山向八宫星位图

震卦山

震卦

凡是震卦所统管的甲、卯、乙三山在应用时完全以震为主。

一、先天位

震卦先天位在艮(丑艮寅)方:

先天之水宜来不宜出,来水者主人丁昌盛,富甲一方。如若反流或被流破者,主伤少小儿童或年轻力壮之人。

先天水向离卦流去,谓之流破后天,轻者女人多病,重者克妻损财。

先天水朝堂而又反跳者,开始发富,日久必定败落。水出申字败三房,出坤败长房,出未败二房。如坤方有聚水池塘近宅者反而又主大发财源,因坤是地刑位又是辅卦位,宜来水不宜去水,此乃发福之原因。

若艮方有水朝堂向巽(辰巽巳)方,左旋宾位,像玉带一样朝堂弯抱，是最理想之水，住之主丁财两旺，大富大贵。

二、后天位

震卦后天在离（丙午丁）方：

离为震卦的后天，后天水来宜来不宜出，歌曰："后天之水出富翁，人丁茂盛财兴降。"如若后人被流破，损财克妻代代穷。离方无水者山宜丰满清秀为最好。

后天之水流向乾位的天劫位，谓之后天水朝堂，是最吉利的水向，住之主丁财两旺。反之如天劫方水流破先天者主丁败财散，谓之消亡败绝之水。

如后天与先天两方都来水汇于明堂者，为大富大贵之水，水大定主出高官厚禄，富贵之人，文官拜相、武至三公。若小地小水结穴，也主发福旺丁。

三、天劫位

震卦的天劫位在乾（戌乾亥）方：

天劫位之水宜出不宜来，去水大吉，来水主凶。天劫方来水称之为药碗水，又叫癫狂水，若收天劫水朝堂，主家中必有常年不断服药之人，又主出癫狂病人。

天劫水属于凶水，喜出不喜入，如流入艮位从先天出水，谓之流破先天，称之为"消亡败绝水"，此水最凶，住之主子女夭折，破财损丁，不幸之事频频发生。

天劫方如有屋角、电杆、桥箭、水塔、烟囱等逼近，定主家中有经常头疼不安之病人。

四、地刑位

震卦的地刑位在坤（未坤申）方：

地刑位又是辅卦位，地刑位如有池堂聚水称之为富贵之水。

坤方为震卦的地刑位，此方不宜有屋角，电杆、烟囱、水路等冲射之物，如遇太岁吊冲时，必有官讼、损财之忧，甚则有车祸、伤人口等不幸之事发生。地刑水又名为淫声水，此方如有障碍之物，主男女会有淫欲不正之风。

坤方之水不宜向乾方流去，若水的形象反弓，必主其家出忤逆不孝子孙，夫妻不和等事。

五、案劫位

震卦的案劫在兑(庚酉辛)方：

坐山的正前方为案劫位，案劫又称为朱雀明堂，此方不可有水路冲射，如果酉方案劫之位来水，冲坐山的卯位，谓之“穿心水”，主得心脏衰弱，吐血暴死等病。

酉方来水又称为桃花沐浴水，男主夭折，女主淫乱，古歌曰：“震山酉水犯桃花，女子淫乱不由她，水若流来朝午位，游魂桃花色更加”。

案劫方忌有屋角、墙角、栏杆等尖物逼近，流年与五黄一到轻者见血，重者见车祸，损丁破财。

案劫之方不可有障碍杂物，此方如同官员办公之案堂一样，只宜清静不可杂乱，如果案堂杂乱，水路反弓者，为官主乱事很多，重者罢官免职，又主为官无情无义，上下不和。

六、宾位

震卦的宾位在巽(辰巽巳)方：

宾位之水宜出不宜来。来水发女丁和外姓子孙，但本家之子孙人丁衰退。特别主招赘的女婿人丁旺盛。

七、客位

震卦的客位在坎(壬子癸)方：

客位之水与宾位水的论法大致相同，此方之水宜出不宜来，来水者旺女不旺男，过继儿子与招赘的女婿后代人丁昌旺，本家子孙反而败落。

八、辅卦

震卦的辅卦位在坤(未坤申)方：

辅卦水宜来不宜出，该方如靠近池塘主旺财，如在坤方来水发长房。申方来水流入坎方而去，谓之冲破库池，为官者不利前程，此水又叫做无禄水，不仅对前程不利，而且主孩子读书也不肯用功。

辅卦方来水出艮，艮为先天之位，称之为“冲破先天”，不仅宅主易出凶事，久后必定人丁败绝，特别对小房危害性最大，因艮为少男之位。

九、库池

震卦的库池在坎(壬子癸)方：

库池谓之财库，无论阴宅还是阳宅，库池距离屋宅不可太远，池塘之水要深清见底为好，住之主财源茂盛。

十、正窍位

震卦的正窍位在(乾、庚、辛)方：

正窍位就是出水位，正窍位的选择是将不能出水的先天位、后天位、宜汇合先后天来水的宾客位除去后剩下的就是案劫位，案劫位中有一个天干或两个天干。天劫位也是一个天干或两个天干，每个卦山皆剩此前方的三个出水位称为“水口”，其中有一个最好的出水位就称之为“正窍位”。

正窍位的选择，水放在左边主左边大吉，水放在右边主右边大利，水从堂中而去各房皆利。

水口不宜有树木、大石以及障碍物阻塞，否则主不论男女主眼睛出毛病。

十一、曜煞位

震卦的正曜在申，天曜在寅，地曜在亥。以六爻卦的官鬼爻为本卦的正曜。以先天卦之正曜为本卦的天曜，以后天卦的正曜为本卦之地曜。六爻卦的取曜法，是取克我的官鬼爻为曜煞，如此方有水路冲射，尖物逼近、屋角、破山冰、电杆等，遇到太岁地运吊冲之年月必定有凶事出现，如申方有障碍之物，如尖墙、屋角等，寅年与申年三房必出凶事，轻者破财有病，重者出癫狂、车祸等血光之灾。还有三曜煞乃是震山的寅申亥三方,如该方有寺院、庙宇等主出巫婆神汉之人。

二十四山向八宫星位图

巽卦山

巽卦

巽卦统管辰、巽、巳三山,凡是三山之应用皆以后天之巽卦为主。

一、先天位

巽卦先天位在坤(未坤申)方:

坤位是巽卦的先天之位,此方之水宜来不宜出,来水谓之"先天水朝堂",主人丁大旺。

先天水主人丁,如果先天水朝堂,主"应旺人丁千万口"。无论是住宅还是工厂、公司,只要见先天水朝堂又不被他方流破者,定主人气大旺,顾客盈门,财源如潮。此方之水如反流,或是此方有其它障碍之物,应损伤小口或年轻人。

巽卦山见到先天坤方水来朝堂,是最吉利之水。水出坎位的天劫方也为大吉之水。但此方之来水不宜反背,如来水稍有反背开始是很好,日久定出忤逆不孝之子孙。

先天水流入兑宫,兑位乃是巽卦的后天之位,谓之“先天破后天”,称之“消亡败绝”,是最不吉之水,古书称之“消亡败绝代代穷,性比猛虎更为凶”。

二、后天位

巽卦位的后天在兑(庚酉辛)方:

兑是巽卦的后天,后天之水宜来不宜出,若此方无水,有山宜秀美。后天之位主“妻财”,后天不能流破,如流破后天不仅破财,又主克妻。

后天水流破酉位主败长房,流破庚位主败二房,流破辛位主败三房。开始入住时平安无事,一到太岁冲破时,必有破财损妻之忧,例如兑为本卦山的后天位,遇酉年或卯年太岁冲破之年凶事即验。

兑为巽卦的后天之位,坤为巽卦的先天之位,如二方有水汇合聚于堂前,而且合局者,谓之先后天二水朝堂,不仅主人丁大旺,而且出俊俏秀丽之人,富贵长远。

兑方来水由乾位出,初年吉祥,日久必凶。兑方来水由坎位天劫方出属于反背水,主出忤逆不孝之子孙。后天水来必定财源滚滚,但这种水虽然家资巨富,不仅不得子孙之福,最后一切都败于子孙之手,落得两手空空、一贫如洗。

三、天劫位

巽卦的天劫位在坎(壬子癸)方:

天劫方之水宜去不宜来。此方不宜有屋角、电杆、烟囱等障碍物,到年运或五黄来冲吊之时,定有头疼、车祸、血光之灾发生。以上已经介绍过,天劫方之水宜去不宜来,因天劫水名为药碗水,如见天劫水朝堂,其家老少免不了有吃药不断之人。

巽卦的天劫位在坎,如坎方来水主见吐血、痨疾之病。如见癸水过堂,主其家出落水之人,如子水与癸水同来,又主其家出六指、缺唇、自缢等凶死之人。

在堪宅时,凡见天劫方见有障碍物者,风水师应赶紧告诉宅主,想法调理,免得招致灾祸,千万不可忽视。

四、地刑位

巽卦的地刑位在兑(庚酉辛)方:

巽卦的地刑在兑,兑又是巽卦的后天之位,地刑位之水不可流出,但也不宜流入,如流入者财运尚可,但家中妇女免不了有妇科病,轻者损财,重者伤妻。如此方有屋角、电杆、烟囱等障物,而且离得很近,主其家当年有药碗不断的长期有病之人。

五、案劫位

巽卦的案劫位在乾(戌乾亥)方:

坐山之方向称之为案劫。案乃书案也,像做官之人趴的书案、案桌、公案。坐山的向前又称为案堂、明堂,又称之为朱雀明堂。明堂要清净,不可杂乱。无论阴宅还是阳宅,如向前有形状不齐、不合理的障物,主应居家老少情绪不安,上下不和。明堂方最忌水路反弓,山头破碎,犯之必出薄情寡义忤逆不孝儿孙。

明堂方乃官老爷的公堂,该方最忌山水斜走。斜走必破,主其家亲情离散。其方又代表为官受禄之位,如遇山水斜飞,定主做官丢官,在职罢职。所以案劫之位,宜静不宜动,不可有杂乱障物,无论山头或水路,以山环水抱为佳。

乾为案劫之位,该方最忌有水直冲,谓之水来穿心,犯之主肺心病暴死,或遭土石之凶事而死。

戌为地网,戌方水来主有牢狱之灾,如戌方山形像枷纽,水路像绳索,犯之必出囚狱而死,或犯有官灾之人。

乾位有水路直冲射堂,主其家出聋哑、疯、跛之人。

六、宾位

巽卦的宾位在离(丙午丁)方：

宾位就是朝向的先天位。宾位之水宜出不宜来，来水主旺女不旺男，外姓子孙得福，本支子孙衰败，此方的建筑物要相称，宾主要相应，如宾位有物高而靠近屋宅者，谓之客来欺主，主其家宅不得安宁。

七、客位

巽卦的客位在艮(丑艮寅)方：

客位就是朝向的后天，叫做客位，客位的吉凶所主和宾位是同一道理。

八、辅卦

巽卦的辅位在震位(甲卯乙)方：

八个卦中除去先天位、后天位、宾位、客位、天劫位、地刑位、案劫位之外，所剩下的即是辅卦位。若八个卦位全部占满，即与地刑位同卦。

辅者乃辅佐之意，辅卦的卦位，为贵人之位，辅卦水宜来不宜出，来水者旺人丁，如流向库池方位，库池深而清澈见底者，此乃大发富贵之地。

九、库池

巽卦的库池位在坤(未坤申)方：

巽卦的先天在坤，坤位就是巽卦的库池位，库池即是宅外之财库，可看出财有多少。此方如有湖、潭、池塘聚水为最好，而且越深财库越旺，越澄清财库越好，与住宅或墓穴越靠近越好。

十、正窍

巽卦的正窍在壬位癸位乾位：

正窍位就是出水口，在二十四山中，有十个天干十二个地支，地支重浊，太岁与煞气冲动则应见凶，天干轻清不怕煞冲，故水喜流天干，不喜流地支。选择正窍位，主要是将不能流出的先天位后天位等位去除，剩下的案劫位，有一个天干或两个天干。天劫位也有一个天干或两个天干，每个卦皆有前方的三个出口位，称之为“水口”。其中有一个最好的水位，就称为“正窍位”。

正窍位分内局外局，如内之水放在左边主左边发福，放在右边主右边富贵，水放堂中主房房皆好。

兑为巽卦的后天，兑方水来朝堂，由艮流出，艮乃巽卦的客位，谓之水归正窍，主大富大贵，并出名利双全的人才，此为非常吉利的水口。

先天之坤位水与后天的兑位水一起流来，汇合于堂前流入艮方出水，是巽卦最佳的水口，无论水出壬，还是水出艮皆谓之正局之水，不仅旺丁旺财，而且出富贵文人。特别注意的是，水口处必须要明显，若有树木及其它障物遮阴，不仅不发还会多病。

十一、曜煞

巽卦的正曜在酉，地曜在巳，天曜在卯。

三个曜煞的方位最忌有屋角、电杆、水路、烟囱、破山头等障物冲射，到了年岁填实吊冲时，应有凶祸出现，古歌曰：“曜煞冲来最主凶，生病破财运不通，重者生灾损人口，冲岁之年祸重重。”

巽卦的正曜在酉方，此方如有破局之物，遇到太岁或五黄冲吊之岁月（如卯年卯月）必主长房招灾。

明堂的正前方或左右前方，如有古井、栏杆、屋角、电杆、烟囱等障碍物靠近主多病，高者应在头部，中者应在胸部，低者应在腿足。流年与地运冲到之年，轻者破财，重者损人口。业此道之人，为人看宅时，发现有此布局应该即时警告宅主，提前改修，以便到时灾祸一见，悔之晚矣。

二十四山向八宫星位图

离卦山

离卦

离卦管丙、午、丁三山，此三山所应验之事，全以离卦为主。

一、先天位

离卦的先天位在震(甲卯乙)方：

震卦是离的先天，先天之水宜来不宜去，如该方无水者，山宜丰润清秀。

震位水到堂大旺人丁，震水如与乾水全都流入辛方库池聚屯者。震为先天之水，乾为后天之水，谓之先后天水入财库生旺齐备，主丁财两旺，富贵两全之局。

又如先天之水与后天之水汇合流入坤方，从客位而出者，也是富贵两全局。

又如先天震位有水直流西北归于乾位者，谓之先天破后天。名曰“忤逆水”，主消亡败绝，主出不听话的小孩子和忤逆不孝子孙。

二、后天位

离卦的后天在乾位(戌乾亥):

后天之水宜来不宜出,来水者大旺财源,此方如无水有山,山形宜丰满秀美。

后天位水来不仅主财源茂盛,又主旺妻,无论是住家还是工厂,此方最喜有水来朝,主出女强人、女老板,或名利双全之女人。

后天之水切忌反流,也忌他方之水冲破,即“流破后天代代穷”,不仅无财又主克损妻室。如见到这样水势,可以筑墙遮挡,也可栽上竹子或带针之树木,即可以化离煞。

如先天震水和后天乾水二方之水同来聚会于明堂,此乃大富大贵之地,主出丁财两旺、高官厚禄之人,若然来龙结穴于大地者主出文豪贵人、文官拜相、武官护朝。小地结穴也主发贵而旺丁旺财。

乾方来水流过明堂入震位者,虽然发财,但出富而不贵的蠢人,如此水再汇合震卦先天来水出兑方,兑为离卦的库池之位,又是富贵两全之地。

乾卦水来出坎方大吉,出艮方也为吉水,但是艮位乃是坐山之斜角,好像似反弓形出水,此水虽吉,但只主发财一时,日久消亡败退。

后天水向震位流去,也就是西北方来水经过堂前向东流去,名曰“先天破后天”,主居住之人家渐渐人衰财败,直至破产绝嗣,遇到这种水局,应赶紧告诉宅主提前改变局势。

三、天劫位

离卦的天劫位在艮(丑艮寅)方:

离卦的后天在乾,乾卦的先天在艮,艮为离卦的天劫位。

天劫方之水宜去不宜来,因天劫水称之为“药碗水”,如此方来水，定主其家有常年不断吃药之人，倒霉之事会接二连三地发生。

天劫方不宜有屋角、电杆、烟囱尖角、冲射之物，轻者小病不断，重者头疼如裂，如流破先天之位则主心乱不安。

艮方为天劫，属于长四房之位，艮方不宜来水，来水主败长房，长房人丁衰败。

天劫方之水如流向西北，从乾位上出去，谓之流破后天，定主家业退败，克妻伤财。

四、地刑位

离卦的地刑位在乾(戌乾亥)方：

离卦的天劫在右前方的艮位，地刑在左前方的乾位，乾位与后天同在一卦，故乾位之水宜来不宜出，此方如无水有山，山宜丰润秀美。

地刑之位切忌有屋角、电杆和烟囱等障碍之物，犯之遇流年冲实之年，求财失利，官讼必输等倒霉之事连连出现。

五、案劫位

离卦的案劫位在坎(壬子癸)方：

坐山对面的向方称为案劫，又称之为明堂，明堂要清净，最好有砂环抱，水聚天心，为大富大贵之格局，若明堂方砂水反弓者谓之无情之地，会出现背井离乡，为官失职之忧。

离为坐山，案劫为朝向，案劫方如水来直射坐山，谓之“穿心水”，主凶，主应心脏病突发或暴病而亡。

如坎方来水，再遇上曜煞之位的午方或申方、亥方如高压电杆或靠近大树者，必出疯狂之人。

如壬子癸三方有水路冲来者主有肿胀、落水、六指、缺唇之人，千万要防之。

如子方有水直射明堂者名曰娥媚水，称之毒药水，娥媚水主出妇人淫乱之事，毒药水主出被水淹死之人。如子水流归卯方，或流归西方名曰“桃花水”,又叫“沐浴水”,古诗曰:“子午卯酉犯桃花,男女淫乱不由他。男人为色早夭折,女人淫声乱如麻。良家之女也同断,一样恋郎断不差。”

六、宾位

离卦的宾位在兑(庚酉辛)方:

离卦的朝向是坎,坎卦的先天是兑,所以兑就是离卦的宾位。宾位之水宜出不宜来,来则旺女不旺男,主外姓子孙发福,本家人丁败落,宅主如想生男,旺男,就该调理水由宾位出,用法与效果又因应用水平不同而有差异。

七、客位

离卦之朝向是坎,坎卦的后天在坤,坤即是离卦之客位。客位与宾位的看法大致相同。

本卦山的兑卦为宾,坤卦为客,如宾客二水反流入朝堂,主其家多生女孩,如宾客之水朝堂反弓再流往乾方的,为“流破后天”,主妇女见难产、血光之灾。再如宾客水朝堂流入震位,谓之“流破先天”,主损龆龄之儿童,(注:龆者指小儿换牙,龄者指年龄,这里指小儿正在换牙之年龄。男子七岁为龆,女子八岁为龄)或出夭折之人,久住定主绝嗣。

无论先天流破还是后天流破,皆不是好事,宜趋避为好,可筑墙或栽种竹木遮挡则无碍,如没条件趋避的,不妨另择他地建宅。

八、辅卦

离卦的辅位在巽(辰巽巳)方:

辅卦位之水宜来不宜去,来水旺人丁,无来无去者有池塘或湖潭聚水也吉,但此方之水宜深澄清澈者为好。

九、库池

离卦的库池位在辛方:

库池以财库论之,此方如有池塘湖潭近宅,并且深而又澄清者，主其家财库丰满。

十、正窍

离卦的正窍在艮、壬、癸位：

正窍又称之为水口，水口有内外局之分，内局之水无论放在左边或右边，皆主荣华富贵。如果水放堂中房房发富。

内埕水从壬癸位流出，主房房皆发，尤其三房先富，千万不能从乾位出，谓之“内埕流破后天位，定主妇女不安宁”。如从戌方出水主败二房，从艮位出最佳。出丑位败二房，出寅位难发小房。三曜煞之中有二曜为水口者，遇刑冲或填实太岁之年灾祸必至。

外局之水从堂中直出者，名曰“泄元神之气”，若再没有其它遮拦，久后房房皆败，谓之开天门闭地户，畅人门塞鬼路，天门地户不宜开，艮宫宽阔永无灾，不可不慎。

十一、曜煞

离卦的正曜在亥，地曜在午，天曜在申：

此三曜是离卦中的官鬼爻，好像是三只凶猛之恶兽坐在那里伺机欲动。还有天劫、地刑、案劫名曰“三刀案”，三曜方与三刀案方切不可靠近屋角、高压电杆、变压器、烟囱、大石、尖塔、古树等一切尖物，遇到地运流年刑冲与填实之年月，会出现车祸、血灾、损伤人口之事。

天劫位犯冲问题不大，如在曜煞位者，必出疯狂之人，但车祸与血光之灾也会连续不断地出现。又如亥为本卦的正曜，如该方有水朝堂带煞者，主出疯狂之人，因戌地网又为牢狱之位，此方如有山头，屋角或其它建筑物如枷锁者或有路像绳索必有牢狱之灾。

曜煞的歌诀必须反复熟背，以免到用时想不起来耽误大事。

坎龙坤兔震山猴，巽鸡乾马兑蛇头。

艮虎离猪为曜煞，坟宅犯之一旦休。

二十四山向八宫水位图

坤卦山

坤卦

坤卦管未、坤、申三山，三山所管辖之事皆以坤卦为主。

一、先天位

坤卦的先天在坎(壬子癸)方：

先天位主人丁，此方之水宜来不宜去。先天水朝堂主人丁旺盛，本卦如正北坎卦水到堂，主大旺人丁。如再有东南的巽卦后天水到，聚于明堂者谓之四一同宫。《理气篇》曰：“四一同宫准发科名，主出文贵之人。”如二水汇合由艮方出，定可广发财源，大旺人丁，后代子孙定能房房富贵。如二水反由坎方流出者，谓之流破先天，必主损伤青年壮男，严重者主孤苦伶仃，此水又名叫“消亡败绝水”，是很关键之水，业此道者必须要详知先天之水的重要性，一点都不能马虎。

又如坎方水流来往正东方震位出水，名曰“忤逆水”，虽家财万贯，人丁旺盛，但由于水形反弓，定出不听话的小孩，甚出打爹骂娘忤逆不孝子孙。

坎方来水从巽方流出，又名破后天，日久丁财退败，因后天主财，先师有训曰："流破后天主贫穷，后代子孙做长工，常年破财妻多病，终日奔波无始终。"

二、后天位

坤卦的后天在巽（辰巽巳）方

坤卦的后天在东南巽位，此方之水宜来不宜去，如果无水，山要秀丽有情。后天之水主财帛旺衰。

坤卦最宜巽方水来朝堂，而后再从震方的天劫位出去，这是最佳的水法。合此局者定然丁财两旺，富甲一方。无论住宅还是公司、工厂，只要用此法，无不财源滚滚。反之，如水从此方出名为破后天，后天主财帛，破局者必然损财。若再见天劫水流破后天之位者，不仅财有破损，而且会造成更严重后果。如住宅必财源大败形成衰落、或有克妻再娶之忧。此水名为消亡败绝水，必须慎重。

后天巽卦水如汇合先天坎卦水流往震位或艮位皆主大吉，乃丁财两旺之好水。又如巽方水来从坎位流出，名曰"流破先天主损少壮之男"，如从壬方流出败二房，从子方流出败长房，寅方流出败三房。如果巽水来从乾位出，谓之丁财两旺之水，因乾卦乃坤山的宾位，宾位水宜去不宜来，来水旺女口，出水旺男丁。

三、天劫位

坤卦的天劫位在震（甲卯乙）方：

天劫方之水宜出不宜来，天劫水乃是凶水，俗称为"药碗水"，如天劫方来水主其家有常年吃药之人。坤山甲方水来，主出上吊死或摔死压死之人。如果甲和寅二水同来，主出残疾、驼背之人。卯辰二水同来，主出癫狂之人。又如卯方来水或有路冲来，必出上吊枉死之人。卯水乃属桃花之水，此方来水主妇人淫乱，如卯方来水从子方流出，主其家乱伦。原来是规规矩矩的良家女子，住上这种环境的住宅后，会变成淫乱之人。堪宅时发现这种情况，应设法改良水口，如没条件改良的话，只有另选住宅，别无他法。

天劫方不可有烟囱，电杆、古树、尖塔等障物靠近，主其家人出现头疼，心闷之病，最注意的是至流年太岁冲动时，容易出现车祸伤损之灾。如此卦的正曜在卯，太岁冲实之卯年卯月或酉年酉月出现的灾祸，大多会应验在长房身上。

四、地刑位

坤卦的地刑在坎(壬子癸)方：

坐山的先天是地刑之位，地刑方不可有电柱、水塔等凶物靠近，更不可有屋角直射坐山，主伤损妇女。因坐山是坤，坤为老母又为妇女之因。

五、案劫

坤位的案劫在艮(丑艮寅)方：

关于案劫位的所主之事以上几卦已有详细介绍。案劫俗称明堂，又称之为朱雀之位，其方不可杂乱，如杂乱必主其家终日不得安宁。尤其堂前左右之龙虎砂位，要平顺驯服，外局的水路必须环抱有情，如果案前水路反弓破碎，其家必出忤逆不孝子孙。案前的水路斜来带破，其凶灾必大。因案劫为公堂书案，主应官职之事，遇此者主为官失官，在职离职，至少有为官不前之厄运。堪宅时，不论阴宅阳宅遇此者，赶紧告诉宅主，想法更改水位，以利于人。

坤卦的案劫位在艮，艮方如有凹坑低陷者，主出眼目之凶。艮方水路冲来，必损龆龄之儿。因艮为少男，又为人门，艮方如有坟墓、高塔等障碍之物也如此直断。

丑方有水路或高物逼近，特别有山形像枷枢一样，或者见有路如绳锁者，宅主应有牢狱之灾。

艮方不可有水直冲来,谓之“穿心水”,主心脏病突发死亡。又艮方来水反弓向坎方流去者,也主暴病死亡。因坎为中男,多主二房起凶。又艮方水朝堂回过头又向艮方流去,久后必主人丁败绝,因艮为少男,震为长男,大多不利于在长房和三房。又艮卦水来朝流向巽位,谓之流破后天,不仅大破财源,并主克妻,又主出寻花问柳之男子。

六、宾位

坤卦的宾位在乾(戌乾亥)方:

坤卦的宾位在乾,宾位之水宜出不宜来,若有水从乾卦流到艮向,就是宾水朝堂。宾水宜出不宜来,来水不是好事,旺女不旺男,主嫁出去的女儿发旺,自家反主人丁退败,由于无男丁而招赘女婿,待女婿入门后不仅人丁大旺,而且又发财。应用宾水又有很多说法。

七、客位

坤卦的客位在震(甲卯乙)方:

坤卦的宾位在乾,客位在震,如二卦水同来朝堂,又合先后天之布局者,谓之“客水过堂”,主大发财源。如宾客方来水向坎方流去,谓之“流破先天”,主外姓子孙发旺,自家子孙退败,出贤孝的女婿与外甥。在日常应用中,客水与宾水两者相同,应以一理而推之。

八、辅卦

坤卦的辅卦在兑(庚酉辛)方:

辅卦之水宜来不宜出,来水旺人丁,此方最好有池塘聚水,池水清而又深者主财源丰隆。

九、库池

坤卦的库池在巽(辰巽巳)方:

坤卦的巽方为库池,库池是后天财源之位。此方如无水有山,山宜秀丽。有聚水池塘或湖泊为最好,而且池水越深越清财源越旺,若再不见水去,不仅大发财源,更主人丁大旺。

十、正窍

坤卦的正窍位在甲、乙、艮位:

正窍位又叫出水口,水口分内局和外局,内局选择在左边主左边发财,放在右边主右边巨富,水若从堂中而去,主房房皆富。

艮为坤卦的案劫,此方停水最吉,正窍之水不能流破先天,流破先天损少年,流破后天损妻财。水出辰位(后天)伤妇女。

十一、曜煞位

坤卦的正曜在卯,地曜在酉,天曜在辰。

风水术中的每个学派都得重视曜煞,都强调首先要知道曜煞性能和应用法则。曜煞乃纳甲卦的官鬼爻,官鬼乃曜煞的正曜。以先天卦的正曜为本卦的天曜,以后天卦的正曜为本卦的地曜。取克我者为官鬼为曜方,此方不宜有屋角、电杆、烟囱、山头等尖物冲宅,一到岁运三合之年必然发凶。业此道者每看一地,首先要观看曜煞在某一方位,应在何年起凶,告诉宅主提前预防化煞,防止灾难临门。

资深业者说曜煞在寅申巳亥四大长生之地,如此方有障碍之物,主出疯癫之人。曜煞在子午卯酉四旺之地,主出酒色桃花之人。曜煞在辰戌丑未四墓之地者,主人身体不好,易得不好意思告诉人的隐秘病症。

如曜煞方有寺庙,主出巫婆神汉之类人;曜方有古树,特别是古松树,主得不明不白的暗病。曜煞在地刑位者,主遭官讼。曜煞在天劫位者,主见车祸和血光之灾。

曜煞乃是凶方,此方只要有障碍之物,到岁运吊冲之时灾祸即临。

了解三元风水,开始必须将四句曜煞歌诀熟背,然后再将歌意慢慢理解。如见曜煞所临之方有障碍之物,立即告诉宅主想法化解。

二十四山向八宫星位图

兑卦山

兑卦

兑卦统管庚、酉、辛三山，三山在运用方面皆以兑卦为主。

一、先天位

兑卦先天在巽(辰巽巳)方：

先天之水宜来不宜去，此方如无水，山形以秀美为吉。

“先天主人丁”，兑卦以巽为先天，坎卦为后天，二水朝堂，主人丁大旺，必出清秀文人。

先天来水流入艮位，从天劫方出，虽然合局，但因水形反弓，定出忤逆不孝之子孙；如巽水来从坎方流去，也属反弓水，谓之“流破先天”，大凶，定主妇人见血光而亡，日久人丁退败，孤苦伶仃。

巽为先天，坎为后天，二方来水朝堂，流归震方的案劫位出，不仅大发财源，而且主出清贵、科甲绵远之子孙，此乃是财丁贵全备大吉之格局。

二、后天位

兑卦的后天在坎(壬子癸)方:

"后天主财帛",后天水宜来不宜去,合其局者财源如潮,破其局者财败如汤雪,如后天之位无水者,山清美秀也好。

后天坎卦水与先天巽卦,二水会合于堂前,主丁财两旺,其水最好由甲或艮方口出,定主出财官贵人。如坎卦来水由案劫方出,虽然发富,主出蠢愚之人,因反弓水故也。

水从坎位出,谓之外局流破后天,主妇女有血光之厄,并有克妻再娶之忧。如水出子位败长房,出壬位败二房,出癸位败三房。

后天之坎位又是库池之位,库池可看出财有多少,此方如有池塘或湖潭聚水,其水深而清澈者,主财源旺盛。

后天水虽来朝堂,但明堂要清静,如明堂杂乱无序,不仅不能发福,而且主多病。

如见到后天之水被流破,或者反流者是最凶之水,风水师应告诉主家,可以在此方栽上竹子或筑屏墙挡之,以制化凶煞。

三、天劫位

兑卦的天劫位在艮(丑艮寅)方:

天劫水乃属凶水,其水宜去不宜来,来水主其家常有病人。无论屋宅或坟墓,在天劫方忌有屋角、电杆、路箭、桥箭、烟囱、水塔等尖物靠近,轻者家中常有病人,重者会有车祸开刀手术等血光之灾。

前人说,本卦山凡见丑方来水或有障碍之物者,可直断其家有自缢或不善终之人。艮方有凹坑深陷主出盲目或青光眼、白内障等病。寅方水来会出现凶死、癌症之类难医之病。

艮方来水流归巽位而出,其水必有反弓之形,主出打爹骂娘,与家庭不和、父母无感情的不孝子孙。

四、地刑位

兑卦的地刑位在巽(辰巽巳)方:

地刑位的断法与天劫大体相同,其方不宜有屋角电杆、烟囱等障碍之物靠近。到太岁地运冲吊之年,会出现官讼、破财、妇女心神不安等事,其它方面与天劫位的吉凶同断。

五、案劫位

兑卦的案劫在震(甲卯乙)方:

案劫位就是坐山之朝向,古人称之为“朱雀”,又称之为“明堂”。案劫乃办公之案桌,此方不可杂乱,而且砂峰要环抱,龙虎要有情。此方忌有桥箭、电杆、古松、烟囱等障物。形局合格者,主其家老少感情忠厚,待人诚实。案劫也是封官受爵之方,如形局杂乱无情者,主为官失意,甚则丢官罢职。并主居家骨肉不和,待人无情无义。

案劫方来水直冲,主出现心脏病人,因震为先天之离位,离代表心脏之故。若其水向后天之坎位流出,必出鳏寡(亡妻为鳏,亡夫为寡)之人,也主出现淫乱、重婚之事。

兑卦的库池在坎位,坎为后天之位,此方如有聚水池者主出巨富。虽然富有,但日久凶灾难免,因水形有反弓之故。

震为兑卦的案劫,震位水来从巽方流出者,名曰“流破先天”,主少亡。

六、宾位

兑卦的宾位在艮(丑艮寅)方:

宾位的速算方法很简单,即朝向的先天称为宾位,如兑卦的朝向是震卦,震的先天在艮,所以艮位就是兑卦的宾位,也可说是坐山的天劫位。

宾位与天劫位理论大概相同,此方之水宜出不宜来,此方若有屋角、电杆、烟囱等尖物靠近,岁运冲克之时必见凶灾。

七、客位

兑卦的客位在离(丙午丁)方:

客位的吉凶判断,主要看主客之应,主者即是坐山,主强客弱、万事通顺。主弱客强,客来欺主,诸事不顺,所以主客必须要相应。

此卦的离位(丙午丁)方不可有高山、尖塔、高电杆等凶高之物,犯此者客来欺主。

离方之水,谓之客位水,客位之水虽可来去,但不宜流向坎方,因坎为后天,应客来欺主格局,遇此形之水者必然损财,日久家门冷落,穷困潦倒。

八、辅卦

兑卦的辅位在坤(未坤申)方:

辅卦水宜来不宜出,来水旺人丁,此方如有水塘或聚水池靠近宅场者,必主出财源万贯巨富之人。

九、库池位

兑卦的库池在坎(壬子癸)方:

库池之位可比做收藏财富的库房,也表示财富多少之意,库池位若有池塘聚水,其塘又深又大,而池水澄清,则主财源滚滚,越来越旺。

十、正窍位

兑卦的正窍在艮、甲、乙位:

正窍即称为水口,内埕之水放左边左边好,放右边右边吉,放在堂中,房房皆吉,其水口之方不可有树根或乱石阻塞,切忌形成八字形水路,主出眼目之灾,严重者出瞎子,千万慎之。

十一、曜煞位

兑卦的正曜在巳,地曜在辰,天曜在酉。

曜煞的由来,乃由六爻卦的生克推演而出,以本卦的官鬼爻为正曜位,以先天卦之正曜为本卦的天曜位,又以后天卦之正曜位为本卦之地曜。取克我者为官鬼，其官鬼之方如有暴破山头、屋角、高压电杆、烟囱等直射坟宅之坐山，到岁运逢冲时，必有祸事。轻者破财，重者出现开刀、癌病、车祸等事。曜煞之凶气非常厉害，千万不能马虎。

先人曾说，兑卦的正曜在巳，巳方有水路直冲者，可断出有少女自缢吊死或服毒死亡之事。地曜辰方有水路冲来主有少男上吊而亡。有水在酉方冲来，酉为兑卦的天曜，主其家出寻花问柳的嫖客，又主出暴病短寿之人。

曜煞方忌有古松，主得暗昧不明之病。特别在天劫、地刑、案劫（称之为三刀案）方有破局者，到太岁填实与逢冲之年应有损人口之凶。

第七节　三元水法的旺衰断

一、元运的应用

此节论述，在本书"玄空篇"、"九星篇"和"八宅三要"篇中皆有详论，但此篇三元旺衰断与该篇断法有大同小异之处。为了使读者快速理解，这里不妨再细述一下。

三元水旺衰是以先后天八卦来确定的。所谓"三元"水法是指上、中、下三元，应用时以当运之星入中宫，以中宫为"我"，再以"我"与八宫比较，以生我者为生气，我生者为退气。克我为煞气，我克为死气，同我为旺气。

元运歌

看山须看主运星，上元一白中宫行。

中元四绿排八卦，下元七赤是令星。

当令之星入中宫后，再顺排八方，即可得出八方旺衰，凡是生助当令星方位的山冈水路，主六十年大利，生气方更是长久不败。

歌曰：三元九星理需通，上元一白二三同。
中元四绿中乾位，下元七赤艮离宫。

三元九运一共是一百八十年，将划分为三个元，每元六十年，每六十年又分上、中、下三运，每运二十年，凡上元从1864年甲子至1883年癸未年，这二十年一白坎入中宫。甲申至癸卯二十年二黑土星入中宫。甲辰至癸亥二十年三碧木星入中宫。中元1924年甲子至1943年癸未四绿木星入中宫。1944年甲申至1963年癸卯五黄土星入中宫，1964年甲辰至1983年癸亥二十年六白入中宫。从1984年甲子至2003年癸未，七赤金星入中宫。2004年甲申至2023年癸卯年八白土星入中宫。2024年甲辰至2043年癸亥年九紫火星入中宫。

以入中宫之星为主运，对八宫以论生旺，如上元一白坎水入中宫，坎水乃当令之气，与一白水星相同为旺气；一白水星对二黑土星来说是土克水，克我者为煞气；一白对三碧四绿木星来说是水生木，我生者为退气；一白对六白、七赤金星来说是金生水，生我者为生气；一白对九紫火来说是水克火，我克者为死气。以生旺之气为吉，煞气、死气、泄气为凶。

其法是入中宫之星为元气，生元气为生气，克元气为煞气，得元气生的为退气。受元气克的为死气，与元气比和的为旺气。

二、主运加飞星看法

如下元七赤入中宫顺行八宫，依入中宫之星与八宫各个方位的生克断吉凶。如七赤当运入中宫，八白土飞入乾宫，土生金为外生内，为外耗内冷，主退财损丁。九紫入兑宫，火克金为外克内，上克下是客来欺主，如临之必招凶祸，百事不利。一白水飞入艮宫，内克外为煞气。无论是坟是宅，主运生气方有门、路、水道、山冈、秀峰者，定主发富贵、旺财丁。如煞气方有破碎、缺、陷等障碍之物,免不了招来外祸。五黄方有路冲来,在动冲克应之年大凶。退(泄)方主退财,死气方主损人丁。旺气方、生气方皆主有喜庆之大事,九紫、五黄二凶星飞到,主官事、火灾、退败之事,生、煞、冲、泄主事二十年,主运之流年依九星加临定其吉凶。

三、九星入中八方飞布的认识

九星飞入中宫以后,就产生生克,从生克中分为五气。

以宫星生克产生出五气:以入中宫飞星为主,为我,八方九星为客,客来生我者为“生气”,客与我相同比合者为“旺气”,我去生客者为“退气”又为“泄气”,我去克客者为“死气”,客来克我者为“煞气”,五黄所到之宫为“关煞”。

中宫 八方 五气	一白	二黑	三碧	四绿	五黄	六白	七赤	八白	九紫
生　气	坎坤	震	震	坤	离	坎兑	乾离	乾	离艮
旺　气		坤	乾	巽	坤艮	乾	巽	艮	
泄　气	兑艮	坎离	坤	坎	乾兑	离	艮	巽震	兑巽
死　气	巽	巽	坎巽	离震	坎	坤震	坎坤	兑	坤震
煞　气	乾震	乾兑	离艮	兑艮	巽震	艮	兑	坎离	乾
关　煞	离	艮	兑	乾		巽	震	坤	坎

四、流年星加临看吉凶

飞星凶煞歌:生入煞方得贵人,杀入生方断死生。

死上煞来破田产,财临煞退损六亲。

杀临关方必有祸,生入生方百事兴。

惟有五黄临煞位,八方到处不安宁。

流年星加入八方判断吉凶,如上元甲子年一白入中宫,二黑到乾宫,三碧到兑……七赤到坤为生气,又如三碧木运入中宫,四绿到乾宫,乾宫为旺气方,八白到坎,坎为死气方,其余仿此。生气见生气主增添财产。生气见杀气主有官事,但得贵人相助。杀气见杀气主半凶半吉,大多主先凶后吉。退(泄)气见退气主凶祸不断,疾病连连。生气见退气,主先损六畜与小口,而后得遇贵人。以本方位有秀山丽水朝拱,再得以生旺,定有大的吉事,如见破缺空陷之山头、古树、屋角、高压电杆等,必出大凶大祸,吉照吉断,凶按凶看。

五、九星飞宫吉凶断

一白水星入中八宫详断

乾宫:二黑到乾为煞气方　兑宫:三碧到兑为退气方。

艮宫:四绿到艮为煞气方　离宫:五黄到离为关煞方。

坎宫:六白到坎为生气方　坤宫:七赤到坤为生气方。

震宫:八白到震为煞气方　巽宫:九紫到巽为死气方。

观　砂　诀

一白坎水起巽峰,坤龙坎位先后生。
卯酉离山乾艮位,子孙昌盛福满门。

八方水法吉凶歌

二黑乾水三碧星,旺金克木煞气行。
煞方宜静不宜动,高大压宅祸不轻。
一白坎水贪狼星,此方峰起有功名。
中子家中多富贵,置田买产值万金。
一白艮水最不良,家散人离别家乡。
最怕下元败田产,中元逐渐又风光。
一白震水最主凶,家中金银化为空。
更主中房多败绝,男女孤寡各西东。
一白巽水旺家园,中房儿孙福寿全。
家业兴隆人丁旺,儿孙世代拜金銮。

一白离水犯五黄，有路冲射犯癫狂。
劝君莫选此山水，建造不久必有伤。
一白坤水旺小房，生气勃勃百事昌。
后代儿孙多富贵，玉带朱衣佐君王。
一白兑水退气方，后代儿孙主瘟蝗。
恶曜犯刑财帛耗，更主生灾病卧床。
一白乾水煞气方，此方冲流不可当。
恶疾虚痨虚肿病，更防官讼退田庄。

一白坎位入中宫，主运居之北方，若坎、兑、坤三方有水朝来合先后天之位，主发福悠久富贵绵长。如不合先后天之卦位，待运过退败之时定主凶祸重叠，损丁败财，若是杀气、退气、五黄冲动时，灾气更重。此砂宜伏不宜动，伏则凶祸不起也。

二黑土星入中八宫详断

乾宫：三碧到乾为杀气方　兑宫：四绿到兑为杀气方
艮宫：五黄到艮为关煞方　离宫：六白到离为退气方
坎宫：七赤到坎为退气方　坤宫：八白到坤为旺气方
震宫：九紫到震为生气方　巽宫：一白到巽为煞气方

八方水法吉凶歌

二黑坎水入中宫，水路朝来山又荣。
下元居之人富贵，上元中元运不通。
二黑艮水是五黄，此为凶神主不良。
还是到处不宜动，官灾横事主身亡。
二黑震水作紫衣，官财两旺合天机。
不论前后都发福，高官厚禄步丹墀。
二黑巽水前来朝，四季安泰福滔滔。
增田买产官职旺，荣华富贵作官府。
二黑离水属紫微，荣华富贵出荣魁。
进田买马增田产，官高爵重紫衣回。

二黑坤水起秀峰，儿孙入朝受皇封。
身康体健人长寿，财源滚滚入家门。
二黑兑水冲朝来，煞气纷争事不偕。
定从长房灾祸起，人丁夭绝难送终。

二黑土星属坤方，属先天巽卦，最宜坎坤震龙得运，震巽坤三方水来朝堂为之大吉，既发富而又生财，艮方不宜有水朝来，谓之五黄冲关煞，遇之大凶，此方不宜动，动则有祸，千万慎之。

歌曰：二黑之方起山峦，巽卯雄炽出高官。
乾兑艮宜低伏　，儿子福寿合家欢。

三碧木星入中八宫详断

乾宫：四绿到乾宫为旺气方　兑宫：五黄到兑宫为关煞方
艮宫：六白到艮宫为煞气方　离宫：七赤到离宫为煞气方
坎宫：八白到坎宫为死气方　坤宫：九紫到坤宫为退气方
震宫：一白到震宫为生气方　巽宫：二黑到巽宫为死气方

八方水法吉凶歌

三碧坎水旺妻财，财源滚滚入宅来。
诸房富贵似石崇，儿孙如意笑颜开。
三碧艮水凶莫言，长房儿孙祸连连。
官灾横事时常见，儿孙少亡又卖田。
三碧震水有高山，儿孙滚滚入名坛。
吉水朝堂多富贵，荣宗耀祖紫衣还。
三碧巽水最风光，仓库银满增辉煌。
岁运到来生富贵，虽富无贵财满箱。
三碧离水最不宜，官灾病祸人不齐。
下元之运旺财产，上元败绝哭声啼。
三碧坤水主夭亡，病祸重重损中房。
痨病自缢官灾起，谨防火灾见刑伤。
三碧兑水五鬼头，横祸官灾令人愁。

败尽田园人有祸，人丁败绝财不留。
三碧乾水要分明，山峰秀丽旺人丁。
定主儿孙多富贵，紫袍玉带耀门庭。

三碧星属木，主运东方，属蚩尤星，宜乾震来龙为得运，乾巽坎震为生旺之气，来水最吉，此水朝来，主大富大贵，艮、离二山煞气，坤山退气，兑山五黄，四水不宜朝来，宜低最好，高拱则凶。

歌曰：震山三碧运相当，乾巽卯子朝拱良。
坤兑艮离宜低伏，儿孙世代福寿长。

四绿木星入中八宫详断

乾宫：五黄到乾宫为关煞方　兑宫：六白到兑宫为煞气方
艮宫：七赤到艮宫为煞气方　离宫：八白到离宫为死气方
坎宫：九紫到坎宫为退气方　坤宫：一白到坤宫为生气方
震宫：二黑到震宫为死气方　巽宫：三碧到巽宫为旺气方

八方水法吉凶歌

四绿坎水泄气凶，伤灾残病主贫穷。
官灾火患并遭盗，子孙流离百事空。
四绿艮水最不良，宅中煞气见血光。
凶灾恶疾自缢死，损丁破财病卧床。
四绿震水最为良，财源滚滚福满堂。
中房子孙多显曜，世代子孙佐君王。
四绿巽水有重峰，来龙合局出文人。
旺气吉星来朝顾，定出科甲显家风。
四绿离水出文才，后代子孙拜金阶。
定主小房多富贵，官财两旺笑颜开。
四绿坤水生气方，家中妇女出贤良。
英才俊秀登金榜，富贵荣华天下扬。
四绿兑水最主凶，凶煞当令主贫穷。
堕胎小产血光死，父母兄弟各西东。

四绿乾水怕逢冲，火盗官灾立见凶。
官事病灾年年有，儿孙夭亡不送终。

四绿木主运居东南方，先天兑卦二阳一阴，飞星入宫宜坤巽龙入首为最吉，震巽龙次之。坤巽震三卦来水是生旺之气，水来朝堂定主大发，而且时间快速。乾方乃五黄方最凶，此方水山不宜朝拱，否则助起凶气；坎艮离兑四卦之水宜去不宜来，来水主凶，此方之山只宜低伏，不宜高昂，愈低愈吉。

歌曰：巽方东南起震峰，坤巽入首得运生。
坎艮兑乾山拱伏，紫袍玉带福儿孙。

五黄土星入中八宫详断

乾宫：六白到乾宫是退气方　兑宫：七赤到兑宫是退气方
艮宫：八白到艮宫是旺气方　离宫：九紫到离宫是生气方
坎宫：一白到坎宫是死气方　坤宫：二黑到坤宫是旺气方
震宫：三碧到震宫是煞气方　巽宫：四绿到巽宫是煞气方

八方水法吉凶断

五黄坎水是贪狼，财帛集聚堆满仓。
日进横财诸事顺，儿孙定作好文章。
五黄震水是煞神，水低山高坐砖城。
此方宜静不宜动，动则血光损妇人。
五黄巽水若相逢，动造人家必伤人。
儿孙绝灭卖田产，妇人淫乱败家风。
五黄离水有高山，来去左右有关拦。
必主其家田宅旺，儿孙代代入名坛。
五黄坤方起山峦，子孙聪明家业宽。
山朝水卧人丁旺，紫袍玉带做高官。
五黄兑水是凶星，古称古刃哭声鸣。
年年患病家业破，儿孙世代苦伶仃。
五黄乾山自远来，儿孙世代坐金阶。

聪明英贤多孝义，必为国家栋梁材。
五黄艮水远来朝，房房儿孙称英豪。
世代荣华享富贵，财源滚滚福滔滔。

五黄土星主运居坐中宫，统率八方，为九宫之主帅，喜坤艮离入首得运，坎龙为最吉，若坤艮坎离有高峰，主享世代富贵荣华，若有远水朝堂，主富贵无穷。震巽二卦为煞气，乾兑二卦为退气，此四卦之方位宜低伏不宜高拱，宜静而不宜动，动则有祸。

歌曰：五黄山前坤艮峰，此方宜动不宜兴。
巽震兑方宜低拱，子孙世代出公卿。

六白金星入中八宫吉凶详断

乾宫：七赤到乾宫为旺气方　兑宫：八白到兑宫为生气方
艮宫：九紫到艮宫为煞气方　离宫：一白到离宫为退气方
坎宫：二黑到坎宫为生气方　坤宫：三碧到坤宫为死气方
震宫：四绿到震宫为死气方　巽宫：五黄到巽宫为关煞方

八方水法吉凶断

六白坎水若朝来，堆金积玉进横财。
紫衣玉带官职重，四海扬名上金阶。
六白艮水最主凶，血光痨疾运不通。
淫荡官非火灾起，田产败绝祸重重。
六白震水起高峰，中元事业有威风。
但待中元气势过，下元穷困出悲声。
六白巽水最不宜，祸患全都应长支。
太岁临之官刑死，后代儿孙哭悲啼。
六白乾水来到堂，子孙为官近君王。
天下扬名进田产，忠孝信义福禄昌。
六白坤水最不良，妻离子散出外乡。
屋宅尽绝卖田产，儿孙孤寡最凄凉。
六白兑水起高峰，子孙后代福禄增。

若得主星同朝拱，紫衣玉带受皇封。

六白离水最宜藏，仓库盈满福寿长。

上元只是平平过，下元定是发小房。

六白乾金主运入中宫，乾居西北，宜乾、兑二卦得运，坎龙入首最吉，震坤龙次之。巽为五黄最凶，离为退气，艮为煞气，这三卦之水宜去不宜朝，也不宜过堂，砂宜低伏则吉，若高大则损丁破财。最好宜乾、兑、坎、坤、震水朝拱，定能荣华富贵，大旺人丁。

歌曰：六白乾金震坎朝，兑宫子位两山高。

艮拱坤水宜低伏，安居此地福滔滔。

七赤兑金入中八宫详断

乾宫：八白艮到乾为生气方　兑宫：九紫离到兑为煞气方

艮宫：一白坎到艮为退气方　离宫：二黑坤到离为生气方

坎宫：三碧震到坎为死气方　坤宫：四绿巽到坤为死气方

震宫：五黄土到震为关煞方　巽宫：六白乾到巽为旺气方

八方水法吉凶断

七赤乾水旺气方，西北峰高福禄昌。

开始小房多富贵，儿孙世代进田庄。

七赤坎水不宜朝，家有万金保不牢。

破财忤逆遭刑犯，定主中房绝后梢。

七赤艮水贪狼星，富贵荣华积万金。

定主儿孙多及第，紫袍玉带近朝廷。

七赤震水是五黄，犯着五鬼见血光。

徒配官刑外乡死，子孙零落流外乡。

七赤巽水大吉昌，定主儿孙满满堂。

仓库盈满财帛旺，英名远播天下扬。

七赤离水喜朝迎，儿孙代代旺人丁。

仓满库足财源旺，英才壮志远扬名。

七赤坤水中元旺，富贵荣华福禄昌。
上元下运多败绝，定主寡妇败田庄。
七赤兑水不宜朝，万贯家财似雪浇。
卖尽田园人丁绝，为官狱讼犯刑条。

七赤兑金主运，居于正西，宜乾巽离龙入首，为之生旺得运，水宜从乾坤巽离四方来朝，龙水合宜，后代主出聪明英俊，大事有成之儿孙。若此方山水有气，主儿孙高官厚禄，拜佐君王。震为五黄，兑为煞气，艮为退气，此方之水宜去不宜来，去水为吉，反则为凶。该方之砂最宜低伏，若高则损丁破财。

诗曰：七赤金山巽离方，乾为生气艮巽藏。
震兑二方是冲煞，后代儿孙乐满堂。

八白艮土入中八宫详断

乾宫：九紫离到乾为生气方　兑宫：一白到兑宫为死气方
艮宫：二黑坤到艮为旺气方　离宫：三碧震到离为煞气方
坎宫：四绿巽到坎为煞气方　坤宫：五黄到关煞为旺气方
震宫：六白乾到震为退气方　巽宫：七赤兑到巽为退气方

八方水法吉凶断

八白坎水煞气行，此方宜动不宜兴。
动则急速遭祸事，父东子西损人丁。
八白艮土最为良，此方用之大吉昌。
子息贤良多茂盛，福寿财禄发长房。
八白震水占人先，堆金积玉有余钱。
子孝孙贤人气旺，后代儿孙福寿添。
八白巽水起高峰，元气临之喜气生。
下元必定家业旺，中上二元有祸根。
八白离水是凶宫，此方高仰运不通。
盗贼瘟病遭产厄，水若直出事更凶。
八白乾水旺儿孙，富贵荣华福禄增。

后代儿孙皆荣耀，忠孝信义旺家门。
八白坤水事不宁，太岁临之祸不轻。
下元运行凶祸至，儿孙退败绝人丁。

八白艮土主运居于东北方，宜艮龙入首为吉，水宜从乾艮兑朝堂，主大发人丁，该方若有秀丽奇峰，主后人大发科甲，金榜题名，坎坤震离之水宜去水不宜来，倘若来水主凶祸损丁破财。

诗曰：八白山前震巽峰，乾兑朝拱福禄生。
坎离坤方低拱伏，福寿双全旺儿孙。

九紫火入中八宫吉凶断

乾宫：一白坎到乾为煞气方　兑宫：二黑坤到兑为退气方
艮宫：三碧震到艮为生气方　离宫：四绿巽到离为生气方
坎宫：五黄土到坎为关煞方　坤宫：六白乾到坤为死气方
震宫：七赤兑到震为死气方　巽宫：八白艮到巽为退气方

八方水法吉凶断

九紫乾水最主凶，儿孙忤逆难送终。
卖尽田园家业败，家门破落祸重重。
九紫坎水是五黄，该宫本为煞气方。
此方宜静不宜动，合家人口得安康。
九紫艮水起高冈，后代儿孙置田庄。
必出文人把官做，威风凛凛把名扬。
九紫震水是破军，此方宜静不宜兴。
犯着反元凶更重，后代儿孙受官刑。
九紫巽水八白宫，此方若静不见凶。
退气之方宜拱伏，财源旺盛运亨通。
九紫离火福禄增，最喜百里起龙峰。
更对本宫来朝拱，后代为官受皇封。
九紫坤水旺门庭，此水来朝值千金。
子孝孙贤多信义，龙盘环绕旺人丁。

九紫兑水不为奇，屋宅空虚住不宜。

穷困潦倒难生计，后代必定人丁稀。

九紫火星主运，位居正南方，宜艮离方来龙入首为得生气，震坤方来龙为次吉，最好宜从坤震艮离方朝堂，为“生水到堂，螽斯千古”，主大发财丁。该方若有奇山秀水，更主出官贵贤士。坎兑乾巽方之水宜去不宜来，而砂宜低伏不宜高昂，否则主子孙灾祸重重。

关于八卦宫位的生旺，旺衰死退是预测水路吉凶的关键一节，研究此门学问必须注重。无论研究哪一派风水都离不开八宫旺衰，以上歌诀虽然多一些，每一句话都符合三元水法论点，为此，笔者用尽心机编此歌诀，千万不要觉得繁琐而忽视，将这些歌诀笼而统之最后总结为：

1. 五黄——名曰关煞，其性特凶，吉则主儿孙聪明好学，财源广进，升官晋职。此方无论旺衰不宜动造，动则主凶。所以，凡是山冈、水路、屋角、桥梁、高塔、高压电杆等等，都不宜侵射明堂，否则，主伤丁破财，最后主败绝。

2. 煞气——在六爻卦上克我者官鬼之爻也，其凶性比曜煞、黄泉更为猛烈，该方若有破山头、屋角、古塔、高压电、水路冲射，逢到太岁冲吊之年月必伤人口。

3. 退气——名曰儿女星，是消耗我之身体的凶星，失令时主家宅不安，人口伶仃，诸事不顺。所谓退者，是指家中贫寒也。

4. 死气——名曰财星，此气不能发贵，但能生财，所谓我克者为妻财，其它凶气与退气一样起凶。

5. 生旺之气——生与旺之气皆是吉星，生气好事来得慢，旺气好事来得快。此方之水宜聚不宜朝，若见山峰叠起，重重拱照，再见山奇水秀，定主后代发福。

现代说法

本章多处讲水和祸福的关系。风水中水的狭义概念或原始所指依然是水。有人将风水中关于水的一些说法与现代地质水文作了比较,发现有矿泉的地方人杰地灵是因为铁锌、有机蛋白等对人体有益;有的地方的人健康长寿,有的地方的人容易患病和早逝也与水文地质相关。像有的地方有傻子村、锡矿附近的妇女不生孩子,都有与当地的水所含的化学元素有关。风水中的龙脉思想是在特定历史环境下产生的,趴在地上听地下水其实就是地质学中关于山脉走向的学问。而风水中保护龙脉的思想,也与现代地质学中的水土保护、环境保护不谋而合。水文地质风水的目的就是研究出山川河流、地质地貌、山脉走向、水土关系以及各种化学元素对人类心理生理健康与事业的正反影响,使人类更好地了解自然,利用自然。

第七章　三合篇

第一节　三合水法概念

三合风水是古今风水学中较权威的一种水法，其学理来自河洛理数。其法不外乎龙、穴、砂、水、向，称之为地理五诀，是专门用于堪察阴宅和阳宅吉凶的。若用于阳宅，吉者会使居住之人丁财旺盛，身心健康；凶者能导致居住之人丁财败绝，立见夭贫。若用于阴宅，也就是将祖先尸骨葬在好的地理位置上，通过地脉气场的感应，能使后代兴旺，诸运亨通；若葬在不好的地方就会祸及子孙，家业衰败。所谓三合水法是古人利用“天人合一”的理论对阴阳二宅相地的经验积累，其理论虽然繁琐，但使用者多。元朝国师刘秉忠归纳二十四山与六凶六吉水法，著《玉册经》留传于世，谓之三合水法。以生、养、衰、旺、冠、临方来水为六吉水，以沐、病、死、墓、绝、胎六字来水为之六凶水，该书问世后三合水法遍及天下。清朝彻莹和尚著《地理原真》以四大水口立向定局，水法顺布十二长生，龙法逆布十二长生。赵九升所著的《地理大成》，以向定局，仅有旺向与衰向，立阳向则顺布十二长生，立阴向则逆布十二长生。赵九峰所著的《地理五诀》，以三合中的生、旺、墓为向，以向上顺布十二长生定水局。上述几部著作，虽同为三合派，其中理论稍有差异，但总的来说离不开三合四大水局与四大水口立向和十二长生。

现将古代诸家的经典分类详述，将其用简明易懂的白话写出。

第二节　基础知识

一、简明三合罗盘

1. 中间指南针红头指南，白头指北，空间处名曰天池。

2. 内层第一圈龙上八煞，专门用于曜煞。

3. 内层第二圈黄泉煞，用于向上起黄泉。

4. 地盘正针，磁力子午线，用于格龙，定向用之。

5. 中层人盘中针，拨砂专用，曰“地理子午线”。

6. 外层天盘缝针，用于双山五行，纳水专用，名曰“天星子午线”。

二、二十四山正五行

甲寅乙卯巽五山——属木。

丁巳丙午四山——属火。

庚申辛酉乾五山——属金。

亥壬子癸四山——属水。

辰戌丑未坤艮六山——属土。

三、三合五行

亥卯未、乾甲丁,木局——贪狼一路行。

巳酉丑、巽庚癸,金局——尽是武曲位。

寅午戌、艮丙辛,火局——位位是廉贞。

申子辰、坤壬乙,水局——文曲从头出。

四、双山五行(专为纳水所用)

坤申、壬子、乙辰——三合局属水。

艮寅、丙午、辛戌——三合局属火。

巽巳、庚酉、癸丑——三合局属金。

乾亥、甲卯、丁未——三合局属木。

五、人盘中针五行(拨砂专用)

火砂——子午卯酉,甲丙庚壬。

水砂——寅申巳亥。

木砂——乾坤艮巽。

金砂——辰戌丑未。

土砂——乙辛丁癸。

六、洪范五行

甲寅辰巽戌坎申辛——六山水局。

震艮巳——三山木局。

离壬丙乙——四山火局。

兑金乾亥——四山金局。

丑癸庚申未——五山土局。

(一)七曜相纳相替水歌

大墓起破军，绝胎是禄存。

养生贪狼位，沐浴冠带文。

武曲临官旺，逢衰是巨门。

廉贞兼病死，七曜一齐分。

（二）十二长生水吉凶所主歌赋

人丁实系于长生，财禄必根于官旺。生水到堂，螽斯千古。旺神聚局，食禄万金重。贪富贵则弃生朝旺，图嗣续则背旺迎生。生来会旺，聪明之子方生。旺去迎生，富贵之期骤至。旺去冲生终有子而难养。生来破旺，纵发富贵图然。未离胎而夭折，多因冲破胎神。刚出世而身亡，概为击伤生气。破军经帝旺之乡，身无一命之寄。天罡犯贪狼之位，难招半子之荣。冠带失龆龄（男子七岁为龆，女子八岁为龄）之儿，临官伤成才之子。生与旺同归，人共财而咸福也。

此篇歌赋乃三合水法断事之总纲，欲知风水学不仅主宰人生的吉凶祸福，穷通寿夭，而且可以趋吉避凶。自古以来，人们所需求的，最重要的莫过人丁与财福，此歌用十二长生水法将人生所需求的主要事项大概地叙述，也可说是十二长诀各位所主的提纲，只要将歌诀熟记，自能了解三合风水学中的十二长生诀各项所主。

（三）九宫水法（十二长生水法歌）

生、养水（贪狼星）

第一养生水到堂，贪狼星照显文章。

长位儿孙多富贵，人丁昌炽性忠良。

水大朝来官职重，水小弯环福寿长。

养生流破终需绝，少年寡妇守空房。

补：养生本吉水，最怕病死冲，

少年多伤损，长房定绝嗣。

沐浴(文曲星)

沐浴水来犯桃花，女子淫乱不由她。
投河自缢随人走，血病官灾破败家。
子午流来田业尽，卯酉流来好赌奢。
若还流破长生位，小产淫声代锁枷。
补：沐浴需安静，禄存不可流，
　　二方如冲犯，淫乱事不休。

冠带水(文昌)

冠带水来人聪慧，也会风流好赌奢。
七岁儿童能作赋，文章博士万人夸。
水神流去最为凶，韶龄儿童死不差。
更损深闺姣态女，此方停蓄乃为佳。
补：冠带本吉水，最怕病死冲，
　　酒色多淫荡，堂断白头翁。

临官水(武曲)

临官位上水来吉，禄马朝元吉气新。
少年早入青云路，贤相筹谋助圣君。
最忌此方出水去，成才之人早归阴。
家中寡妇常啼哭，财谷空虚彻骨贫。
补：病死冲临官，失血又吐痰，
　　高才夭折损，二房受祸先。

帝旺水(武曲星)

帝旺朝来聚面前，一堂旺气发庄田。
官高爵重威名显，金谷丰盈有剩钱。

最怕休囚来击散，石崇豪富不多年。
旺方水去根基薄，乏食贫寒怨上天。
补：甲庚丙壬朝，房房俱得力，
　　若犯地支来，小房美不足。

衰水（巨门星）

衰方名为巨门星，学堂水到发聪明。
少年乃第文章富，长寿星高金谷盈。
出入起居乘驷马，宴游歌舞玉壶春。
旺极总宜来去吉，也需弯曲更留情。
补：衰方有斜流，奢淫事不休，
　　任他官宦女，也主犯盗偷。

病死水（廉贞星）

病死二方水莫来，天门地户不为乖。
更有科各官爵重，水若斜飞起大灾。
换妻毒药刀兵祸，脚软疯瘫女堕胎。
必主其家遭此害，疾痨蒸损瘦形骸。
补：病死本凶水，墓向却无妨，
　　风疾临门日，富贵集祯祥。

墓水（破军星）

墓库之方水莫临，破军流去反为祯。
阵上扬名文武贵，池湖停蓄富春生。
荡然直去家资薄，欠债终年不了人。
水来充军千里外，三男二女总凋零。
补：墓水招横财，富贵人兴隆，
　　地支如冲犯，三房却有凶。

绝胎水(禄存星)

绝胎水到不生儿,孕死休囚绝后嗣。

纵然有子难保养,父子分情夫妇离。

水大妇人淫乱走,水小私情暗会期。

此方只宜为水口,禄存安静佩金鱼。

补:绝胎可放水,朝来最不祥,

更怕地支拱,长二两房殃。

七、八干十二长生诀

三合水法最注重的是十二长生顺逆,现在就来看一下十二长生的具体用法。

十二长生原意是指一个人从长生开始接着就是沐浴、冠带、临官、帝旺,旺到极旺时又开始衰,然后病、死、墓、绝、胎、养,原称十二大运。

十二长生原来是指一年十二个月中的不同生态,然后风水学借用其名称,用来指代方位的吉凶。

十二长生在风水学中所指代的方位,是二十四山所属的五行的旺衰,依五行方位流水来去而决定出是衰是旺,是吉是凶。

八干十二长生诀

四阳干十二长生顺布

甲、丙、庚、壬谓之四阳干。

甲木长生在亥,丙火长生在寅,庚金长生在巳,壬水长生在申。

四阴干十二长生逆布

乙、丁、辛、癸谓之四阴干。

乙木长生在午,丁火长生在酉,辛金长生在子,癸水长生在卯。

现附十二长生阴阳顺逆列表如下：

长生 天干		长生	沐浴	冠带	临官	帝旺	衰	病	死	墓	绝	胎	养
甲	木	亥	子	丑	寅	卯	辰	巳	午	未	申	酉	戌
乙	木	午	巳	辰	卯	寅	丑	子	亥	戌	酉	申	未
丙	火	寅	卯	辰	巳	午	未	申	酉	戌	亥	子	丑
丁	火	酉	申	未	午	巳	辰	卯	寅	丑	子	亥	戌
庚	金	巳	午	未	申	酉	戌	亥	子	丑	寅	卯	辰
辛	金	子	亥	戌	酉	申	未	午	巳	辰	卯	寅	丑
壬	水	申	酉	戌	亥	子	丑	寅	卯	辰	巳	午	未
癸	水	卯	寅	丑	子	亥	戌	酉	申	未	午	巳	辰

十二长生阳干顺行，即从长生开始，沐浴、冠带、临官……一直到死，死后属阴，所以阴干从阳干的死位开始逆行长生。

四阳局顺布十二长生

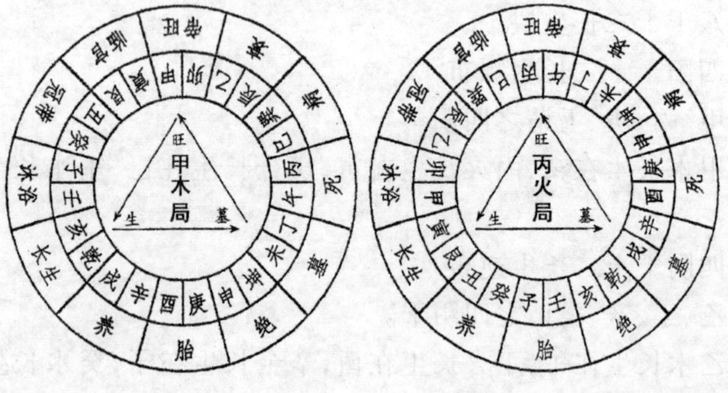

四阴局逆布十二长生

第三节　四大水口认龙立向

一、四大水口

乙丙交而趋戌，戌是为寅午戌火局之库。

辛壬会而聚辰，辰是为申子辰水局之库。

斗牛纳丁庚之气，丑是为巳酉丑金局之库。

金羊收癸甲之灵，未是为亥卯未木局之库。

四大局水口是根据《河图》理数而划分的，即一六、二七、三八、四九之生成之数，以及《洛书》之九宫合十之数而演算出来的。

4	9	2
3	中宫	7
8	1	6

1. 乙丙交而趋戌

凡是在辛戌、乾亥、壬子这六字方位出水者一律称之为火局，凡见皆以乙木为龙，丙火为水，丙火为阳干，从寅上起长生，顺数至戌，戌为丙火之墓库。乙木为阴干，从午上起长生逆数至戌，戌为乙木之墓库。乙木与丙火一阴一阳，阳顺阴逆，皆入墓于戌，同归火库。这就是“乙丙交而趋戌”之说。

2. 辛壬会而聚辰

若在乙辰、巽巳、丙午这六字方位出水者一律称之为水局，凡见水局皆以辛金为龙，壬水为水。壬水为阳干，从申位上起长生，顺数至辰，辰为壬水之墓库。辛金为阴干，从子上起长生，逆数至辰，辰为辛金之墓库，辛金与壬水一阴一阳，阳顺阴逆，皆入墓于辰，这就是"辛壬会而聚辰"之说。

3.斗牛纳丁庚之气

若在癸丑、艮寅、甲卯这六字方位出水者一律称之为金局，凡见金局皆以丁火为龙，庚金为水。庚金为阳干，从巳位上起长生，顺数至丑，丑为庚金之墓库。丁火为阴干，从酉位上起长生，逆数至丑，丑为丁火之墓库，庚金与丁火一阴一阳，阳顺阴逆，皆入墓于丑，这就是"斗牛纳丁庚之气"之说。

4.金羊收癸甲之灵

若在丁未、坤申、庚酉这六字方位出水者一律称之为木局，凡见木局，皆以癸水为龙，甲木为水，甲为阳干，从亥上起长生，顺数至未，未为甲木之墓库。癸水为阴干，从卯上起长生，逆数至未，未又为癸水之墓库，甲木与癸水一阴一阳，阳顺阴逆，皆入墓于未，这就是"金羊收癸甲之灵"之说。

二、四大水口的应用方法

首先确定出水口属四大水口五行哪一局，然后再根据四大局天干阴阳顺逆起长生。

现以火局为例：只要见到从辛戌、乾亥、壬子这六个方位出水者，可直接确定为火局，只要是火局即可用"乙丙交而趋戌"这句话，也就是只要见到火局的，可直接用乙和丙来起十二长生。乙木属阴，代表"龙"，丙火属阳代表水，丙火属阳水，顺布十二长生，乙木属阴火，逆布十二长生。

将十二长生图起好后，再依二十四山找出龙从何方来，可知此龙是生龙旺龙……认龙立向，再依向上看水从何方来，吉凶祸福则一目了然。其吉凶判断可按本章第二节"十二长生水吉凶歌”及“九宫水法歌”直断吉凶。

龙逆水顺十二长生图表

十二长生 干支		长生	沐浴	冠带	临官	帝旺	衰	病	死	墓	绝	胎	养	水口
阳干论水	甲木	乾亥	壬子	癸丑	艮寅	甲卯	乙辰	巽巳	丙午	丁未	坤申	庚酉	辛戌	丁未 坤申 庚酉
	丙火	艮寅	甲卯	乙辰	巽巳	丙午	丁未	坤申	庚酉	辛戌	乾亥	壬子	癸丑	辛戌 乾亥 壬子
	庚金	巽巳	丙午	丁未	坤申	庚酉	辛戌	乾亥	壬子	癸丑	艮寅	甲卯	乙辰	癸丑 艮寅 甲卯
	壬水	坤申	庚酉	辛戌	乾亥	壬子	癸丑	艮寅	甲卯	乙辰	巽巳	丙午	丁未	乙辰 巽巳 丙午
阴干论龙	乙木	丙午	巽巳	乙辰	甲卯	艮寅	癸丑	壬子	乾亥	辛戌	庚酉	坤申	丁未	辛戌 乾亥 壬子
	辛金	壬子	乾亥	辛戌	庚酉	坤申	丁未	丙午	巽巳	乙辰	甲卯	艮寅	癸丑	乙辰 巽巳 丙午
	丁火	庚酉	坤申	丁未	丙午	巽巳	乙辰	甲卯	艮寅	癸丑	壬子	乾亥	辛戌	癸丑 艮寅 甲卯
	癸水	甲卯	艮寅	癸丑	壬子	乾亥	辛戌	庚酉	坤申	丁未	丙午	巽巳	乙辰	丁未 坤申 庚酉

(一)乙丙交而趋戌

不论阳宅或阴宅首先看水从什么方位而来,又在什么方位出去,站在穴位中心用罗盘测量,先详察出水口的位置,若出水口在辛戌、乾亥、壬子六山聚会流出者,知其六山乃是乙与丙的墓库,先确定为火局,龙法则以阴干乙木逆数十二长生,水法以阳干“丙”火顺数十二长生,如丙火长生在寅,从寅位上起长生顺数,卯位为沐浴,辰为冠带……顺数至戌为墓库。

乙木阴干长生在午,从午位上逆数即乙木长生在午,巳为沐浴,辰为冠带……一直逆数至戌,戌为火之墓库。从此可看出“丙”阳火从寅上起长生顺数,“乙”阴木从午上起长生逆数,同到“戌”字上交会,谓之“乙丙交而趋戌”。详见下图:

火 局

乙丙交而趋戌,龙水十二长生图

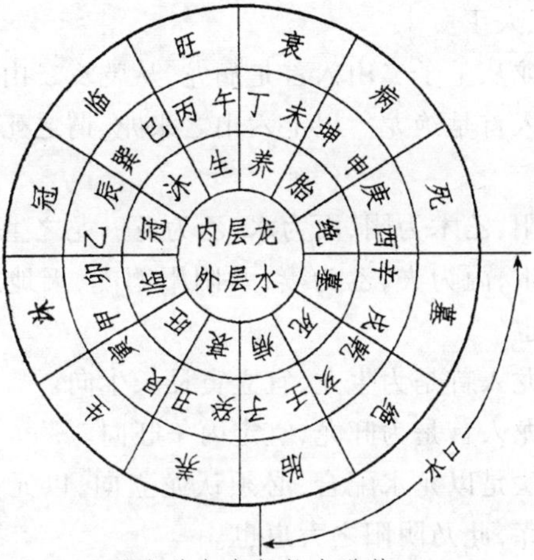

乙龙从午上起长生逆数。
丙水从寅上起长生顺数。

1.水为阳,龙为阴,阳从左边转,阴从右路通,十二长生皆阳顺阴逆。

2.外圈水法以“丙”火从寅位上起十二长生顺布。

3.内圈龙法以“乙”木从午位上起十二长生逆布。

4.中层二十四山向,水口位于辛戌、乾亥、壬子三个方位,也就是墓、绝、胎三个方位皆属火局的出水口,符合“乙丙交而趋戌”。

长生 天干	长生	沐浴	冠带	临官	帝旺	衰	病	死	墓	绝	胎	养
丙	寅	卯	辰	巳	午	未	申	酉	戌	亥	子	丑
乙	午	巳	辰	卯	寅	丑	子	亥	戌	酉	申	未

如内圈龙从丙午二山入首谓之生龙,从乙辰二山入首谓之冠带龙,从甲卯二山入首谓之临官龙,从艮寅二山入首谓之旺龙。以上八山来龙,皆谓之生旺龙,若再配上龙形好又有生旺之气,定可大旺人丁。

如内圈龙从壬子二山入首是病龙,从乾亥二山入首是死龙,从庚酉二山入首是绝龙。以上六山之来龙,谓之死龙,龙形再好也不会大发。

丙火为阳,乙木为阴,丙为水,乙为龙。龙之生为水之旺,水之旺为龙之生,丙为夫,乙为妻,乃阴阳德配,天地之纲常,此乃天地之长理也。

如丙午龙入首是为生龙,宜立寅艮长生向。

如艮寅龙入首是为旺龙,宜定丙午旺向。

三合水法是以龙水配合,必须认龙立向,以元关通窍,同时龙水归于一库,此乃阴阳之大道也。

(二)辛壬会而聚辰(水局辛龙)

无论阳宅或阴宅,先找出中心点,先看出水口在何方位,将罗盘放在中心点详察,若水口在乙辰,巽巳、丙午方位聚会,则定为水局,水法以“壬水”从申位上起十二长生顺布。龙法以“辛金”从子位上起长生逆布至“辰”的方位入墓,称之为“辛壬会而趋辰”。

无论阴宅阳宅,先要确定水口,以水口来确定四大局五行,然后再依照天干阴阳生死起十二长生。详见下图:

水　局

辛壬会而聚辰龙水十二长生图

辛龙从子上起长生逆数

壬水从申上起长生顺数

1. 外圈水法以“壬”水长生在申位，顺布十二长生。

2. 内圈龙法以“辛”金长生在子位，逆布十二长生。

3. 中层水口位于乙辰、巽巳、丙午三个方位，也就是外圈墓、绝、胎方位为水局的出水口。

4. 水为阳、龙为阴，阳从左边转，阴从右路通。

长生/天干	长生	沐浴	冠带	临官	帝旺	衰	病	死	墓	绝	胎	养
壬	申	酉	戌	亥	子	丑	寅	卯	辰	巳	午	未
辛	子	亥	戌	酉	申	未	午	巳	辰	卯	寅	丑

如龙从壬子二山入首为生龙，从辛戌二山入首为冠带龙，从

庚酉二山入首为临官龙，从坤申二山入首为旺龙。由以上八山之来龙，皆为生旺之龙，若再配上好的龙形，必然大发丁财。

如龙从丙午二山入首为病龙，从巽巳二山入首为死龙，从甲卯二山入首是绝龙，以上六山之来龙都属犯死绝之龙，龙形再好也不会发福的。

壬属阳，辛属阴，壬为水，辛为龙，龙之生为水之旺，水之旺为龙之生，这是千古不变之理也。

如壬子龙入首，谓之生龙，最好立坤申长生向。如坤申龙入首谓之旺龙，宜立壬子旺向。

风水师每到一地首先观察龙从何入首，然后认龙立向，龙水配合，符合"元关通窍"。所谓"元"者玄也，指向而言；关者指龙而言；通者，顺也；窍者水口也。龙水同归于一库谓之"通窍"，此乃阴阳之道也。

（三）斗牛纳丁庚之气（金局丁龙）

庚金长生在巽巳、旺在庚酉、墓在癸丑，以阳干顺布十二长生。即沐浴在午，冠带在未，临官在申，帝旺在酉，衰在戌，病在亥，死在子，墓在丑，绝在寅，胎在卯。丁火长生在庚酉，旺在巽巳，墓在癸丑，丁火阴干逆布十二长生。即长生在酉，沐浴在申，冠带在未，临官在午，帝旺在巳，衰在辰，病在卯，死在寅，墓在丑，若水口在癸丑、艮寅、甲卯六山聚会流出者，水出金库丑方，谓之"斗牛纳丁庚之气"，也即丑位为丁、庚二气之墓库，阴阳顺逆，生旺同会于丑墓之意。

金 局

斗牛纳丁庚之气龙水十二长生图

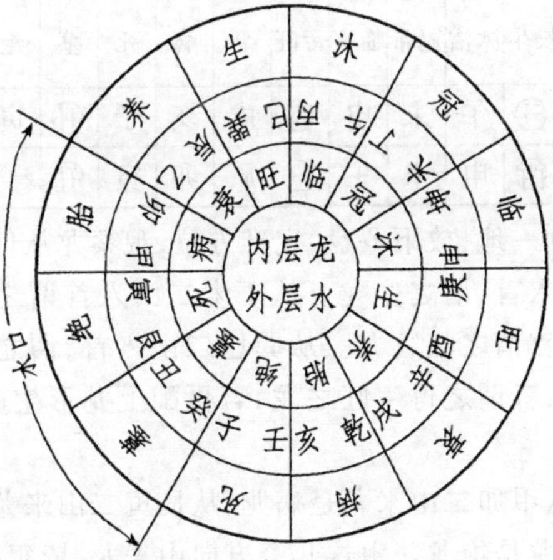

丁龙从酉上起长生逆数
庚水从巳上起长生顺数

1.庚属阳金,长生在巳,墓在丑。丑乃金之墓库,丁属阴火,丁火长生在酉,墓在丑,丑又是丁火之墓库,也就是说庚、丁龙水同时聚会于丑库,谓之"斗牛纳丁庚之气"。

2.丑乃丁庚之墓,墓即水口,位于癸丑、艮寅、甲卯三方,也就是墓、绝、胎三个方位都是水口。

3.图中的外圈水法,以庚金长生在巳,旺在酉,墓于丑,先从庚金从巳上起长生,继而沐浴在午,冠带在未,临官在申,帝旺在酉,衰在戌,病在亥,死在寅,墓在丑顺布十二位。

4.内圈的龙法,"丁"火阴干从酉上起长生逆数,即浴沐在申、冠带在未,临官在午,帝旺在巳,衰在辰,病在卯,死在寅,墓在丑,绝在子,胎在亥,养在戌,逆布十二长生。

5.水为阳,龙为阴,阳顺阴逆,阳从左边团团转,阴从右边路路通。

长生 天干	长生	沐浴	冠带	临官	帝旺	衰	病	死	墓	绝	胎	养
庚金	巳	午	未	申	酉	戌	亥	子	丑	寅	卯	辰
丁火	酉	申	未	午	巳	辰	卯	寅	丑	子	亥	戌

(1)每到一地,放下罗盘,定准方位,观察龙从何方入首。若从庚酉二山入首,谓之生龙。从丁未二山入首谓之冠带龙。从丙午二山入首谓之临官龙。从巽巳二山入首,谓之旺龙。由以上八山来龙,皆谓之得生旺之龙,若再配上龙形生旺,定能大富大贵。

(2)若从甲卯二山来龙是病龙,从艮寅二山来龙是死龙。从壬子二山来龙是绝龙。由这几个方向山来龙,皆犯死绝之气,龙形再好,也不会发福。

庚为夫,丁为妻。庚为阳,丁为阴。庚为水,丁为龙。龙生水旺,水旺龙生乃阴阳德配之道也,如庚酉方来龙是为生龙,宜定巽巳长生向。如巽巳方来龙是为旺龙,宜定庚酉向。

(3)凡金局,龙从庚酉方来(即丁火的长生),水从癸丑方去(庚水的墓库),龙从巽巳方来(从旺而来),水从癸丑方去,龙从丙午方来(临官),水从癸丑方去,都是大吉大利之龙水。若龙从甲卯方来(即丁龙的病方),从艮寅方来(丁龙的死方),从壬子方来(丁龙的绝方),水同时也是从癸丑方去,都是病龙、死龙、绝龙入首,又为大凶之龙水。

(4)看地时首先要看龙从何字入首,依龙立向,谓之龙随水行,龙水配合得适宜,为阴阳得道,谓之“元关通窍”,也即龙向同归一库,主富贵长久,永不休止。

(四)金羊收癸甲

木　　局

金羊收癸甲之灵龙水十二长生图

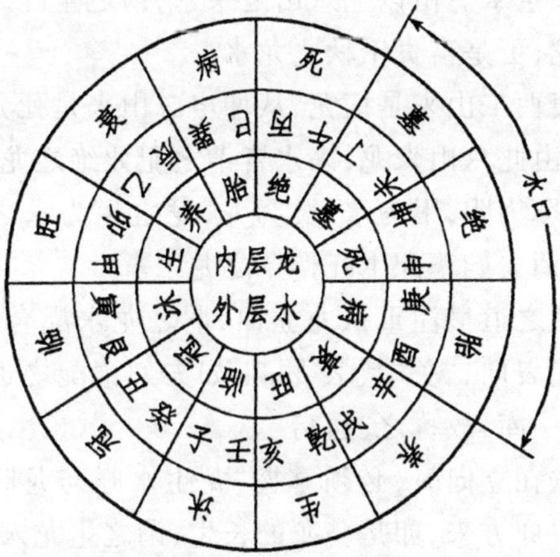

癸龙从卯上起长生逆数

甲水从亥上起长生顺数

“金羊收癸甲之灵”，羊者未也，未乃木之墓。癸甲同源，水口位于西南丁未，坤申、庚酉、墓、绝、胎三个方位。

外圈论水，本图以“甲”阳木长生在乾亥，顺布十二长生，至未为墓库。内圈以“癸”阴水长生于卯，逆布长生。

水为阳顺布，龙为阴逆行，一同至未方位入墓库，曰：“阳从左边转，阴从右路通，若还学会阴阳局，何愁大地不相逢，此为万古不移之理。

长生＼天干	长生	沐浴	冠带	临官	帝旺	衰	病	死	墓	绝	胎	养
甲	亥	子	丑	寅	卯	辰	巳	午	未	申	酉	戌
癸	卯	寅	丑	子	亥	戌	酉	申	未	午	巳	辰

若甲卯二山来龙是生龙，癸丑二山来龙是冠带龙，从壬子二山来龙是临官龙，乾亥二山来龙是旺龙。由以上八山之来龙皆谓之生旺得气，若再配上龙形生旺，必然大发财源，荣华富贵。

若甲卯二山来水，是帝旺水，癸丑二山来水是冠带水，乾亥二山来水是长生水。由以上八山之来水，谓之生旺之龙水，若再配上生旺之龙，更是富贵千秋之龙水。

若龙从庚酉二山来是病龙，从坤申二山来是死龙，从丙午二山来是绝龙，由此六山来龙，来水皆谓之犯死绝之龙水。

甲为阳，癸为阴，甲为水，癸为龙，龙之生为水之旺，水之旺为龙之生，正谓夫妇德配生旺得令之龙水。

三合地理之道最注重认龙立向，谓之龙水配合，名曰"元关通窍"，"元"代表向，"关"代表龙，正如夫妇德配之道，"窍"指水口，龙水同归一库，故称之"通窍"。

三合水法在立向时，必须掌握"龙生水旺与龙旺水生"。如本木局龙从甲卯方来，卯是癸龙的长生，谓之生龙入首，宜立乾，亥向。因亥是甲木的长生，也就是长生之龙要立水的长生之向。又如龙从乾亥方来，亥是癸龙的帝旺，宜立甲、卯向，因卯是甲木的帝旺，也就是旺龙立水的帝旺向，这就是上面所说的"元关通窍"。

通过以上四大局水口定点，读者对此四大局水口已有初步概念，因四大水口是立向的依据。

了解三合地理，首先要注重四大水口。否则，就无法立向。古书有云："有绝人之地，无绝人之水；有绝人之水，无绝人之向。"说明立向是堪察风水的主要关键。现将上述四大水口的运用方法再来重新认识一下。

"入山观水口，登穴看明堂，能知四库位，方算识阴阳"。这是地理师常说的一句术语。

"入山观水口"是指风水师凡到某一地堪察风水，首先要注重观察水源,看水从何方而来,又向何方而去。因“山主人丁水主财”。有山必须有水,无水则气散,气散则财不能聚。凡是大的山脉若能山环水抱藏风聚气便是吉穴。

我国传统风水学最注重的就是山环与水抱,书曰“水是山家血脉经”,水被认为是“地之血脉,穴之外气”,寻龙点穴依水为据。龙无水无法定以来去,穴非水无法定辨以观止。不论阴阳宅之水法,首先观其水口,次察水源,此乃看地程序。“未看地时先看水,有山无水休寻地”。所以确定水口是非常关键的。

第四节　四局定水口应用方法

“入山观水口”乃是三合水法的关键术语,在操作时将二十四山分成金、木、水、火四大局,以出水口来确定这块地是属于何局。现将四大局水口列表如下,以便查对,如某处有一块地,前面靠水后面环山,看上去很好,但不知此地属于何局。用罗盘测定出水口在癸丑,那么就断定这块穴地为之金局……

四大局五行	出　水　口		
金　局	癸丑	艮寅	甲卯
木　局	丁未	坤申	庚酉
水　局	乙辰	巽巳	丙午
火　局	辛戌	乾亥	壬子

例如:到某地堪察风水,人家指一地看看这块地可不可用,这时你就要动一下脑筋,是可用还是不可用,就须给人家一个圆满的回答,如可用则必须具备两个条件:1.先看来龙入首,看龙是否在长生、冠带、临官、帝旺的位置上。2.流水必须从生旺方

来，往衰、病、死方去，然后流归墓、绝、胎方，像这样的布局则是可用之地，否则就不可采用。

现将四大局龙水按十二长生旺衰列表如下，以便查对。

四大局 阴阳龙水		长生	沐浴	冠带	临官	帝旺	衰	病	死	墓	绝	胎	养
金局	丁阴火	庚酉	坤申	丁未	丙午	巳巽	乙辰	甲卯	艮寅	癸丑	壬子	乾亥	辛戌
	庚阳金	巽巳	丙午	丁未	坤申	庚酉	辛戌	乾亥	壬子	癸丑	艮寅	甲卯	乙辰
木局	癸阴水	甲卯	艮寅	癸丑	壬子	乾亥	辛戌	庚酉	坤申	丁未	丙午	巽巳	乙辰
	甲阳木	乾亥	壬子	癸丑	艮寅	甲卯	乙辰	巽巳	丙午	丁未	坤申	庚酉	辛戌
水局	辛阴金	子壬	亥乾	戌辛	酉庚	申坤	未丁	午丙	巳巽	辰乙	卯甲	寅艮	丑癸
	壬阳水	坤申	庚酉	辛戌	乾亥	壬子	癸丑	艮寅	甲卯	乙辰	巽巳	丙午	丁未
火局	乙阴木	午丙	巳巽	乙辰	卯甲	寅艮	丑癸	子壬	亥乾	戌辛	酉庚	申坤	未丁
	丙阳火	艮寅	甲卯	乙辰	巽巳	丙午	丁未	坤申	庚酉	辛戌	乾亥	壬子	癸丑

凡在长生、冠带、临官、帝旺方位来龙，此穴可用，如在沐浴、衰、病、死、墓、绝方位来龙则不可用。决定某一块地是可用还是不可用，必须看水出何方，以出水口来确定四大局五行，再以此五行阴阳来判断十二长生方位。

例如：已找好一块穴地，用罗盘测出从艮寅方来水，经过堂前向辛戌方流去，不知此地是否可用？

1. 查上述“表格”，出水口在辛戌方，知此地属于火局。

2. 再看此水源是自艮寅方流来，查表格中见艮寅乃火局的长生之位。

3. 出水口在辛戌方，查表格知辛戌是属于火局的墓库之位，符合上述“水入墓库”的原则。

综上所述，此局从长生方来水，经过堂前，向墓库方流去，为合格水法，符合十二长生诀中“生水到堂螽斯千古”，此地可用。

真正一块好的穴地，不仅来水要合格，来龙也要合格，来龙合格主旺人丁，来水合格主发财源。正如上面所说“龙主人丁水主财”，若来龙与来水完全合格，主丁财两旺。

又如：某地出水口在辛戌、乾亥、壬子方位，从丙午方向来龙，艮寅方来水，问此地是否可用，用之将来怎样？

遇到这种布局可直断此地是大吉之地，用后定主人丁兴旺，大发财源，还要指出主长房人丁最旺，福寿双全，又主出文人秀士，四海扬名之人。为何这样直断？

1. 已测定此地出水口在辛戌方，知其戌乃火之墓库，查上表知其为火局。

2. 在丙午方来龙，查上表得知龙自长生方来，属于“旺龙”。

3. 水从艮寅方来，经过乙辰、巽巳、丙午流到辛戌入墓库，查上表知丙火长生在寅，艮寅方来水，属长生水到堂。

4. 出水口在辛戌方位，查上表得知辛戌乃属火局之墓库。

已知长生方来水，查本章第二节七曜歌诀，长生乃贪狼之位，是九星中第一吉星，故九宫水法歌中有“养生水到堂，贪狼星照显文章，长位儿孙多富贵，人丁昌炽性忠良”十二长生水法歌中又说，“生水到堂，螽斯千古，旺神聚局食禄万钟”等字句。

总的说，只要来龙旺，来水旺，去水口入墓，完全符合吉地之原则，故可这样直断。

三合水法，古时是专门用于堪测阴宅所用的，因阴阳二宅同出一理，后来也用于阳宅。

四大水口可立之向(水由天干位出)

四大局	墓	乙　辛　丁　癸		绝	乾　坤　艮　巽		胎	甲　庚　丙　壬	
	水口	立向		水口	立向		水口	立向	
水局	乙	生	艮山坤向—寅山申向	巽	自生	乾山巽—亥山巳	丙	借金生向	乾山巽—亥山巳
	乙	旺	丙山壬—午山子						
	乙巽	墓	辛山乙—戌山辰				丙	借金旺向	甲山庚—卯山酉
	乙巽	养	癸山丁—丑山未						
	乙	自生	乾山巽—亥山巳				丙	胎	壬山丙—子山午
	乙	自旺	庚山甲—酉山卯				丙	衰	丁山癸—未山丑
火局	辛	生	坤山艮—申山寅	乾	自生	巽山乾—巳山亥	壬	借木生向	巽山乾—巳山亥
	辛	旺	壬山丙—子山午						
	辛乾	墓	乙山辛—辰山戌				壬	借木旺向	庚山甲—酉山卯
	辛乾	养	丁山癸—未山丑						
	辛	自生	巽山乾—巳山亥				壬	胎	丙山壬—午山子
	辛	自旺	甲山庚—卯山酉				壬	衰	癸山丁—丑山未
金局	癸	生	乾山巽—亥山巳	艮	自生	乾山巽—亥山巳	甲	借火生向	坤山艮—申山寅
	癸	旺	甲山庚—卯山酉						
	癸艮	墓	丁山癸—未山丑				甲	借火旺向	壬山丙—子山午
	癸艮	养	辛山乙—戌山辰						
	癸	自生	坤山艮—申山寅				甲	胎	庚山甲—酉山卯
	癸	自旺	丙山壬—午山子				甲	衰	乙山辛—辰山戌
木局	丁	生	巽山乾—巳山亥	坤	自生	乾山巽—亥山巳	庚	借水生向	艮山坤—寅山申
	丁	旺	庚山甲—酉山卯						
	丁坤	墓	癸山丁—丑山未				庚	借水旺向	丙山壬—午山子
	丁坤	养	乙山辛—辰山戌						
	丁	自生	艮山坤—寅山申				庚	胎	甲山庚—卯山酉
	丁	自旺	壬山丙—子山午				庚	衰	辛山乙—戌山辰

第五节　三合水法立向知识

以上逐节介绍了三合水法的四大水口的原理与运用方法。现在再来谈谈立向。要知道立向是风水学中的关键,古人云:“有绝人之地,没有绝人之水。有绝人之水,没有绝人之向。”又云“千里祸福一向间”,可知立向对风水学何等重要。

龙、穴、砂、水、向是三合风水学中的五大要旨,其中“向”是五大要旨中的第一要素。就以龙来说,立了向才知道什么是生龙,什么是旺龙、死龙、绝龙。立了向才知道该向能否接到生气。再以砂来说,立了向才知道该方之砂得位不得位。是凶砂还是吉砂。再以水来说,立了向才知道其水是十二长生中的生水、旺水、衰水、墓水。以黄泉煞来说,立了向才知道什么是杀人黄泉,什么是救贫黄泉……因此,立向是风水学中的第一要素。

风水师无论看阴宅还是阳宅,在定向之前,首先要摆好罗盘,察看水口,视其水从何方而来,向何方而去,将其审辨清楚,然后再定向。

例如一块地,从艮寅方来水,左水到右,经过乙辰、巽巳、丙午、丁未、坤申、庚酉,最后向辛戌方流去。正如前面已讲过的四大水口,戌是四大水口之一,乃是火库。那么初步可以确定戌为“火局”。然后再用罗盘拨向,即可将调拨为“壬山丙向或子山午向”,因午向和丙向皆属火局。午火长生在寅,从寅位上起长生,顺数沐浴在卯,冠带在辰,临官在巳、帝旺在午……收局内冠带、临官和帝旺水流“戌”库,为正旺向。

再看丙午来龙。谓之旺龙入首,因火局是“乙龙”。乙木从丙午位上起长生逆数、巽巳位为沐浴、乙辰位为冠带、甲卯位为临官、艮寅位为帝旺,艮寅方来龙是谓“旺龙入首”,这时即可按照本书“十二长生吉凶歌”中所说的“生来会旺聪明之子方生”。

丙为夫乙为妇,丙为阳乙为阴,丙为水乙为龙,龙之生为水之旺,水之旺为龙之生,夫妇德配,为阴阳孕育之理。

如火局丙午龙入首为生龙,宜立艮寅长生向。如艮寅龙入首,为旺龙,宜立丙午旺向。

一、以水的形势配向

首先要知道水的来去,什么叫左水到右或右水到左?

无论左水到右或是右水到左,皆是指来水经过堂前以后,向另一方流出,如左边的水向右边流去,叫做“左水到右”,右边的水向左边流出叫做“右水到左”。

(一)水从左右横来(横水局)

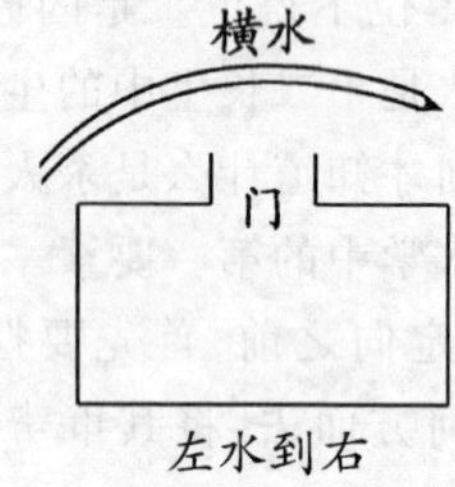

图一

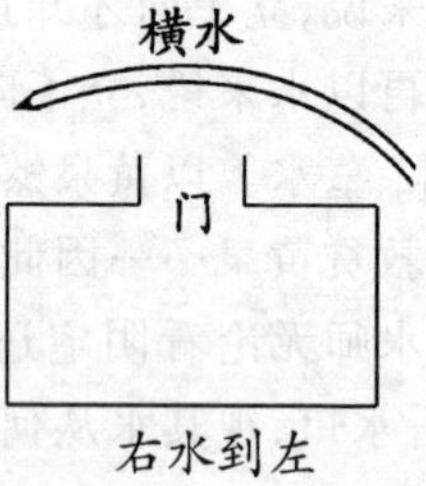

图二

1.“左水到右”是指左边的水经过堂前向右边流出。凡是左水到右宜立丙午、甲卯、壬子、庚酉四阳旺向,或立辰、戌、丑、未四阳衰向。这样可收长生、冠带、临官、帝旺方的吉方来水,出衰、病、死、墓的凶方。(上图一)

2.“右水到左”,是指右边的水经过堂前向左边的方流出。凡是右水到左的宜立乾亥、坤申、艮寅、巽巳四阴旺向,或乙、辛、丁、癸四阴衰向。这样可收长生、冠带、临官、帝旺之吉方来水,由衰、病、死、墓之凶出水。

(二)水从前面朝来(朝水局)

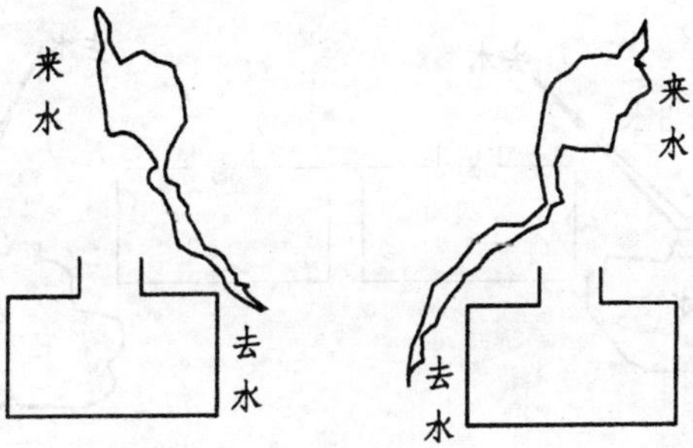

1.无论是宅是坟,水若前面朝来,然后再由右后方流去者,谓之穴前水朝堂,遇此水者可立甲卯、丙午、庚酉、壬子四阳旺向。门向适合向东开的,可立甲卯门向;适合向南的,可立丙午向;门向适合西开的,可立庚酉向;门向适合向北开的,可立壬子向。四阳旺向水法宜顺布长生,可收临官、帝旺方来水,从死、墓、绝方出水。(见上左图)。

2.如水从墓宅前面朝来,然后向左后方出水,可立乾亥、坤申、艮寅、巽巳四阴旺向。门向适合朝西北开的可立乾亥向,门向适合向西南开的可立坤申向,门向适合向东北方开的,可立艮寅四阴旺向。凡是乾亥、坤申、艮寅、巽巳八个向皆属阴,水法宜逆布十二长生,收临官、帝旺方来水,向死、墓、绝方出水。(上图)

3.但凡当面朝来之水,在立向时需要注意,必须符合左前方与右前方之水来朝,无论是宅是墓其位置务必要高一些,切不可在比水低的地方或与水平行的地方立宅安坟,否则就成了“穿心水”。

（三）水从左右后方，向左右前方斜出（斜水局）

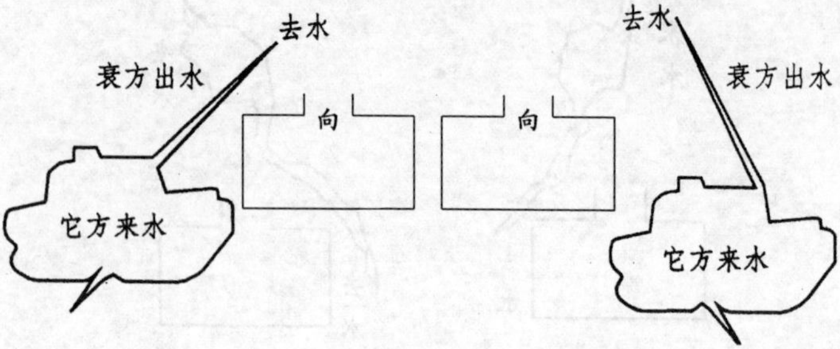

1.无论是宅是墓，若水从左后方来，再由右前方流去，可立甲卯、丙午、庚酉、壬子四阳旺向。因地制宜，适合大门向东者可立甲卯向，大门向南者可立丙午向，向西者可立庚酉向，向北者可立壬子向。但凡甲卯、丙午、庚酉、壬子四阳旺向，水法宜顺布长生，则可收长生、冠带、临官、帝旺来水向衰方出水，谓之“借库消水”。（见上图）

2.无论是宅是墓，从右后方来水，向左前方流去，宜立乾亥、坤申、艮寅、巽巳四阴旺向。可因地制宜，如适合向西南方开门可立坤申向，适合向东北开门的可立艮寅向，适合向东南方开门的可立巽巳向，适合向西北方开门的可立乾亥、巽巳、艮寅、坤申四阴旺向，水法宜逆布长生，可收长生、冠带、临官、帝旺水出衰方，谓之借库之水。（见上图）

请注意：凡是斜来到堂之水，皆称之为“斜飞水”。虽可成局，只宜弯曲缓慢流去为吉，切不可急流而去。

左方来水右方去水顺行十二长生

右方来水左方去水逆行十二长生

(四)水从前方直去(顺水局)

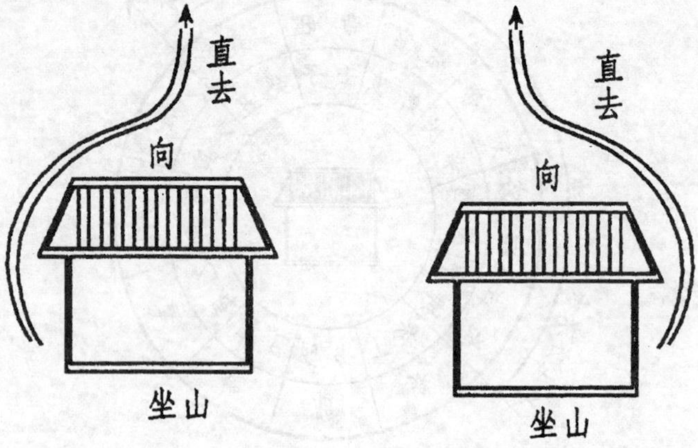

1.无论阴宅或阳宅,若水从右后方来,再由前方直去可立辰、戌、丑、未四阳衰向,因地制宜,适合东南向的可立辰向,适合西北向的可立戌向,适合东北向的可立丑向,适合西南向的可立未向。辰、戌、丑、未,凡立四阳向者,水法宜顺布长生,可收长生、冠带、临官、帝旺方来水,流出衰位。

2.如果水从左后方来,再由前方直流而去,可立乙、辛、丁、癸向,因乙、辛、丁、癸属四阴衰向,水法宜逆布十二长生,可收长生、冠带、临官、帝旺方来水,流出衰位。

3.无论水从左后方或右后来,由明堂对面直流而去者,宜弯曲缓慢而流为吉,倾急直流者,谓之元神外泄,是主凶。

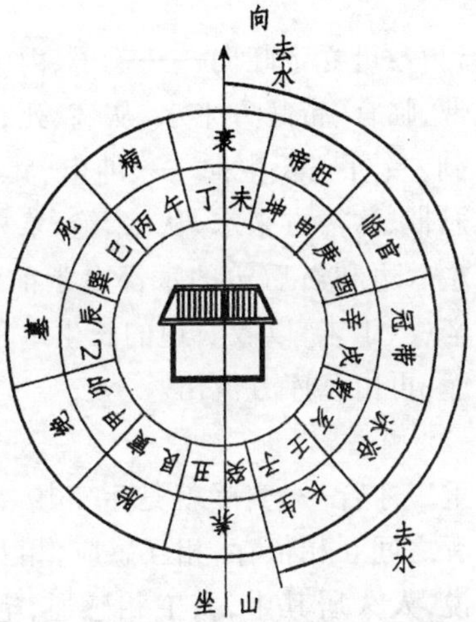

右后方来水由前方直去——立四阴衰向

左后方来水由前方直去——立四阳衰向

二、立向要旨

1.凡见左水到右:可立帝旺向——壬子、丙午、甲卯、庚酉以收长生、沐浴、冠带、临官、帝旺方来水,从病、死、墓、绝方出水。

2.凡见右水到左:可立长生向——坤申、巽巳、艮寅、乾亥,以收帝旺、临官、冠带、沐浴方来水,从胎、绝、墓方出水。

3.如果大门左后边和右后边的水都在堂前汇聚,可立墓向——乙辰、癸丑、辛戌、丁未,以收右边的长生水和左边的帝旺水在堂前会合入墓库,再由墓库方流出。

现代说法

风水术中注重三才合一,实际就是宇宙场、地球环境场、人体生命信息场三者之间互相依存,相互感应,相互制约的动态变化。对于宅居来说,人久居其中,人宅相感通,宅居必有人的烙印,人也必有宅居的烙印,由宅居可推及人,由人亦可推及宅居。

本章中的认龙立向、定水口、四大局十二向,说来概念生疏,但它的实质不外是在选址方面对地质水文、日照等自然地理环境因素作出或优或劣的评价选择以及所需要采取的相应措施,从而达到趋吉避凶纳福的目的,创造适于长期居住的良好环境。

如何依据水文地质来选择民居和厂房店铺的建筑位置,是一门大学问,需要很好地进行研究。

第六节　三合四大局十二向

此法起源于《地理五诀》,作者赵九峰在书中论述得很详细,将二十四个方向水之来去分成四大局,即寅午戌艮丙辛火局,亥卯未乾甲丁木局,巳酉丑巽庚癸金局,申子辰坤壬乙水局,在运用时首先将宅墓选好,视水之来去从左到右还是从右到左,或者是汇聚于堂前。若是从左到右，则立帝旺向，如壬子、丙午、甲卯、庚酉四个方位皆为旺向，宜收长生、沐浴、冠带、临官、帝旺来水，从病、死、墓、绝方位流去。

如果是从右到左，则立长生向，如坤申、巽巳、艮寅、乾亥四个方位皆为长生向。以收帝旺、临官、沐浴方来水，从胎、绝、墓方流去。

若两边一齐来水，双水汇聚，则立墓向，如乙辰、癸丑、辛戌、丁未四个方位为墓向，以会合右边之长生水和左边之帝旺水，再由墓库出水，水法只有长生、帝旺、墓库三种方向，一律以所立之向定来水，水法皆顺布十二长生。

金局：
巳 巽——长生向
酉 庚——帝旺向
丑 癸——墓库向

木局：
亥 乾——长生向
卯 甲——帝旺向
未 丁——墓库向

水局：
申 坤——长生向
子 壬——帝旺向
辰 乙——墓库向

火局：
寅 艮——长生向
午 丙——帝旺向
戌 辛——墓库向

若是左水到右，则立帝旺向——壬子、庚酉、丙午、甲卯，以收长生、沐浴、帝旺水到堂，出病、死、绝之方去水入库。

若是右水到左，则立长生向——巽巳、坤申、艮寅、乾亥，以收帝旺、临官、冠带、沐浴方水来朝堂，出绝、胎、墓方去水。

若宅墓左后方与右后方两边双水都在前边聚会，则立墓向——丁未、乙辰、癸丑、辛戌，以右边的长生水和左边的帝旺水，同出前方的墓库水。

第七节 赖公五行相宅法

“赖公五行相宅法”又名二十八宿五行拨砂法，相传是宋朝风水大师赖布衣所传，其法所用之五行与日常所用的正五行颇为不同，可混淆，此法自古在风水界是地理师不传之秘，俗话说“地理一张纸，说破人人知”。如体会其大义，抓住要害，并不难理解。

第一步须知什么叫砂？什么是吉砂，什么是凶砂？

凡是住宅周围的高峰、大楼以及高于我住宅的一切高大之建筑物，如电杆、烟囱、高塔、大树等都称作砂。须知赖公五行与日常所指的正五行不同，学习本法必须先分清赖公五行与正五行不同之处，并将赖公五行歌诀熟记于心，这样即可实地操作了。现将“赖公五行”拨砂法介绍如下：

火砂：子、午、卯、酉、甲、丙、庚、壬。

金砂：辰、戌、丑、未。

水砂：寅、申、巳、亥。

木砂：乾、坤、艮、巽。

土砂：乙、辛、丁、癸。

赖公五行看砂歌诀

子午卯酉原属火，甲丙庚壬也同行。
乾坤艮巽皆属木，乙辛丁癸土记清。
寅申巳亥皆属水，辰戌丑未即是金。
此是拨砂真口诀，吉凶祸福即分明。

观砂之法以坐山为主为我，以我四周的砂峰为客，看主与客的关系谁生谁，谁克谁即可立辨吉凶。若是客来克我，泄我是以凶论;如果客来生我助我,便可以吉论之。砂的形象以尖、圆、方形为吉,歪、斜、破、碎为凶。其吉凶应期以砂的远近论之,砂近应期则近,砂远应期则远,以站在向前见到的砂论其吉凶,见不到者则无吉无凶。

二十八宿五行是根据罗盘最外层之二十八宿宫度演化而来的,此层五行叫做人盘五行。是用二十八宿配二十四山尚余下的四个星宿演化而来的。例如:将危虚、毕昴、张星、心房等两个日月星辰各并成一个星宿,而形成二十四个山盘,其五行次序依罗盘上顺时针旋转,可以看出金→木→水→火→土循环规律。

二十八宿四方七曜方位次序表

二十八宿星	木	金	土	日	月	火	水
东方青龙	角木蛟	亢金龙	氐土貉	房日兔	心月狐	尾火虎	箕水豹
北方玄武	斗木獬	牛金牛	女土蝠	虚日鼠	危月燕	室火猪	壁水俞
西方白虎	奎木狼	娄金狗	胃土雉	昴日鸡	毕月乌	觜火猴	参水猿
南方朱雀	井木犴	鬼金羊	柳土獐	星日马	张月鹿	翼火蛇	轸水蚓

罗盘外层二十八宿示意图

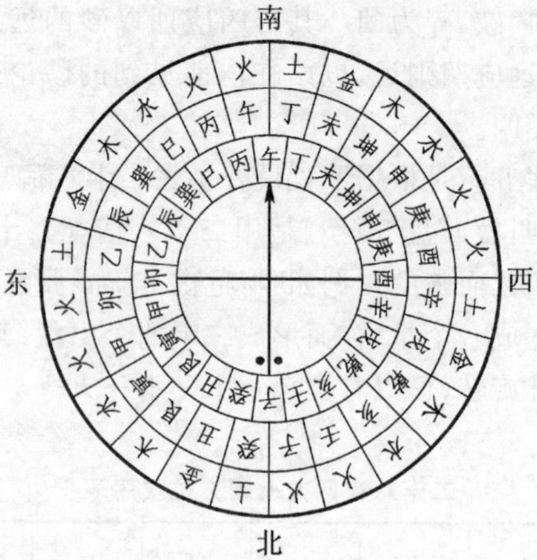

一、砂之吉凶

在看砂时，以坐山为我，砂来克我者称之为“杀砂”，又名鬼砂。我去克砂者称之为财砂，又叫“奴砂”。砂来生我者称之为“生砂”，又叫做“印砂”。我去生砂者称为泄砂，又叫做食砂。砂与我相同者称之为旺砂，又叫做“比肩砂”。观砂之法与六爻、八字中所用的六亲十神大致相似，以生我者为父母，我生者为子孙，克我者为官鬼，我克者为妻财，比和者为兄弟，论理大同小异。

看砂之法，先观其形象，若砂形秀美为吉，砂型破碎主凶。业此道者还必须要明白消砂纳水之法，所谓消砂纳水之法，实质就是趋吉避凶之法，应用时是将“生砂、旺砂、奴砂”三种吉砂拨在高峰之处，将杀砂、泄砂两种凶砂拨在低平之处。

赖公拨砂法，自古是三合派地理不传之秘，从古至今，地理行业对秘传的东西都非常保守，有些方法绝不外传，这是中国人保守思想的最大弊病，致使本派学理很少有人去研讨，为了使大家了解这门学问，现将赖公五行使用方法绘出图形以示明白。

赖公五行与二十四山向

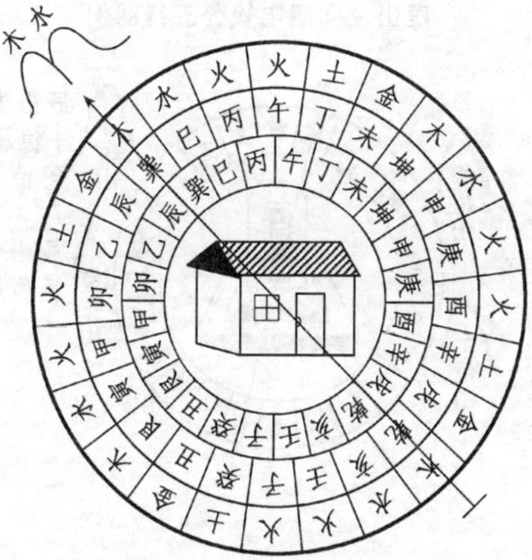

这个房子坐戌向辰，戌的坐山属乾宫八卦，乾位赖公五行属木。巽方有高峰，巽的赖公五行属木，向与砂的五行相同，称之为旺砂，旺砂主出丁财两旺，事业有成，名扬四海之人。

歌曰：克我为煞有祸殃，我生泄气也不良。
我克为奴财运好，比和为旺万事昌。
生我为印如父母，诸事都有贵人帮。
卦遇煞方多凶事，见之急早去提防。

二、赖公五行二十四山断法

拨砂之法非常容易了解，只要经行家指点，疑雾顿消。了解时先将赖公五行歌诀背熟，然后用罗盘定出坐山朝向，按照以上图表进行演习，马上即洞察。规律的东西须掌握，例如凡是坐山的五行与朝向的五行都是同一五行，坐山是什么五行，朝向就是什么五行。操作时阴宅和阳宅都是一样，用罗盘将山向定下来，以坐山为我，再将周围的砂峰与我来对比，看互相是生是克，相生则吉，相克则凶。现将赖公五行坐山朝向与周围二十四山相生相克用图表来表示，进行实地操作如下：

辰山戌向阴宅赖公五行图例

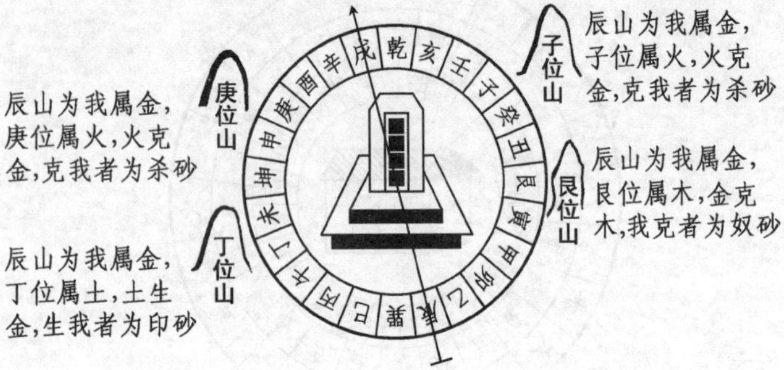

辰山戌向阳宅赖公五行图例

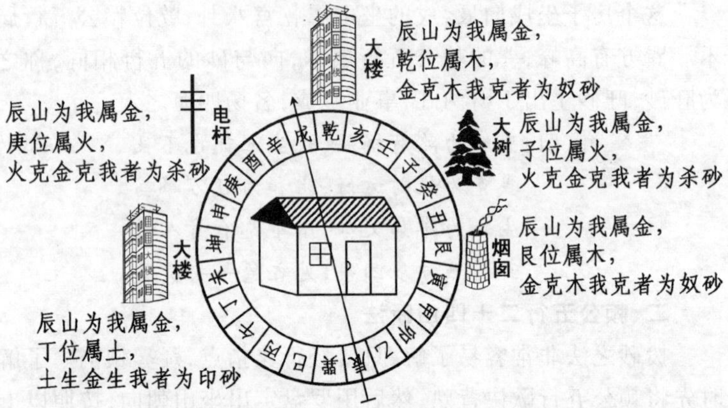

以上两图，一图是阴宅，一图是阳宅，欲知阴宅与阳宅的判断方法都是一样的，两图都是坐辰向戌，先看阴宅，此墓宅坐山五行的“辰”字，赖公五行属金。东北艮方的赖公五行属木，金克

木为奴砂(又为财砂),正北子方有座山头,子砂赖公五行属火,火来克金,克我为官为杀,故称之为“杀砂”。庚位有座山头,庚位的赖公五行属火,火来克我坐山之金,克我者为煞砂。丁位也有砂,丁位的赖公五行属土,生我坐山之辰金为印砂,又为父母砂。这是阴宅的判断方法,如阴宅的周围有逼近的高楼大厦、烟囱、高压电杆等都也同样照砂断。其余都以此类推。

再看上页下图,阳宅的赖公五行判断法,辰山戌向赖公五行属金,向前的乾字方有座高楼,乾位赖公五行属木,以坐山的辰字为我,八宫的峦头为客,金去克木,我克者为财,为奴砂。庚方有个电杆,庚的五行属火,克坐山之金,克我者为官鬼,名为煞砂。丁位有座大楼,丁位属土,土能生金,生我者父母,为生砂。正北子位上有棵大树,子位属火,火克金,克我者为官鬼,为煞砂。东北艮位有个烟囱,艮位属木,金克木,我克者为财,为奴砂。

总而言之,阴宅与阳宅断法一样,先将“赖公五行歌诀”与拨砂歌诀背熟,以墓宅山向为我,四周的高大建筑物为客,用我与客的生克来决定五种砂名,然后再以砂名来决定应在何年何月何地何人应出何吉凶之事。

三、二十四山阳宅拨砂详解

子山午向阳宅断法

1.如你的住宅坐子山午向,赖公五行子山属火,最忌见到寅申巳亥四个方向有障碍物。因寅申巳亥赖公五行属水,水克火为杀砂,主凶。该方如有大楼、电杆、烟囱或高塔等建筑物,逢流年太岁合杀或冲杀之年,必出凶祸。

2.午方有烟囱主有火灾,或眼睛出毛病。因丙午丁三方属离卦,五行属火,三方有一方见障碍物都主出凶事。

3.卯方或酉方忌有路冲射。

4.辰方忌高峰或冲射之物,因辰为坎山的曜杀方。

5.巳方不宜有变压器或电线杆等凶物逼近。

壬山丙向阳宅拨砂断法

1.如住宅坐壬山丙向,赖公五行属火,最不宜见到寅申巳亥方有障碍物冲射,因壬山赖公五行属火,寅申巳亥属水,水克火为杀砂,主凶。

2.卯辰二方不宜有电线杆或高楼等凶砂逼近,在亥卯未年主出凶事;因子午卯酉属天元卦。

3.午方忌有烟囱,因午属离位,离位属火,离火主心脏,又主二目。

坐癸山丁向阳宅断法

1.你的住房坐癸向丁,癸山赖公五行属土。在乾坤震巽方位不宜有障碍物。

2.卯方有电线杆或高塔,主一、四、七房之灾。

3.辰为天罗,戌为地网,如辰方有大楼,庙宇或其它高大建筑物,主老人在戌亥年月有中风之症,因乾为老父故也。

坐丑山未向阳宅断法

1.您的住房坐丑向未,丑山未向赖公五行属金,最怕子午卯酉甲丙庚壬方有大楼、电线杆、高塔、烟囱等建筑物,逢太岁年运合杀之年,定有凶祸降临。因该方赖公五行属火,火克金为杀砂。

2.丑山未向,最怕碰上煞曜方位有高大建筑物,主其灾祸更重,杀曜方位的歌诀是:"坎龙坤兔震山猴、巽鸡乾马兑蛇头、艮虎离猪为杀曜,坟宅犯之一旦休。"具体应何凶事,请参阅本书三元篇先后天水法。

坐艮山坤向阳宅断法

1.您的住房坐艮向坤,艮山坤向的住房赖公五行属木,最忌辰戌丑未有高大障碍物,因辰戌丑的赖公五行属金,金克木为杀砂,如此方有高大的建筑物,逢年运合杀之年定出凶祸,此祸都应在二、五、八房身上。

2.辰戌丑未方更怕八曜煞临之，主其灾祸更重。

坐寅山申向阳宅断法

1.您的住房坐寅向申，寅山申向的赖公五行属水，最怕乙辛丁癸四方有障碍物，因乙辛丁癸的赖公五行属土，土来水谓之杀砂，此方如高大而形象破碎的建筑物，须防逢太岁之年或太岁与该方相冲相合之年，主有凶祸应之。

2.如寅方有路冲来，定主其家出癫狂或精神病人。

3.如午方有烟囱或冲射之物注意儿童或老人患心脏病或眼睛不好，重者有血光之灾。应期在申子辰年出现。

坐甲山庚向阳宅断法

1.您的房子坐甲向庚，甲山庚向的赖公五行属火，怕见寅申巳亥方有障碍物，因该方赖公五行属水，水克火为之杀砂主凶，如寅申巳亥方有大楼、烟囱和其它高大的建筑之物，注意逢太岁合杀之年，出现凶祸。

2.寅申亥是震卦的曜杀之位，此方不宜有路冲、古树。犯之主出头脑愚蠢之子孙或精神病人。

3.戌乾亥方为震卦的天劫之位，不宜有破碎山头、烟囱、路冲，犯之应有车祸血光之灾出现。

坐卯山酉向阳宅断法

1.您的房子坐卯向酉，卯山酉向的赖公五行属火，最忌寅申巳亥方位有障碍之物，因寅申巳亥的赖公五行属水，水克火为杀砂，如此方有高楼大厦或其它的高大建筑物，逢太岁或太岁合杀之年必出祸端。

2.申方有冲射之物，主该宅会出现精神病或疯癫之人。

3.巳方有高楼等障碍物，主应损人口、破财。

4.寅方有烟囱和高压电杆，主出现血光和心脏病人。

5.亥方如有古树，应生不好意思告诉别人的阴病。

6.戌方如有电杆易出车祸。

7.以上所说的这些凶灾恶祸,会出现在二房身上。

坐乙山辛向阳宅断法

1.您的房子坐乙向辛,乙山辛向的房子赖公五行属土,最不宜有乾坤艮巽的方位有障碍物,因乾坤艮巽赖公五行属木,木克土为之杀砂。如该方有大楼或高大之建筑物,逢太岁之年或与太岁相合之年必出祸事。(由于乾坤艮巽四卦在罗盘上没有干支,在测验时以罗盘上的寅申巳亥之时间来应之,因寅申巳亥四个地支离乾坤震巽四卦最近,所以为应验之年)

2.乙山辛向属震卦,正曜在申、天曜在寅、地曜在亥,寅申亥三方最忌有高楼、电杆、烟囱等障碍之物,主出癫狂病人或车祸。应祸时间在亥卯未年,如亥方有障碍之物应三房出现车祸、血光之灾,其出祸的部位大多应于头部,应期在寅午戌年出现。

坐辰山戌向阳宅断法

1.住房坐辰向戌,辰山戌向的房子赖公五行属金,最不宜见子、午、卯、酉、甲、庚、丙、壬方有障碍物,因这些干支方位赖公五行属火,火克金为杀砂,该方如有大楼、大树、电线杆等高大建筑物,逢太岁或与太岁相合之年,必出凶祸事。

2.辰山属巽卦,酉卯巳为巽卦的杀曜之方,该方最忌有路冲、烟囱、高塔等,逢到流年干支吊合逢冲之年必然应祸。

坐巽山乾向阳宅断法

1.如你的住房坐巽向乾,巽山乾向的房子赖公五行属木,最忌见到辰戌丑未方有障碍物冲射,因该方赖公五行属金,金克木为杀砂,杀砂主凶杀之事。如辰戌丑未方有大楼、高压电杆、水塔等高大的建筑物冲射,逢太岁合杀之年必出凶事。

2.如坎(壬子癸)方有路冲射,或有高塔、电杆,犯之主有刀伤车祸之厄。

3.庚酉辛方位不宜有古松、古树,犯之主夫妻不和,又主出成天酗酒不务正业之人，因庚酉辛方是巽宅的曜杀之位，故有此应。

巳山亥向阳宅断法

1.如你的房子坐巳向亥，巳山亥向的住房赖公五行属水，最忌乙辛丁癸方有障碍物冲射，因该方赖公五行属土，土克水为杀砂，主出凶事，如该方有大楼或其它高大的建筑物冲射，逢太岁之年或太岁合杀之年出现灾祸。

2.如壬子癸方有烟囱或有路冲射，在寅午戌年会出现凶事。

3.酉方忌有破屋或庙宇，见之主亥卯未年家中出现人口不安之事。

丙山壬向阳宅断法

1.如您的房子坐丙向壬，丙山壬向的住房赖公五行属火，不宜见寅申巳亥方有障碍物冲射，因寅申巳亥赖公五行属水，水克为杀砂，住之主凶。如该方有大楼或其它高大的建筑物冲射，逢太岁合杀之年出现凶事。

2.丙山属离卦，离的正曜在亥，地曜在午，天曜在申，亥午申三个方向不宜有路冲或有高压电杆，犯之逢太岁之年出凶事。

午山子向阳宅断法

1.如您的房子坐午向子，午山子向的房子赖公五行属火，忌寅申巳亥方不宜见有障碍物冲射，因寅申巳亥赖公五行属水，水克火为杀砂，如该方有高大的建筑物冲射，逢太岁或太岁合杀之年易出凶事。

2.亥午申三方乃离卦的曜杀之方，如三方有路冲、高塔、电杆、烟囱等冲射之物，必出凶事。

3.丑为午山之天劫位，不宜有电杆或烟囱，应在寅午戌年未月有祸，灾祸都应在二房身上。

丁山癸向阳宅断法

1.坐丁向癸的住房，赖公五行属土，最忌乾坤艮巽方有障碍物,因该方赖公五行属木,木克土为杀砂,如该方有高大的建筑物逢太岁之年或太岁合杀之年出凶事。

2.若见壬子癸方有冲射之物,主应祸于寅午戌年。

3.若见甲卯乙方有冲射之物,主应祸于巳酉丑年。

4.若见丙午丁方有冲射之物,主应祸于申子辰年。

5.若庚酉辛方有冲射之物者,主应祸于亥卯未年。

未山丑向的阳宅断法

1.坐未向丑的房子,赖公五行属金,忌子午卯酉方有障碍物冲射,因子午卯酉的赖公五行属火,火克金为杀砂,为凶。如子午卯酉方有大楼、烟囱、电杆等高大建筑物,逢太岁或太岁合杀之年出凶事。

2.未山丑向属坤卦,坤卦的曜杀在卯,地曜在酉,天曜在辰,三方如有高大建筑物冲射,太岁冲合之年应凶。

3.未山丑向的赖公五行属金,如辰方有烟囱,金受火克,主得肺病、眼病或心脏病。

坤山艮向的阳宅断法

1.住宅坐坤向艮,坤山艮向的房子赖公五行属木,在辰戌丑未方不宜有高大建筑物,因辰戌丑未赖公五行属金,金克木为杀砂,主凶,该方如有高大建筑物冲射,逢太岁之年,或太岁合杀之年主出凶事。

2.如见辰戌丑未方有煞冲射,主患肝病或脾胃、小肠之疾。

3.坤卦的正曜在卯,地曜在酉,天曜在辰,曜煞之位如有电杆、烟囱、高楼等尖物冲射,逢岁运吊冲之年必发凶祸。

申山寅向的阳宅断法

1.申山寅向的赖公五行属木,此方最忌乙辛丁癸方有高大的建筑物冲射,因乙辛丁癸方的赖公五行属土,土克水为杀砂,主凶。该方如有高楼、电杆、烟囱、大树等,逢太岁或太岁合杀之年出凶。

2.申山寅向的住房,忌卯酉二方有古树或烟囱逼近,主一、四、七房出好酒好色之人,因卯酉二方为桃花方位。

3.如乙辛丁癸方有高楼、电杆等障碍物,主寅午戌年或巳酉丑出凶事,多应在三房身上。

庚山甲向阳宅断法

1.坐庚向甲的房子赖公五行属火,最忌寅申巳亥方有高大之物冲射,因寅申巳亥的赖公五行属水,水克火为杀砂,主凶,如该方有大楼、古树、电杆等高大建筑物逼近,逢太岁或太岁合杀之年应凶。

2.庚山属兑卦,该方的正曜在巳,地曜在辰,天曜在酉,此方如有古树或庙宇逼近,主出精神病人。

3.庚山忌寅方有高压电杆逼近,主寅午戌年有车祸,血光之灾,其实祸大多应在长房。

酉山卯向阳宅断法

1.坐卯向酉的住宅,赖公五行属火,最怕寅申巳亥方有高大建筑物逼近,因寅申巳亥的赖公五行属水,水克火为杀砂,主出凶事,逢太岁或逢太岁合杀之年应凶。

2.酉山卯向的房子属兑卦,兑卦的正曜在巳,地曜在辰,天曜在酉,此三方如有路冲、烟囱、古树等,逢岁运冲吊之年,轻者主破财,重者主患癌症或车祸应之。

3.正曜的巳方见煞,主应少女悬梁自尽;地曜见煞,应祸在少男;天曜见杀,主出花街柳巷之人。

辛山乙向阳宅断法

1.辛山乙向的房子赖公五行属土,最忌乾坤艮巽方有高物逼近,因乾坤艮巽的赖公五行属木,木克土为煞,主凶,该方见大楼、烟囱或大树等,逢太岁或逢太岁合冲之年必出凶事。

2.乾坤艮巽四卦无有干支,在定应期时以罗盘的子午线为应祸时间,也即是接近该卦的两旁之地支为应期之年。

3. 如乾方有煞砂，以罗盘正针定之，若兼亥应期在寅午戌年，若兼戌应期在亥、卯、未年，其它类推。

戌山辰向阳宅断法

1. 坐戌向辰的住宅赖公五行属金，最忌子午卯酉、甲丙庚壬方有高大障碍物逼近，因这几个干支赖公五行属火，火克金为煞砂，主凶，该方有烟囱、电杆、高楼逼近，逢太岁或逢太岁合杀之年应有凶事。

2. 如见子午卯酉方有高楼，烟囱等高大建筑物特别不利于长房。

乾山巽向阳宅断法

1. 坐乾向巽的住宅赖公五行属木，忌辰戌丑未方有高物逼近，因辰戌丑未的赖公五行属金，金克木为煞砂，如该方见大树、电杆、大楼、烟囱等高大的建筑物，逢太岁或太岁合杀之年应出凶事。

2. 乾山巽向的住宅，曜煞正位在午，该方如见高物逼近主克二房。天曜在亥方，犯之克三房。地曜在寅，犯之也主克三房。

亥山巳向阳宅断法

1. 坐亥向巳的住宅，赖公五行属水，最不宜见乙辛丁癸方有高大的建筑物，因乙辛丁癸的赖公五行属土，土克水为杀砂，若该方有高楼、烟囱、大树，逢太岁之年或太岁合杀之年必应凶事。

2. 午方为曜煞，怕见大树，犯之主家宅不宁。

3. 乙方见有高压电杆或烟囱，主眼病或心脏病，妇科病。

4. 亥方乾山之天曜，不宜见宙宇或墙角，犯之主家宅不宁。

四、拨砂分房神断法：

早时人们都以子多为福，风水师每到实地堪察风水时，主家都会询问此地应该发哪房，哪一房能出官出贵，这时风水师就该当即告诉主家，这块地主某一房吉某一房凶，某一房在某年某月应出哪些凶事，哪些吉事。

分房之方法很多，三合派地理大多用拨砂分房法，此法分为两种：

明堂龙虎分房法

一子，如宅主只有一个儿子，则吉凶都应在一个儿子身上。

二子，如宅主有两个儿子，则以坟宅的左边青龙方看长房，右边白虎方看中房。

三子，如宅主有三个儿子，则左边青龙看长房，右边白虎看三房，前后坐山朝向看中房。

四子，如宅主有四个儿子，则看左边青龙前案之位置好坏。

五子，如宅主有五个儿子，则看前面明堂之正案上好坏。

六子，如宅主有六个儿子，则看右边白虎前案之好坏。

以二十四山分房法

天元——子午卯酉、乾坤震巽，主一四七房。

地元——甲庚丙壬、辰戌丑未，主二五八房。

人元——寅申巳亥、乙辛丁癸，主三六九房。

以峦头形象决定房份吉凶，如这个方位生旺砂高，而且山色秀美，环抱有情，主该房子孙出众，富贵兴隆。如其方泄气过重，主女儿发富。若其方空缺，或有歪斜破碎山头，主该房破耗败绝。如该方位空缺，左边空先绝长房，右边空先绝二房，如坐山和朝向皆空，主二房或五房败绝。

阳宅以坐山朝向为主，阴宅以头为坐山，脚为朝向，无论住宅或坟墓左边枝脚(指龙枝)有生气，定主发长房，右边枝脚有生气，定主发小房。还要掌握一个规律，左边青龙方越高对长房越有利，常说“不怕青龙高万丈”；右边的白虎方比左边的青龙方越低对小房越有利。若左边青龙不起，或者不见青龙之形象，定主不利长房，如果该方有水弯曲环抱，而且环绕有情者，就是不见青龙的形象，也主发长房。“白虎怕凹风”，如右边有凹风主败小房，反之右边有池湖聚集，水蓄气胜而且又有生气反而又主发小房。再看其龙身过峡，如龙从左边过峡发长房，右边过峡发小房。

总而言之,龙与水先从左边来,则先发长房,从右边来先发小房,四周山水秀丽,房房皆发。现将拨砂分房之法以图详述,以示读者一看即明。

例一:坐酉山卯向,一子断法。

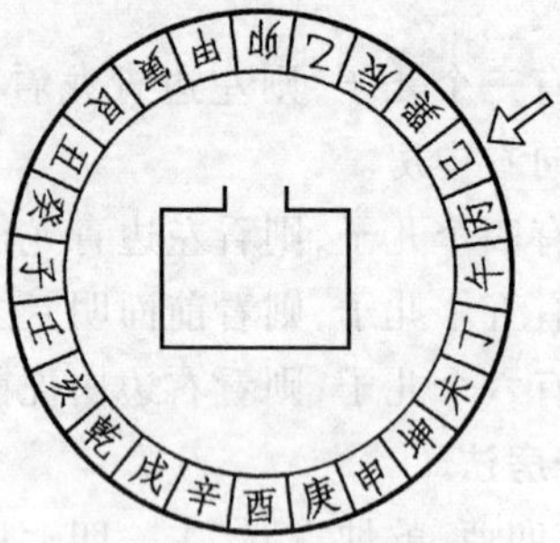

如宅主只有一个儿子,一切祸福皆由儿子一个人承担,如此住宅坐西向东属兑卦山,见巳方有冲射之物,则应在长房的第三子身上,因"巳"为人元之位,又为曜杀之方,所以其祸福都会应验在三、六、九房身上。

例二:坐坤山艮向,二子断法。

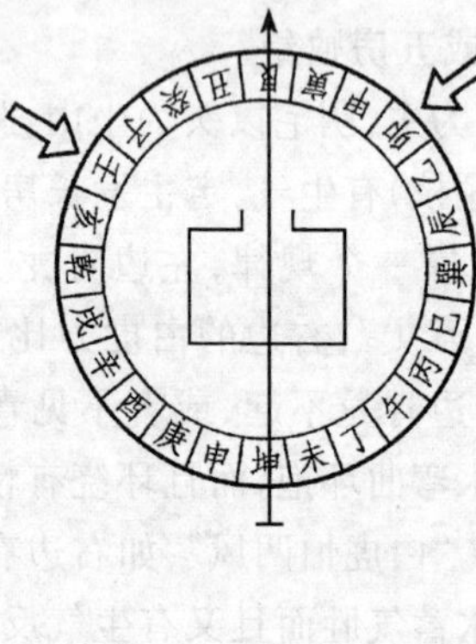

如宅主有两个儿子，堪察时以宅之中心划分成左右两边，左边为长房位，右边为二房位，若右边的"卯"方有路或尖物冲射，则应长房出事，因卯为天元长子之位。若见左边壬位上有冲射之物，则应在长房的二子出事，因壬为地元二子之位。

例三：坐乾向巽三子断法。

宅主有三个儿子，左边为青龙之位，青龙位应于长房。右边为白虎之位，白虎应三房。前方案堂为朱雀之位，朱雀属二房。如这个宅子坐乾向巽，左为青龙属长房，右为白虎属三房，前面朱雀属二房，后面玄武属二房。午方有冲射之物，午为该宅墓的右前方，凡一切祸都应验在三房的长子身上，因右边属三房，午方又为长子之位，又为正曜煞。

例四：坐巽三乾向，四子位之断法。

宅主有四个儿子，左边青龙的后半部为长房，前半部为四房，三房在白虎方，二房在玄武和朱雀方，本宅坐巽向乾，西边的酉方有冲射之物，则应在四房的长子身上出灾祸，因酉为长子之位，巽的正曜煞在“酉”。

例五：坐艮向坤，五子位之断法。

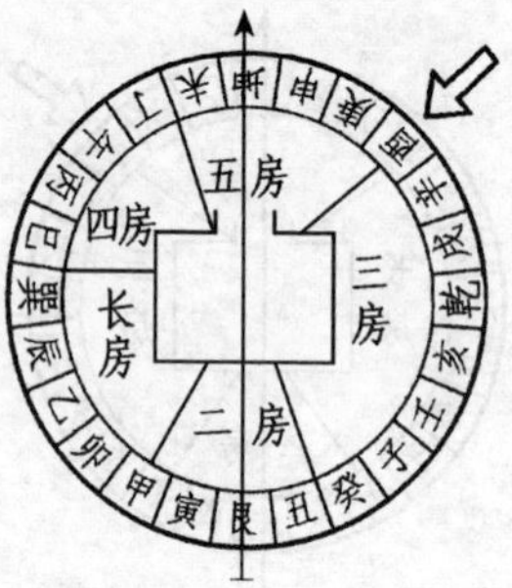

宅主有五个儿子，左边青龙为长房、四房，右边白虎应三房，后面玄武应二房，前面朱雀应五房。本宅坐艮山坤向，屋宅后面寅方有一条路冲来，断出二房的三子有意外灾祸，如果这条路从前面的申方冲来，则断出五房的三子有意外灾祸。

例六：坐坤山艮向，六子位之断法。

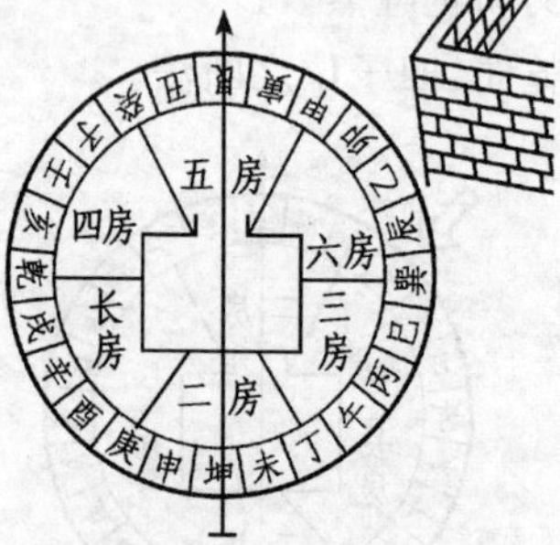

宅主有六个儿子，长房在青龙方的左后面，四房在青龙的前

面，三房在白虎方的后面，六房在白虎方的前面，二房在后面玄武方，五房在前面的朱雀方。这个住宅坐坤山艮向，在卯方有一道墙角冲射，可直接断出六房的长子有意外灾祸，因卯在天元为长子之位。

五、判断吉凶应期法

冲吊法

了解风水首先要知道什么叫冲，什么叫吊，不知冲吊之法难以断出吉凶应期。所谓冲者即六冲也，子午冲、丑未冲、寅申冲、卯酉冲、辰戌冲、巳亥冲，吊者是将三合局称之为吊，如寅午戌三合，巳酉丑三合，申子辰三合，亥卯未三合。

风水师在实地堪察时，首先看向前的砂（高峰及高大的建筑物称之为砂）在什么方位，是凶砂还是吉砂，无论是凶砂还是吉砂，只要遇流年月建冲吊之时，总会出现一些事情，是凶则凶，是吉则吉，关于吉凶到什么程度，以卦位断之。

例如：有一乾山巽向之住宅，在东南辰位上见有破碎山头（见下图）先从坐山上看，乾山属木，辰峰属金，以乾山为我，金来克木，为克我之煞砂，主凶。如问凶在何时？告诉宅主每在申年、辰年、子年皆是发凶之年，因申子辰是三合吊动辰峰之年，所以该年是最容易发生凶祸之年。问在哪些月份是最凶之月？应断出与破峰相冲之月最易出现灾祸，此峰乃辰方之峰，辰与戌冲，可断出戌月最凶，余皆仿此。

填实法

填实之法，乃是判断吉凶应期的又一种方法，在实地堪察时，只要见高起的砂位与流年太岁相同的称之为填实。也就是凡是凶方三合局的高峰，凶象遇上与太岁相同之年，必出凶事。

例如：有坐壬向丙的住房，申方有高峰，依消砂人盘判定，壬山丙向属火，申砂属水，水来克火，克我之砂为杀砂，主凶，可断申年寅月起凶，因申方的高峰遇申年填实，寅月冲起申峰，故申年寅月起凶。申峰在壬山丙向的右边白虎方位,可断出三房应灾凶。

飞腾法

飞腾法乃是三合水法判断吉凶和应期的又一种方法,其法即用三合局之“虚一实二”之法,其二位寻出其中一位即可来决定吉凶应期是也。

例如:某宅坐辰山戌向,在巳方和丑方都有高峰,巳酉丑属三合局,岁运到了酉年应起灾祸,因“酉”字配巳、丑吊成巳酉丑三合局,酉字的赖公五行属火,辰的坐山属金,酉火克坐山辰金,故断出酉年必出灾祸。

又如坐辛山乙向的住宅,见甲、丁二方都有砂。首先看坐山赖公五行所属,辛山乙向的赖公五行属土。再看甲丁二方砂的五行所属,甲砂属火,火生坐山五行的土,丁砂也属土,与坐山五行的土比和,二者对坐山来说为生旺之砂。最怕到戌、亥年起凶,因戌、亥属乾宫管辖,乾、甲、丁三合属木,辛山乙向属土,木克土为煞气,防有损丁之忧。甲砂属火,丁砂属土,二砂对辛山乙向土来说是一生一旺,应该是大富大贵之格,可是甲、丁二砂暗藏“乾”字的煞气,乾乃勇猛之神太重,故其性好杀好斗,后代必出凶恶之人。仅举此例,其它以此类推。

现代说法

有人研究了中国古往今来的风水及建筑选址实例,得出一个结论:中国人内心深处最理想的居住模式(换一种说法就是最好的风水)是依山面水,俯临平原,左右护山环抱,眼前朝山、案山拱揖相迎。用风水的话说就是:左青龙,右白虎,前朱雀,后玄武。尽管世界各民族都有自己的居住和墓葬的习俗,但都不像汉民族这样形成了一整套关于理想居住模式和墓葬的吉凶习俗和操作理论,即风水说。风水说是中国人独有的文化,或者说风水是中国人内心的秘密,这种“敬天择地”的观念也许是中国祖先经历代保留下来，存储于大脑中的。

建筑风水的“形煞”，从广义上讲是自然界中有形物体对人或生命体造成的不利影响，其作用种类可分为电磁、力、热辐射等物质、能量作用等；其作用方式主要有直接作用和人类受到影响的心理暗示等间接作用。如宅居周围的山上要有植物覆盖，特别是不要见尖石等不利的“形煞”存在；忌讳门前有石，如泰山石敢挡；同样的尖形物体对门也是忌讳的，如枪煞、箭煞等。这些有的已成为汉民族的风俗习惯。

第八节 洪范五行相宅法

一、洪范五行基本知识及用法

“洪范五行”古又称之为“宗庙大五行”，相传是明朝开国军师刘伯温先生所传。此五行是根据河洛理数之原理演化而来，用于二十四山拨砂放水，辨方消纳，变迁趋避。是专门用于观察二十四山方位吉凶之法。是历代风水师堪察墓宅铁口断事的一门方术，也是三合派风水秘不传人的一种诀窍。所谓“洪范”，“洪”指洪水，“范”指规范，说明山无改移，水有变迁之义。所谓“宗庙大五行”者，是刘伯温先生见世间富贵贫贱人生消长各有不同，且相差很大，认为皆与阴阳二宅有关，如要世人平等相齐，可用洪范五行之二十四山六吉六凶水法，即可济世救贫，所以将此方法上奏于明主朱元璋皇帝，要求公布于世，以普济天下。皇帝准奏，同意传播此法，让世人皆识其法，因上奏时，是皇帝在宗庙祭祖时准奏的，所以称之为“宗庙大五行”。

洪范五行与正五行不同，正五行的二十四山是以甲、乙、寅、卯属木，丙、丁、巳、午属火，庚、辛、申、酉属金，壬、癸、亥、子属水，辰、戌、丑、未属土，八卦以震、巽属木，离属火，乾、兑属金，坎属水，艮、坤属土。而洪范五行却不同，其理是依河洛理数之八八六十四卦三百八十四爻纳甲变通之法演变而来的，在二十四山中以甲、寅、辰、巽、戌、坎、申、辛八个字属水，震、艮、巳四个字属木，离、壬、丙、乙四个字属火，乾、兑、丁、亥四个字属金，丑、癸、坤、庚、未五个字属土。如果有六爻八卦基础，再参阅本书的相关内容，马上即可明白其中之理。如果对六爻八卦一窍不通的话，那暂时就不用对此篇五行去进行探讨，可以按图索骥，等将八卦纳甲之法弄懂之后，即可悟通此理，将此理悟通后，就会理解其中的奥妙。

洪范五行的用法非常简单，可以说“一点即明”，只要将二十四山长生五行和洪范五行的歌诀记住，再将九星配八卦之性质弄懂，然后再根据坐山之流水方位，即可了解吉凶。

具体步骤是第一步先将“洪范五行”歌诀背熟，然后再来研究运用方法。

附二十四山洪范五行图：

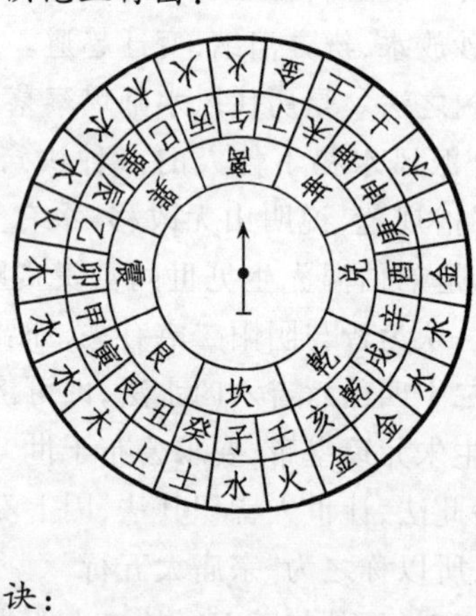

洪范五行歌诀：

歌曰：甲寅辰巽大江水　戌坎申辛水总同

震艮巳山原属木　离壬丙乙火为宗

兑丁乾亥金生处　丑癸坤庚未土中

歌诀中说得非常明白，在二十四山中凡见“甲、寅、辰、巽、戌、坎、申、辛”八个字皆属水，见到震、艮、巳皆属木，见到离、壬、丙、乙四山皆属火，见到兑、丁、乾、亥四山皆属金，见到丑癸坤庚未皆属土。此歌将二十四山洪范五行的定性划分得非常清楚。下一步再来谈谈洪范五行与十二长生的用法。所谓十二长生者，即：长生、沐浴、冠带、临官、帝旺、衰、病、死、墓、绝、胎、养，原指一个人从出生到死的十二种不同的状态，然在三合风水术中借用其名称，用来指代十二方位的生死过程。其中长生、沐浴、养、冠带、临官、帝旺为吉，其余的为凶，名曰六吉六凶水法，洪范五行将沐浴、冠带划在凶的范围，用时请注意。十二长生在风水学中所指代的方位，随着二十四山所属的五行不同而变，其作用是依据坐山五行方向流水来去决定吉凶的。

金局的五行(兑、丁、乾、亥)从巳上起长生，顺行十二位。

木局的五行(震、艮、巳)从亥上起长生，顺行十二位。

水局的五行(甲、寅、辰、巽、戌、坎、申、辛)从申上起长生，顺行十二位。

火局的五行(离、壬、丙、乙)从寅上起长生，顺行十二位。

土局的五行(丑、癸、坤、庚、未)从申上起长生，顺行十二位。

十二长生五行与九星(九星在应用时只用七星，辅弼不用)，配合按顺序及吉凶状态排列如下：

养、长生配贪狼(第一吉星)。沐浴、冠带配文曲星(半吉半凶)。临官、帝旺配武曲星(吉)。衰配巨门星(吉)。病、死配廉贞星(凶)。墓配破军星(凶)。绝、胎配禄存星(凶)。

关于沐浴和冠带二星，历史上有过争论，有些人认为是“凶”，有些人认为是“半凶半吉”，但笔者认为，沐浴星作凶看，冠带星作半凶半吉。具体内容请参阅本书“三合水法”，这里只有将此二星划归半吉半凶。十二长生配上九星，按顺序排列二十四山有歌诀：

歌诀：

养生贪狼位，沐浴冠带文。

武曲临官旺，逢衰是巨门。

廉贞是病死，大墓是破军。

绝胎禄存位，七曜一齐分。

二、洪范五行古歌揭秘

由于五大局十二长生不同，所以十二长生对应的二十四山各局五行的吉凶也不同。从歌诀中已知十二长生五行与九星是对应的，可按五大局起长生法知其二十四山任何一方来水与去水吉凶如何。基本原则是吉方来水则吉，去水则凶，最好水从生旺方来，向墓绝方流去最吉。

例如：乾山巽向的坟宅，乾山五行属金，金局从巳上起长生，故凡是辰山（贪狼）、巽山（贪狼）、巳山（贪狼）这三个方位有水来朝，叫做长生水到堂，书云“生水到堂螽斯千古”，多主人丁昌旺大发财源，百庆交集，催官显贵（详细吉凶情况见十二长生水法吉凶歌）。如水从未、坤、申、酉方来，谓之临官帝旺（武曲）方来水，定主家中和气生财，多福多寿。如水从寅甲（绝胎）方出去，主家出官贵，如冲破未坤申酉（武曲）方，定主根基受损财源不聚。书云：“旺方流去根基薄，乏食贫寒怨上天。”所以，古人编出有调寄“望江南”的歌诀，顺口押韵，容易记忆。

歌曰：乾山岗，巽巳水流长，庚酉旺方皆吉水，未坤朝来不寻常，去寅甲，作官郎，流破申酉主少亡，若还巽巳当面去，人家长子切需防，抱养不风光。

其歌意指的是乾山巽向的墓宅，乾山洪范五行属金，金的五行从巳上起长生，若见辰、巽、巳方来水流入堂前，叫做长生方水到堂，庚、酉方来水流入堂前，是临官帝旺水朝堂，皆是大吉之水,如此水再向丑、艮、寅、甲方向流去,谓之水出墓绝,主后代大吉。若向申酉方流去,主出少亡之人,既知辰、巽、巳三方是长生的方位,如水从此方直流而去者,谓之冲破长生。

又如坐子向午的墓宅,子山为坎位,五行属水,水局从申上起长生,凡是庚、未、坤、申四个方位主富贵多多,因这四个方位都属"长生、贪狼"之位。若是酉山、辛山来水是沐浴方来水,沐浴是文曲之位,若这两个方位有水射来,主凶。若辰方来水,辰为水土之墓,来水主家中牢狱刑灾。乾位、辛位都属沐浴冠带文曲之范围。

二十四山的水之来去皆有歌诀表示。总之,只要掌握住一个原则,就是记住"水从生旺来,向死绝方去",就可以了。其它的二十四山向都是一个道理,不需要将二十四山的歌诀死背硬记了。

金:乾山巽向洪范五行属金局

乾山罔,巽巳水流长,庚酉旺方皆吉水,未坤朝来不寻常,去寅甲,作官郎,流破申酉主少亡,若还巽巳当面去,人家长子切需防,抱养不风光。

金:亥山巳向洪范五行属金局

亥山脑,巽巳贪狼好,申庚辛酉自南来,堆金积玉进横财,丁水去,锦衣回,羊宫水入女怀胎,流破申庚并巽巳,三年一度哭哀哀,家业化成灰。

火:壬山丙向洪范五行属火局

壬山奇,寅甲贪狼是,巳午水来家大旺,流出辛戌正相宜,家道富,出贤儿,巳丙水去受孤栖,若遇朝来为上吉,水归寅甲定蹊跷,妻子两分离。

水:坎山离向洪范五行属水局

坎山丁,庚位即坤申,四位朝来多富贵,酉辛水射妇人淫,犬走入,定遭刑,流破坤申不须寻,文曲朝来动瘟火,如流丙巽出公卿，来去要分明。

土：癸山丁向洪范五行属土局

癸山来，穴向未宫栽，更要申庚朝拱揖，须防辰巽反流回，丙丁去，永无亏，酉辛水射定为乖，丑艮卯宫朝水去，三年一度泪盈腮，军贼损家财。

土：丑山未向洪范五行属土局

丑山高，未坤水滔滔，万派朝来流座下，亥王拱揖穴坚牢，丙巽去，出英豪，辛酉定着紫罗袍，辰马射来家退落，出人长病更疯痨，忤逆动枪刀。

木：艮山坤向洪范五行属木局

艮山峰，龙虎兔来雄，乾位犬猪从右入，须寻卯位觅仙踪，庚上去，出三公，酉辛水破亦无凶，只怕蛇宫并马位，这般来入直相冲，即便主贫穷。

水：寅山申向洪范五行属水局

寅山长，申庚水过堂，亥壬子癸横来吉，流归辰巽正相当，蛇马鸡，最不良，若然水去不需防，此水流来真不吉，叫他人口定遭殃，媳妇守空房。

水：甲山庚向洪范五行属水局

甲山庚，壬子即坤申，二水名为贪武曲，但来朝入定昌荣，酉辛来，旺人丁，丙午水到不堪听，返过明堂人少死，立宅安坟转家贫，仔细认朝迎。

木：卯山酉向洪范五行属木局

卯山强，金鸡最不良，戌乾亥方皆吉水，折归庚兑出官郎，丑艮水，实难当，穴前朝入主瘟癀，不问人家与寺观，年年少死动官方，家业落空亡。

火：乙山辛向洪范五行属火局

乙山辛，蛇马左右迎虎牛，右边朝进入两宫，吉水尽，皆荣昌，合此格去乾壬，其家赛过孟常君，猪鼠两宫皆莫下，犬猪来者定遭刑，室女被人淫。

水：辰山戌向洪范五行属水局

辰山齐，犬吠不相宜，最喜申庚壬子癸，朝坟抱揖尽为奇，酉辛去作绯衣，亥壬流破损头妻，但得龙真并穴正，千门万户总光辉，家业永无亏。

水：巽山乾向洪范五行属水局

巽山乾，坎癸最为真，此水朝来多富贵，庚申辛酉不堪闻，猴儿去命难存，人丁夭折离家门，昔日颜面葬此地，至今世代永传名，来去定遭瘟。

木：巳山亥向洪范五行属木局

巳山亥，乾壬戌水来，虎兔引来东海龙，其家富贵永无涯，庚酉去，旺田财，不宜子丑水前来，坤申宫皆不利，频频水去养尸骸，水蚁烂棺材。

火：丙山壬向洪范五行属火局

丙山乡，虎牛过北堂，西北乾水流最吉，房房位位旺田庄，已丙水，定荣昌，家中永远集祯祥，三五百年无破败，若还流艮定为殃，刑剌配他方。

火：午山子向洪范五行属火局

午山鼠，癸水要相辅，最喜流归乾壬位，管叫富贵耀宗祖，犬回头，赶虎鼠，投军做贼辱宗祖，请君认向巽宫扦，儿孙拜相朝真主，后代堪绳武。

金：丁山癸向洪范五行属金局

丁山头，庚酉水来朝，若得龙真穴又正，如流甲寅旺田牛，更当取，龙蛇猴，若还朝入富无休，惟有丑宫遭劫盗，妇人鬼魅亦须愁，断定不相饶。

土：未山丑向洪范五行属土局

未山辰，卯乙怕相逢，子癸流水真可用，坤申朝入亦荣昌，乾戌水，为最凶，切忌回头入坎宫，此水到流名破败，宜流甲乙旺财丰，富比石崇翁。

土：坤山艮向洪范五行属土局

坤山栽，亥壬子癸未，若也横流归甲乙，安坟立宅有钱财，龙头去，虎回来，左倾家业化成灰，年年岁岁凶灾起，不闻乐声苦哀哉，室女暗怀胎。

水：申山寅向洪范五行属水局

申山猴，猪逐鼠牛游，远看迢迢横入穴，女作宫妃男作侯，甲乙去，永无忧，宅马金鞍拜冕旒，不问三房并四户，人人起屋架高楼，钱谷遍他州。

土：庚山甲向洪范五行属土局

庚山辰，亥壬朝水良，但得三弯联四曲，一弯抱处一荣昌，龙要静，虎宜藏，闺中之女出贤良，最喜水流归甲乙，寅艮流转退田庄，又复又瘟癀。

金：酉山卯向洪范五行属金局

酉山金，龙蛇会相迎，四季添财并进宝，水流甲乙出公卿，卦庚辛，好安坟，全家世代住砖城，四个禄存流尽去，儿孙滚滚入朝门，富贵自超群。

水：辛山乙向洪范五行属水局

辛山真，癸丑反坤申，左右两边横入穴，宜流丙巽出巳辰，流直去，旺方胜，救人贫，劝君仔细认朝迎，若是龙蛇赶虎兔，逆流丑艮定遭刑，少死绝人丁。

水：戌山辰向洪范五行属水局

戌山辰，子癸及坤申，此水贪狼同武曲，两宫扦穴自然兴，东南去，合图经，堆金积玉满门庭，左右两宫无反复，出人长寿更奇兴，富贵旺人丁。

三、洪范五行长生诀

歌诀：

金山巳位贪狼寻，辰巳丙位在其中。

午丁未申文曲位，庚申辛酉武曲通。

戌乾二山巨门是，亥壬子癸廉贞同。

寅甲卯乙禄存看，丑为金库论始终。

凡是金的洪范五行从巳上起长生，辰与丙位都属长生范围。午丁未申属文曲之位，也即沐浴之位。庚申酉辛四山属临官、帝旺，也即武曲之位。戌乾二山是巨门星，也即衰方。亥壬子癸四山属廉贞之位，也即是十二宫中病死之地。寅甲卯乙四山属绝胎之地，即武曲之位。丑山为金山五行墓库，属破军星之位。

木行亥上贪狼行，壬子癸丑文曲临。

寅甲乙卯武曲位，辰巽二山巨门星。

巳丙午丁廉贞地，未为木墓破军行。

绝胎本是禄存位，十二宫中仔细评。

凡是木的洪范五行皆从亥上起贪狼（长生），壬子癸丑四山属文曲星（沐浴）。寅甲卯乙属武曲星（临官、帝旺）。辰巽二山属巨门星（衰）。巳丙午丁属廉贞星（病、死）。未山为木山五行之墓库（破军），申庚酉辛四山属禄存星（绝、胎）。乾亥二山起贪狼（长生）。

水土申上起贪狼，未坤申庚都包藏。

酉辛戌乾文曲位，亥壬子癸武曲方。

寅甲乙卯病死地，辰巽二方是墓仓。

凡是水土洪范五行皆从申位上起（长生）贪狼，未坤申庚四山也包括在长生之范围之内，酉辛戌亥四山属文曲星（沐浴），亥壬子癸四山属武曲星（临官、帝旺），寅甲乙卯四山属廉贞（病、死）。辰巽二山属水土五行之墓库（破军）。巳丙午丁四山属禄存星（绝、胎）。

火山寅上起长生，卯乙辰巽沐浴存。

已午丙丁武曲位，未坤二山是巨门。

申庚酉辛病死地，戌乾破军墓中人。

艮丑寅甲贪狼起，十二宫中去寻根。

凡是属火的洪范五行皆从寅位上起贪狼(长生)。寅卯辰巽四山都是“长生”位，巳午丙丁四山皆属武曲(临官、帝旺)星。未坤二山属巨门星(衰)星。申庚酉辛四山属廉贞(病、死)星。丑艮寅甲属贪狼(长生)星。现附九星七曜歌诀如下：

四、洪范五行水法吉凶歌诀

贪狼水(长生方来水则吉，去水则凶)(吉星)

长生之水号贪狼，此水朝入甚吉祥。
长房儿孙多富贵，定出显贵好文章。
家中定出忠良辈，世代儿孙近君王。
长生水去最不祥，财帛耗尽卖田庄。
先从长房先败绝，儿孙媳妇守空房。
任是人丁多昌盛，犹如烈日照冰霜。

文曲水(沐浴、冠带方之水宜去不宜来)半吉半凶

沐浴之水文曲星，此水流去百艺精。
必生聪明俊俏女，更主财旺发人丁。
经商声名扬四海，女子显贵家业兴。
此水流来最不吉，贪花女子坏声名。
赌博赊欠出浪子，儿孙入狱定遭刑。
子午流来卖田产，卯酉室女被人淫。

武曲水(临官、帝旺方之水来去皆吉)吉水

武曲水来最为良，银钱丰盈堆满仓。
官高爵重威名旺，人丁昌盛性忠良。
更主富贵财源广，儿孙四海把名扬。
武曲直去不回头，代代儿孙转见愁。
定主长房田业败，耗尽钱财不停留。

巨门水(衰方水来去皆吉)吉星水

巨门原来是衰方，此处来水发文章。

少年及第登金榜，老人长寿体健康。

旺极之水忌直去，更喜弯环进明堂。

衰方最怕水斜流，定出奢淫事不休。

男子必定做贼盗，官宦女儿也盗偷。

此方不宜为水口，防止儿孙入下流。

廉贞水（名病、死水来去皆凶，横过不忌）凶水

廉贞原是病死方，此方来水最不详。

克妻服毒刀兵祸，疯瘫车祸见血光。

罢官削职官灾起，痨病终年不离床。

瞎眼耳聋人少死，儿孙夭折寿不长。

廉贞本来是凶水，若是墓向却无妨。

若是穴前横流水，反而富贵集贞祥。

破军水（又名墓水，此方去水吉，来水凶）凶水

墓水原属破军星，水流远去统万兵。

此方停蓄最吉庆，阵前功显震朝廷。

最忌直射家贫困，儿孙后代定受刑。

破军蓄水招横财，儿孙富贵入金阶。

地支若然来冲射，小房儿孙哭哀哀。

此方最宜为水口，高官厚禄出奇才。

禄存水（绝胎水去水则吉，来水则凶）凶水

绝胎本星是禄存，此方来水绝后人。

纵然有子难保养，父子分情子不存。

此方最宜来蓄水，安静无动喜气生。

绝胎最宜放水去，水若朝来断后根。

最怕地支再冲射，长二两房败家风。

更因女人遭横事，损丁破财泪纷纷。

为了弘扬祖国传统文化，现将此法公布于世。

五、洪范五行操作方法

洪范五行是古时江湖术士堪察阴阳宅的一种方术，也是江湖风水术中的不传之法，其理论依据在本节已有概述。洪范五行的操作方法非常简单，只要了解本节中所述的“二十四山洪范五行”歌诀的具体含意，按步骤往下进行，很快即可实地操作了。

第一步，熟背洪范五行歌诀，明白洪范五行与正五行的五行属性有所不同。记住二十四山甲、寅、辰、巽、戌、坎、申、辛八山皆属于水局；震、艮、巳这三山皆属木局；离壬丙乙四山皆为火局；兑丁乾亥这四山皆属金局；丑癸坤庚未这五山皆属土局。

第二步，知道十二长生的具体用法，了解十二长生与九星七曜的互相关系，如养生配贪狼、武曲配帝旺的具体道理。并将本节第二、三段二十四山五行与九星七曜歌诀背熟。

第三步，要了解歌中的具体含意，并且掌握住吉方只宜来水，不宜去水，去水则凶。凶方不宜来水，来水则凶，去水则吉。例如水从生旺方来，需向墓绝方出的简单道理。

第四步，不仅熟记十二长生水法歌，还要知其九宫水法来水与去水的不同，哪些是吉水，哪些是凶水。

明白以上几条，下一步即可按部就班地进行实地操作了。

1.无论是阴宅还是阳宅，首先用罗盘定准山向，若是阴宅，死人头朝的方向为山，脚朝的方位为向，要是骨灰盒当以小头为向，大头为山。洪范五行以坐山为准。若骨灰盒埋葬的墓地，以墓门为向，向的对面为山。若是阳宅，多以后面为山，前面为向，高处为山，低处为向，具体事宜，请参照本书中各有关章节。

2.将山向定准以后，这时即考虑洪范五行在二十四山向中属于何山何向，其墓宅之山属于洪范五行中的哪一行，如申山属水，庚山属土等。这时候心中已经有数。

3.然后再将罗盘放在穴的中心立极，站起来观察周围水势，看水从何方流来，又向何方流去，水口又在何方位，看水口是否有关拦，古人云："阴宅看水口，阳宅看门口。"无论是阴宅还是阳宅最注重的就是水口。将水口定准后，再看水从何字上来，是凶是吉则一目了然。

现代说法

《洪范》是《书经》的一篇，相传它的作者是大禹，它是《洛书》的演化，是夏商周时的治国大法，《洪范》有九畴，其一为五行，即水、火、木、金、土，是讲这五种元素的运动。其八为庶征是说雨、阳光、热、寒、风五种自然现象，如果这五种现象来得充足适时，各种植物就会长得茂盛。后世用于风水领域又生出一套说法。住宅所处环境位置非常重要，有些位置之所以令人一到就有舒适安逸感，所谓前有明堂财气、后有文昌官气，吉利祥和，是因为好的住宅除朝向好，道路交通畅顺方便，环境位置佳，并且格局四正，搭配合理，视野宽阔，采光通风，充满生气活力。有的房子之所以一进入就感觉压抑沉闷，坐立不安，是因为这里的位置结构不合理。格局不同，结果不同，四方宽敞、正大光明、安排协调的格局是住家的上乘之选。要想选择一个好的宅位，必须按照了解自然、利用自然、改造自然、顺应自然的四大原则。一定不能粗心大意，要将周边环境仔细看清楚，以做到一目了然，胸有成竹。古人说："宅以形势为身体，以泉水为血脉，以土地为皮肉，以草木为毛发，以舍屋为衣服，以门户为冠带。若是如斯，是事俨雅，乃为上吉。"这说明格局搭配得当，是很重要的。有人将以下列为家居禁忌：大门正对电梯，大门和阳台成一直，大门直对走廊，房子的窗户开在走廊之外，大门正对厕所门，厕所门与厨房门连在一起等。这些从人们的心理与身体健康的角度来看也是不好的。

第九节　四路八煞黄泉水断法

俗话说“命归黄泉”，指人死以后，黄泉乃是凶的名词。但在三合罗盘中，首先就将黄泉列在最前面，以示三合派对黄泉水的重视。

黄泉水称之为“黄泉煞”，又称之为“四路黄泉”、“八煞黄泉”、“反复黄泉”等。只要先背上下面这两首歌诀，即可对黄泉水有所了解。

一、四路黄泉歌诀：

庚丁坤上是黄泉，乙丙须防巽水先。
甲癸向中休见艮，辛壬水路怕当乾。

二、反复黄泉歌诀：

庚丁坤上是黄泉，坤上庚丁不可言。
巽向先须防乙丙，乙丙巽向祸当前。
甲癸向中忧见艮，艮见甲癸凶事缠。
辛壬水路乾当怕，乾向辛壬祸连连。

庚丁坤上是黄泉

从罗盘上看，立庚向或丁向，在坤位上见有水流去，即为黄泉煞；同理，立坤向在庚，丁二方见有水流去的，也为黄泉煞。因坤向见丁水犯破军，见庚水犯廉贞。（查八宅篇第三节九星吉凶知识）。破军星主赌博官司、刀伤车祸。廉贞主火灾、偷盗、体弱多病，两者相遇，凶灾必见。

乙丙须防巽水先

立乙向、丙向若在巽位上见去水，即为黄泉水。同理，立巽向见乙丙二方有水流去，也是黄泉煞，乙见巽犯禄存，禄存乃祸害星，主败家、官非、仇杀。

甲癸向中忧见艮

立甲向、癸向，见在艮位上去水即为黄泉煞，同理，如立艮向而见甲癸二方有水流去，也为黄泉煞，因艮向见癸水犯禄存，主败家、官司、懒惰。

辛壬水路怕当乾

立辛向、壬向怕在乾位上出水，即为黄泉煞，同理，立乾向而辛壬二方有水流去也为黄泉煞，因乾见辛犯廉贞，主廉主瘟血而死，又主见吐血而亡。

三合罗盘八煞黄泉图

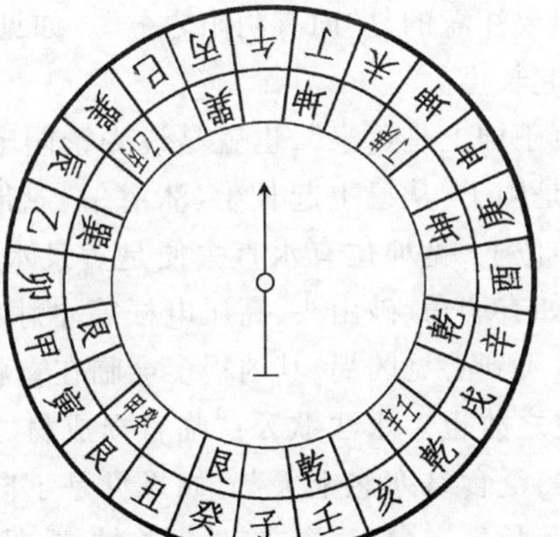

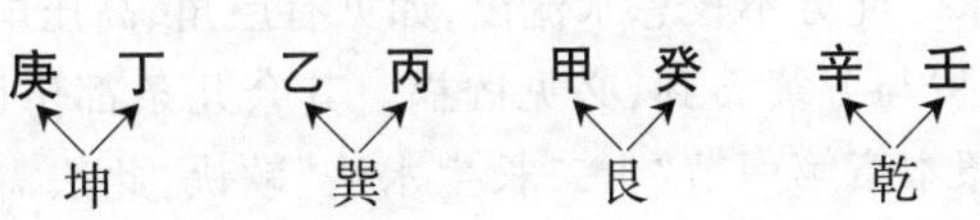

以上之歌诀是以向上看水之来去定黄泉，黄泉方的水宜来不宜去，来水则吉，去水则凶。如歌诀中“庚丁坤上是黄泉”，是说庚向或丁向的阴阳宅，见有坤方有水朝来是吉水，如该方的水直流而去谓之“黄泉水”。“乙丙须防巽水先”，是谓乙向或丙向见巽方有水流出的谓之“黄泉水”，其中“甲癸向中休见艮”、“辛壬水路怕当乾”的意义完全相同。

“黄泉水法”在三合派的风水学中地位是非常重要，其学理是来自十二长生。即长生、沐浴、冠带、临官、帝旺、衰、病、死、墓、绝、胎、养。以十二长生中阳干的临官或阴干的沐浴为黄泉水。

黄泉水的计算方法不是以坐山来确定的，二十四山中有八干（甲乙丙丁庚辛壬癸）和四维（乾坤艮巽）上有黄泉，其余的十二地支（子丑寅卯辰巳午未申酉戌亥）向上没有黄泉。在操作中，风水师认为从向上起长生，遇到临官或沐浴上去水的即是“黄泉水”。但要注意的是“向有阴阳之分”。如见阳向则顺起长生，阴向则逆起长生。

例如：“庚丁坤上是黄泉”，也就是说无论阴宅或阳宅，只要是庚向的，庚是阳干，从巳上起长生、沐浴午、冠带在未、临官在申。申临在坤位上，见坤位有水直去便是黄泉水。此方不仅不宜有水流出，如有墙角、破山头、高压电杆等冲射之物，只要临太岁之年或五黄飞到必见凶祸，其凶祸多会临在青壮年男子身上，因侵犯临官位之故也。水法歌云：“临官损成材之子”；又云“最忌此方出水去，泛食贫寒怨上天”。如果见是丁向的，“丁火”属阴，从酉位上起长生逆数，沐浴在申，申临坤位，见坤方有水流出便是黄泉水。此方不仅忌水流出，如见有屋角、高压电杆等冲射之物，待太岁与五黄飞到，必见凶祸。其余几条都仿此意，具体用法请参照本章第一节“十二长生水法”歌诀，此法需要掌握以下几条原则。

1.将四路、八路黄泉水歌诀反复背熟。

2.明白五行在十二长生诀中有顺逆之分，即阳干顺数，阴干逆数。

3.知其八干黄泉都临在四维乾坤艮巽上，乾坤艮巽的位置是坐在寅申巳亥的长生位置上，即乾坐亥位，坤坐申位，艮坐寅位，巽坐巳位。

4.凡见黄泉方的水路宜来不宜去，如果去水象征着长生之气有去无回。

5.凡是黄泉方忌流出、流破。除了论水外，门路也同等论之，宜来不宜出。

现代说法

现代科学认为高压电塔(高压电杆)和电台电视塔旁有较强的电磁波，如果人长期在此居住，接触这种较强的电磁波，就会使人的神经系统和免疫系统受到破坏，可能会引起多种较严重的疾病。因此最好不要居住在这种地方。另外，阳台或主卧室正对附近建筑物的转角或尖角，像一个楔子直入住宅中心，居住在这种住宅里会使人感到难以忍受，心情不畅，自然会对身心健康产生不利的影响。

第八章　阳宅篇

第一节　阳宅外部堪察经验

阳宅乃人们日常居住之场所，受宇宙之间磁场的控制或感应，居住之人如能适应磁场的控制或感应，则会事事通顺，兴隆昌盛，若不适应磁场控制或感应，则会出现败绝衰退，诸事阻滞。说白了就是适应则生，不适应则败之定理。

所谓宇宙，“宇”代表空间，“宙”代表时间，“空间”，指的是方向与位置，“时间”是指事物周期性的消长变化。所以，预测阳宅吉凶应期，最重要的就是时间与方位。

一、阳宅屋基吉凶断验

1. 阳宅地基以宽、平、方、正为吉，斜、破、空、缺为凶。

2. 阳宅依其八卦所缺方位，可断出该宅主出那些凶事，如西北乾方空缺，断其主父亲不利。

3. 坎方宅基有缺者，主口舌官非、争讼之事，而且有病灾。

4. 震方或兑方宅基有缺者，主世代穷困。

5. 子午卯酉四个方位都不足者反凶为吉，寅申巳亥四角不足者则反吉为凶。

6. 宅基前宽后窄主乏丁缺财，前窄后宽则主富贵多福。

7. 宅基忌三角形，前尖后宽主破败，尤其不利宅中妇女。

8. 曾经建过镇煞之地不宜建宅，主居之人丁不旺，财源败落。

①曾建过土庙、寺院、神坛或者神前庙后皆不宜居住。

②曾经有过坟墓、做过火葬场，或尸骨不净的地方，以及出过凶事之地都不宜建宅，使人住之不安。

③曾经做过刑场、杀人旧址、火灾惨死、凶死的旧址，以及曾建过监狱、看守所等冤气较重的地方，人皆不宜居住。曾经有过屠宰场、垃圾场、污水池之地，住之皆主不利。

④曾做过医院或医院对门、医院后门、太平间旁皆不宜居住。

⑤曾经建过牌坊、石碑、石马等地，因阴气太重皆不宜建房。

⑥从前曾建过砖瓦窑，或被大火烧过之地，皆不宜居住。

⑦凡是断崖陡壁、山势陡峻之地，谓之“元武昂头”不可居住，住之主出孤僻执拗之妻儿。

⑧周围皆是山坡之凹地，唯有中间独起者名叫“星落孤村”如在此建房，住之主常年有病。还有一个特殊经验，住在八楼以上的城市居民生女孩多，屋后有靠山生男孩多，前后山形不正之地，住之主生凶恶之男。

⑨宅基怕前高后低，谓之为“仰瓦地”不宜建房，住之主财源不聚又主出凶死之人。

⑩住宅的黄泉方位如有水路，像飘带形象而流去者大凶，住之主人野心向外，夜不归宿，又主出凶灾夭寿之人。关于黄泉方位，请参看本书“三合篇”黄泉水论述。

⑪宅基地下的水位太高，一挖见水或有流砂之地皆不宜建屋，易出凶事。

⑫选择宅基地的忌讳很多，如果不准备住人，单纯留用作仓库、厂房用地者，可不忌讳前逼后冲或反弓煞等。关于以上所说的灾煞之地，如寺庙、坟地、刑场等地，如在必须非用不可的情况下，可将其地的泥土挖去三尺以上，重新换上新土即可解之。

⑬宅基需要地形方正，没有缺角最好，最宜前低后高，前窄

后宽,这样的地形视野良好,定出规正之人。最忌斜缺破碎,不规正之斜角地形,住之开始良好,日久渐渐衰败,遇到这样地形,则应削去斜角不用。

⑭宅基地最宜前低后高,住之主精神愉快,身体健康。最忌前高后低,或前后皆低,也忌前后一边高一边低。

⑮宅基地不宜太低,如低于路面者,住之容易生病。

二、屋宅的周围环境

1.阳宅的四周有深坑、断崖、监狱、寺庙、烟囱、大排水沟、河流出口、垃圾堆和医院等皆主居住不利。

2.靠近高压电、大型变压器旁的,由于磁场太强,不利于居住,住之易得精神癔病,也会生出畸形或弱智之儿。

3.住宅的前方不宜有孤立之屋或破屋,也不宜有专门堆放废弃杂物之空房,容易生病。

4.住宅面前有高物逼近住之主出凶事,又有大山逼近也主不吉,因明堂生气受阻,住之易生口舌官非,后面有靠山最好。

5.住宅小屋被两边大屋夹住不利,主受人欺负,难以出头。

6.住宅前面的水路,不宜成反弓形,住之主人心不和,男女有外心,而且主人口多病,世代不出人才。

7.住宅的东方、北方、东北方不宜有高压大厦逼近,主居住之人多生女少生男,因震(东方)为长男,坎(北方)为中男,艮(东北方)为少男。

8.住宅周围的砂峰、建筑物,无论在什么方位,皆不可冲射,如冲射之物逼近,压迫住宅,就是到了当旺之元运也免不了出现凶事。

9.住宅前方见两屋的巷子冲射,谓之"天斩煞",易出凶祸。

10.住宅门前不宜对着车库门、形状像老虎张口,住之不吉。

11.住宅门前不宜有邻家大门相对,大门压住小门者,谓"压门煞",住之主发生口舌,书云:"大门对小门,口舌年年生,诸事皆不利,心想事不成。”

12.住宅四面受困没有出路不宜居住,住之会出现病痛、自杀、精神病。书云:“四面皆高中间低,世代必定受人欺,纵是一条英雄汉,住之日久总不宜。”

13.住宅前面不宜有高物逼近,如一出门就碰到高大楼房或建筑物,主生出小孩愚笨,而且会不听话。如宅前明堂宽阔,加之山清水秀,生出的小孩不仅聪明而且漂亮。

14.住宅的四周围墙不宜过高,如围墙高出大门者,称之为“囚”字宅,住之易出口舌是非、官司牢狱。

15.住宅的围墙不宜破损不堪,住之不仅钱财难聚,人也容易生病。围墙在什么方位破损,什么方位有病,如西北(乾方)破损,主老父或少男易得肺部或头部之病,以此类推。

16.住宅院内不宜栽一棵树,形象“困”字,住之主人贫困潦倒,不易生财。

17.住宅在周围之房屋皆低,但此宅群屋之中特别高耸者,住之不仅不宜居住,遭意外灾祸,而且主人缘不好,众叛亲离。

18.住宅前宽后尖,或者住屋后面接一长形小屋,叫做“火星拖尾”,主见火灾、自缢、血光等灾,重者主绝嗣。

19.住宅不宜在死巷尽头,住之主不能出人头地,待太岁或五黄之年定会出现凶灾难逃之厄运。

20.住宅外有流水直冲住宅者,宅主易受伤灾,如有暗沟穿过屋下者,不仅漏财,又主生痔疮之疾。如院内有水从门中直出者,明流主求财赔钱,暗流主暗中有人算计,如由门下直出者更凶。最好将水引到后面再从后面向前面出去。

三、左青龙,右白虎

1.住宅的左边为青龙方,右边为白虎方,前边为朱雀方,后边为玄武方,统称为四兽,因古代的皇帝宫殿和庙宇都是坐北朝南,风水学将屋宅四周的环境以此来比喻。凡是坟宅的后面称之为“玄武”，前面称之为“朱雀”，左边称之为“青龙”，右边称之为“白虎”。

2.青龙：青龙为东方，五行属木，位在左边，色青、主活跃。青龙喜动，不怕高大。住宅的左边若有水池、流水、高楼、马达、机器、电视、冰箱、锅灶、鱼箱、书柜等都好。因青龙为高贵、智慧。其性主动，所以办公桌和音响都宜放左边。

3.白虎，白虎为西方，五行属金，位在右边，其色为白，性凶猛好斗，为小人、为宾客、为小口，因此白虎宜低不宜高，宜静不宜动，否则主破财，损小口，又主小产或血光之灾。

4.白虎为右边，此方不宜出头或接屋，更不可有车库、厕所、发动机，或音响一类的东西，有者必凶。因白虎主小口，又主妻室，该方如布置不合规格，主妻子凶悍、小孩不听教育，妇人多病。

5.俗话说“不怕青龙高万丈，只怕白虎抬头望”。如住宅的后面没有主屋，只有两边房屋而且高大，或者两边龙虎砂不关锁，而又高大逼近，为之客来欺主，主子孙不得志，又主犯小人。

6.住宅右边有屋，左边无屋，叫做有虎无龙，可断定此宅的宅主是女强男弱，如白虎又抬头望(右屋高大，或右前面有其它高大障碍物)，主该宅女人性情暴躁，而且打公骂婆。

7.住宅左右相称为好，如左边青龙过于高大，主屋中男性神经衰弱，事业不顺，而且自觉压力太大，成天忧郁愁苦。若右边白虎方过于高大，不利于女性。若左右两边过于高大，而且高度超过主屋，谓之客来欺主，在工作上会有下属不忠，事业上员工叛逆，甚至受到下属连累。

8.住宅的厕所、粪池，不可放在青龙方位，俗话说“龙怕臭，虎怕斗”，青龙主智慧、文昌，如受到污染，会主工作不顺，孩子读书不认真。白虎方如有马达、机器、空调，主妇女月经失调或见血光之灾。

9.住宅两边龙虎应相对称,龙边长一点或高一点无有大碍,若虎边长而又高,谓之“白虎凶煞”,会出现仆来欺主现象,更会增强妻子的凶恶之性。

10.住宅的右边有走廊,或开门出入,也谓之白虎煞,住之主遭官非横祸。

11.住宅左前面无有建筑物,而右前面有建筑物,也叫做白虎煞,右边建筑物越高越凶,也主遭官灾横祸。

12.阳宅右边开窗(左边无对称之窗),也称之白虎煞,主遭官非横祸,血光之灾。

13.住宅最怕龙虎探头,所谓探头者,如坐北朝南的住房,大门开在东南巽方,但西屋的南头比东屋长一二尺,从东南门一进来就见到西屋墙角,这叫做“白虎探头”,遇到这样的住宅,可直断此宅会出跛腿瘸脚之人。

诗曰:白虎探头煞不良,残足跛瘸把脚伤。

犯之急需来解破,除去形煞得安康。

四、前朱雀,后玄武

(一)朱雀方之断验:

坐山的前面称之为“向前”,俗称“前朱雀”,三元水法将称之为“案劫方”,又叫“明堂”,靠近门前的叫做“内明堂”,较远处则称“外明堂”。无论阴宅或阳宅的前面都称之为“朱雀”位,朱雀位主文笔、口才、考卷,此方宜洁净、宽广、聚气为吉。如宅前宽阔,主宅中居住之人心胸舒畅,聚气则有财。

1.朱雀方不宜窄小,窄小有“心胸狭窄”之嫌。如平整宽阔,地势平坦,住之必主文人秀士。

2.朱雀方不宜堆杂乱之物,主出无情无义、凶狠之人。如巽山乾向,西北方堆杂乱之物,主病在头部,而且主小孩学习不好。

3.朱雀方不宜有高屋逼近,古书有云:“前门有阻,居家受苦”。若逼近的高度超过住屋一尺以上,主受外人欺凌,官非口舌不断，更主疾病频生，出癫狂之人，应验日期看距离远近，越近越快。

4.朱雀方最忌邻家山头逼近，主人缘不好，处事处处碰壁，事业无成，而且主孩子读书不认真。若是中间隔一条大路，则影响不大。如山大路小仍是客来欺主，挡不住凶煞之气。

5.朱雀方忌有尖形之物，如有三角形或尖顶之物，主见火灾、车祸、开刀等血光之灾。若前面远处见有多重笔架形的尖山，名曰“朱雀含笔”，主出文章秀贵之人，反而又为大吉。

6.朱雀方在四十五度之内切忌有高压电杆、变压器等，见之主有火灾。若见墙角、水泥柱，主见官非，小孩不听话。若有墙头或屋脊冲门，也主招官司。如有枯树当门，主宅主胃部不好。

7.朱雀方如有烟囱、高压电杆，主有心脏病、车祸。若此烟囱日常冒烟者，不仅主眼病、视力不好，而且主夫妻会发生口舌。如距离门前远者，名为“文昌笔”，不仅无凶，反而出文才出众的文人秀士。

8.朱雀方不宜出水，若该方有水直流而出者，谓之“直泻元辰”，主败财破家。

9.朱雀方不宜有流水声，谓之“暴水大响”，又叫“呻吟煞”。如见流水声音急激者，主人口多病，财帛不聚。水流声细小者，主出风流之人，阳宅见之不利于宅主，阴宅见之应其房分，应灾之时间以太岁所临的流水方位之年应事。

10.朱雀方若有水池逼得太近屋宅者主凶，水池不论大小，远一点为吉，如水池太逼近，主见落水、开刀之厄，视其水池在何卦方位，应何年起凶。其次如假山、喷泉、大石、石柱等也忌逼近，如太逼近，主见血光切割之灾。

11.朱雀方的水池最忌临在煞曜方位，定主生灾、死人、吃药不断。如坐山是兑卦，兑卦的正曜在巳，如巳方有池水逼近，主患风湿、关节、痔疮等疼痛之症，应巳酉丑年应事。

12.朱雀方忌双池夹路，最怕此路直冲大门，形似“哭”字和“火”字，逢太岁之年起凶。

13.案前忌有无人居住的空屋，名叫“空心煞”，主官非讼事，病灾不断，由于无人居住，阴气必重，又主有鬼魅出现。

14.朱雀方忌有十字路冲来，必出官非讼事，又主出依靠赌博谋生之人。此路如超过案前正中十五度以外则无大碍。

15.朱雀方忌有两栋高楼夹路冲门，称之为“朱雀开口”，或者门前见有两边高屋夹一矮屋，必见官非讼事，一般都在逢太岁之年应事。如坐山是乾卦，大门开在离位，门前见两座高楼夹路，寅午戌年必见凶事。

16.朱雀方对着公安局、法院、看守所都是不吉之象，家中会出现口舌是非，夫妻不和，孩子不好管教之事。

综上所述，阳宅屋基最好在后有靠山，面前宽阔的地方，一眼望去前低后高为吉。如在城市居住，则宜屋后有别人的高屋作靠山，前面有宽阔马路，左右两旁再有其它房屋作龙虎护卫，与水法又相合，则为大吉大利之屋宅，不必要再论来龙去脉。当然选宅也不外乎选择山明水秀之地，能使后人发福，古人云：若居“人灵地杰”之地，何愁后代不出优秀子孙也。

(二)论玄武方的断验

1.凡屋的后面谓之玄武方位，屋后有山或有高大房屋为最好，谓之后有靠山。但必须远近高大适宜，如太远、太近、太高、太矮都不为吉，如后面楼房太高逼近，主后代儿孙出现痴呆之症，家业退落，子女不听话。

2.只要屋后靠山适宜，定主人丁兴旺。但不宜太过于逼近，因后气无处发泄，主人会得肠胃不舒，痔疮等病，还会导致子孙不睦，性情暴躁，受子女连累，如住屋后面山高墙逼，久住会得神经分裂症。

3.屋后的围墙要高低适宜，与前院一样，一般不可超过六尺至七尺五寸之间,既不妨碍空气对流,而又使墙院有关拦,这样的院墙会给家宅带来吉气。

4.屋后正中不可建厕所,也不可砌水池、水塔、水井或震动的机器,马达、锅炉。后院的水池不宜从正中央出去。

5.屋后正中不宜设车库,车库的大门有车进出,名为“玄武吐舌”,不仅自家会遭盗,而且会遭别人诬陷。若车库开在子、午、坤、艮方位,谓之惊动天地,坤、艮方为五鬼方,俗话说踩破五鬼头,主遭小人偷。凡是车库前面的通道不可直冲入屋,谓之“一箭穿心”,宜转变方向再朝库内进入。

6.后屋上的水从后檐上往下流时,屋主不可因檐水浸湿墙角而搭一重檐,使水向外冲去,这样会使后邻家遭血光之灾,千万要注意,最好搭一水槽,将水流入槽内,从水槽一头出去。总的说来,“地理问心田,邻居之间相处,最好以和为贵,俗说:“三千买邻,八百买产。”邻里相处都是缘分,最好不要使出坏人之心。

五、阳宅之屋形吉凶详论

所谓屋形者,乃房屋之形象也,这里包括房屋的外形及比邻房屋对自家是否妨碍。

1.单耳房:是将大屋旁边接一小屋名曰单耳房,这样房子住之不利,特别是坐北朝南的房子,从主屋西头接一间小房或在西屋北头接一小房作灶房,名曰火克乾宫,主损失当家之人。如果在大房两边各接一间小房,名曰“双耳房”,这样两边矮中间高的房子,叫做双耳房,住之也凶。

2.高压房:东西南北四面皆有高房压着自己住房者,住之不吉。最怕山尖逼压之方主大凶,如震方有山尖高压者,主男人受压抑,对于事业没有发展。大门被前面高楼或山尖挡住,并且很逼近,住者智商也不佳。

3.探头房:即屋前对面有屋,探头屋主出贼,前探头主别人来偷我,后探头主自家出贼。若是屋后有探头屋主该住户子孙出偷盗之人,或妇女有外心。

4.扇形屋:凡是屋宅建在弓形路或弓形水的弯内,名曰玉带缠腰应该说是好事。但不可一概而论,屋宅与环形水路必须有一定的距离,才能称得上“玉带水”。真正得到玉带水的住宅乃是大吉之宅,住之主大富大贵,如果靠近马路太以逼近,不仅不利于求财,还会出现呼吸方面的疾病。

5.缺角屋:凡屋宅宜方形、长形完整为好,若有任何一方缺角都不利于居住,可以用八卦方位推断吉凶,如乾方缺角不利于老父,又主患头目之灾。坎方缺角,主生腰肾之疾,又主招凶险之事。反之,如某一方凸出者也易招不测之灾。

6.独高屋:屋的四面皆低,唯有此房特别高耸,住之财源不聚,受人嫉妒、招灾、小人暗算、子女不孝、下属反逆等事,但有高楼建在市区者不以此论。

7.困字屋:房屋四周有高楼,谓之“困”字屋,住之主出疯狂之人,如住户多而又不算“困”字屋。又如矮屋建在高楼之下,而又没有水路相隔,住之主事业不顺,妇女易得妇科病,或两边有高楼夹住矮楼,住之皆主不利。

8.亡字屋:屋形建成“亡”字形状,或者无意中逐渐建成“亡”字形的房屋,住之皆主逐渐衰败。

9.工字屋:屋的结构形成“工”字形的,住在转角处,主身体不好,住在“工”字中间一竖两头的更主吃药不断。

10.推车屋:一栋高大的房子后面有两栋比较矮的房屋名曰“二鬼推车”,住之定主破财、损丁、吃药不断。

11.碰壁屋:屋的前面有高物逼近,一出门就面对紧逼的高墙或高楼,谓之“碰壁屋”,“碰壁”乃是“碰鼻”之意,住之主办事处处碰壁,事业不顺,难以发达。

12.孤单屋:在四面无靠的荒野之中盖起一屋,名叫孤单屋,由于荒野其气太阴,宜筑围墙围之,围墙的高度最好在五尺以上,六尺以下为宜,庭院中也不宜有树木逼屋。

13.出头屋:一排住户唯有一家上前,谓之“出头屋”,又叫孤雁出头,该住户不仅自家出事,特别左边的错后一户受妨碍极大,因有白虎上前之嫌。

14.屋上屋:房顶上搭一小屋,如鸽楼、鸡舍、犬屋等,屋下之住户住之主小儿夭折。

15.压顶屋:房屋忌上大底小,谓之压顶屋,又叫做“大头屋”,住之主出官非、自杀,又主出忤逆不孝子孙。

16.停尸屋:主房的后面不宜另建小屋作仓库,主破财损人口,此屋又叫做“停尸房”,古时家人去世时,都抬在后面房子里。

17.半折房:因故将房屋部分拆除,拆除必须要立即修好,否则主凶。

18.山形屋:屋忌“山”字形,或“火”字形住之主破财损小口。所谓山字形者,指东西两家祖屋连在一起,而两家东西两面各有厢房,后来东户又在院中建一栋比东房高出半尺长一尺的西房,此房正在两家宅院的中间,正好形成“山”字形。

19.火形屋:所谓“火”形者,乃中间有高屋一栋,两边低小,或者中间一幢房子高大,前后屋低小,谓之为火形屋,又叫“二鬼抬轿”,住之主出官非、凶盗之事。另有“火”字形的两塘夹路冲宅,住之也主出凶事。

20.屋宅形象定吉凶:屋宅的外观形象很重要,有些形象会在居住者的性格和身体与其它方面反映出来,这叫“物随主人形”,也就是说家宅的形象会使宅中居住的人产生出类似的形象。

①缺角屋:屋宅宜平整不宜缺角,如缺角在总面积四分之一以上者,主有残疾之人或生畸形之儿。

②口舌形:屋檐或廊檐不宜伸得太长,如伸得太长像老虎伸

出舌头咬人的形状，主招口舌是非、官司、火灾等之事。面对此房屋的邻屋也会受此影响。

③疮瘤形：屋宅不宜随便更变形象，如重开门窗或增补改建、部分拆除，或墙上挖洞开门等，以导致房屋变斜、变形、变尖，这样的房屋逢太岁、三煞、五黄来到之年必应凶事，如死亡、开刀等意外之灾。此外，房顶开天窗也会招来凶事。

④药罐形：初到一地见宅前有圆形建筑物，如水塔、油罐、邻家猪圈或圆形墙头等类的建筑物，主宅中之人吃药不断，依所在方位可推出所应验的时间。如坐乾山巽向住宅，门前有圆形邻家猪圈，乾卦属金，先天在离，离为中女，此宅定主妇女患病等。在寅午戌之年月应验。

总的来看，凡住宅的形象宜方正整齐、四角不缺为吉，切忌奇形怪状，或凸或凹，住之主出凶事，加之内部结构也应对称适宜，住之才能平安。

六、道路吉凶判断

1.屋宅左右正好在四十五度线上不宜有路，特别斜路或小路来冲，定主宅中人常年吃药不断，如前后有斜路，主出风流、游荡、好吃懒做之人，也主家中时常破财。因左右两角为天劫地刑之位，二方无论水路皆宜去不宜来。

2.反弓路：凡屋宅的前后左右不宜有“反弓路”，主出“翻脸无情”之人，所谓“无情”者，乃是子女不听话，下属不忠、员工难留、内外不和等事。更会出现血光、意外、官非、风流之事，更主多灾多病，关于病因病症，则依路的来去方向断之。

3.穿心路：指屋前有路直冲而来，名叫“一箭穿心”，也有人称之为“路箭”。无论是路冲、桥冲、水冲都会出现凶事，但其凶的程度大体相同，不外乎凶杀、车祸等血光之灾，也有的出现火灾或难治之病。如前冲主夫妻不和，后冲主犯小人。

4.十字路：门前有“十字”路、“丁”字路和“川”字路者住之皆主不吉；十字路主官非、好赌，丁字路主官事、车祸，川字路主见偷盗、犯小人。俗说，“门前路冲、必定见凶”。若冲来之路为上坡路者，则没有多大妨碍，因来路冲力减弱，力量不大，如由上冲下而来，其力如猛虎下山，肯定会招来凶事临门。

5.罗网路：辰为天罗，戌为地网，凡是屋前道路为辰、戌走向者，为罗网路，主居家易见口舌是非，甚至出现官灾牢狱之事。

6.下坡路：指住的屋宅本身高，楼梯堵在门口，一出门就下阶梯，主财源不旺做生意赔钱。反之，一出门就上阶梯也主不吉，住之主见血光之灾，财物易于流失，最好楼梯不宜冲门。

7.白虎路：屋宅的右边有路，形成反弓、交叉形的，谓之白虎路，住之主出现官非口舌、损丁伤人，左边有直路交叉，也主出凶事。若见桥路交加，主有自杀之灾。古书云：“碴破青龙头，居家犯焦愁”诸事不顺。

8.住宅之大门(厅门)不可被路冲，犯之出凶祸。

9.住宅建在巷头尽端，主官非口舌、横祸临门。

10.电线杆为小人，若门前对之有电线杆者，主犯小人。

11.住宅前面有半月形池塘，或有河流弯环扭抱住宅者，主发横财，生女儿美丽。

12.住宅前面有河流或者道路反弓而过者，主脚上出毛病，而且又主破财。

13.一排房子中间高两边低，住之主破财，是非不安。若是中间低，左右两边高，名曰龙虎欺主，住之主自缢、服毒、运气不好。

七、院墙的吉凶判断

1.最标准的院墙，其高度是两米左右，其高度最好不超过大门，如墙院过高，形成“困”字形，住之主胸闷多病，性格暴躁、事业上不易发迹，财运气也不好。

2.院墙不可高过大门，如院墙过高，不仅生气不旺，形成坐井受困,称之为"牢狱煞",主见牢狱之灾,又会多病。

3.透风墙:围墙四周宜用泥土封固,不宜缺陷透风,特别是墙的东北艮位与寅位不宜有缺,因艮寅二位为鬼门,如有空缺主见官非口舌,又主招鬼魅入宅。

4.破墙:墙面破烂不堪,未能及时修好,形成破败之象,不仅家中不聚财源,而且主人口生病,要问何人何病,可依照破烂所在的八卦方位断之,如震卦方位围墙破烂,震为长男,主得中风筋骨之病,应期在寅午戌年月。

5.瞪眼墙:围墙不宜开孔,前墙开孔,谓之朱雀张口,与外人易发生口舌,后墙开孔,谓之玄武瞪目,易遭偷盗,又犯小人暗算。围墙开孔不仅于自家不好,也对邻居家不利,如前墙开孔,主与前邻不睦,后墙开孔,主与后邻关系不好,左右墙开孔,主左右邻居相处不好。

6.玄武门:后面谓之玄武,后墙不宜开门,如在后墙的正中开门,经常出入走动,家中定会有脊椎病、坐骨神经痛或痔疮。

7.院墙的大门两旁不宜开门,主多见风流之事,门前也不宜栽两棵树。

8.高矮墙:门前两边围墙应高矮相等,特别门扇不能高于墙壁,否则主夫妻不全。

9.院墙的墙角最好砌成不要弧形状为好,因弧形状是邻家外反弓,会有碍邻家,以免邻居招怨,致使乡邻关系相处不好。

10.凡是人家要砌围墙,宜将房子盖起后再砌围墙,切忌先砌围墙后建房,名曰"囚"字房,主后人有牢狱之灾。

八、庭院的宜忌

1.庭院宜方形或长方形最好,如扁形或三角形者,主有血光、车祸、意外之灾。

2.庭院后宽前窄最宜,如前宽后窄,主家中财源不聚,又主口舌是非不断。

3.庭院如稍呈扁形不吉，如果是特别扁，如算盘形象的，谓之“算盘形”反而又大吉。

4.庭院内不宜栽种大树，若距离房屋太近，树根穿入屋下者，主生阴气，易得阴邪之病。

5.庭院内不宜栽植桃、柳树木，如东边栽桃树，西边栽柳树，谓之“东逃西溜”，会发生桃花运，孩子也会在外惹事。院内植桑树也主不吉，因桑树的“桑”与“丧”字谐音。

6.庭院内的水井不可设在的天劫方、地刑方、曜煞方，因井属阴气，主容易出现投井自杀事件，对已经有人投井自杀的，应将井口用磨盘盖上，不得使用，否则阴气更重，还会出现不测事故。

现代说法

阳宅风水古已有之，古人认为坐北朝南的方位就是前朱雀，后玄武，左青龙，右白虎。人称此为风水象形之源。中国人历来追求物体的方正、完整、均衡、中和，由此形成了民间习俗，认为斜、破、空、缺的物体是不吉利的，产生了许许多多的吉凶说法。这些是民俗的一部分。而且古人风水学中的理想建筑，在今天看来也是理想的居住场所。

第二节 阳宅内部堪察经验

一、大门

1.阳宅风水中大门的位置非常重要，古人将大门比喻人的鼻子和嘴巴，为呼吸和营养供给的输送中心，若位置不当能致人生病或死亡，所以旺衰吉凶，皆以门来决定。依照屋形结构和布局，通常分为正门(大门)、侧门(边门)、房间门、厕所门、后门等。

古人云“四两屋，千金门”，可见阳宅的兴衰吉凶全在乎门。如门向开错，或者遇到其它方面的破坏，则居住之人不仅会出凶事，更重要的会主家运衰落，导致人丁不旺或败绝。

2.门应开在吉方，按九星飞泊的观点，门应开在生气方和旺气方，或者是当元之旺气。门不宜开在曜煞方，古书有云：“大门大于厅，后代绝人丁。”故门不可太高太大，以免后代人丁衰落，男丁不旺，但门也不可开得太小，给人家看出小门小户的样子。应该大小适宜。

3.门如太高主多生女孩，或者有不孕之现象。屋小门大，不仅主散气而且主不聚财，屋小门大的住宅，住之皆主人丁不旺。

4.看大门可断出此宅生男生女，你不妨试一试，先从前面大门向外看，凡是乾、坎、艮、震四个方位，有比自家屋宅高出很多的高楼或其它建筑物的，则断该宅“女多男少”，因乾坎艮震四卦属阳，阳位受压则多生女孩。若阳卦方位平坦，没有障碍物或该方与自家屋宅大体相同，则又主多生男孩。

5.从前门望去，凡巽、离、坤、兑这四个方位有高山或大楼，则断该宅男多女少，因巽离坤兑这四卦属阴，阴气受压定主多生男。例如：坐坎向离之屋宅，其离为中女，巽为长女，兑为少女，这三个方位均有高山和高楼逼近，阴气受压，则断该宅多生男。

6.大门怕对着厕所，主身体不好，常年不断吃药，无论前门或后门，都忌门开在曜煞方，所谓“曜煞”可参看本书“三元篇”内有详细解说。俗说“龙怕臭，虎怕斗”，厕所设在左前方不吉，因左前方乃青龙之位，青龙怕臭，故左前方不宜设厕。

7.一面墙上不宜开两个门，主家庭不和，两口争吵。窗户的高低也非常讲究，窗户不可高过大门，如高过大门形成“哭”字形与“火”字形者，皆主不吉。

8.凡子、午、卯、酉四方，与坤、艮二方不宜开门，主盗贼入门，如兼向无碍。

9.鬼门:屋宅之“艮方”,古称之为“鬼门”,此方宜整齐为吉,如艮方围墙破烂不堪,或再有无人居住的空屋,易出怪异之事,宜速将修好,以保平安。

10.同一个方向不宜开两个正门:一家居住之屋宅,若在同一方向开两个正门,会导致家庭不和,若住楼房,楼上楼下之门两向相背,出入不同向的这两家邻居,肯定相处不好。

11.空亡门:盖屋必须用罗盘定向,门向不可拨在两卦之间,名叫“空亡”门。例如在癸、艮之间,主出痴癫之人。

12.十字路口建宅,门忌开在交叉处,形成“八字门”,主人心不齐,员工不忠,吃里爬外。无论住宅、商店、公务机关皆以此断。

13.相斗门:两户之门正好相对,谓之“斗门煞”。古人云“两门相冲,必有一凶”,门高者衰,门低者发,门高者多生女,门低者多生男。两家的大门同高,流水合局为最好,不合局者差,遇到这种情况,可建议家主将两门错开,但改门时要注意门不被对面之梁柱所冲射。

14.门忌十冲:古歌所云:直屋冲门不聚财,直路冲门少年衰。直水冲门家运败,直堑冲门官司来。直墙冲门遭恶死,直石冲门有官灾,直塘冲门多疾病,直堆冲门土中埋。直庙冲门人凄惨,新坟冲门哭声哀,大门犯此十冲者,犯之必定起祸灾。有人能识十冲意,便是江湖一奇才。

15.大门对着电线杆者不吉。主犯小人口舌,会出现偷盗和血光之灾。

16.大门切忌对着煞气。所谓煞气者,乃庙宇、牌坊、烟囱、路灯、桥塔等,待太岁轮到煞气方位时必见凶灾。

17.大门忌见一开门就冲着楼梯。无论公私房屋,皆主运气不好,财源流失。

18.大门不可开在三曜煞方,后门也是。如前后门开在曜煞方位，特别是正曜方开门，易见开刀、车祸等血光之灾，又主出忤逆不孝之子。如坐东朝西的房子（坐卯向西），卯为震卦，酉为兑卦，曜煞歌曰："坎龙坤兔震山猴"。申方为卯山的曜煞，此方犯正曜煞不可开门。

19. 根据《八宅明镜》的开门法，大门宜开在本命之四吉方，不宜开在本命的四凶方，具体方法请参看本书"八宅篇"内有详述。

20. 根据《阳宅三要》的开门法，大门应开在生气方或旺气方。

21. 根据紫白飞星的开门法，大门应开在生气方或旺气方。例如：坐巽山乾向的住宅，以四绿巽木飞入中宫，以巽四木为我，三碧与中宫四绿相同，为之旺气方，一白水生四绿木为生气方。巽、坤二方为生旺之气，最适合开门。

22. 根据玄空飞星的开门法，大门应开在旺气方与生气方。如现今是七运，七为旺气，八为生气，大门应开在向星的七赤或八白的方位最好。

23. 也有以宅主八字的喜用神方位来确定门之方位的，如八字喜木者，门宜开在东方，八字喜水者，门宜开在北方。

24. 住宅院内不可有大树，主钱财不聚，又主生暗病、癫狂等病，若空心树更凶。

25. 住宅前面不可有独树挡门，若树有两枝向两边分开者，主官非讼事。

26. 住宅前面不可有石堆或路冲大门，主堕胎，眼睛出毛病。

27. "大屋门对一小屋，定主三年有一哭"，在你居住的大屋前面正对一间小屋，当煞星飞临这间小屋方位时，会有不明不白的官事临门。若是独一间小屋或空破之屋对着大门，称之为"寡妇屋"。

28. "屋后屋直冲，必定出大凶"，右屋后有屋山对着，形成丁字形者,主凶事临门。

29.“四面皆高中间低,世代穷困被人欺”。若四周有高大的屋围住小屋,小屋居住者会受到精神影响,运途不通。

30.“尖角对门大不宜,夫妻骨肉两分离”。屋尖角、墙尖角、水池尖角、路或尖角对着房屋都主不吉,主何事不吉,以卦位断之。

总之,门为出入之要道,其功用比喻人的咽喉,不可有丝毫差错。古书云:“门宜明亮,高宽合宜,平整坚固,不可歪斜。”昏暗之门,主招牢狱之灾;门窗不固,易遭贼入室。宅经云:“宅有五虚令人贫,宅有五实令人富。”五虚者,墙垣不实是一虚,宅大人少是二虚,门大宅小是三虚,屋大门小是四虚,宅大屋小是五虚。五实者墙完垣全是一实,宅小人多是二实,宅大门中是三实,宅小六畜旺是四实,道水抱宅流水归库是五实,门宅之虚实是风水中的关键,望堪察阳宅时作以参考。

二、客厅

客厅是迎接客人之地,也是家人的聚集场所,与改善人际关系、事业发展密切相关,根据客厅的摆设与布置,即可略知宅主及家人生活状况与交际关系如何,由此可直接看出宅主内在与外表实力如何,现将要点分述如下:

1.客厅的位置,必须配置在《阳宅三要》和《八宅明镜》的四吉方,紫白飞星的生旺方,玄空飞星向盘的旺气、生气、辅弼方。

2.最好一进门就能看到客厅,若经过房间、厨房或厕所才能见到客厅者,定主家运不济,逐渐衰落。

3.客厅忌前高后低,称之为“后仰屋”,主家运败退,客厅的正上方不宜有横梁逼压,主身体不好,会出现受压迫的感觉。

4.客厅之内不宜设计螺旋梯,会使气流混乱,容易犯桃花运。

5.客厅的大门斜对角方位就是该宅的“财位”,最好能放一些常绿植物,有助财位的生气。

6.客厅的总门或房门不可直对着厕所的门,会因污秽之气而冲破财运。

7.客厅的墙壁或案头所挂的字画和摆设都有一定讲究,往往会对风水有极大影响,特别山水的摆设方位最为主要,一定要配合元运旺衰来摆放,山与水不可颠倒,否则会出凶象,具体摆设方位参照本书“玄空篇”零正神之方位进行布置。

8.客厅内不可放圆弧状的东西拱门,因圆形物的外状无一处不是反弓形,会挡住外来的吉气,圆形之物越大越不聚气,住之会出现家庭不和,儿女争吵,意见不一致。

三、卧室与床位

1.宅之坐山谓之人的福德宫,人有东四命和西四命之分,每一个人的命运都不一样,东四命宜居东四宅,西四命宜居西四宅。如东四居西,西四居东,不吉而难以受福。最好按照东四居东,西四居西的原则去改变,如实在无法改变,则可按东西四命将大门床位改变一下,也可得吉。因为卧房与床的位置调配是否适宜,对于个人或整个家庭的运势盛衰来说,都会有一定的影响。

2.卧房的主要作用是休息,它的先决条件是要清静、稳定,不受噪音干扰,不被人偷窥,空气良好等。

3.卧房门不可正对大门,最忌一进门正对着主卧室,使气流直冲房内,主人精神不振,体虚多病。

4.卧房门不可正对着向上走的楼梯,也不可对着不规则的建筑物和其它形煞。依照楼梯和形煞的八卦方位,可断出居住之人易生何病。

5.卧房门不可对着厕所或浴室大门,会引来秽气冲床,导致呼吸系统出现毛病。

6.卧房门也不宜对着向下走的楼梯,因这样会泄房内之气,主退财，最好能安上门槛，以阻止内气外泄，也可挂一面凹形镜吸气以挡之。

7.卧房内不宜摆设过多的盆栽花木，如吊兰、海棠花等，这样主夫妻会发生口角。

8.卧室最好选择方方正正的房间，如以畸形或不规则的房间做卧室，会引起心理的疾病。

9.卧室在装修时，其颜色可根据宅主的生辰八字来调配，命中喜木者可用绿色，喜火者可用红色，喜金者可用白色、银灰色，喜水者可用黑色、天蓝色，喜土者可用黄色，如果喜火、土者可用绛黄色等。

10.卧房门不宜对着柱子，卧房内也不可有柱子，住之主孤寡无儿，有句古歌云："屋内梁柱对着门，终朝每日主昏沉，不是生灾就有病，久之室内无一人。"

11.卧房门与卧房门不可相对，主出现口舌。家长房门与子女房门相对，主孩子不听话，俗语说："大眼瞪小眼，大人哭小的喊。"年轻人房门对着老人房门，主老人身体不好。卧房门不宜对着办公室门，住之主夫妻不和，可以在门旁放上盆栽化解。

12.卧房门不宜与大门成一条直线，床铺也不可冲门，住之主睡觉不好，甚者神经衰弱，用屏风挡之即可。

13.卧房床的上面不可有横梁，住之会有压迫感，久之会出现空虚、梦幻、无情无义，也主生病，横梁压在哪里，哪里会有病。

14.床铺的正上方不可有吊扇、吊灯直冲，住之主生病。

15.床头不宜放电话、收音机、电视、音响等，也不宜放手机、台灯，否则会刺激大脑神经，造成多梦、神经衰弱。

16.卧房不可设在玄空一、四的位置，逢失运时会犯"桃花运"，位于阳卦主男犯桃花，阴卦则主女犯桃花。因一四同宫，虽然读书有成，但一白犯"淫"，四绿犯"荡"，谓之"四荡一淫"，所以会出现"桃花运"。

17.床位不可安在曜煞方，主生疼痛之病，更不宜安在楼梯或横梁之下，犯之不仅会流产，还会做噩梦，最好安在与本命相通的伏位，可以防灾避祸。

18.床位的高度不可太低或完全贴地，最好在一尺五寸以上，因有床高生男，床低生女之说，因低位属阴，还易生腰酸背疼之病。

19.床位的后面不宜放香火，主得中风血症。楼上香火楼下安床，或者楼下香火楼上安床，皆会出现凶事。

20.依《八宅明镜》风水法，卧房要选择在年命的生气、延年、天医、伏位四个吉方，床铺也是同样，摆设在房内的生气、延年、天医、伏位之方向。

21.依照紫白飞星风水法，卧房要选择在整个住房的生旺方，卧房中的床铺要依照床头之坐山入中宫飞布八方，取门生床或比旺为用，以床为主，以门为宾。

22.依玄空飞星风水法，卧房最好选择在一白方位，一白又名魁星，又为官星，主宰文章，主读书聪明，大利文职，掌管发明创造，事业有成之事。房间和床的方位，看山盘挨星，最好选一四、一六、一八之吉方。

23.也可依宅主八字中喜用神选择卧房或书房的方位，如八字喜金水，则可将卧房安置在兑(西方)方、申(西南方)方或坎(北方)方。

四、厨灶与餐厅

1.厨房乃一家生命之源，故《阳宅三要》中认为阳宅风水主要注重主屋大门与厨灶三大方位，这三大主位定须清亮明净，切忌油垢满布，通风不良，不仅有碍于卫生，也影响健康。

2.厨房不宜建在后屋的中间位置，有“进门见灶房，家中人不康”之说；建灶更忌直对大门(正门)，会使家人火气增大，不聚财而且有肠胃之疾；灶房也忌门路直冲，主多病。

3.厨灶不宜与浴室相对,谓之水来克火,古书有“水来入火妇难安”之说,会对妇女健康不利,厨房的灶上有横梁压灶也是。

4.厨房的炉灶不可冲着房门、厕所门、大门、卧房门,遇此者皆以凶论之。

5.厨房不宜开天窗,如阳光从天窗直射炉灶,定主家人出现意外之灾。

6.厨房的位置最好安在房子的东方或南方,因炉灶属火,东方属木,南方属火,木来生火,火可助火,皆可生助炉灶,最忌设在北方或东北方,因北方属水,水能克火,东北方属土,土来泄火,不利于健康。

7.厨房的正门不宜有排水沟通过,主家人多得胃肠之病。

8.炉灶为饮食之源,按《八宅明镜》要求,炉灶有灶座及灶向(火门)之分,灶座可压在宅主本命卦的凶方,而灶向宜朝宅主本命卦的吉方。古时风水师给人相宅治病,将灶座压在病者本命卦的凶方。

9.依《八卦明镜》要求,炉灶必须压在宅主本命卦的四凶方。若要求财可将灶向(火门)朝向宅主本命卦的生气方。若要求寿,可将火门朝着本命卦的延年方。若要求人丁旺,可将火门朝着本命卦的伏位方向。

10.依《八卦明镜》的建灶方法,将炉灶压在宅主本命卦的绝命方,不仅无病而且有寿,又主发旺人丁,财源丰茂而又主不招火灾。若压在祸害方,不但不生灾而且不破财。若压在五鬼方向,不仅主无灾无病,而且主盗贼不侵,员工勤劳,又主六畜大旺,没有火灾。

11.依《阳宅三要》的论点,炉灶的方位必须与大门及宅命同属东四宅或西四宅,如果再能配上本命卦一起应用当然更好。

五、厕所、浴室

1.无论楼房或平房,住宅的中心点不宜设厕所,因住宅中心为“太极”,好比人的心脏,此处设厕,主子女读书无成,不仅不出文人,而且主子女各立山头,互不团结,难以相辅相成。

2.屋宅的正后方也不可设厕所,因来龙气阻,有进无出,易生不明原因之疾病。屋后也代表人的肛门,所以屋后亦不宜开门或建仓库,犯之多主生痔疮、暗病。

3.乾、坤二卦不宜设厕,因乾为老父,坤为老母,该方洁净,不宜污秽,最好将厕所设在五黄方,死气方等凶气的方位。

4.屋的辰、戌、丑、未方也不宜设厕所,否则主得肠胃之病或久治难愈之病。

5.入门就见到厕所或出门就见到厕所皆为大忌,主家事不顺,财路不好,健康状况亦差。

6.室内不宜厕所太多,例如每个房间都有厕所浴室,形成像旅馆一样,容易触犯煞冲,主宅中之人易患病痛。

7.厕所与浴室不宜设在屋的正南(离)方,易得久治不愈的眼科之疾病。因南方属火,形成水火相克。

8.依《八宅明镜》论点,厕所应在宅命的绝命、五鬼、祸害、六煞四凶之位。千万不宜在生气、天医、延年、伏位四吉方立厕所。

9.依玄空飞星法,厕所、浴室要放在向盘挨星的退、死方位,出水口要放在合于向盘的旺气、生气、辅佐之方。

10.依三元水法,厕所、浴室的排水口要在天劫位或正窍位的天干位。

11.依紫白飞星的论点,厕所或浴室最好放在煞气方、死气方、泄气方,切记不可放在文昌(四禄)位上,既影响工作升迁,又不利于孩子读书。

12.厕所与浴池宜放在右边,不宜放在左边,因左为青龙,右为白虎,青龙怕臭,对官禄升迁会有直接影响。

六、放水

1.水来水去是勘察风水的关键,一般来说,流入的水宜慢慢直入，不可直射而入，流出去的水宜弯环曲折，不宜直去，否则易犯血光之灾。

2.一个住宅最好只有一处出水口，如两处或多处出水，主人际关系不好，意见不一。

3.院内的出水沟，无论是明沟或暗沟，水都不可直流而出，犯之主事业衰败，财运不遂，家道渐贫。

4.院内出水沟最好能设计从后面绕一圈，再经过门前流出，谓之水绕有情，如直出者为无情之水，主凶。

5.屋宅之前后流水，如明见吉凶应验较快，雨后才见到流水者吉凶应验较慢，灵动力也比较小。

6.大门前不宜有反弓形的马路或水沟，犯之主出现桃花运，犯桃花之人是男是女可依反弓水的八卦方位断之，阳卦主男人，阴卦主女人。

7.反弓水从左右流出者，不仅主桃花，也主财源不聚。从左边流出，主男犯桃花；右边流出，主女犯桃花；若是左右来水从门前聚集者，水聚堂前反而又主大吉。

8.无论公司、工厂还是住家，门前都不宜有反弓水或反弓路，犯之不仅主犯桃花运，也主家人不和，子女忤逆，公司或工厂留不住员工。看反弓的水、路在什么方位，可断出什么人犯什么毛病。

9.坐大门内向外看，见对面人家屋檐角的水直泄冲门者主凶。因直冲之水形如壁刀，定主病痛不断。

10.三合水论桃花。以坐山论之，如寅、午、戌三山见卯方来水，申、子、辰三山见酉方来水，亥、卯、未三山见子方来水，巳酉丑三山见午方来水。凡见子、午、卯、酉四方明显来水就是桃花水。

11.四大长生方的水宜来不宜去，来水发福，去水主败绝，以向论之。坐子山午向的住宅，火长生在寅，寅、甲二方的水宜来不宜去,去水主“少年寡妇守空房”。该方来水主长房富贵。

12.黄泉方的水宜来不宜出,来水主旺丁发财,去水主招凶灾恶祸,黄泉水以向论之。例如立庚向或丁向,坤方之水宜来不宜出(见三合水法“黄泉水法”歌诀)。

13.以坐山论之,曜煞方之水宜来不宜去,来水发福,去水主“坟宅犯之一旦休”。

14.依三合水法,按水立向,凡是左水倒右之水局,宜立壬子、丙午、甲卯、庚酉四阳干支的旺相,或立辰、戌、丑、未“四库衰向”。凡是右水倒左之水局,则宜立艮寅、巽巳、坤申、乾亥“四维旺相”,或立癸、乙、丁、辛“四阴干衰向”,具体方法请参阅本书的“三合水法”。

15.依三合水法,如要求人丁,必须将长生水引入到堂,求财禄必将临官、帝旺水引入到堂,书云“生水到堂螽斯千古,旺神聚局食禄万钟”。具体用法参阅本书“三合水法”歌诀。

16.依三元水法,先天水主人丁,后天主财禄。如要旺人丁,必须用先天水到堂;若要旺财源,必须用后天水到堂,如是先后天水齐会堂前,定主丁、财两旺;如流破先天主绝丁,流破后天主穷困。

17.依三元水法,天劫方之水宜出不宜来,因天劫水是风水学中最坏的水,称之为“药碗水”。如天劫方来水,定主家中有常年不断吃药的病人。具体应用方法,参看本书三元八卦水法。

18.地刑方之水也宜出不宜来,如来水主家中女人多病,又主官非、争讼,所赚钱都花在吃补药上,每逢太岁或坐太岁之年都主应验此事。

19.依三元水法,水最好在“正窍方”聚集,因正窍方为水口,此方聚水主文官拜相,武职三公,具体用法请参看本书“三元八卦水法”,如坐乾山巽向,正窍在甲、乙巽方,坎山在巽、丙、丁方。

20.依洪范五行,宜在贪狼、巨门、武曲、辅弼四吉来水,忌在破军、廉贞、文曲、禄存、四凶方来水。

21. 依玄空飞星水法，出水口宜在向星的生气、旺气、辅弼方向。例如：到八运时，水口可立在九紫、一白、二黑方。

七、读书位（文昌位）

1."四绿"称之为"文昌星"，代表文卷、考试、科甲、升官、读书之星。按照紫白飞星法，四绿为文昌之位，凡是小孩读书的房间或书房，都可放在四绿所到之方，对孩子读书、考试、升学、升官都非常有利。依笔者的运用经验，煞气方位书桌对读书能启发思维，而且对工作事业也有帮助，请参考试用。

2. 用八卦方位去推找文昌方位，方法非常简单，只需记住下列几句口诀即可：

乾东坤西艮北方　　兑在西南巽中央

坎在东北离南位　　震宅西北是文昌

例如乾宅文昌位在东方，坎宅文昌位在东北方，艮宅文昌位在北方，巽宅文昌位在中央，离宅文昌位在南方，坤宅文昌在西方，兑宅文昌位在西南方。

3. 文昌位宜清静为好，厕所、厨房，以及一切有声机器都不可放在文昌位上，否则小孩不喜欢读书，成绩上不去，考试落榜，大人仕途不顺，升迁受阻。

4. 依日主天干所属的方位推之，记住以下几句口诀即可推之：

文昌推法不为奇　　手指一掐即可知

甲巳乙午文昌位　　丙戊申宫丁巳鸡

庚猪辛虎壬逢虎　　癸寅见卯上云梯

例如：其法日主是甲木，文昌在巳，日主乙木文昌在午，日主丙戊文昌在申，日主丁巳文昌在酉，日主庚金文昌在亥，辛金在子，壬水在寅，癸水在卯。只要记住这首口诀，推文昌之法可迎刃而解。还有一个更简单的方法，如甲、丙、戊、庚、壬阳日干出生的人,长生对宫就是文昌,例如甲木长生在亥,亥的对宫在巳,巳就是文昌位,丙火长生在寅,寅的对宫是“申”字,这个“申”字就是文昌位。如是乙、丁、己、辛、癸阴日干出生的人与阳日干不同,如乙木长生在午,这个“午”字就是文昌位,丁火长生在酉,这个“酉”字就是文昌位。

5.依玄空飞星的文昌位查法,一四、四一、六一、一六、二七、七二、三八、八三、四九、九八、八六都是对读书有利,其中一四、四一最好,书云:“一四同宫,准发科名。”

6.按照“紫白飞星”的用法。四绿方宜高,玄空山盘的四绿方若有高山、高屋、高楼、旗杆等,主人读书聪明,出文人秀士,发官贵。

7.一白与四绿方位,最好有尖塔、尖峰、旗杆等高尖之建筑物,因高尖之物属火,若在屋宅的生旺之方或一四、四一方位放高尖之物,定出文人秀士,高官厚禄之人。

出生日干	甲	乙	丙	丁	戊	己	庚	辛	壬	癸
文昌位	巳	午	申	酉	申	酉	亥	子	寅	卯

8.选择文昌日期,最好避开凶日。

①“四立”的前一天,如立春、立夏、立秋、立冬的前一天为四绝日不能用,该四立的前一天就是文昌也不可用。

②“二分二至”的前一天也不可用,即春分、秋分、夏至、冬至的前一天为“四离”之日,是四凶日,不可用。

③与日主属相相冲之年、日不可用。例如本人是属兔的,不能用酉月、日、时。

只要能掌握上表的查法,能在文昌位上安放桌位,在此读书学习,学业定能大有长进。如出生日是甲寅,日干是甲,表中得知文昌位在巳。日干是乙卯,查得乙的文昌在午。

八、财位

1.财位的辨别方法简单,传统的观点是以大门的斜对角为财位。《月紫白飞星》观点,凡一白、六白、八白方位即是财位。

2.财的方位宜静不宜动,最好不要有直角冲之,上面横梁压之,也不可靠近窗户,更不要放置震动发热的电器,如电视、影碟机、电脑、微波炉等物品,否则会使财位的吉气流散。

3.办公室的财位,最好放上负责人的桌子,有助于事业发展。

4.财位不宜放置鱼缸、喷泉、瀑布等有水流动的物景装饰,以免冲去财气。

5.人们习惯上常用鱼缸来催财止煞,的确有用,而现代鱼缸大多装上马达催动氧气,一天到晚不停地震动,这样不仅不能催财,反而会起反作用,甚则主伤丁破财。易经曰"吉凶悔吝,生乎于动者也",古人之训不可不慎。

6.用鱼缸催财法,可在"玄空飞星"之零神方来放置,水神以衰为旺,衰即是零神,如现在是七运,七赤兑卦,西方为正神,则东方震卦为零神。无论你的住宅坐何山向,都以震卦为零神,鱼缸皆宜摆在东方震卦的位置,那么到了2003年以后八白运当令时,八白艮卦(东北方)为正神,然二黑坤卦的西南方则为零神,鱼缸又应搬在西南方催财,如仍放在东北方不动,则犯了"正神下水"之忌。

7.五黄所到之方位不可放鱼缸,因五黄是凶星,此方宜静不宜动,动则有破财、车祸、意外之事发生,因现代鱼缸都置有马达震动水气,在五黄方位放置鱼缸,不仅不能生财,反会导致凶祸发生。

8.公司、商店最好能将收银台放在财位。再放上不震动的盆景摆设,那就是最好不过的摆设了。

9.如将保险柜放在财位上,也是对财位十分好的利用。

10.按照阳宅八法的论点，财位应放在宅命的生气、天医、延年方位。

11.按照玄空年、月紫白飞星论点，财位在一白、六白、八白星所到的位置，以八白方为最好。

12.按照紫白飞星的论点，以住宅坐山的飞星入中宫飞布八方，凡生旺方为一白、六白、八白的方位即为财位。

九、办公室

1.主要领导人的办公桌，要靠在有墙的一边放置，切不可放在正中间，座位的后面不宜有人走动，否则易犯小人。副主管的桌位不得在主管桌的前面放置，易出现客来欺主，内部不团结现象。

2.大的公司、厂房或大集体办公室，其办公桌不宜全部并排或对称放置，主员工内部不和，形成派性，工厂的机器也不宜齐摆，最好错开来摆放为好。

3.主要领导人的办公桌，最好离大型电器远些，否则琐碎事较多。

4.办公室的大门宜开在旺气方最好，若在煞方或五黄方主起凶，遇到这种情况可用屏风挡之。

5.老板办公桌座位后面不宜有门，如座位后面有门通向屋外，主其公司产品易被退回。

6.办公人员的办公桌，不可有横梁，吊灯冲射，会使人精神受到影响，不利于升迁；会使员工心理负担重，有压迫的感觉。

7.办公桌的座位后面两侧不宜有人走动，犯之不仅不聚财气，而且工作也不安心，易被调走，也主犯小人。最容易被自己亲信之人所拖累。

8.老板办公座位，不宜坐在当年的三煞方位，易出现意外事故。例如：巳酉丑年忌东方、寅午戌年忌北方，申子辰年忌南方，亥卯未年忌西方。

9.办公桌不宜直冲门口,名曰:明堂冲射,定有口舌风波。

10.老板办公桌座位后面不宜开窗,易与部下或外人或其它单位发生矛盾,事故增多,犯之将该窗封闭则无碍。

11.办公桌后面不宜有反弓弧形装潢,主来的客人坐不住,容易将事情谈崩。

12.老板桌后面不宜摆放神位,主易遭小偷,在桌上放孔雀等工艺品即可解之。

13.老板桌的座位不宜放在屋角处,因后面是屋角空间。办公桌的位置不宜斜放,否则主人性格烦躁,容易与外人争吵,遭人怨恨。

14.办公桌前后左右不宜挂大面镜子,会使员工坐立不安,办事不专心。

15.负责人或财会人员的办公室,应放在旺方或不动方,有隐秘性的地方为佳。

16.办公桌的正面不可对着厕所门,会影响财运。

17.办公桌的左边青龙方宜高宜动,可放电视机、传真机、电话等,右边的白虎方宜低宜静,可放低矮不动之物。

18.办公室的楼梯不可对着大门,容易漏财,犯之宜用屏风挡之。

19.办公室的前面不可对着反弓水或反弓路,主单位好运难久,经常更换员工。

20.办公室不宜设在地下室,会影响工作情绪,使员工不忠心办事。

21.办公桌宜长形方正最好,若是畸形缺角,主办公人员易有纠纷,事业也难有发展。

22.老板办公桌最好按本人生辰八字的五行生克摆放,摆放得宜,主事情易办,生意易成。如老板桌坐西向东,客人坐在东面,谓之金能克木。老板坐北向南,谓之水能克火。老板坐南向西，谓之火克金。这样摆放为之应主客之宜，名正言顺，办起事来也心理平衡。反之，就是客来欺主，诸事难成。

23.担任公职的主管单位，办公桌最好放在坐北朝南的位置。

24.依照八宅明镜的论点，办公桌的财位最好按八卦方位摆放，最好与主要负责人的东西四命相合为好，财位在宅命的天医、延年、生气方最好。

25.按照紫白飞星的论点，办公室宜放置在整个屋宅的生气方或旺气方。

26.按照三元八卦的论点，办公室应放在坐山的后天八卦方位，因后天主财。例如1998年七赤运当令，可将办公室设置在六白、八白方位。办公桌可放置在办公室内小太极玄空飞星的向盘的七赤位置。办公室大门宜设置在向星八白的位置，这样不仅旺财，而且还可以旺丁，使员工忠心耿耿为老板服务。

现代说法

传统风水理论特别关注于“人—建筑—自然”的关系，即“天人”关系，是“天人合一”宇宙观的反映，是很朴实的相地术。虽然后来以神秘玄奇的术数流传于庶民社会，但它的实质不外乎是在选址方面对地质、水文、日照、风向、气候、景观、气象做出或优或劣的评价，采取相应的措施，从而达到避凶纳福的目的。

住宅内卧室、客厅、厨房、书房、卫生间的布局，关键在于适用、美观，或者用一个词来归纳——“合理”。“合理”的居家布局，一定是让各部分都便于发挥作用又互不影响，协调而又使用方便，有利于居住者的身心健康。中华民族是一个古老的民族，有着自己独具特点的居住习惯，特别注意在“阴阳平衡”上做文章，不符合这种习惯的便被称为“凶”。符合的称为“吉”，这里的“吉”“凶”有的与现代科学相合，有的相背，这是一种传统文化。

第三节 平洋地选地经验谈

地理之道不外乎阴阳二字，其作用也不过是为阴阳二宅服务，然而阴宅和阳宅的选址大体相同，其中操作技术不外乎龙、穴、砂、水，其堪察方法不过是峦头和理气，其中理论依据全是来自河洛理数、先后天八卦。每到一地先观察周围形势，次观来水方位，原则是来水要不冲射，不反弓，水势、路形要弯曲环抱。穴前之水要三元当令，符合先后天八卦水之来去法则，即可称之为有情之地，然后用罗盘依二十四山立一山向。

风水学认为选穴是一门深奥的学问，关系到后代子孙之旺衰，尤其是平洋之地，选穴比较困难，不像有山有水之地。而平洋地既无沟渠也没有洼洪，判断上有困难，遇到这种情况风水学又有新的标准，依据“高一寸为山，低一寸为水”的原则，确定各要素。例如一片平洋大地，高低难以分辨，只需看雨后之水流向何方，再用三元先后天水法定水，三合六吉水法定向即可，总的说来用三元水法离不开先后天水到堂，用三合水法免不了用六吉水法立向，只要掌握这两个要点，就可以了解这两种方法的运用。

凡平洋地点穴，土色也非常重要，土的颜色要鲜亮红黄最好，开穴处内外土皆一色，葬后定主人丁大旺，但切忌井穴打出后，满井皆水，葬后主子孙立见贫穷。

凡是立穴之地，在点穴时，先看艮方，因艮方为子孙宫，此方最宜空阔，葬后定主人丁兴旺，无论阴阳二宅若见艮方有高峰射穴，葬后必绝人丁。

凡在平洋地选穴，不论是阴宅还是阳宅，只要雨后水来去符合先后天水法，用之无不丁财两旺。如若流水处有闭塞之物，就要用人工疏通修整，但切记周围不可挑沟和筑墙，因围墙能隔绝生气，就是再好的龙脉，修上围墙或挑上圩沟，即成为囚地，用之必绝人丁。

无论阴宅还是阳宅，左边不可放路，因左为青龙，俗话说，踏破青龙头，居家全有忧，不仅主人丁不旺，又主招鬼祟入宅。若见丑艮寅方有庙宇也是同断。右边为白虎方，不可有高峰或房屋上前，犯之主家人多招凶事。正午方不可有高峰或深井。

无论是阴宅阳宅还是新宅旧宅，午方切忌开新塘，忌震巽二方空阔凹陷。

阳宅壬子癸三方，忌有坟茔同高峰。阴阳二宅穴后忌有坑坎洼陷。

凡平洋大地，其中见有一处高凸，见到这种地形阴阳二宅皆不可选用，名曰“星落孤村”，又叫“漏胎穴”，古诗有云：“四面皆低中土高，孤墩独受八风嚎，单寒孤弱应全见，后代财散绝后稍。”

在选地时，无论阴宅还是阳宅，大地要选用边处，小地要选用中间，这样才符合选地原则。凡是大富大贵之地，皆接近山河，其山水之形势大多重叠环抱，上分下合。书云“大地大发，小地小发”，又曰“千里来龙千里得穴，百里来龙百里得穴”。水的来势来得长去得远，方能称得大富大贵之地。

风水师在寻龙点穴时，首先要寻求地势丰厚圆满，元合贯通，生旺得宜，水形弯曲环抱，不犯十恶之地，要能做到这一点，无论立宅安坟无不发富。所谓十恶者，即其一是沟桥路冲，二孤墩独巅，三急水滩头，四反弓陡跌，五龙虎探头，六暴水大响，七山岗缭乱，八座下低小，九神前庙后，十粗直探头。此十恶者皆是凶形，立宅安坟无有不败。

最好能选出四美之地形，所谓四美者即上分下合，前朝后对,左抱右护,弯曲流长,鱼印砂绕,此乃是最好之地也。

诗曰:

自古地理分阴阳,龙穴砂水要相当。
三元三合宜贯用,人丁旺盛财帛昌。
十二长生墓绝决,卦卦都要细审详。
万事分别各有类,世间无物不包藏。

第四节 楼层选择技术

随着社会经济发展,人民的生活水平空前提高,人们对住房的选择也越来越讲究,农村里发财致富的农民纷纷到城市买房定居。因此,选择楼房成为人们关注的热点。还有些人虽然暂时买不起房子,宁愿到银行借贷,也愿意购买好的楼房居住。但是住进去是否能身心健康,平安顺利,还是个问号,因此,选择楼房的栋数、层数、布局成为当前人们所关心的大事。无论你是买房还是租房,选择楼层非常关键,如果选择到符合自已要求而又与自己命运相合的住房,无论对事业、升迁、求丁、旺财都有帮助;若楼层选得不好,不仅对事业不利,而且对财运也有很大影响。

一、楼宇的朝向选择

在选择楼宇时,要将多方面因素结合起来考虑,无论从哪一方面来看,最重要的是测定楼宇的坐山朝向。按九星飞泊看此楼是否朝向生气方和旺气方,按“玄空风水”是否朝向生气方或零神方。书云:“明得零神与正神,指日上天云。”意思是说,选择房屋需要选择零神的衰方和照方,向前有水则吉,若向前无水,则要取正神的旺气和生气为吉。按八宅和三要,楼门要朝向生气、延年方或天医方;按照三合水法的要求,楼门最好朝向长生、帝旺方向,若楼门能朝向吉方,无论对事业和财运都能起到推进的作用。笔者在为人选择楼层时,首先注重的是“玄空风水”学中的正神零神,旺神与照神。有关正神与零神的用法,请参照本书“玄空篇”中零神与正神,第二步就运用九星七曜选择楼层法,其法在本篇中已有详细介绍。

《玄空宅运》云:向前有水要取零神水,若前方无水,则纳正神之气为上吉。“正神方见水为零水,零神方见水为正水”,这里所谓的正神是代表旺位,零神是代表衰位。而水以“衰”为旺,只要是在衰位上见水,此水便是财运之水。而正神方和旺气方宜开门纳气为吉,若见水则不吉,见之主财运破耗。而水以衰为旺,若在零神衰位上见水,即可大发财源。

由于阳宅着重于纳气,故选楼房首先要注重大楼入口的朝向,例如现在是七运,西方是当运之正神旺气,若大楼入口是朝向西方的正神,而东方零神方位又有河海湖溪,这样的布局住之大吉,合此格者,会大利事业与财运。若大楼入口是朝向东北方的也吉,因东北方从 2003 年以后属八白艮位,交八白运以后东北方为生气方,也利于事业财运发展。如果大楼的入口是朝向东方的则不利,谓之得零神之衰气,不仅对事业不利,反而会使事业很难进展,财运日渐破耗。

二、选择楼层需要合运

大楼的朝向确定之后,下一步就进行选择楼层了,每一楼层都有不同的五行,不同的五行适合不同的年命居住。楼层的五行是从河洛理数演化而来的,请记好下面这首口诀。

河图先天五行数口诀

一六共宗属水,
二七同道属火,
三八为朋属木,

四九为友属金，

五十居中属土。

楼层的五行是根据河图来确定的。从口诀中可知大楼的第一层与第六层楼的五行属水，第十一层与十六层，二十一层与二十六层五行皆属水，只要记住楼层的尾数是一或六的都属水，其它的五行即可以此类推了。

第二层与第七层楼的五行属火，第十二层与十七层、二十二层与二十七层五行皆属火，只要记住楼层的尾数是二或七的都属火的五行就可以了。

第三层与第八层楼五行属木，第十三层与十八层，二十三层与二十八层五行皆属木。只要记住楼层的尾数是三或八的都是五行属木的就可以了。

第四层与第九层楼的五行属金，第十四层与十九层，第二十四层与二十九层楼的五行皆属金，只要记住楼层的尾数是四或九的五行都属金就可以了。

第五层与第十层楼的五行属土，第十五层与第二十层，第二十五层与三十层楼皆属土，凡是楼房的尾数是五或十的五行皆属土。

三、五子运的分法

既知每层楼所属的五行之后，还要知道每层楼有运无运，住后什么时期兴旺，什么时期衰败。这需要用楼层配“五子运五行”来进行推算，以得出某阶段得运与失运。

五子运每运管辖十二年，是将六十甲子分为五个运程，其分法如下：第一个甲子运，河图理数一数属水，故甲子至癸亥这十二年都属水运，这十二年分别是甲子、乙丑、丙寅、丁卯、戊辰、己巳、庚午、辛未、壬申、癸酉、甲戌、乙亥，也即1984～1995年都是甲子水运。

第二个丙子运，因丙子排在第二位，河图理数二数属火，故丙子至丁亥这十二年都属丙子运，这十二年分别是丙子、丁丑、戊寅、己卯、庚辰、辛巳、壬午、癸未、甲申、乙酉、丙戌、丁亥，也即1996～2007年都是丙子火运。

第三个戊子运，因戊子排在第三位，河图数理三数属木，故戊子至己亥这十二年都属木运，这十二年分别为戊子、己丑、庚寅、辛卯、壬辰、癸巳、甲午、乙未、丙申、丁酉、戊戌、己亥，都属木运，也就是2008～2019年都属戊子木运

第四个庚子运，因庚子排在第四位，按河图理数，四数属金，故从庚子至辛亥这十二年都属金运，这十二年分别为庚子、辛丑、壬寅、癸卯、甲辰、乙巳、丙午、丁未、戊申、己酉、庚戌、辛亥年，也就是2020～2031年都属庚子金运。

第五个壬子运，因壬子排在第五位，按河图理数五数属土，故从壬子至癸亥这十二年都属土运，这十二年分别为壬子、癸丑、甲寅、乙卯、丙辰、丁巳、戊午、己未、庚申、辛酉、壬戌、癸亥，也就是2032～2043年都属壬子土运。

以上共五个五子运，每个五子运是十二年，统称六十甲子，五个五子运的顺序是水、火、木、金、土，与河洛五行口诀正好吻合。附表如下：

五子运	五行	六十甲子运程	公元
甲子运	水	甲子、乙丑、丙寅、丁卯、戊辰、己巳、庚午、辛未、壬申、癸酉、甲戌、乙亥	1984～1995
丙子运	火	丙子、丁丑、戊寅、己卯、庚辰、辛巳、壬午、癸未、甲申、乙酉、丙戌、丁亥	1996～2007
戊子运	木	戊子、己丑、庚寅、辛卯、壬辰、癸巳、甲午、乙未、丙申、丁酉、戊戌、己亥	2008～2019
庚子运	金	庚子、辛丑、壬寅、癸卯、甲辰、乙巳、丙午、丁未、戊申、己酉、庚戌、辛亥	2020～2031

壬子运	土	壬子、癸丑、甲寅、乙卯、丙辰、丁巳、戊午、己未、庚申、辛酉、壬戌、癸亥	2032～2043

四、楼房的得运失运看法

以楼层数为“我”,以五子运为“客”。

得运:若五子运的五行生助楼层五行为之“生气”。

若五子运的五行与楼层五行相同为之“旺气”。

失运:若五子运的五行被楼层数相克为之“死气”。

若楼层数五行生助五子运五行为之“退气”。

若五子运五行克楼层数五行为之“煞气”。

有关“死气”的说法不同,很多专家学者认为是吉凶参半,应该不属于失运的范围。根据自然规律来看,“死而复生”是古之常理,死气属于“无吉无凶”是有道理的。

五、楼层的五行相生相克

金生水、金助金、金克木、水泄金

水生木、水助水、水克火、木泄水

木生土、木助木、木克土、火泄木

火生土、火助火、火克金、土泄火

土生金、土助土、土克水、金泄土

一楼、六楼或一栋六栋的楼房五行属水,在甲子水运,庚子金运为得运,在戊子木运、壬子土运为失运。得运者以吉断,失运者以凶论之。

二楼、七楼或二栋、七栋的楼房五行属火,在丙子火运、戊子木运为得运,在甲子水运、壬子土运为失运。得运者以吉论,失运者以凶论之。

三楼、八楼或三栋、八栋的楼房五行属木,故在甲子水运,戊子木运为得运,在丙子火运,庚子金运为失运,得运者以吉论,失运者以凶论之。

四楼、九楼或四栋九栋的楼房五行属金，在庚子金运，壬子土运为得运，在甲子水运，丙子火运为失运，得运者以吉论，失运者以凶论之。

五楼、十楼或五栋十栋的楼房五行属土，在丙子火运，壬子土运为得运，在戊子木运，壬子金运为失运，得运者以吉论，失运以凶论之。

在选择楼层时，一定要注意栋层的五子运得失，例如在1984～1995年甲子水运时购房子，当选一层、六层，或一栋、六栋，因一与六属水，甲子水运又助一楼或一层五行的水，故以吉断。若选三层或八层也吉，因三、八属木，甲子水运生三八之木，故也以吉论之。若选二层、七层属火，火被水运所克；四层属金，金被水运所泄，则以大凶的楼层论之。若是五层属土，楼层的五行去克水运，故属无凶无害。若是丙子火运生助五层的土行很顺利，因火的五行生土的楼层，其余类推。

六、机关、单位楼层吉凶断

乾宅（坐西北朝东南）：五行属金，住五楼、十楼、四楼、九楼为吉，一楼、三楼、六楼、八楼为凶。

坤宅（坐西南朝东北）：五行属土，住四楼、九楼、五楼、十楼为吉，三楼、四楼、九楼、一楼、六楼为凶。

兑宅（坐西朝东）：五行属金，住五楼、十楼、四楼、九楼为吉，三楼、八楼、二楼、六楼为凶。

艮宅（坐东北朝西南）：五行属土，住四楼、九楼、五楼、十楼为吉，三楼、一楼、六楼、八楼为凶。

震宅（坐东朝西）：五行属木，住三楼、八楼、一楼、六楼为吉，五楼、九楼、十楼、四楼为凶。

巽宅（坐东南朝西北）：五行属木，住三楼、八楼、一楼、六楼为吉，四楼、二楼、七楼、五楼为凶。

坎宅（坐北朝南）：五行属水，住一楼、六楼、四楼、九楼为吉，住五楼、十楼、三楼、八楼为凶。

离宅(坐南朝北):五行属火,住二楼、三楼、八楼为为吉,一楼、六楼、四楼、九楼为凶。

七、择楼要与命合

在选择楼层时,遇到非常满意的楼层,但与五子运不合,这时你也不用失望,看与本命合与不合,只要能与本命生合,你也可以放心大胆地买下来,住之也不会出事的。这里所说的本命,不是以太岁来论命的,而且以纳音五行来论命的,以纳音五行配合楼宇层数的五行论其吉凶。

六十花甲纳音歌

甲子乙丑海中金,丙寅丁卯炉中火。
戊辰己巳大林木,庚午辛未路旁土。
壬申癸酉剑锋金,甲戌乙亥山头火。
丙子丁丑涧下水,戊寅己卯城头土。
庚辰辛巳白腊金,壬午癸未杨柳木。
甲申乙酉泉中水,丙戌丁亥屋上土。
戊子己丑霹雳火,庚寅辛卯松柏木。
壬辰癸巳长流水,甲午乙未沙中金。
丙申丁酉山下火,戊戌己亥平地木。
庚子辛丑壁上土,壬寅癸卯金箔金。
甲辰乙巳佛灯火,丙午丁未天河水。
戊申己酉大驿土,庚戌辛亥钗钏金。
壬子癸丑桑柘木,甲寅乙卯大溪水。
丙辰丁巳沙中金,戊午己未天上火。
庚申辛酉石榴木,壬戌癸亥大海水。

六十花甲纳音歌是五术之中常用的一种推命方法(具体作用与用法请参看拙著《八字预测应用经验学》),专业术士最好背会,而且要背得滚瓜烂熟。可是其歌繁琐难记,不易背诵,这里介绍一些易记知识,只要能掌握其中诀窍,很快就能熟记于心。要知六十花甲是十天干与十二地支拼凑起的,这里可将六十个干支分成金、木、水、火、土五类,每类共十二个地支,以 12×5=60,不难看出,每两组干支都为同一个五行。如甲子和乙丑皆属金,其两组同一五行中,又各有两组五行天干相同,而地支相冲者,这天干相同与地支相冲之五行凑起,与相冲之五行相同。如甲子乙丑海中金,与其天同地冲之五行“甲午乙未沙中金”两者合成一组(余仿此),这样,其规律就很容易掌握了。

其中每组的地支都是相冲,如海中金与沙中金,其中甲子与甲午相冲,乙丑与乙未相冲。要明白这一点,背起来就容易多了。

现将六十甲子按五行分类如下:

甲子、乙丑、甲午、乙未、壬申、癸酉、壬寅、癸卯、庚辰、辛巳、庚戌、辛亥,这十二年出生的人纳音五行皆属金命。

甲寅、乙卯、甲申、乙酉、壬辰、癸巳、壬戌、癸亥、丙午、丁未、丙子、丁丑,这十二年出生的人纳音五行皆属水命。

甲辰、乙巳、甲戌、乙亥、戊子、己丑、戊午、己未、丙申、丁酉、丙寅、丁卯,这十二年出生的人纳音五行皆属火命。

戊辰、己巳、戊戌、己亥、壬子、癸丑、壬午、癸未、庚申、辛酉、庚寅、辛卯,这十二年出生的人纳音五行皆属木命。

庚子、辛丑、庚午、辛未、丙辰、丁巳、丙戌、丁亥、庚午、辛未、庚子、辛丑,这十二年出生的人纳音五行皆属土命。

再来列出一表供速查

地支 \ 纳音 \ 五行	金	水	火	土	木
	甲乙	丙丁	戊己	庚辛	壬癸
子丑	海中金	涧下水	霹雳火	壁上土	桑柘木
午未	沙中金	天河水	天上火	路旁土	杨柳木

	壬癸	甲乙	丙丁	戊己	庚辛
寅卯	金箔金	大溪水	炉中火	城头土	松柏木
申酉	剑锋金	泉中水	山下火	大驿土	石榴木
	庚辛	壬癸	甲乙	丙丁	戊己
辰巳	白腊金	长流水	佛灯火	沙中土	大林木
戌亥	钗钏金	大海水	山头火	屋上土	平地木

纳音五行的应用方法是,如楼宇的层数生助纳音本命,则以吉断,克泄纳音本命的则以凶断。若命主之五行克楼层数的五行,则无凶无吉。例如甲子年或乙丑年出生的人是海中金命,应选择第四层楼居住,因“河图五行”四九为友,其数属金,其楼层之金可助命主纳音之金,则以吉论。住五层或十层楼也好,因五层或十层的五行属土,其土可生助命主之金,遇此者皆以吉论。若金命的人不宜住在二层或七层,因二七的河图数理属火,其火克纳音五行之金,则以凶论。若住一层或六层,其五行属水,水能泄金之气,也以凶论。若居三层或八层,其三、八五行属木,其木被命主之金克之,则以无吉无凶论之。

八、选楼应配东西之命卦

东西命卦与上面所讲的纳音不同,东西命卦是指把人的出生年份用八卦来表示的一种名称,将八卦分为东四命与西四命两种,其中把坎、离、震、巽列为东四命,乾、坤、艮、兑列为西四命,其详细内容在本书“八宅篇”已有详述,并且还介绍男女命卦的运算公式,到时请查阅,其中应当注意的是,每当逢“5”数时,则男为坤命,女为艮命,为了方便查阅,现将从 1940 年至 2039 年的东西四命用表列出。

表中已写得很清楚,可用出生年份查出命主是属于东四命还是西四命,然后再用罗盘测定坐向,看此楼是属于东四宅还是西四宅。

测定楼层坐向是以坐山为主，如坐东向西谓之震宅，坐北向南谓之离宅，坐西北向东南谓之乾宅，坐东北向西南谓之艮宅。

东四命的人适合住东四宅，如坎命的人适合住坐北向南的坎宅，如离命的人适合住坐南向北的离宅，如震命的人适合住坐东向西的震宅，如巽命的人适合住东南向西北乾宅，也就是坎、离、震、巽谓之东四宅。

年份	男	女	年份	男	女	年份	男	女	年份	男	女	年份	男	女
1940	乾	离	1960	巽	坤	1980	坤	巽	2000	离	乾	2020	兑	艮
1941	坤	坎	1961	震	震	1981	坎	艮	2001	艮	兑	2021	乾	离
1942	巽	坤	1962	坤	巽	1982	离	乾	2002	兑	艮	2022	坤	坎
1943	震	震	1963	坎	艮	1983	艮	兑	2003	乾	离	2023	巽	坤
1944	坤	巽	1964	离	乾	1984	兑	艮	2004	坤	坎	2024	震	震
1945	坎	艮	1965	艮	兑	1985	乾	离	2005	巽	坤	2025	坤	巽
1946	离	乾	1966	兑	艮	1986	坤	坎	2006	震	震	2026	坎	艮
1947	艮	兑	1967	乾	离	1987	巽	坤	2007	坤	巽	2027	离	乾
1948	兑	艮	1968	坎	坎	1988	震	震	2008	坎	艮	2028	艮	兑
1949	乾	离	1969	巽	坤	1989	坤	巽	2009	离	乾	2029	兑	艮
1950	坤	坎	1970	震	震	1990	坎	艮	2010	艮	兑	2030	乾	离
1951	巽	坤	1971	坤	巽	1991	离	乾	2011	兑	艮	2031	坤	坎
1952	震	艮	1972	坎	艮	1992	艮	兑	2012	乾	离	2032	巽	坤
1953	坤	巽	1973	离	乾	1993	兑	艮	2013	坤	坎	2033	震	震
1954	坎	艮	1974	艮	兑	1994	乾	离	2014	巽	坤	2034	坤	巽
1955	离	乾	1975	兑	艮	1995	坤	坎	2015	震	震	2035	坎	艮
1956	艮	兑	1976	乾	离	1996	巽	坤	2016	坤	巽	2036	离	乾
1957	兑	艮	1977	坤	坎	1997	震	震	2017	坎	艮	2037	艮	兑
1958	乾	离	1978	巽	坤	1998	坤	巽	2018	离	乾	2038	兑	艮
1959	坤	坎	1979	震	震	1999	坎	艮	2019	震	兑	2039	乾	离

西四命的人适合住西四宅，即乾命的人住乾宅，坤命的人住坤宅，兑命的人住兑宅，艮命的人住艮宅，也即命卦为乾、坤、艮、兑的人，宜住乾、坤、艮、兑之宅。

但是东四命的人不宜住西四宅、西四命的人也不宜住东四宅，若这两种不同的命宅配合不当，居住之人不仅在事业上不顺，甚至会大小灾病不断。

附九星七曜楼层吉凶判断法

以上五子运择楼法已经讲得很清楚，再来介绍一种“九星七曜”择楼法。此法易学易用，可以判断出整幢大楼的楼层哪一层凶哪一层吉，吉凶之事应验在何年何月。这样，不仅给居住者提供方便，也给专业风水师提供出一种“铁口神断”的预测方法。

九星七曜的吉凶性质在本书“八宅篇”已有详述，这里只是介绍八宅法中九星七曜具体应用又一种方法，此法验证率特高，而且使用方法也非常简单，自古以来是风水门派中不传之秘。

此法的操作方法是以整幢楼房的总门为主，将总门方位分三个方面进行操作。

(1)总门若在四正(坎、离、震、兑)方位，以客厅或办公室等活动场所为伏位，然后从伏位按“九星七曜游年方法”顺数到总门的朝向止住，这个朝向所落的九星便是所要求的首层之星。

(2)若总门在四维(乾、坤、艮、巽)方位，便以总门的朝向为伏位，再按伏位“起游年”顺数到客厅的方位上，这个客厅方位所落的九星就是该楼第一层之星。

(3)若总门与客厅在同一方位，也就是一进门即客厅，这种情况非常少见，其断法与上面断法又不一样，是以总门的坐山为伏位，到总门向首所得的星为第一层星曜。

一、总门在坎离震兑四正的星曜求法

总门若在“坎、离、震、兑”四个卦位谓之四正位。若整个楼

房的总大门设在四正位上,则以客厅方位或办公室等活动中心为伏位。再用大游年歌诀从伏位顺数到总门向首,见九星落在何卦,此星便是第一层之星。

例如:某幢楼房总门设在西方,它的坐山朝向是坐卯(东)向酉(西),而其楼的客厅设在巽(东南)方,问这幢楼房的第一层是属何星?

总门在四正,客厅在巽位,故从客厅的巽位上起伏位。按"大游年"(见八宅篇)中"巽天五六祸生绝延"的歌诀,从巽位向前顺数,一直数到向首为止,这个向上之星就是所要求的第一层之星。

此例大楼坐卯向酉,从巽上起游年,按照歌诀顺着往前数,从巽数到离,离位为天医(巨门),再数到坤,坤位为五鬼(廉贞),又到兑(酉位)位为六煞(文曲),因兑位是这幢大楼的朝向,故知此楼的第一层是六煞文曲星。

只要将首层的星曜求出后,再用九星相生的方法,即可求出各层所属的星曜了。

九星七曜相生顺序图

天医巨门(土)→延年武曲(金)→六煞文曲(水)→生气贪狼(木)→五鬼廉贞(火)→祸害禄存(土)→绝命破军(金)→六煞文曲(水)→生气贪狼(木)→五鬼廉贞(火)……

星　曜	天医	延年	六煞	生气	五鬼	祸害	绝命	六煞	生气	五鬼
	巨门	武曲	文曲	贪狼	廉贞	禄存	破军	文曲	贪狼	廉贞
五　行	土	金	水	木	火	土	金	水	木	火

从图中可以看出,天医巨门星生延年武曲,延年武曲又生六煞文曲……逐位往下相生,只要知道首层星曜,即可按相生之顺序,推知第二层、第三层、第四层……之星曜。

如此例所求得第一层星曜为六煞文曲星，按图即可得知二层为贪狼、三层为廉贞……

二、总门在乾坤艮巽四维的星曜求法

若总门设在乾、坤、艮、巽四维卦位，与在四正卦位断法又不一样，四正卦位以客厅或办公地方为伏位，到总门向为之第一层星曜。而四维卦却以总门的向首为伏位数，到客厅方位为所求的第一层星曜。

例如某幢大楼总门在乾（西北）位，客厅在巽位，则以总门取向首乾为伏位，用大游年歌"乾六天五祸绝延生"的字句，从乾数到巽为祸害禄存土星，可见祸害禄存土星就是这座大楼的第一层星曜。

已知祸害禄存为首层星曜，那么第二层即为破军，第三层为文曲，第四层为贪狼……

三、客厅与总门方位相同求星曜法

有些楼层客厅与总门在同一方位，如总门在乾位，正好客厅就在总门的上面，这种情况又与上面四正和四维的求法又不同。是以总门的坐山为伏位，到门的向首即为首层所要求的星曜。

例如某幢大楼的总门坐巽向乾，客厅（办公室）正好又在总门上面，则以总门坐山的巽（东南）为伏位，到向首乾位为所求的首层星曜。从巽位上起伏位，顺数离为天医，坤为五鬼，兑为六煞，一直数到乾位，乾位为祸害禄存星，即以祸害禄存为第一层要求的星曜。已知首层是祸害禄存土星，再按第一层星曜相生的方法，可求出各层要求的星曜。此例已知第一层为祸害禄存土星，查上表即知第二层为绝命破军，第三层为六煞文曲，第四层为生气贪狼……

按照九星互制歌诀处理一下，即可化凶为吉。

九星互制歌曰：

生气可叫五鬼亡，天医能将绝命降。

延年可以压六煞，祸害见生定躲藏。

四、九星七曜吉凶所主

吉星

将各层星曜求出后，即可按各星的性质判断吉凶。

①生气贪狼星——主出聪明之子，妻贤子孝，广置田庄，婚姻顺利，易生男丁，为催丁之星。巳酉丑或寅午戌年月应验。

②天医巨门星——主近官达贵，忠厚长寿，妇女勤俭，事业发达，财源广进，为生财之星。亥卯未年月应之。

③延年武曲星——主富贵双全，贵人得助，延年益寿，子孙聪秀，升官晋职，威信逆严，乃官贵之星。亥卯未、寅午戌年应之。

④左辅右弼——儿孙孝顺，忠厚诚实，事业有成，衣食无亏，此为官贵之星，称之为大吉之星。

凶星

①五鬼廉贞星——主是非不息，灾祸频临，疾病缠身，服丧火灾，子孙忤逆，无有贵人，受人欺凌，为大凶星。巳酉丑或亥卯未年月应之。

②祸害禄存星——主绝嗣无后，男丁稀少，生离死别，车祸癌症，自杀凶灾，为大凶之星。亥卯未或寅午戌年月应之。

③六煞文曲星——主赌博淫乱，奸诈虚伪，不务正业，事业难成，疯狂残疾，蛇咬犬伤，水火之灾，如配合得好，在文学、艺术、科研方面有所作为，此乃半凶半吉之星。亥卯未或巳酉丑之年月应之。

④绝命破军——主是非官讼，六亲不和，吸毒赌博，盗贼匪人，子孙忤逆，事业无成，为败家退财之星。巳酉丑或寅午戌年月应之。

例如：某人住四楼，楼的总门坐艮向坤，客厅在巽，符合四维门的推算，以总门坤的朝向为伏位，顺时针数到巽位为五鬼廉贞星为第一层，已知第一层为五鬼廉贞，再照上表中五行相生的顺序逐层往下查。第二层为祸害六存，第三层为绝命破军，第四层为六煞文曲。已知第四层为六煞文曲，即可按照上述六煞文曲星的说明，断出在此层居住，会出赌博淫乱，不务正业，疯狂残疾之人，而且会出现水、火之灾。此星属半吉之星，但对儿女学习反而有所成就。

为了使用方便，现将八门九星图详列于下，以便应用时查对。

祸害 巽	绝命 离	延年 坤
五鬼 震	中宫	生气 兑
天医 艮	六煞 坎	伏位 乾

乾门

生气 巽	延年 离	绝命 坤
天医 震	中宫	祸害 兑
五鬼 艮	伏位 坎	六煞 乾

坎门

绝命 巽	祸害 离	生气 坤
六煞 震	中宫	延年 兑
伏位 艮	五鬼 坎	天医 乾

艮门

延年 巽	生气 离	祸害 坤
伏位 震	中宫	绝命 兑
六煞 艮	天医 坎	五鬼 乾

震门

伏位 巽	天医 离	五鬼 坤
延年 震	中宫	六煞 兑
绝命 艮	生气 坎	祸害 乾

巽门

天医 巽	伏位 离	六煞 坤
生气 震	中宫	五鬼 兑
祸害 艮	延年 坎	绝命 乾

离门

五鬼 巽	六煞 离	伏位 坤
祸害 震	中宫	天医 兑
生气 艮	绝命 坎	延年 乾

坤门

六煞 巽	五鬼 离	天医 坤
绝命 震	中宫	伏位 兑
延年 艮	祸害 坎	生气 乾

兑门

现代说法

住房会影响人的生活品质。这是因为大地传播无数不同频率的电磁波,这些电磁波用眼看不见,但可凭借电视、收音机等传播。阳宅是带电体,必须建在八大方位上,必受磁场之影响。而人也是带电体,人体内血液含铁质,由于血液循环受地球地面磁力线感应,产生磁性感应,人体内能量在白天工作活动消耗,应在晚上睡觉时,源源不断充电,故一栋房子的磁场与居住者之磁性是否合适,影响极大。如适合居住者,血液循环正常,身心调和精神舒畅,工作效率提升,头脑清晰,财源广进,家庭和睦;反之,如宅房与居住者磁感混乱,反应不良,则渐趋于逆境,终至百般不顺……所以要懂阳宅常识。在室内布局中,尖角冲射卧室、门等,除对风的流动有影响、对磁波产生直接作用外,也存在心理暗示不利的作用;同样大梁、吊灯、风扇等压身或当头,也有心理暗示的不利作用。建筑风水对家用电器的要求是电磁辐射对人的影响尽量最小;电线的布局尽量避免尖端电磁辐射效应,特别卧室布局不要与床头同高,避免头部受电磁辐射。电脑 、台灯、电风扇、吹风机、全自动洗衣机、微波炉、电冰箱、电暖器、空气清新机、空调等,离人体要有一定的距离,且不要长时间受到作用。所以平时要注意尽量远离电器,让电器远离床铺。

第九章　阴宅篇

第一节　阴宅风水概况

中国风水学里所指的阴宅是指埋葬死者的坟墓，阳宅是指人们居住的房屋，阴宅与阳宅风水原理基本是相同的，两者都以坐山朝向为操作依据，其不同点是阳宅以宅后为山，宅前为向，而阴宅是以死者头朝为山，脚朝为向。但因死者坟墓与生人住宅的阴阳性质不同，所以在应用方面免不了又有其它区别。

中国是一个安土重迁家庭聚会的社会，故特别重视世代相传的住宅及先人聚葬的坟地，有若能选好阳宅，定准阴宅，则能使子孙兴旺，世代升官发财，若是选择不好，则世代定会败绝的心理状态。

阴宅风水主要是把先人骸骨选择在一个山川灵气所聚集的地方安葬，使骸骨得以生气，认为此气便可荫及有骨肉之亲的子孙后代。人死以后，骸骨是否能得山川之灵气，这是一个抽象问题，但遗体的处理却是一个具体而实际问题。古今中外，随着各地民风民俗不同，葬礼的仪式至少也有百种之多，归纳起来可分为土葬、火葬、水葬，还有天葬等不同葬法，而我国自古习惯入土为安。新中国成立后政府提倡破旧立新，移风易俗的政策，号召坟墓不可占用大面积耕地，指导人们使用火葬，也即人死后将尸骨焚化装入骨灰盒存入殡仪馆，有的将骨灰盒按大小头仍以头枕为山，脚蹬为向的风水理论进行深埋入土，不用培土添坟，这种方法非常好,既可节约用地,也不用年年修坟添土,可说是利国利民有益无害的好办法,近几十年来,火葬在我国已普遍实行,人们对于火葬已经形成习惯。

风水学认为,无论是尸葬还是灰葬,只要入土就要注重穴地的吉凶。择吉地吉穴安葬,能收到地灵人杰之气。

第二节　教你寻龙点穴

我国自古是一个礼治社会,封建伦理制度长期盛行,儒家思想几乎渗透到社会生活和文化思想各个阶层,风水学也在其中,其思想体系空间结构无不打下儒家伦理的烙印。

在风水学的理论结构中,很多地方都附会着伦理观念。如在看龙脉时由远到近,逐次寻找太祖山、少祖山、父母山、一直到正穴。其结构体系就好像五代同堂的一个大家族一样,古时以五代为一服,所以在寻龙脉时,从太祖山找起,接着太宗山、少祖山、父母山直至龙穴山脉入首之处。其结构归纳称之为三纲五常,用人与人之间的道德规范来形成风水学体系。

一、三纲五常

所谓三纲,旧时礼教是君为臣纲,父为子纲,夫为妻纲,用风水比喻即:一曰气脉,为之富贵贫贱之纲;二曰明堂,为之砂水美恶之纲;三曰水口,为之生旺墓绝之纲。

所谓“五常”,即一曰“龙”,龙要真;二曰“穴”,穴要的;三曰“砂”,砂要美;四曰“水”,水要抱;五曰“向”,向要吉。用此五常来比作寻龙点的主题,为此将综合成“寻龙点穴的四大准则”。

二、寻龙点穴的四个原则

阴宅风水主要讲究择地安葬,那么在茫茫的大地上,到底在何处立坟安葬为合适呢?古人用三纲五常来作寻龙找脉的主题,《葬经》说:葬者,乘生气也。意思是说如要立坟安葬,必须要选择在有生气的土地上,但大地的生气是无形的,况且天地之大到处有山有水,如何才能找到生气凝聚之处呢?古人用三纲五常来作为选择风水穴地的提纲。

中国传统风水学提出,选地离不开四个准则,即:一要龙真,二要穴的,三要砂环,四要水抱。以此四个原则来论定大地中生气凝聚之处,无论山川还是平原,只要凭着这四大准则,即可找到生气凝聚的佳穴。这当中需注意的是,宇宙间的万事万物都是诸于内必形于外,若在山区选穴,只要看准山脉蜿蜒起伏的形态,即可认定内中必有气流凝聚的地点。若是平洋大地既无山川又无水流的平原大地中,只要掌握住高一寸为山,低一寸为水的原则,其寻龙之法与山川寻龙一样,同样可寻找出真龙真穴。

三、何为"龙真"

风水学中的龙为穴的本源,要找生气的凝聚之点,必须循着生气流动的山脉才能找到生气凝聚之点。如不确定龙脉走向,那么在茫茫的山区或大地中就无法认定出生气凝结点的所在,也就是说寻龙就是为了找穴,而找穴必须寻龙。

古人云"龙真易找,穴地难求",说明来龙去脉很容易确定,若要在茫茫的众山中确定出丝毫不差的穴地,乃是比较困难之事。

四、"穴的"

"穴"是指生气凝聚的正确位置。"的"是指目的,即生气汇集点。

关于"穴的"就是认定生气凝结的确之处,称之为穴的,要确定"穴的",必先要确定龙真,没有"龙真"就不存在"穴的"。所以,虽见山势磅礴秀美,不一定就能结出生气凝聚的吉穴,因为山脉结穴之处的形势不同,要是结穴之处的形势是山环水抱,使生气涣散不聚,那么结出的穴肯定是吉穴。如果结穴的地方砂飞水走，使生气散遗不聚，那么这样的穴地，龙脉再好也不能用。如来龙在某地结穴，但不知此处是否可以安葬，首先要看穴地四周附近的砂水，看四周的山水是砂环水抱还是砂飞水走，若是砂环水抱，此地可用，若是砂飞水走，此地则不可用。

五、砂环

"砂环"顾名思义，砂乃周围的山，或是高大建筑物，这里指穴地前后左右两旁有山环抱，使凝聚的生气不致被风吹散，此乃为有情之地，也就是说吉穴定须藏风，使生气不被大风吹走。经曰"气乘风则散"，说明要聚住生气者必须砂环，砂环才能聚住生气，所以砂环乃是藏风的首要条件。

六、水抱

"水"是指穴地周围比较靠近的河流、小溪、水沟等，这些水若在穴的前面弯曲流过，像玉带似的抱住穴地，或是弯曲之流水在穴前聚集，形成弯环抱穴，可使穴前凝聚的生气不至于被外风吹散，这样的形势称之为"水抱"，故《葬经》曰："风水之法，得水者为上。"

总的来说，要想寻找一块好的穴地，首先要入山寻龙，先在众山中找出生气充盈比较理想的山脉，然后再顺着这条山脉走势找到止息之处，因为山脉止息之处往往就是生气凝结的佳穴所在。

再说，如果已经找到山脉止息之处，还要看看附近砂水形势如何，若是"砂环水抱"，说明该地的附近必有佳穴，此地可用。如果是"砂飞水走"，说明此处不是生气凝聚之处，也不会有佳穴，因此也不必要在这块地上再去动脑筋。

如果在山脉止息之处，找到一块真正"砂环水抱"生气凝聚龙脉结穴之地，这时即可将罗盘放在穴地当中，按书中"三合"或"三元"等水法之要求，来确定墓穴的正确山向，这就是寻龙点穴的初步功夫。

风水师的点穴立向是件郑重的事，他们不敢有松毫的马虎。俗话说“千里吉凶一向间”。一旦出点差错，差之毫厘，错之万里，如果弄得不好将前功尽弃。他们在茫茫众山之中，想找一块好的佳穴，也不是件容易的事，一般用几天或几个月，也不见得能找到一块最理想的好地。

第三节　找穴必须寻龙

自古以来，大富大贵之人多出在朝阳、俊山、水秀清雅之地，风水学这一门学问涉及天文、地理、人物的复杂关系，在寻龙时，采取寻根溯源，从太祖山起源，逐次寻其少祖、少宗、父母直至山脉入首之处。

风水学认为，要寻找一块好的穴地，要从山脉源头寻根求源。其龙有真假之分，要寻到真龙结穴。若寻得假龙结穴，葬下后主后代贫贱。若在众山之中能找到一条真的龙脉安坟立穴，那么葬后定能使后人享受福荫，称心如意。

寻求龙脉，必须先从太祖山看起，然后延伸到少祖山，又从少祖山延伸父母山结穴。太祖山是指龙脉初发的山，山形宜高大，如果站在山顶朝着四周观看，则会看到由此山衍生出许多不同走向的山脉。太祖山为群山之首，所以称之为“太祖山”。

倘若太祖山挺拔雄伟，山体丰润，远看像一座龙楼宝殿，而伸出去的群山，像护卫一样巍峨壮观，簇拥有势，即可断定这座山是龙身昂贵、气势不凡的山脉，由于太祖山龙身显赫，分化出去的龙脉肯定也多有贵气，若在此处找到生气凝聚之处，葬后必出官贵之人。

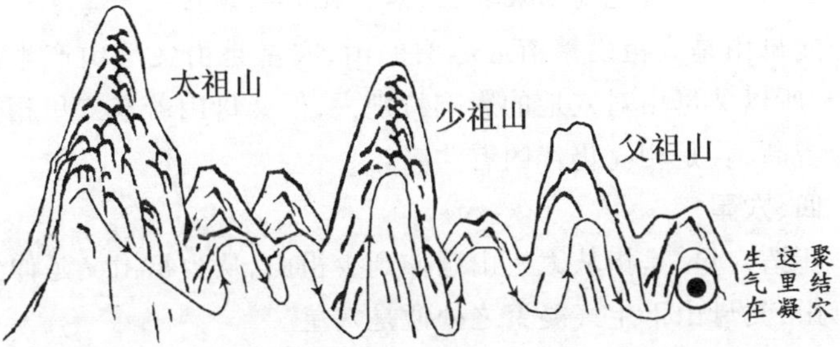

一、太祖山

太祖山乃是龙脉起始之山，山形尖高，其山体巍峨壮观。

诗曰：山势雄伟似金銮，此起彼伏蕴奇观。
太祖山名由此起，儿孙后代做高官。

若要判断龙脉真假，必须从太祖山看起，因太祖山像火车始发站一样，最初自身内涵之气还未显现，很难断定真伪，必须看延伸出去的少祖山，因少祖山内涵之气已经显现，故从少祖山的气势可直接判断出龙脉真伪。

二、少祖山

少祖山乃太祖山延伸出去的山脉中第一座再起山峰。

诗曰：近穴再起少祖山，真伪全在此山间。
开睁展翅最为吉，孤单低小力必寒。

少祖山靠近父母山，对穴星影响较大，若少祖山的气势特别好，那么可考虑山基附近就会有吉穴，若是少祖山的山形枯瘦而无气，此处不仅不是贵地，很可能是凶地，不用考虑附近能有吉地。所以，少祖山以秀丽饱满，神志气足为佳，若是低小孤单为凶。

三、父母山

父母山乃是龙脉最终的山，一般来说，一条山脉生气凝聚的结穴之处，全在父母山下。

诗曰:问君何为父母山,山脉尽处砂抱环。

若见前后相护卫,后代儿孙列朝班。

父母山是太祖山繁衍最尽头的山,穴星是由父母山产生出来的,所以父母山对穴地的影响特别大,但父母山若与穴星相生可为吉断,若是相克仍作凶看。

四、穴星

所谓穴星,是指从太祖山延伸到少祖山,从少祖山又延伸到父母山,父母山下生气凝聚之处便是穴星。

诗曰:龙脉最终是穴星,万钧力量在此停。

若无束气休结穴,漫而无收是凶形。

穴星是一条山脉止息之处,是龙脉生气之凝聚点。古书云:“千里来龙千里得穴,百里来龙百里得穴。”也就是说来龙越长、越远其生气越强大,正如诗中所说:“万钧力量在此停。”如得真穴,可享受这“万钧力量”的生气,使后代人发福甚大;若点错穴位,则谬之万里。业此行者不仅要有书本知识,而且要有丰富的运用经验。否则,真正的龙脉摆在眼前也不见得能辨别出来,过去有句老话“寻龙容易点穴难”,其关键就在这里。

穴地的目标虽然找到了,还要看附近的砂水,砂水必须要“砂环水抱”,才能使该穴地凝聚的生气不被吹散,若是“砂飞水走”,就是再好的龙脉也不可选择,正如书中所说:“若无束气休结穴,漫而无收穴不灵。”

既然知道生气凝结的所落之处,便可点穴了,然而点穴更是难以把握。古人将点穴作为风水应用四大准则之一,要求点穴必须“穴的”,所谓穴的者,指已经找到极小的目标。古人云“有的放矢”,一矢中的,“的”是指目标,“矢”是射靶的箭头,按风水学要求点穴,必须要一箭中的,也就是说既然“龙真”,必须要“穴的”。倘若所点的穴地能接受到凝聚的生气,后人享受的福荫定能长久。古人将龙脉引来的生气称之为正受,古书有诗一首:

迢迢特至为正受，正受之穴福更厚。

万水千山结成坟，儿孙福泽最良久。

点穴不仅要注重来龙，更重要的是来龙所引来的生气，若是穴地附近砂环水抱，特别是左龙右虎紧紧抱穴，使穴地的生气得以凝聚，定然是最好穴地。若是砂飞水走，再没有龙虎护卫，这种穴地的生气很容易被风吹散。或者是随水而流，根本不是吉穴。由此可知穴地附近的砂水对点穴影响很大。古书有云："复宗绝嗣，多因水尽山穷；灭族亡家，总是山飞水走。"说明山穷水尽与砂飞水走之地皆为凶地，绝对不可立穴安坟，用之立见其凶。

由于地穴附近的砂水对地穴的影响的重要，我们不妨先来谈谈砂水的重要性，然后再来详述"穴"的情况，可以说只要你发现穴前有砂飞水走的现象，那么这块地便不能选穴了。

附砂飞水走与砂环水抱综合图如下：

砂飞水走生气溃散图

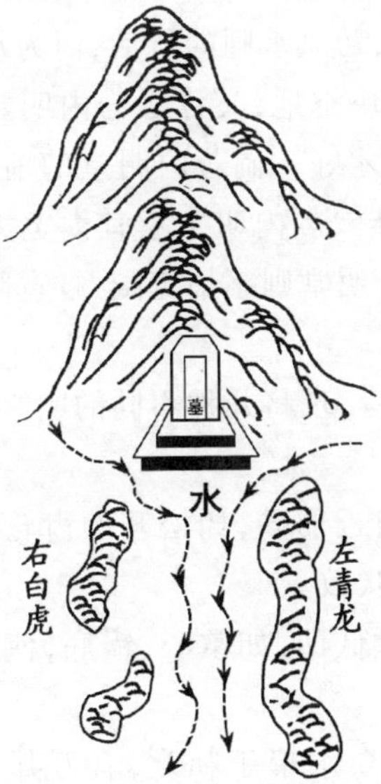

砂环水抱生气凝聚图

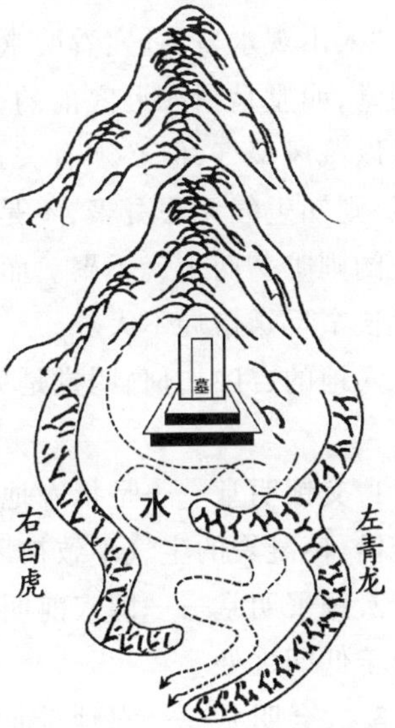

砂飞水走者，乃穴前门户大开，将来龙的生气随风而散，随水而去。此乃大凶之地。

砂环水抱者，乃穴前龙虎紧紧抱住，来龙的生气，既可藏风，又可聚水。此乃大吉之地。

第四节　砂环水抱与明堂吉凶

穴地前后左右凡是高于穴地的统称之为砂。由于砂的方位不同，所以名称也不一样。靠近墓穴前面的空地称为内明堂，靠近内明堂外面远一些的山称之为外明堂，外明堂前面更远的山称之为案山，案山更远的山称之为朝山。墓穴左边的山称之为青龙，右边的山称之为白虎。（请看上图，则一目了然）

一、内、外明堂

"入山观水口，登穴看明堂"，乃风水师的行话，何为水口，何为明堂，明堂是指靠近穴前的一块空地，又称之为内明堂，内明堂可以藏风聚气，但必须有关拦才好。倘若内明堂的前面没有关拦，则知生气无法凝聚，不是佳穴。内明堂不宜太宽太阔，太宽太阔则旷荡而生气不聚。而外明堂则不怕宽阔，越宽阔越好，若太狭窄反嫌格局不大。

穴地的吉凶如何，明堂是关键，现将几种不同的明堂详列于下：

1. 交锁明堂——是指穴地附近的砂，如松开的齿轮一样层层交错，使凝聚的生气不致被风吹散。

2. 融聚明堂——即穴前明堂低凹，如掌心、锅底，使穴前众水聚于低凹之处。

3. 大会明堂——穴地前面，众水聚于朝堂，有万邦前来朝贡,诸王齐来朝拜的气势。

4.冲射明堂——穴前有砂或水沟直接向明堂冲来,名曰冲射明堂,又叫冲心明堂。

5.倾斜明堂——穴前有斜坡,砂水直冲而去。

6.旷荡明堂——穴前一片空荡,全无关闭,这种明堂关不住生气,气聚即散。

总的来说,明堂最好要平整,团聚为吉。

二、左龙右虎

左龙右虎指的是墓穴朝向两边的山脉,左边称之为青龙,右边谓之为白虎。青龙白虎乃是墓穴两边的护卫,专门负责保护凝聚在穴前之生气不被外风吹散。

龙虎可分本身龙虎和外山龙虎两种:

1.本身龙虎即是穴地本身的山脉两伸边展出去像两只膀臂一样护住墓穴,叫做本身龙虎。

2.外山龙虎——穴地本身没有左膀右臂伸出,而由外面左右的砂伸来环抱墓穴,谓之外山龙虎。

本身龙虎与外山龙虎两下对比,本身龙虎较好,若是清贵抱穴而有力用之大吉。外山龙虎不如本身龙虎力大,墓穴两边不一定都能龙虎齐备。有的只有右边白虎,缺左边青龙,称之为右单提;有的只有左边青龙,缺右边白虎,称之为左单提。无论是左单提或者是右单提,都是一种缺陷。但这也不是绝对的,若是右单提水从左方来,形成右边白虎抱住左边青龙流水名叫抱水兜勒,这种格局不但不凶反而大吉。

三、案山朝山

明堂前近而低小的砂称为案山,远而高大的砂称之为朝山。

"案山"的主要作用是将墓穴前面的凝聚之生气护住,称之为门前的护卫,其职能不仅收住墓穴之气不向外流,而且可以挡住案前之水不来冲射,也就是说无论有何砂水冲射,只要有案山护穴，即可保住平安无事。

“朝山”的作用，是作为穴星的呼应。穴星是主，朝山是宾，有主无宾，格局不清，若是宾主有情才称之为大吉之地。

山区的案山朝山都很容易识别，若在平源无山之地没有案山及朝山又怎么办？书云：“风水之道变通则易，一通百通。”例如：一片平原，极目无边，无山无水，可将穴前稍高之地视作朝案，古人云：“高一寸为山，低一寸为水。”穴前较高的田地或树木，可视为朝案，略低一点的可作为水看，也可看雨后之水向某方流去，可辨高低方位。

总的来说，勘察阴宅不外乎寻找龙脉，看明堂是否能聚气，龙虎护从是否周密，朝案是否呼应，穴地的生气是否得以凝聚，这就是前面所讲的主题，只要掌握这四大主题，阴宅之奥秘即可迎刃而解。

上述这些乃是看阴宅之要领，无论是新立坟地或是看旧坟吉凶，在未定向之前，可以站在穴位上，向前后左右放眼看去，前有案山、朝山，后有靠山，左有青龙，右有白虎，龙虎相抱有情，又未遭其它破坏，均为上等穴地，假若青龙被坏，青龙和白虎的要求是“不怕青龙高万丈，最怕白虎高一寸”，也就是龙要高，虎要低，龙要长，虎要低，但是高低也要适宜，若是白虎过高过长，压过青龙，谓之“白虎探头”。龙虎相抱谓之有情，但也不能抱之太过”，龙抱太过，谓之“青龙钻怀，虎抱太过，谓之“白虎捶凶”，皆是大凶之象。

四、论及流水

（一）四大吉形

1.水抱有情，是指穴前有水环抱，环抱的作用是使穴地凝聚的生气不得散泄，一块真正有龙气的穴地，前面必有环抱之水，否则不是真穴。

2.眷顾有情，穴前有水，可使生气凝聚，但要眷顾有情，是指穴前的水弯环绕曲折,好像与穴地有恋恋不舍之情,不忍离去,若是穴前横流之水紧紧抱穴乃是有情之地。

3.聚堂水,是穴前水在明堂聚集,或水在低洼处聚集如同万邦来朝,此水称之为聚堂水,用之大吉。

4.腰带水,穴前有水流过,好像玉带环腰一样,绕着穴地,称之为腰带水,乃大吉之水。

(二)四大凶形

1.反背水——反背水又名无情水,是指穴前的水直来直去,对穴地毫无恋情,称之为反背水,此水葬后主后代出背信忘义之人。

2.冲心水——穴前有水直冲明堂,此水又名射心水。

3.反跳水——水成反弓形状,与腰带水相反,腰带水抱穴有情。

4.射胁水——穴的两旁有水直射两胁,为之凶水。

总体来说,穴前之水,宜弯曲环抱有情,如直射则主凶。

第五节　详辨龙脉真伪

龙脉有真伪之分,若要分辨真伪,需在勘察时站于高处,察其龙脉走势,对蜿蜒起伏的龙脉先有初步概念。然后随着龙脉的走向沿途再逐节详细堪察,首先要看龙脉的生气有没有在中途溃散,而后再到龙脉左右来进行详细观察,或者站在前面作正视观察。

从风水理论上看,真龙的条件比较复杂,但不外乎以下五条:

1.一看祖宗分贵贱。祖宗指太祖山及少祖山。

2.二看剥换有无情。山脉向前伸展时由重叠不平变成山形秀丽的称之为剥换,有情是在指剥换过程中五行相生而不悖。

3.三看过峡短而紧。是指太祖山到少祖山或是少祖山到父母山,中间连接的山脉称之为过峡,又称为蜂腰,过峡的山脉越是短小紧结越好,书云:"过峡短小再周密,葬后定知出栋梁。"

4.两边有众多的山护从为好。书云:行龙护从最为强,护送越多福越长,如若龙从又回顾,后代儿孙福无疆。

5.站在远处高处看山脉的形态,若是起伏有势、雄壮透气乃是贵龙,如萎靡不振是贱龙。

风水学认为,鉴别龙脉真假,除了以上几点,最好进入山区,亲身去体会一下。古人云:"明于书不等于明于心,明于心不等于明于运用。"也就是说在看书的时候心里很明白,待到真正运用时,心里就糊涂了,说白了必须要实地运用。

真正好的穴地,大多在平地龙脉止息之处,虽然也有结穴在山岭之上的,毕竟很少,若在平地结穴的叫做低穴,在山岭结穴的称之为高穴。高穴与低穴主要是看生气凝聚的高低方可确定吉凶。例如:在山区有一块平坦地,左有青龙护卫,右有白虎环抱,前有明堂水城聚气,对面有朝案作呼应,说明生气就聚集在此,无论高低皆可作穴。再说得确切一些,无论生气凝聚在山区或平原,只要符合这些法则,不必拘泥于山区平原,或高处低处,即可作穴,但在实践运用中发现,佳穴大多在山区的平原地带接近之处接脉。古书有云:"不知龙穴落何处,穴在平原贵无边。"

第六节 平原寻龙

平原之地,无有山脉,有人问:平洋无山是否不用寻龙?平洋是以水为龙，古书有云："平洋大地莫问宗，只看水绕是真龙。"又说："平洋大地无龙虎，到时只取水为龙。"

有一本叫水龙经的古书，专讲水与龙的辨别方法，大体内容如以下几点：

1."水要弯环怕直流，直流之水是为凶"，是说水龙宜弯环曲折为吉，直来直去为凶。

2.平洋之地以水为龙，其龙穴多在水聚环绕之处凝聚，书曰："元武之水是龙身，定穴必须看伪真，水积必然龙有穴，水流气散不堪陈。"意思是说，真穴都落在水的弯绕之处，若水无环绕之处必无真穴。

3.水绕抱穴为有情之地，书云："抱身水势又环坟，穴好龙真气脉萦，葬后定然多富贵，儿孙显耀得皇恩。"此乃说明水龙必须环绕穴地才能称得上有情之地，葬后定主儿孙富贵，位极人臣。

4.穴地切记不能被水龙冲射，犯之主出现杀伤、官司等凶灾，最后能导致倾家荡产，人丁败绝。古书云：水势冲来最难当，射胁冲心似刀枪，此处葬坟为绝地，伤杀官灾出祸殃。

5.穴地最忌反弓水冲射，主出凶事，诗云："龙水前来似反弓，出入逆行各西东，若遇此水凶事起，破尽家财一生穷。"

总的说来水龙与山龙的看法原理都是一样，最主要是辨别龙的真假，若是龙真穴的，必须要水绕弯环相顾有情，此地方可应用，而且用之大吉，若龙穴不真或龙穴反背无情，葬后则定主凶事百出。

现代说法

陵墓选址是我国传统丧葬文化的一个重要内容。风水文化又对其施加了自己的影响。风水术对理想墓地的要求有两个特征：(1)统一和谐。要求有一个山清水秀，排水良好的环境；认为和谐才能逢凶化吉、趋利避害。(2)对称均衡。这种均衡体现为有山有水，有高有低，中轴线平面布局要对称和谐。如果达不到要求,可对环境补成。有人认为可利用补成,将不完美墓地通过努力,如植树绿化荒山等,对环境进行改造,可进行树葬等利用传统心理达到积极的目的。

第七节　立碑定向择吉法

通过以上诸节,对阴宅的来龙去脉,大体上介绍了一遍,现在我们不妨将“穴星”再来详细论述一下。所谓“穴星”,乃是龙脉生气凝结之地,其中的形格千变万化,大致可分为“乳、钳、窝、突”四种形格。

风水学认为穴星的面积大小不一,只要选择其中一点即可应用,那么具体怎样去选穴,这是非常复杂的问题,古人云“三年寻龙,十年点穴”,也就是说,寻龙并不难学,只需三年时间即可学会,而点穴就不是那么容易,就是花了十年八年功夫还不见得将穴点好,由此可知,点穴的学问比寻龙的学问难得多。

其实点穴之法并没有什么神秘之处,点穴有时是根据穴后来龙的形势,用倒杖之法即可推定。

倒杖之法,风水学上称之为十二倒杖法,所谓十二倒杖是指顺杖、逆杖、缩杖、缀杖、开杖、穿杖、离杖、对杖、没杖、截杖、头杖及尾杖。

如顺杖,是指棺穴与龙脉形成一条直线。顺着龙脉迎来谓之“正受”。古人云:“正龙迎正受,富贵必长久。”

又如开杖,是指龙势非常急猛,其中有杀穴不宜安葬,只有把墓穴稍微向旁边移动一下,称之为开杖。

关于倒杖之法,现今很少有人应用,这里只作一下简单介绍。确定坐山朝向,是风水学之关键,古书云:“千里吉凶一向间。”意思是说,龙脉再好,若是将山向定错,前功尽弃,可见确定山向是多么重要。

坐山朝向可以根据运用哪一派风水来确定,例如:对三合派风水用得得心应手,那就按照上述寻龙点穴的方法,将真正的穴位确定之后,将罗盘放在穴的中间,观其龙从何方入首,水从何方来。出水口是属于四大局中哪一局,如水在癸丑,或是艮寅、甲卯方出,即确定为金局,若是出水口在丁未,或是坤申、庚酉方位,即确定为木局……余可类推。

将四大局水口确定以后,再按照十二长生五行推出水从何方来,六吉方来水可用,六凶方来水不可用,也就是说来水必须在六吉方的长生、冠带、临官、帝旺的位置上,向病、死、墓、绝、胎方去。(请查三合水法内有详解)

在实际操作中,三元水法先用罗盘将山向确定之后,看水从何方来又向何方流去,若求人丁兴旺,应收先天水到堂,因先天水主人丁,后天水主财帛,具体用法,三元篇内有详细介绍。

例如:某地从坤申方来水,左水到右,经过庚酉、辛戌、乾亥向东南乙辰方位流去,辰为四大水口之一,乃是水库,初步可确定为水局。

一般人认为,阴宅风水深而莫测、神而又秘,其实阴宅风水的内容并不神秘,只能说是比较复杂。所谓神秘,只因古人对自己传承密授的东西严密保守,在不愿公开传授的情况下,使一些想学的人难辨真伪,因而引出多方面揣测,再经过民间传说的穿凿附会,在这种情况下,使得风水学变得越来越神秘。

从理论上讲,风水学是一门比较复杂的学问,一时半会儿是无法用简单语言就能表达清楚的。因为影响墓穴吉凶的原因很多,若是说得简单一些,又使人不易看懂,如说得太深细,又显得太繁琐。无论怎么说,使一个对阴宅风水一点不了解的人马上对风水学就有所了解,实在不是一件易事。

为了简明通俗，只能删繁就简，由浅入深，用最简单的语言将其基本理论与运用方法作一介绍，但这点知识只是基础知识，若是作为寻龙点穴的万全之书还是不够，因古今风水书不下数百种，短短的几页是无法说明全部问题的。

第八节　阴宅的具体操作法

阴宅的操作方法比较繁杂，分峦头和理气两个部分。以峦头决定穴的格局，在峦头基础上用理气来决定穴的吉凶。因此堪测阴宅必须先从峦头着手，定出穴的格局，然后再通过理气的方法准确点穴。

所谓峦头，乃指山川形势，即远处山脉由太祖山、少祖山、父母山、星峰、过峡、帐库、青龙、白虎、来水去水所组合成的格局，以此格局可判断出该穴地的吉凶祸福。峦头分为龙、穴、砂、水四大部分，下面要作详细介绍。

所谓理气者，乃点穴的具体方法，其中分为三个步骤，即立向、消砂、纳水，将这三个步骤完成了，点穴也就成功了，可以这样说，所点的穴是否正确，完全在这三个步骤之中。

一、阴宅立向

古人云："千里吉凶一向间。"又云："有绝人之地，没有绝人之水；有绝人之水，没有绝人之向。"可想而知向对立宅安坟是多么重要。阴宅立向是根据山川结穴龙势、砂环水聚结穴之处，用风水理论来确定葬穴的坐山与朝向的一种调和之剂。

立向是决定穴位吉凶最关键的部分，穴的吉凶可决定主家的合家祸福，而立向正确与否，又是该穴地的决定因素。

立向的前提是根据龙、穴、砂、水的原则，在峦头形势的基础上，用风水的特有具体方法，将星峰或来水都划归在吉的位置，将去水划归在凶的位置。具体细致之处称为“分金”，分金，顾名思义，像分金子一样，一丝一毫不能偏差。

分金分正针、兼针、正针乃正向，兼针乃兼向，在罗盘指南针所指的二十四山每一山向中，左右在 3 度以内为正向，如超过 3 度，6 度以内为兼向，超过 6 度为空亡线。

在定向时，不同的坐山用不同的分金来确定，所以二十四方位有宜正针不怕空亡，有可兼和不兼之分，可兼者用之则吉，不可兼者用之主凶，但空亡线绝对不能用。

二、阴宅立向分金秘诀

立向有兼卦或兼线之分，本书在玄空篇已有介绍，但向有可兼不可兼之分，可兼者兼之而夫妇正配，用之大吉。不可兼者，兼之而阴阳驳杂，用之大凶。

1. 可兼之向：古有四句歌诀，以便记忆。

戌乾壬子子癸先，丑艮甲寅乙辰兼。
己丙丁未坤申见，庚酉相互是后天。

2. 不可兼之向：古有八句歌诀。

辛戌乾亥与亥壬，癸丑艮寅事翻腾。
甲卯卯乙怕相见，辰巽巽巳莫相逢。
丙午午丁皆曜杀，未坤庚申用杀人。
酉方辛上不宜动，劫煞住之祸事生。

3. 二十四山宜立正向者，只有巽、辛、亥、卯、午五向。

风水学关键是立向，如果将向立错，龙穴砂水全错。无论任何风水宝地，只要向一立错，不仅不能使后人发福，而且用之主后人出凶事，甚者绝丁。古人云：“地不绝人水绝人，水不绝人向绝人。”可见立向是何等重要。

现代说法

风水中的阴宅选择，除去其应验与否，可以看出中国人对于先人的虔诚。中国人历来认为百善孝为先,对于老人,生重于养是孝,死重于葬也是孝,一个孝字成了儒家仁的发端。阴宅是否对后世儿孙有影响,自有不同的说法,但对长辈的行为会被后辈效仿,大家的认识却是一致的。虔诚的中国人历来认为先人不仅给自己留下了丰厚精神遗产和物质遗产,即使到了另一个世界也在荫护着自己,这是一种传统心理。从中人们可以悟出:长者应该多做一些好事,把优秀的品格传给后人;幼者应继承先人的优秀传统,做一个不辜负先人的孝子贤孙。假如能这样,社会会更美好。

跋

吴发军

鹤鸣九皋,声闻于天,黄钟大吕,金声玉振。

以易学为发端的术数文化,是一部博大精深的今古传奇。世界上几乎没有任何一门学问,任何一种物件能够包容如此数量众多,奥妙无穷的传奇。

在易学领域里耕耘半个世纪的秦伦诗先生是一位传奇制造者,他的使命和职业就是揭示大千世界的传奇,同时也在生产着自身的传奇。

从1998年他的30万字著作《周易预测应用经验学》问世以来,他笔耕不辍,又撰写了近40万字的《中国易学博览·风水卷》,对于一个花甲之年才动笔写书的人,在短短几年内,能写出百万字的鸿篇巨制,实在令人叹为观止。值得一提的是,他的哈尔滨易经科学研究所是一所民营单位,他每天都是正常上班,以维持自己和单位全体职工的生计,他的著作是怎么写出来的,他的时间和精力是怎么利用的,实在难以想象。

秦伦诗幼年家境贫困,上学不多,十八岁从师学艺,四海奔波,含辛茹苦,食不果腹。那时除了温饱,别无他求,即使做梦也不可能想到著书立说。有一次得了一场重病之后,面黄肌瘦的他,在街上行走,一位长髯飘飘的老者迎面而来,说:“你耳高过眉,将来必以文才而名扬天下。”他认为老人在开玩笑而已。直到20世纪90年代中期,全国许多人一再请求他把学易的经验总结出来造福社会,他才心血来潮,动了写书的念头。但他深知写书有许多难处。他依仗靠自己有多年的经验积累,厚积薄发,一发而不可收,用自己的著作,完成了从实践到理论的跨越。

当代易学领域有两个倾向:学院派重理论轻应用,有洋洋巨著而不善操作者不乏其人;应用派重应用轻理论,屡测屡中的高手写不出片言只语亦为常见。秦伦诗在理论和应用间架起了通天之桥,以自己的水陆两栖而独步易坛。他的著作的最大特色是无可比拟的经验性,其中每一条原理,每一种方法,甚至每一句话,他都亲身实践验证过,他甚至偏执到这种程度:自己没验证过的绝不往书上写,别人的卦例基本不用。他的50年从易生涯就是一笔常人无法望其项背的宝贵财富,用实践过滤了古人的经验,大浪淘沙,留其精华,用实践创造了自己的经验,艰苦探索,独辟蹊径。而今有一些急功近利的后学者,刚从培训班出来,就东拼西凑,忙于出书,他们抄来的东西,连自己都不敢相信是否正确。面对这种现象,秦伦诗扼腕长叹,甚为不满。

世界上有没有"不传之秘"?有。但现今的不传之秘可谓多矣,随便哪部书上都有人自称独家披露玄中之玄,秘中之秘,其中不乏故弄玄虚、贩卖假冒伪劣产品者。秦伦诗年轻时勤学好问,拜师多人,加之聪明伶俐,谦恭淳朴,诸多老师疼爱有加,倾囊相授,江湖上人们求之不得的玄观秘诀,秦伦诗有幸得之。得一门一派玄观已属不易,秦伦诗竟得六门玄观,掌握多家秘诀。老师皆已仙逝,玄观俱为单传,秦伦诗其实是六派传人,他如此"富有",在江湖上极为罕见。他又举一反三,编出了一些新的秘诀。在易学走向社会,走向世界的今天,秦伦诗为了弘扬传统文化,推广和普及易学知识,不光把平生所学结集成书,而且披露了许多真正的不传之秘。如流年赶月歌诀、拦街网歌诀,一卦多断等方法,特别是风水学中的摇鞭断宅派,自清代以来,一直以手抄孤本在江湖上流传,诸多绝学都被秦伦诗在著作中首次公开。为此江湖人士多有微词,但秦伦诗说,为了芸芸众生,我只有愧对江湖了。不过由于内容浩瀚,未能和盘托出。“我乃俗人一个,不能完全破戒,为江湖保留一席之地,也是分内之事。”

《中国易学博览·风水卷》是秦伦诗新近推出的又一部力作,也是他最为重视的一部著作。纵观全书,有如下四大特色:

其一,系统全面,高度概括。该书首次在一部书中全面概括了中国传统风水的主要流派,介绍了八卦风水、八宅风水、九星风水、玄空风水、三元风水、三合风水等八大门派的堪舆理论与操作方法。是一部不可多得的风水读物。

其二,朴实无华,简明易学。本着删繁就简,去粗取精,去伪存真的原则,在不改变传统风水学原貌,保留其精华的前提下尽可能把玄妙的语言通俗化,把繁杂的方法简约化,让读者一目了然。作者在沿用古诀的同时,还自编了许多新诀,朗朗上口,易懂易记。这部书雅俗共赏,既可供专家研究,也可供常人了解,即使是从来接触过风水的门外汉,也可在通读之后,有所了解。

其三,掘宝献金,披露秘诀。《摇鞭断宅》是清朝嘉庆年间进士凌祯松所著,方法简单,实用性强,该书手抄孤本由老师相传,秦伦诗这一次在编撰风水学时,将此法首次公之于世。

其四,经验独到,讲述精彩。秦伦诗虽然博学多闻,但在风水上下的功夫最大,花的时间最多,他曾随老师从西域昆仑到东海之滨,从北国冰城到闽粤深山,走遍了大半个中国,考察各类风水,积累了无数经验。其风水实例时间跨度大,既有五十年前的案例,也有当今案例,涉及地域广,东西南北方各个地区都有。这是一般年轻的风水师难以做到的。

笔者与秦伦诗既是多年挚友,亦是苏北同乡,江苏沭阳县是经济不甚发达的地区,但出了一批研易之人,秦伦诗是其中佼佼者。原因何在,他戏言道,沭中有“术”,阳中有“易”,暗藏易术二字,也许冥冥之中自有定数吧。